W0219221

BASTEI
LÜBBE

Über die Autorin:

Christiane Desroches Noblecourt arbeitete jahrelang als Chefkonservatorin der Ägyptischen Abteilung des Louvre in Paris. Sie ist Trägerin zahlreicher Auszeichnungen, darunter Kommandeur der Ehrenlegion, des Ordens der Résistance, der Medaille in Gold des CNRS und der Großen Medaille in Silber der UNESCO. Sie ist Autorin bekannter archäologischer Werke, u.a. *Tutanchamun. Leben und Tod eines Pharaos*, das in 16 Sprachen übersetzt wurde.

Christiane Desroches Noblecourt

RAMSES SONNE ÄGYPTENS

Die wahre Geschichte

Aus dem Französischen von
Enrico Heinemann und
Ursel Schäfer

BASTEI LÜBBE

BASTEI-LÜBBE-TASCHENBUCH
Band 61438
Erste Auflage: Oktober 1999

© Copyright 1996 by Éditions Pygmalion/Gérard Watelet à Paris
Originaltitel: Ramsès II. La Véritable Histoire.
Originalverlag: Éditions Pygmalion/Gérard Watelet,
70, avenue de Breteuil, F-75007 Paris
© Copyright für die deutschsprachige Ausgabe 1997 by Gustav Lübbe Verlag GmbH,
Bergisch Gladbach
Lizenzausgabe im Bastei-Verlag Gustav H. Lübbe GmbH & Co.,
Bergisch Gladbach
Redaktionelle Bearbeitung: Brigitte Gerlinghoff, Unterhaching
Einbandgestaltung: KOMBO KommunikationsDesign GmbH,Köln,
unter Verwendung eines Fotos von W. Otto/Premium Stock Photographie GmbH,
Düsseldorf
Satz: Agentur Bosbach, Köln
Druck und Verarbeitung: Ebner Ulm
Printed in Germany
ISBN 3-404-61438-0

Sie finden uns im Internet unter
http://www.luebbe.de

Der Preis dieses Bandes versteht sich einschließlich
der gesetzlichen Mehrwertsteuer.

Den Meistern der Ramses-Forschung:
Sir Alan Gardiner
Charles Kuentz
Jaroslav Černý
Kenneth A. Kitchen

INHALT

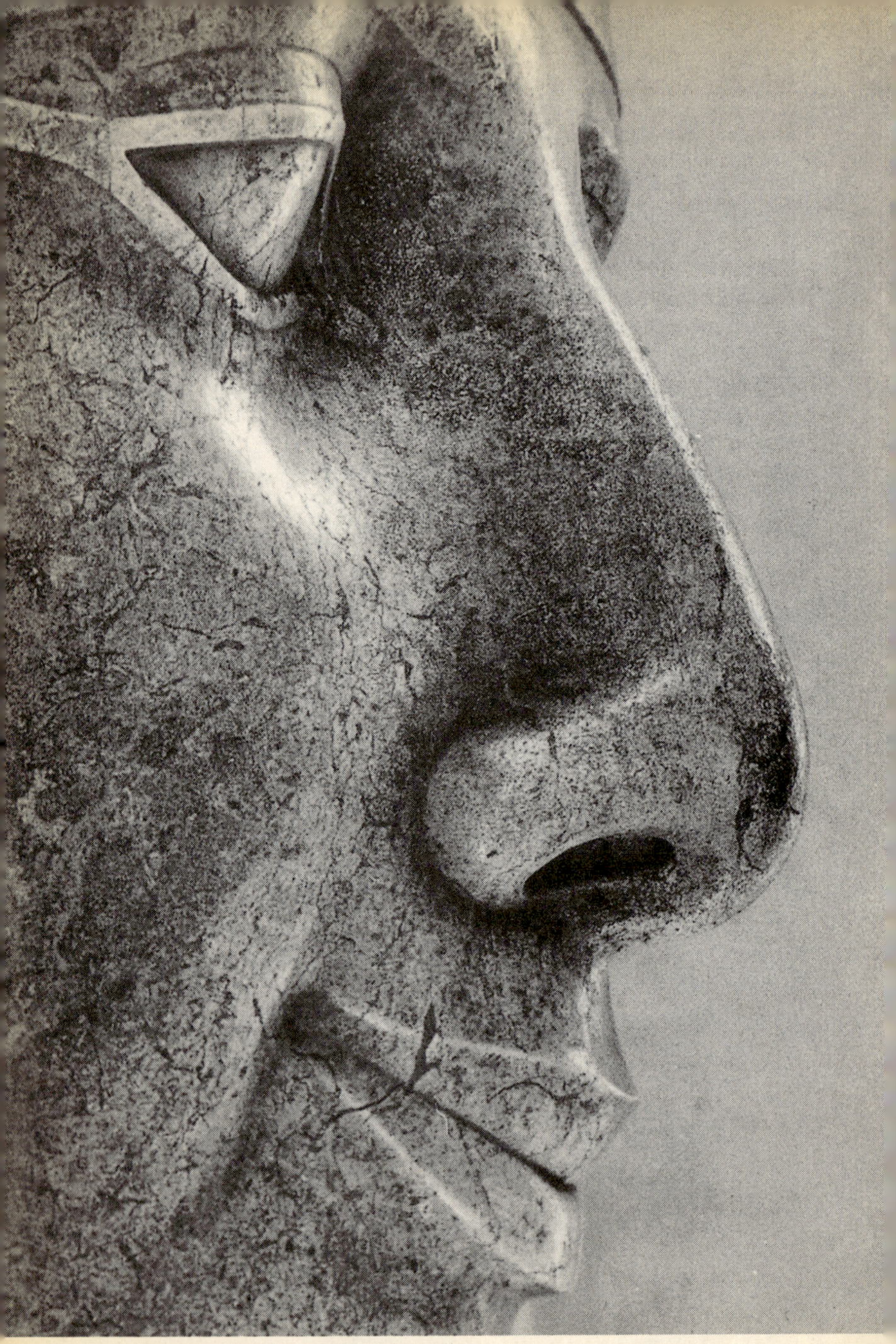

VORWORT
WOZU EIN WEITERES BUCH ÜBER RAMSES?

Das Ziel dieses Buches, das sich an heute bekannte, historisch gesicherte Fakten hält, ist keine Schilderung des Alltagslebens im alten Ägypten zur Zeit von Ramses II.; nur zu oft gewinnt bei solchen Darstellungen die Phantasie die Oberhand über die Tatsachen.

Mir geht es vornehmlich darum, das Phänomen Ramses, sofern dies möglich ist, faßbar zu machen. Dieser Pharao, der die einen fasziniert, ist anderen ein Ärgernis, weil sie sich an dem propagandistischen Stil damaliger Inschriften stoßen, die Lobeshymnen auf den Herrscher anstimmen und seine Erfolge zu übermenschlichen Glanzleistungen hochstilisieren.

Ich habe mich oft gegen Mythen gewandt wie die von der »Rache des Tutanchamun«, der »Geheimwissenschaft der Pharaonen« oder dem »Geheimnis der Pyramiden«. Dementsprechend habe ich mich auch um eine streng wissenschaftliche Auseinandersetzung mit Ramses bemüht, in der Subjektives keinen Platz hat. In den Grundlinien entspricht meine Präsentation den in jüngerer Zeit erschienenen Darstellungen einiger Fachkollegen: den klaren, aber eben sehr knappen, in Handbüchern veröffentlichten Abhandlungen von Nicolas Grimal[1] und Claude Vandersleyen[2] oder Monographien wie dem Werk von Kenneth A. Kitchen,[3] dessen Glanzleistung sich an Vorarbeiten anschloß, bei denen er die eindrucksvolle Menge der zeitgenössischen Quellen zu Ramses und seinen direkten Vorfahren zusammengetragen hatte.[4]

Diese Standardwerke bilden nach wie vor den besten und sinnvollsten Einstieg in das Thema. Bleibt hinzuzufügen, daß Kenneth A. Kitchens Chronologie der Herrschaft dieses Pharaos trotz strittiger Details am zuverlässigsten erscheint, da sie sich mit den Datie-

Abb. 1 Gesicht des zerbrochenen Ramses-Standbildes im Palmenhain von Mitrahine.

rungen der Regierungszeiten in den Nachbarstaaten Ägyptens am ehesten in Einklang bringen läßt. Ich habe Kitchens Chronologie natürlich übernommen.

Sicher kann man sich fragen, warum ich dann eine weitere Geschichte zur Herrschaft des Ramses schreibe. Ich tue dies, weil ich durch Zufall oder Fügung immer wieder mit den persönlichen Zeugnissen dieses Pharaos in Berührung kam und weil dabei der Wunsch entstand, auch mehr über seine Persönlichkeit zu erfahren. Fast dreißig Jahre lang habe ich mich vor Ort mit zahlreichen seiner Tempel beschäftigt und nach den Hintergründen ihrer Errichtung gefragt.

Als um 1954 der Bau der neuen großen Talsperre Sadd-el-Ali geplant wurde, die das Nilwasser zur ganzjährigen Bewässerung der ägyptischen Felder speichern sollte, drohten die nubischen Tempel der verschiedenen Epochen im Nasserstausee zu versinken. In den mehr als zwanzig Jahren, in denen ich zu ihrer Erforschung und Rettung beitrug, habe ich mich in erster Linie mit den Stiftungen des Ramses zwischen dem ersten und zweiten Katarakt beschäftigt.

Zahlreiche Fragen tauchten auf. Zum Beispiel, warum der Pharao gerade hier, in einem dünnbesiedelten Landstrich, dessen Bevölkerung zumeist im ägyptischen Mutterland arbeitete, auf einer Länge von etwa dreihundertneunzig Kilometern sieben imposante Tempel errichten oder in den Fels schlagen ließ: Bet el-Wali, Gerf Hussein, Wadi es-Sebua, ed-Derr, Meha und Ibschek (die beiden Felsentempel von Abu Simbel) sowie Akscha im Nordsudan.

Was steckte hinter der Gründung dieser Heiligtümer in einer Zeit, in der die Tempel nicht der Andacht der Gläubigen, sondern einer von Priestern in Gang gehaltenen »göttlichen Maschinerie« dienten? Die Klärung dieser Frage schien eine lohnende Aufgabe zu sein.

Ich hatte die sich selten bietende Gelegenheit, mich häufig in diesen fast vergessenen Heiligtümern aufhalten zu können, die seit dem Bau des ersten Nilstaudamms am Anfang des Jahrhunderts nicht einmal mehr von den Ägyptologen aufgesucht wurden.

Diese Tempel, die hundertzwanzig Meter über dem Meeresspiegel am Ufer des Nils lagen, wurden auf unsere Bemühungen hin weiter nach Westen auf eine Höhe von hundertachtzig Metern an den Rand des entstehenden Stausees versetzt. Zu dieser Zeit führte ich mit einem Team französischer Archäologen hauptsächlich vom CNRS[5] und mit den ägyptischen Kollegen vom CEDAE[6] Forschungen zu diesem außergewöhnlichen Pharao durch. Außerdem interessierten wir uns für die Botschaften, die er der Nachwelt im Ramesseum, seinem »Tempel der Millionen Jahre«, hinterlassen hatte.[7]

Dabei gelang es mir, nicht nur einigen seiner Handlungsmotive auf die Spur zu kommen, sondern auch anhand der umliegenden Tempelruinen die erste Geburtshalle zu rekonstruieren, die als eigenständiger Bau außerhalb eines Tempels bestanden hatte, errichtet von Ramses für seine Mutter Tuja und seine Große Königsgemahlin Nefertari.

Zahlreiche weitere neue Aufschlüsse erbrachten Forschungen im Tal der Königinnen: Diese Nekropole, in der während der 18. Dynastie Prinzen bestattet worden waren, hatte bald als Totenstadt für die weiblichen Mitglieder der Ramessiden und einige Prinzen gedient. Ich hatte das Glück, das Grab der Tuja, der Mutter des Ramses, wiederzuentdecken, wodurch verschiedene ungeklärte Punkte in der Geschichte dieses Pharaos erhellt werden konnten. Sein eigenes Grab, das im Tal der Könige liegt und schon im Altertum geplündert wurde, haben wir schließlich auch noch in unser Forschungsprogramm aufgenommen.

Im Jahre 1975 beschäftigte ich mich im Zuge eines weiteren wissenschaftlichen Vorhabens erneut mit Ramses II.: Der französische Kulturminister Michel Guy bat mich im Einvernehmen mit seinem ägyptischen Amtskollegen, in Paris eine Ausstellung über einen Pharao zu organisieren. Als Exponate sollten ausschließlich Stücke aus dem Ägyptischen Museum in Kairo dienen. Ich dachte sofort an Ramses II., den Sohn Sethos' I., dessen geschichtliches Wirken sich am besten darstellen ließ: Nach einigen Jahren als Mitregent seines Vaters hatte er siebenundsechzig Jahre lang über Ägypten geherrscht! Von keinem anderen Pharao der dreißig ägyptischen Dynastien läßt sich die Herrschaft ebenso lückenlos von Jahr zu Jahr verfolgen. Hier bot sich die Gelegenheit, die Fülle der Erkenntnisse, die man vor allem bei der Erforschung seiner Tempel in Nubien und Theben gewonnen hatte, neu anzuordnen und im Ansatz die Fragen zu beantworten, die sich im Laufe der Jahre ergeben hatten.

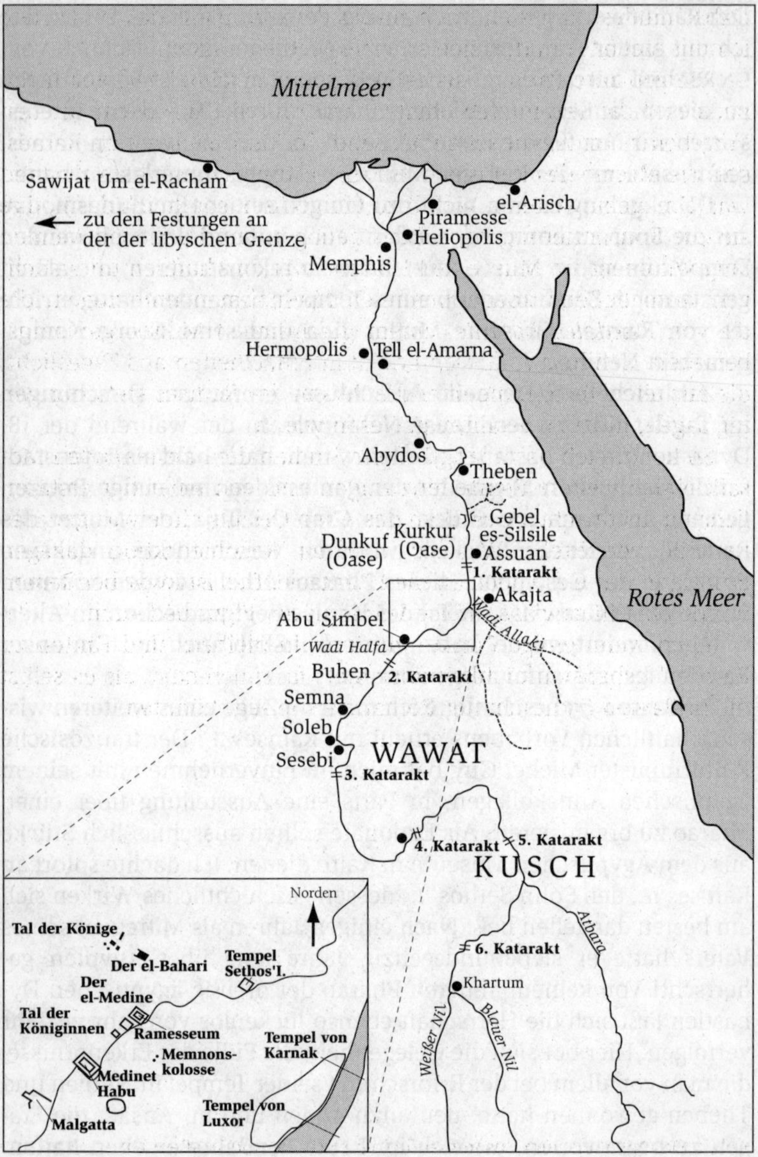
Mittelmeer
Sawijat Um el-Racham
zu den Festungen an
der der libyschen Grenze
el-Arisch
Piramesse
Heliopolis
Memphis
Hermopolis
Tell el-Amarna
Abydos
Theben
Gebel
es-Silsile
Dunkuf
(Oase)
Kurkur
(Oase)
Assuan
1. Katarakt
Akajta
Rotes Meer
Abu Simbel
Wadi Allaki
Wadi Halfa
Buhen
2. Katarakt
Semna
Soleb
Sesebi
WAWAT
3. Katarakt
4. Katarakt
5. Katarakt
KUSCH
Atbara
6. Katarakt
Khartum
Weißer Nil
Blauer Nil
Norden
Tal der Könige
Der el-Bahari
Tempel
Sethos'I.
Der
el-Medine
Tal der
Königinnen
Ramesseum
Tempel von
Karnak
Memnons-
kolosse
Medinet
Habu
Tempel von
Luxor
Malgatta

Dabei mußte man sich auch mutig dem Problem des biblischen Exodus stellen, um den sich so viele Mythen ranken.

Die geplante Pariser Ausstellung sollte anschließend durch Kanada und die Vereinigten Staaten von Amerika wandern. Bei den Vorarbeiten im Ägyptischen Museum in Kairo stellte sich heraus, daß die Mumie des Ramses in einem besorgniserregenden Zustand war. Um einen weiteren Verfall zu verhindern, sorgte ich dafür, daß sie zur Konservierung nach Paris geflogen wurde. Sieben Monate lang wurde sie im Musée de l'Homme wissenschaftlich untersucht und anschließend konservierenden Maßnahmen unterzogen, die sie von *Daedalea biennis*, einem gefährlichen Mikroorganismus, befreiten. Zahllose Analysen brachten Einzelheiten ans Tageslicht, die aus alten Texten, die über die Person des Ramses stets nur wenig sagen, nicht zu erfahren gewesen wären.

So konnte ich dank langjähriger Studien dem bestehenden Mosaik einige weitere Steine hinzufügen und von einer der erstaunlichsten historischen Gestalten des Alten Orients ein etwas genaueres Bild vermitteln. Was sich bei der Rekonstruktion dagegen erübrigte, war ein Appell an die Phantasie. Das ist zwar bequemer, würde aber in gewisser Weise Verrat an der Figur bedeuten.

Auch wenn einige Punkte im dunkeln bleiben, sind Fakten zu Ramses' Lebenswirklichkeit doch stets faszinierender, als es selbst die brillanten Fiktionen der Romanciers je sein könnten.

Abb. 2 Das Niltal bis zum Zusammenfluß von Blauem und Weißem Nil.

Abb. 3 Überschwemmtes Feld während der Nilflut.

Abb. 4 Die Gegend nördlich von Karnak während der Nilflut: Die Anhöhe des Tempels von Medamud ragt als »Urhügel« aus den Fluten.

Abb. 5 Szene eines Freudenfestes. (Kairo, Ägyptisches Museum)

KAPITEL 1
DAS LETZTE WUNDER DES RAMES

JULI 1213 VOR UNSERER ZEITRECHNUNG: EIN NEUJAHRSTAG

Der Pharao beging schon das vierzehnte Jubiläum*: Während der Feierlichkeiten aus diesem Anlaß war er – wie überhaupt immer seit Vollendung seines neunzigsten Lebensjahres – in seinem Palast in Piramesse, der zauberhaften Residenzstadt des Nordens, geblieben. Viele seiner Kinder hatte er sterben sehen, während er selbst immer älter wurde. Und das grämte ihn sehr. Die Namen der verstorbenen Sprößlinge konnte er nur noch mit Mühe auseinanderhalten:

In seinem einundsiebzigsten Lebensjahr starb Meriatum, vier Jahre später, in seinem fünfzigsten Regierungsjahr, der tapfere Feldherr Prinz Ramesse und drei Jahre darauf, in seinem achtundsiebzigsten Lebensjahr, schließlich der Erbprinz Sethherchepeschef, der älteste Sohn der Großen Königsgemahlin Nefertari, die in den »schönen Westen« eingegangen war. Dann verlor er seinen Lieblingssohn Chaemwese, den zwölften Thronanwärter, einen frommen und gelehrten Mann, der Hoherpriester des Ptah in Memphis gewesen war. Bei seinem Tod saß der achtzigjährige Ramses II. seit fünfundfünfzig Jahren auf dem ägyptischen Königsthron.

Bei der Designation des dreizehnten Thronanwärters, des Prinzen Merenptah, eines Sohnes der zweiten Großen Königsgemahlin Isisnofret, beschlossen die nahen Verwandten des Pharaos, das große Jubiläum zur Verjüngung des Herrschers alle zwei Jahre zu feiern. So fielen vier der insgesamt vierzehn »Sedfeste« in seine letzten zehn Herrschaftsjahre. Sie wurden von Neferrenpet gestaltet, dem Wesir des Südens, mit Unterstützung von Hori, offenbar einem

* Die feierliche Zeremonie zur Bestätigung der Macht des Pharaos erfolgte theoretisch nach dreißig Jahren Herrschaft. Sie wurde ursprünglich anschließend alle drei Jahre erneuert.

der Enkel des Ramses. Unter diesen Umständen schien jeder zu erwarten, daß der Pharao hundertzehn Lebensjahre, das Privileg der Weisen, erreichen würde.

Daher hatte man die Ankündigung des neuen Jahres im ganzen Land mit großen Hoffnungen aufgenommen. Die heiße Jahreszeit Schemu ging zu Ende. Vier Monate lang hatte die sengende Sonnen Ägyptens Boden so sehr ausgetrocknet, daß man jetzt sehnsüchtig auf das Wasser der Nilflut wartete, die nach den letzten fünf Tagen im letzten Schemu-Monat eintreffen mußte – den Epagomenen (»Zusätzlichen«), wie die Griechen sie später nannten.[1]

Augenblicke wie dieser, wenn aus der Brust der Göttin Nut, dem Himmelsgewölbe, die Mitglieder der zukünftigen Osirisfamilie entsprangen, waren gefährlich. Man begab sich besser in den Schutz seines Hauses, denn alles konnte passieren: Vielleicht brachten die todbringenden Pfeile der unberechenbaren Göttin Sachmet, bekannt für ihre weiblichen Reize und den gefährlichen Löwenkopf, die Pest, vielleicht drohte aber auch Malaria, die »schlechte Luft«.

Allerdings war man sich zu Beginn des siebenundsechzigsten Regierungsjahres Ramses' des Großen einer reichen Überflutung sicher. Wie gewöhnlich hatte der Wesir den Palast schon seit Anfang Mai, als der Nil noch Niedrigwasser hatte, regelmäßig über den aktuellen Pegelstand informiert. Der Anstieg wurde an mehreren Stellen im Land kontrolliert, vor allem am Gebel es-Silsile, wo der Fluß ägyptischen Boden erreichte. An den großen Stelen der Ramses-Kapellen, die in die westliche Felsenklippe gehauen waren, hatte man Opfergaben in die Fluten geworfen, damit sie dem Land reiche Ernten brächten.

Die Flut ist da

Am Vorabend des ersehnten Tages wurde ausgelassen die »Nacht des Re« – die »Neujahrsfeier« – begangen. Vor den Türen der Häuser und Paläste brannten unzählige Öllämpchen, die auf der Erde das Funkeln der Sterne widerspiegelten. Am nächsten Tag war es soweit: Bei brütender Hitze – nur ein kühles Lüftchen wehte von Norden – traf am ersten Tag des ersten Überschwemmungsmonats (kurz nach dem 18. Juli 1213 v. Chr.) die Flut ein.

Von weither hörte man die Klänge der Harfen, die in den Tem-

Abb. 6 Boot auf dem Nil während des Hochwassers.

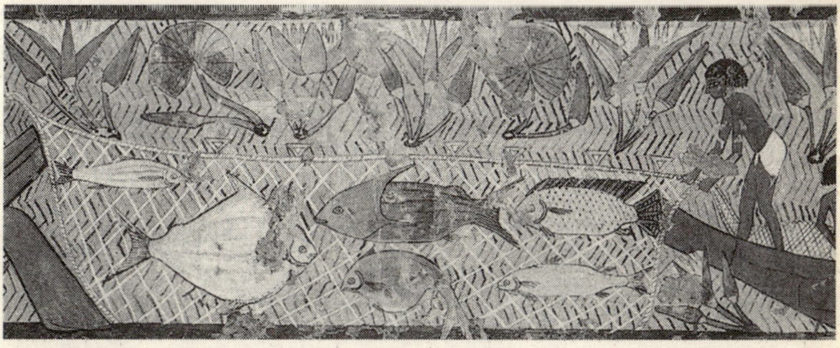

Abb. 7 Szene vom »Wunder des Fischfangs« während des Hochwassers. (Thebanische Malerei)

Abb. 8 Nachen mit Kajüte für einen Herren. (Theben, Grab des Menna)

peln die Wiedergeburt der Welt begrüßten, und das Summen der Freudengesänge erfüllte das Land. In Städten und Dörfern durchstach man die Erddeiche, damit das Wasser sich in die ausgetrockneten Kanäle ergießen konnte, während die roten, eisenhaltigen Schwemmstoffe des Atbara aus dem fernen Äthiopien über die Felder fluteten.

Binnen kurzem verwandelte sich Ägypten in ein Meer, auf dem zahlreiche mit Blumen und Fähnchen geschmückte Boote zum Klang von Trommeln und Doppelflöten dahinglitten. Es war Neujahrstag: In ihren schönsten Festgewändern,[2] die oft eigens für diesen Tag genäht wurden, schöpften die Menschen das neue Wasser, tranken es, gossen es in Vorratskrüge, wo es sich absetzen konnte, und versandten es sogar weit über die Landesgrenzen hinaus als glückbringendes Elixier und Zeichen der Fruchtbarkeit. Zugleich genoß man reichlich den »neuen Wein« aus dem Nildelta und dem Faijum und kostete auch den erleseneren Tropfen von der Nilinsel Sehel bei Assuan, denn die Überschwemmung fiel mit der Weinlese zusammen. So wurde der erste Tag des ersten Monats Thot, des Monats der Trunkenheit *(Tech)*, mit einem rauschenden Fest begangen.

Auf den Dächern der Tempel standen, die Gesichter gen Osten gewendet, die Götterstatuen. Noch vor Sonnenaufgang hatten die Priester sie aus dem Allerheiligsten ins Freie getragen, damit die ersten Strahlen der aufgehenden Sonne sie mit neuer göttlicher Lebenskraft erfüllten. Der Anbruch des neuen Jahres wurde überall verkündet, sobald die Sonne dort aufging, wo der Stern Sothis (Sirius) nach siebzig Tagen Unsichtbarkeit erstmals wieder am Morgenhimmel erschien.

Dieser Stern, bekanntlich der hellste im Bild des Großen Hundes, wurde symbolhaft als weibliches Hündchen mit »Ringelschwanz« dargestellt, dessen Bildnis in Ägypten seit Menschengedenken und bis in die Römerzeit hinein zu Neujahr, also während der heißesten Zeit, verschenkt wurde; daher der Name Hundstage.

Im Inneren des Königspalastes standen die Ärzte, die *Sinu*, die der Pharao wegen ihrer herausragenden Fähigkeiten mehrfach zu kranken Fürsten in asiatische Länder entsandt hatte, an seinem Lager, ohne helfen zu können. Ramses II. lag im Sterben. Das Volk nannte ihn seit langem mit liebevoller Vertrautheit Sesu,[3] wohingegen er im offiziellen Ägypten und bei den tributpflichtigen Völkern weitaus glanzvollere Namen trug: *ruhmreiche Sonne Ägyptens, Berg aus Gold und Elektron, Kraftspeise Ägyptens, Auserwählter des Re in der Sonnenbarke, vollkommener Gott, Sohn des Amun, vollkommenes Ebenbild des Re, Himmelsstern, Sonne der Fürsten, Sonne aller Länder, mächtiger Stier, Beschützer Ägyptens, der die fremden Länder in die Knie zwingt, der Große der Siege, Herr über beide Länder…*

Der König ist tot…

Der Herrscher von Ober- und Unterägypten, Usermaatre-Setepenre, der Sohn der Sonne, Ramses Meriamun krümmte sich unter anhaltenden Schmerzen und war so schwach, daß er nicht einmal mehr von seinen sieben erhabenen Körperöffnungen (Augen, Ohren, Nasenlöcher und Mund) Gebrauch machen konnte. Er starb am neunzehnten des ersten Achet-Monats – einen Tag nach dem traditionellen Neujahrstag.

Kaum hatte sich die Nachricht vom Tod des Herrschers im Land verbreitet, wichen die Freudengesänge dem Wehgeschrei. Konnte man das glauben? Der Sohn Gottes auf Erden, der unbezwingbare Held in seiner Jugend, der Inbegriff der Stärke, der Vater unzähliger Nachkommen und Garant der Fruchtbarkeit, der Ägypten so viele Jahre Frieden beschert hatte? Der Große Falke entflogen? Das göttliche Fleisch zur Urkraft zurückgekehrt?

Der engste Kreis des Hofstaats hatte sich um das Sterbelager versammelt: die noch lebenden Kinder seiner beiden Großen Königsgemahlinnen und Zweitfrauen mit zahlreichen Enkeln, allen voran der dreizehnte Thronerbe Merenptah, sein designierter Nachfolger, der Sohn der Großen Königsgemahlin Isisnofret. Nefertari, Ramses' Jugendliebe und erste Große Königsgemahlin, die Mutter der ersten Kronprinzen, war seit ungefähr vierzig Jahren tot. Seine Älteste, die Tochtergemahlin Bintanat, Merenptahs Schwester, war einige Tage zuvor zusammen mit Hentmire, einer der letzten Erbprinzessinnen, die ebenfalls als Große Königsgemahlin bestätigt worden war, von der Domäne der Haremsdamen aus Faijum angereist.

Keiner der hohen Würdenträger des Palastes, die ans Sterbebett des Herrschers geeilt waren, kannte den jungen Pharao – mit Ausnahme des alten Hohenpriesters des Amun, Bekenchons. Sein Wesir

Paser war bereits tot: Er hatte ihm bei der feierlichen Krönungszeremonie einst die Doppelkrone, die den beiden Schutzgottheiten, Nechbet mit dem Geierkopf und der Uräusschlange, angeglichen war, aufs Haupt gesetzt.

Aus der Sicht dieses Mannes, der an der Schwelle zum Greisenalter Hoherpriester des Amun geworden war, mußte der Pharao den Zyklus vollenden, den der Gott ihm vorherbestimmt hatte. Die Krönungszeremonie war – mit einer kleinen Verschiebung vom fünften auf den elften Tag des dritten Achet-Monats, also vor genau siebenundzwanzig Jahren – in die Zeit der Überschwemmung gefallen. Der Nilgott Hapi, der die Fluten anschwellen ließ, hatte dem irdischen Geschick seines glühendsten Anhängers einen vollendeten Lauf gegeben.

Die außergewöhnliche Langlebigkeit des Ramses fügte sich vollkommen in die Legende, die sich um ihn gebildet hatte. Um einen älteren Pharao als diesen König der 19. Dynastie zu finden, hätte man im »Lebenshaus«, dem Archiv und der Bibliothek des Tempels mit den religiösen Schriften, lange suchen müssen. Für Pepi II. aus der 6. Dynastie war der hundertste Geburtstag beurkundet. Ramses' Nachfolger gleichen Namens strebten dagegen gerade einmal die Dauer der Regierung ihres illustren Vorgängers an. So drückt Ramses IV. auf einer Stele in Abydos den Wunsch aus, seine Herrschaft möge ebenso lange währen wie die des »Königs Ramses, des Großen Gottes, mit ihren siebenundsechzig Jahren«.

Es lebe der König!

Der Tod eines Pharaos konnte plötzlich alles aus dem Gleichgewicht bringen, was unbedingt vermieden werden mußte. Deshalb schritt man unverzüglich zur Inthronisierung des etwa fünfzigjährigen Prinzen Merenptah, der schon seit langem Mitregent des Vaters war. Die feierliche Krönung sollte dagegen erst nach der Trauerzeit und den prunkvollen Begräbnisfeierlichkeiten stattfinden.

Noch in der Todesnacht wurde der Leichnam den Mumienpriestern übergeben. Sie bereiteten die siebzigtägige Mumifizierung vor, nach der die in Osiris verwandelten sterblichen Überreste des Pharaos die Reise durch das Jenseits in die Ewigkeit antreten konnten.

Die Zeit der stillen Trauer begann. Auf die gellenden Schreie der

Abb. 9 Klagefrauen mit Kindern.

Abb. 10 Verstorbener, der vor der Mumifizierung mit Natron behandelt wird. (Szene auf einem Sarkophag)

Klageweiber und das Ächzen und Seufzen der Männer, die niedergekauert auf dem Boden saßen, folgte tiefe Niedergeschlagenheit. Merenptah, die Prinzen und die Würdenträger ließen sich zum Zeichen ihrer Trauer den Bart wachsen.

Die Balsamierer

Zu einer ersten Reinigung wurde der Leichnam des Ramses zunächst in das »Reinigungszelt« gebracht, das vermutlich neben dem Tempel des Ptah stand. Unter Beschwörungsformeln besprengten die Priester den Leichnam mit Lebenswasser.[4] Dann legte man ihn im sogenannten *Uabet*, dem »reinen Ort«, auf den Balsamierungstisch, wo er mit Natronwasser abgewaschen wurde.

In einer Geheimzeremonie begannen die Utpriester unter dem Obersten der Mysterien, der als Vertreter des Anubis die Maske des Totengottes trug,[5] in der »Gotteshalle« die körperliche Unversehrtheit des Toten zu verletzen, ein Sakrileg zwar, aber ein notwendiges. Mit einem Messer aus »äthiopischem Stein« – vermutlich Silex, einem Jaspis – öffneten sie den Leichnam auf der linken Seite, entnahmen die Organe, wuschen sie und balsamierten sie ein. Herz und Nieren steckten sie wieder in die Leibeshöhle, denn Gott prüft den Verstorbenen »auf Herz und Nieren«. Das Herz galt zudem als Sitz des Bewußtseins und wurde am Tage des Gerichts einem Urteil unterzogen, ohne das der Verstorbene nicht in die Ewigkeit eintreten konnte. Die Eingeweide wurden mumifiziert, in kleine goldene Särge mit dem Bildnis des Pharaos gelegt und anschließend in Eingeweidekrügen aus Alabaster, Kanopen, beigesetzt.

Jedes Organ war einem der vier Horuskinder zugeordnet, deren in Alabaster gehauene Köpfe, mit Ramses' Bildnis versehen, den Gefäßen als Deckel dienten: Hapi, Amset, Duamutef und Kebehsenuef.[6] Der Inhalt der Kanopen wurde, dem Ritus entsprechend, dem Schutz der vier weiblichen Gottheiten unterstellt, die man mit den vier Himmelsrichtungen in Verbindung brachte: Isis, Nephthys, Neith und Selket. Anschließend wurden sie in einen Kanopenkasten aus Alabaster gesteckt, an dessen vier abgerundeten Ecken die Bildnisse der vier Schutzgöttinnen prangten.

Als Aufbewahrungsort diente vermutlich eine kleine Kapelle aus vergoldetem Holz, in deren Ecken wiederum Statuen der vier Göt-

Abb. 11 Schmuckanhänger mit Namenskartusche Ramses' II. aus dem Grabschatz seines Sohnes Chaemwese.

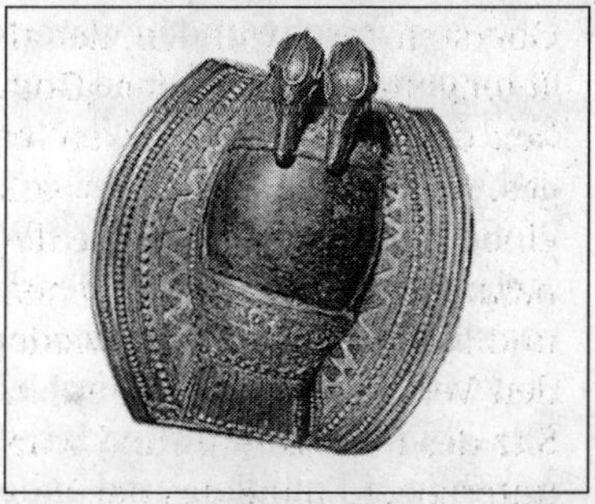

Abb. 12 Zwei goldene Armreifen mit Lapislazuli und dem eingravierten Namen Ramses' II. (Kairo, Ägyptisches Museum)

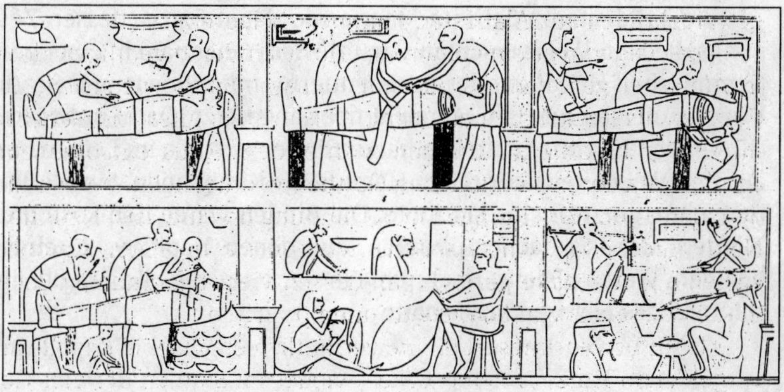

Abb. 13 Eine Mumie wird mit Leinenbinden umwickelt; Herstellung der Totenmaske.

tinnen standen. Die Eingeweide spielten bei der Wiederherstellung der Seele des Pharaos eine wesentliche Rolle und mußten die Mumie deshalb später mit ins Grab begleiten, wo sie zwischen dem übrigen »Hausrat« untergebracht wurden.

Der Leichnam wurde anschließend in ein Natronbad getaucht,[7] um das Fett und leicht verwesendes Körpergewebe abzulösen, und mit erlesenem Palmwein abgerieben. Dann wurde er auf einem Bett aus feinem Stroh abgetrocknet und in das »Haus der Verjüngung« *(Per-Nefer)* gebracht. Unter Leitung des Oberpriesters, des »Gotteskanzlers«, bereiteten die Balsamierer dort die Mumifizierung weiter vor.

Kleine parfümierte Leinenkissen gaben dem Leichnam die charakteristischen Rundungen zurück, die bei der Entfernung des Fettgewebes verschwunden waren. Ferner wurden die Lippen wieder in Form gebracht, künstliche Augen in die leeren Höhlen gesetzt sowie die Lider geschlossen. Die Nase, deren Innenwände beim Herausziehen des Gehirns mit einem Haken gelitten hatten, wurde mit Pfefferkörnern ausgestopft.[8] Während des gesamten Rituals murmelte der Vorlesepriester Beschwörungsformeln, die er auf Papyrus vor sich hielt. Ein goldener Ring fixierte das Herz wieder an seinem Platz im Brustkorb, der mit einer Paste aus zerkleinerten wilden Tabakblättern und duftendem Harz ausgestrichen worden war. Mit unzähligen Kamillen- und anderen Blüten, in die Amulette aus Gold und Terrakotta mit türkisfarbener Lasur gesteckt worden waren, stopfte man die Mumie schließlich aus.[9]

Wie bei dem von Seth im Meer ermordeten Osiris, dessen Zeugungsglied ein Wels verschlang, wurde dem Leichnam in einer pantomimischen Handlung der Penis entfernt, mumifiziert und für die Wiederauferstehung der Mumie erneut angesetzt. Dann umwickelte man den Leichnam mit kostbaren Binden aus feinem Leinen, das aus den Webereien des großen Harems der Königinnen von Merwer im Faijum am Mörissee stammte. Die Binden waren den kostbaren Bändern der Isis nachempfunden, aus denen Nephthys in einem heiligen Werk, gleichsam durch eine Art universelle Magie, ihr schützendes Netz geknüpft hatte.

Die Mumie des Ramses

In den Goldschmieden wartete schon der Schmuck des Verstorbenen: lange Halsketten, verziert mit Skarabäen, welche die beginnende Auferstehung symbolisierten, Götterbarken, Udjataugen, flankiert von Schutzgöttinnen, Sinnbilder der wiedererlangten Unversehrtheit, flache Bildnisse des Osiris mit Königszepter, Pektoralien in Form von Pylonen mit Darstellungen von Isis und Nephthys, die die Beseelung des geheimnisvollen Djedpfeilers vorbereiteten. Daneben lagen zahllose Amulette bereit, große aus Goldblech ausgeschnittene Silhouetten geflügelter Genien, die dort, wo Organe entnommen worden waren, zwischen die Binden geschoben wurden.

Alle Amulette und Schmuckstücke wurden unter zeremoniellen Gebeten an die vorgesehenen Stellen gesteckt. Die Totenpriester schlangen dem Verstorbenen einen Gürtel aus Gold mit eingearbeiteten bunten Perlen um die Hüften und schoben den legendären Langdolch hinein, dessen Griff aus zwei symmetrisch angeordneten Falkenköpfen bestand. Immer wieder begegnet man dieser Waffe auf Standbildern des Ramses, so an der Kolossalstatue in Memphis. Hülsen aus purem Gold schützten die Zehen- und Fingerspitzen der Mumie.

Alle Finger wurden mit Ringen geschmückt. Udjataugen, Darstellungen von Lotosblüten mit der aufgehenden Sonne oder Skarabäen zierten die schönsten Ringe. Letztere dienten ihm mit einer eingravierten Beschwörungsformel oder dem Namen und Bildnis des Pharaos im Jenseits als Siegel.

Ramses' ungewöhnlich feines langes Haar, das zwar weiß und schütter geworden war, hatte seinen seidigen Glanz trotz seines hohen Alters bewahrt. Man hatte es – wie die Finger und Zehen – mit Henna gefärbt. Das Haupt des Verstorbenen schmückte ein Stirnband aus feinem Gold. Aber der Geierkopf und die Uräusschlange, die beiden Tiersymbole der Schutzgöttinnen, die bei seiner Wiederherstellung zu strahlender Jugend helfen sollten,[10] waren wegen ihrer ausladenden Formen mit der schweren Totenmaske aus massivem Gold, die später aufgelegt werden würde, unvereinbar.[11] Deshalb wurden sie unter dem Leichentuch an den Beinen der Mumie angebracht. Beide Tiergöttinnen, Symbole des Königtums, schmückten dagegen mit der kleinen »Krone der Rechtfertigung«,[12] die aus Blättern des Perseabaumes und Blütenblättern des blauen Lotos gewunden worden war, auf Stirnhöhe die beiden inneren Mumiensärge. Ramses besaß somit schon am Anfang seiner Odyssee durch die Unterwelt das Viatikum, das ihm den Aufstieg auf der Sonnenbarke, für den er sich beim Totengericht qualifizieren mußte, sichern sollte.

Der Leichnam wurde anschließend mit langen Leinenbinden in seinem Grabtuch »verschnürt« und in die Mumiensärge gelegt, die dem Totenkult entsprechend hergestellt worden waren.[13]

Sarkophage und Schreine

Bei der Zeremonie, in deren Verlauf die Mumie in die Särge gelegt wurde, waren die Familienmitglieder anwesend. Die Frauen des königlichen Harems legten der Mumie morgens geflochtene Blumengirlanden mit Blättern des Perseabaumes um Hals und Schultern. Kamen die Gebinde nicht mit feuchter Luft in Berührung, trockneten sie später und konnten so Jahrhunderte überdauern. Dann legten die Priester die goldene Totenmaske auf und hoben den Leichnam in den ersten Sarg, der wie die Maske aus massivem Gold bestand. Dieser wurde in einen zweiten hölzernen Sarg gestellt, der mit Gold beschlagen und mit Glasintarsien – Türkis-, Lapislazuli- und Karneolimitationen – verziert war. Das Ganze senkte man schließlich in einen dritten äußeren Sarg aus vergoldetem Holz, der von außen ebenfalls mit eingearbeiteten großen schützenden Flügeln, Spendern des »Lebenshauches«, geschmückt war. So trat Ramses die Reise in die königliche Nekropole an, in der seine Vorgänger seit Beginn des Neuen Reiches ruhten.

Noch vor Vollendung der Mumie und dem ersten Abschied war Merenptah, der neue Pharao, vorübergehend nach Theben gereist, um sich davon zu überzeugen, daß Neferrenpet, der Wesir des Südens, der damalige Bürgermeister von Theben, alles so arrangierte, daß die Begräbnisfeierlichkeiten dem altem Brauch entsprechend und mit der gewünschten Prachtentfaltung stattfinden konnten. Vielleicht setzte Merenptah auch ans linke Nilufer über und inspizierte den künftigen Totentempel des Ramses in der Umwallung seines Jubiläumstempels, des Ramesseums, in dem die Bestätigung seiner königlichen Macht[14] oft gefeiert worden war.

Ramses verläßt seine Hauptstadt

Im östlichen Delta, auf dem »Wasser des Re« bei Piramesse, lag am Kai die sechzig Ellen lange Barke für die Überführung des Pharaos. Die Mumiensärge mit dem Leichnam des Königs ruhten unter einem Baldachin, der von hohen Säulen in Form von Papyrusstengeln getragen wurde, dem Symbol des Ursumpfs, in den die Seele des Verstorbenen eingetreten war. An Bord der Barke knieten oder standen Klagefrauen, die der letzten Großen Königsgemahlin Beistand leisteten und mit ihren hocherhobenen Händen auf der ganzen Fahrt vom Delta bis hinauf nach Theben ein ergreifendes Bild des Abschiedsschmerzes boten.

Die Königsbarke des Merenptah bildete die Spitze des Leichenzugs. Dahinter zog ein Schlepper mit bunt durchwirktem Segel, das zwischen zwei Rahen gespannt war, die Totenbarke flußaufwärts. Trotz des Windes mußten die Ruderer gegen eine starke Strömung ankämpfen, die im dritten Monat der Nilflut (Oktober 1213 vor unserer Zeitrechnung) gewaltige Mengen an Sediment flußabwärts beförderte. An Bord der anderen Barken des Leichenzugs, die mit den Grabbeigaben des Königs schwer beladen waren, befanden sich die Familienmitglieder, hohe Würdenträger und die Totenpriester.

Nachdem die Trauerbarke ausgelaufen war, kamen die Anwohner, Bauern wie Städter, in Scharen an den Ufern des Nil zusammen: Merkwürdige Szenen spielten sich ab. Nicht nur der Prunk des Leichenzugs faszinierte die Zuschauer; Frauen in Trauergewändern, die sich Staub aufs Haupt streuten, stimmten mit traditionellen Refrains in die Trauergesänge auf den Barken ein. Alles trug dazu bei, die Gegenwart des ewigen Ramses zu verlängern: Er herrschte noch immer über Ägypten!

Bei Abydos, dem Heiligtum des Osiris und Zentrum der Welt, in die Ramses eingetreten war, machte der Trauerzug eine zweitägige Rast. Der getötete und wiederauferstandene Gott wollte um ein gnädiges Urteil für den Verstorbenen gebeten werden. Nach den Riten zur Einsetzung stiegen der Hohepriester Wennefer und sein Sohn Hori an Bord der königlichen Barke, um den Verstorbenen ins Tal der Könige zu geleiten. Weiter im Süden, am gewaltigen Amuntempel von Karnak, standen Merenptah, der Hohepriester Bekenchons und sein gesamter Priesterstab am Kai bereit, um den verstorbenen Ramses mit seinem Gefolge zu empfangen. Im weitläufigen Innenhof des Königstempels, vor dem Hypostylum, fand wahrscheinlich ein erstes Ritual zur Symbolisierung des Totengerichts statt, an dessen Ende Ramses' mächtige Zeitgenossen ein Urteil darüber fällten, ob er in die Welt der Gerechten aufgenommen werden würde.

Dann ruderte die gesamte prächtige Flottille, der sich die Barken der thebanischen Würdenträger anschlossen, über den gewaltig angeschwollenen Fluß zur überschwemmten Ebene von Theben-West hinüber. Vorbei an den Kolossalstatuen des Totentempels von Amenophis III., den »Memnonskolossen«, gelangte sie direkt an die Landungsbrücke des Ramesseums, in das Gebiet der Westgöttin Imentet, wo die Verstorbenen in das unergründliche Reich der großen Hathor eingingen. Im Jubiläumstempel vollzogen die Priester unter Gesängen und Tänzen (darunter der Muu-Tanz aus Buto, bei dem Hauben aus Schilfrohr getragen wurden) uralte Begräbnisriten, beschworen die unerläßliche Pilgerfahrt zu den heiligen Stätten … Ein letztes Mal spendete der Kultort dem Verstorbenen die wohltätigen Kräfte, die er mittels seiner Bildnisse als Osiris und aufgehende Sonne auf den Pfeilern der beiden gewaltigen Höfe in siebenundsechzig Jahren Herrschaft empfangen hatte.

Zur königlichen Nekropole

Im Morgengrauen des vorgesehenen Tages machte sich der Trauerzug auf den Weg zu den Gräbern der Ahnen. Das schwimmende Totengeleit bewegte sich auf ein Ziel nördlich der Kette der Jubiläumstempel zu, von wo aus sich ein langer Weg durch die Berge wand. Es dauerte Stunden, bis die schweren Särge, der Katafalk und der Sargschlitten sowie die übrige Grabausstattung abgeladen waren: Kanopen, Stühle und Schreine, Wagen, große Betten der Verklärung, geschmückt mit Tiergestalten, Alabastergefäße mit Salbölen, Körbe mit Wäsche und Kästchen mit Amuletten, Gebrauchsgegenstände, Haushaltsgerät, Spiele, Kleider und Juwelen, Stöcke, Bögen und Köcher, große Krüge mit den besten Weinen aus den Kellern[15] des Königs, rituelle Figürchen, vergoldet oder mit Harz bestrichen, sowie mehrere Sätze mit dreihundertfünfund-

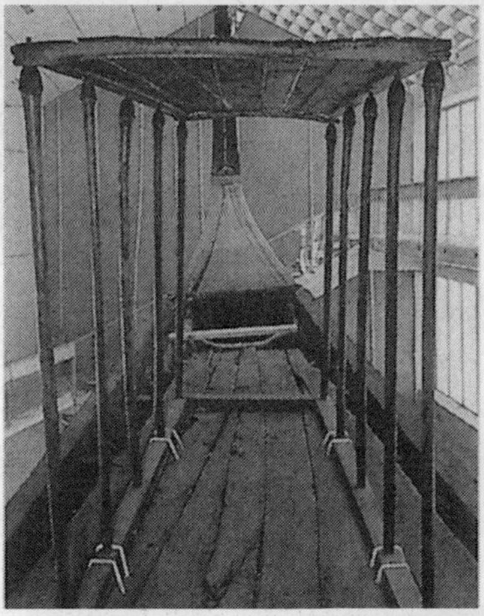

Abb. 14 Blick in die Kajüte der Barke des Cheops. (Gize)

Abb. 15 Totenbarke Tutanchamuns mit Kajüte. (Kairo, Ägyptisches Museum)

Abb. 16 Klagefrauen umgeben die Kajüte der Totenbarke auf dem Weg zur Nekropole.

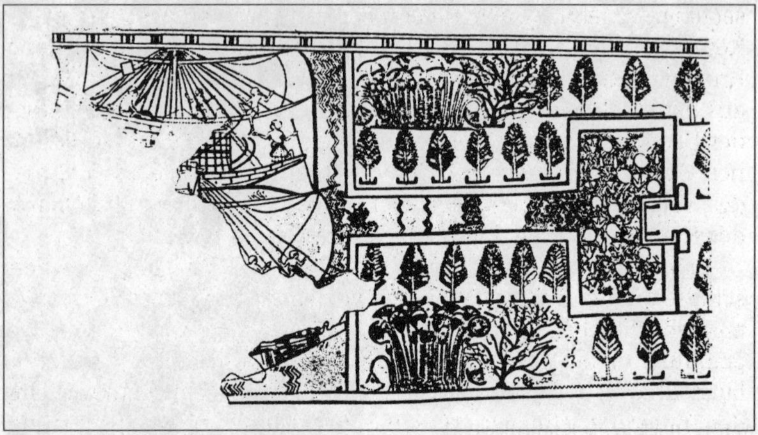

Abb. 17 Trauerzug auf dem Nil vor dem Hafen von Karnak. (Theben, Grab des Neferhotep)

Abb. 18 Sargschlittenzug auf dem Weg zur Nekropole. (Thebanische Malerei)

Abb. 19 Träger mit Grabausstattung. (Grab des Ramose)

sechzig Uschebtis, jenen kleinen Figuren in Mumiengestalt, die den König an jedem Tag des Jahres vertreten sollten; ihre verschiedenen Kronen dienten dazu, ihn besser in die Welt des Osiris einzuführen, aus der er, einem neuen Horus gleich, nach Ablauf des Jahres wieder hervorgehen sollte. Diese kostbaren Grabbeigaben wurden neben Opfergaben – wie mumifizierte Tiere – in Särgen den Großen des Königreiches übergeben, den Beamten, Freunden und Dienern des Königs, die sie sich auf den Rücken luden.

Schließlich setzte sich der Trauerzug in Bewegung. Der Sargschlitten mit dem Katafalk wurde von Rindern gezogen; ihnen voraus schritten Schreiber, die den Boden mit Milch besprengten. Dem Schlitten folgten die beiden kahlrasierten Wesire und, gestützt auf lange Stöcke, die »Neun Freunde des Ritus«, die Stirn zum Zeichen der Trauer mit schmalen weißen Bändern umwunden. Dann folgten die Trauergäste, Träger mit langen Papyrusstengeln und zahlreiche Klagefrauen mit zerzaustem Haar, die sich den Staub des Weges, der auch ihre Gewänder bedeckte, auf das Haupt streuten und erneut ihre Verzweiflung hinausschrien.

Das lange Defilee gelangte schließlich an die Abzweigung ins westliche Tal und an die Stelle, wo Amenophis III. Nebmaatre sein »Haus der Ewigkeit« hatte einrichten lassen. Der Sargschlittenzug passierte die Felspassage, wo Paser als junger Wesir des Südens, als er die Arbeiten am Grab seines Herrschers beaufsichtigte, auf beiden Seiten Reliefs in den Kalkstein hatte schlagen lassen: Das eine zeigte die Kuh Hathor, die Schutzgöttin von Theben-West, mit der Sonnenscheibe zwischen den Hörnern und zwei aufragenden Straußenfedern. Das gegenüberliegende Relief stellte Paser auf Knien vor einem Bildnis der Hathor dar, über deren Sonnenscheibe zwei Schwungfedern eines Falken aufragten, das Emblem der Sothis (Sirius). Eine der Hathordarstellungen symbolisierte die Aufnahme des Verstorbenen in der westlichen Nekropole, während die andere ihn bis zu seinem kosmischen Erwachen, angekündigt durch den strahlenden Stern des Sonnenjahres, in den Osten Thebens tragen sollte.

An dieser Stelle wurden die Rinder ausgespannt: Die Großen des Hofs zogen den Sargschlitten eigenhändig zum Eingang der Nekropole.

Abb. 20 Straße ins Tal der Könige. (Foto: M. Kurz)

Abb. 21 Tür einer Totenkapelle des Tutanchamun. (Kairo, Ägyptisches Museum)

Das Grab des Königs

Das Königsgrab, das Ramses II. gleich nach seiner Krönung hatte anlegen lassen, ähnelte in seinem Grundriß mehr der Grabanlage von Amenophis II.,[16] deren Form an einen Anschlagwinkel erinnerte, als den Anlagen seines Vaters Sethos I. oder seines Sohnes und Nachfolgers Merenptah, die an einer einzigen Achse entlang in den Fels getrieben worden waren. Was hatte den großen Pharao wohl bewogen, sich gegen diese »Sonnenachse« zu entscheiden?

Der gewaltige äußere Alabastersarkophag in Rechteckform war am Ende der Arbeiten in die Sargkammer gebracht worden. Szenische Darstellungen schmückten deren Wände, die den Herrscher im Zwiegespräch mit den Götterwesen des Jenseits zeigten. Sie leuchteten farbenfroh auf, als Fackelträger den Transport der kostbaren Grabbeigaben begleiteten, gewissermaßen den Hausrat dessen, der gerade seine mystische Ehe mit der Großen Göttin geschlossen hatte, in deren Zentrum seine Mumie einging.

Die lange Flucht der Gänge, deren Wandbemalungen die verschiedenen Stadien des Sonnenzyklus darstellten, in dessen zwölf

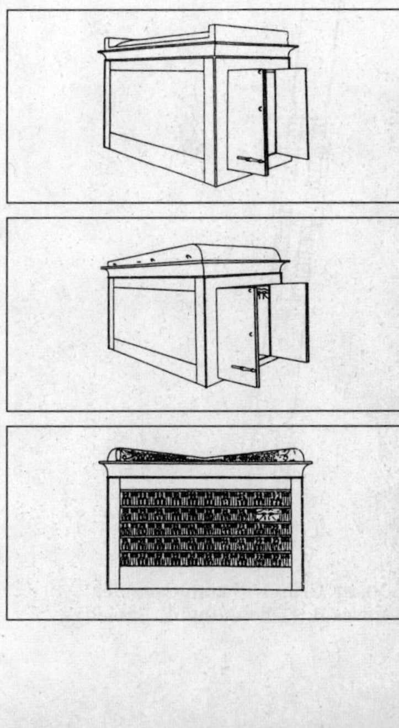

Abb. 22 Totenkapellen für die Mumiensärge des Pharaos (v. o. n. u.): Kapelle des Nordens; Kapelle des Südens; Kapelle der Jubiläen.

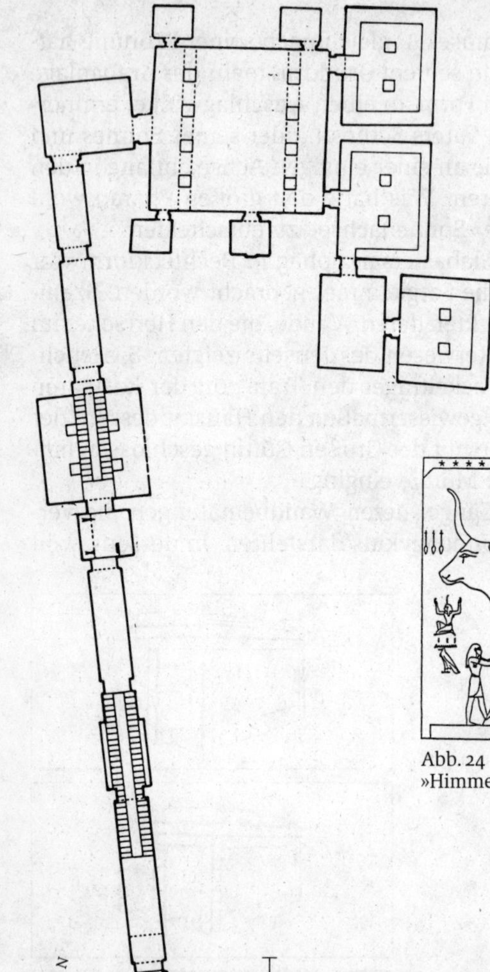

Abb. 23 Grundriß vom Grab des Ramses II. (Zeichnung: F. Babled)

Abb. 24 Illustration zum Mythos der »Himmelskuh«. (Grab Sethos' I.)

Abb. 25 Vorlesepriester und Instrumente für das Ritual der Augen- und Mundöffnung. (Thebanisches Grab)

Nachtstunden der Verstorbene eingetreten war, führte in eine große Halle mit vier Pfeilern. In den beiden Seitenkammern dieser »Halle des Wagens« stellten die Priester die Wagen des Pharaos ab, von denen einer vollständig mit Gold belegt war. Auf ihnen sollte der Gottkönig der Sonne, eine Präfiguration Apolls, verderbliche Dünste vertreiben und siegreich durch Regionen ziehen, in denen das Böse besiegt werden mußte.

Weiter ging es durch Gänge, an deren Wänden Vignetten das geheimnisvolle Ritual der Augen- und Mundöffnung darstellten, das an der Mumie und an den Standbildern des verstorbenen Pharaos vollzogen wurde. Endlich gelangte der Trauerzug in die rechteckige »Halle der Wahrheit«, die um die sterbliche Hülle des großen Königs, der als Gerechtfertigter durch den Hauch wiederbelebt werden würde, ein schützendes Gleichgewicht aufrechterhalten sollte. Von hier aus führte eine Seitentür in die gewaltige Sargkammer mit acht Pfeilern, die »Halle des Goldes«, die ungefähr das Zentrum der Anlage bildete. Um sie herum gruppierten sich drei Arten von Nebenräumen verschiedener Größe. Wenn man die »Halle des Goldes« betrat, öffnete sich rechts eine erste Kammer mit einer Wandmalerei, die eine Szene aus dem »Buch der Himmelskuh« zeigte. Der Mythos, der sich erstmals in einer Darstellung in der Grabanlage des Tutanchamun findet, ist vor allem deshalb so interessant, weil er als ägyptische Variante der biblischen Erzählung von der Sintflut gelten kann. Abgebildet ist eine Kuh, deren Leib mit Sternen übersät ist – ein Bild des Himmelsgewölbes, an dem eine Barke schwimmt, die des Weltenschöpfers Re, der alternden Sonne. Nachdem die Menschen eine Verschwörung gegen ihn angezettelt haben, sendet er zur Strafe Hathor in Gestalt einer reißenden Löwin, die sich am Blut der Menschen berauscht. Um nicht die ganze Menschheit zu vernichten, läßt Re rotbraunes Bier auf die Erde strömen, an dem sich Hathor besäuft. So kommt alles wieder ins Lot. Doch der Weltenschöpfer, der Menschen überdrüssig, steigt auf dem Rücken seiner Tochter Nut, der gestirnten Kuh, am Firmament empor, nachdem er verkündet hat: »Ich habe nicht befohlen, daß sie Böses tun, aber ihr Herz hat meinen Worten nicht gehorcht.«[17]

In der zweiten Seitenkammer auf der rechten Seite sieht man heute an der hinteren Wand eine Nische mit dem Unterteil einer

Statue, bei der es sich wahrscheinlich um eine Darstellung des Osiris gehandelt hat.

Die Kammern der Grabanlage bargen eine Fülle besonderer zeremonieller Gerätschaften sowie Eingeweidekrüge, Uschebtis, Statuetten geflügelter Genien, die den Verstorbenen während seiner Wandlungen begleiten sollten, verschiedene Boote sowie den übrigen Grabschatz: Salböle, Gewänder, Schmuck, Opferspeisen, Bildnisse des »Kornosiris«, mit Harz bestrichene und vergoldete Holzstatuen des Königs, Plastiken des Anubis, dargestellt als großer schwarzer Hund, Symbolgestalt und Organisator der Reise in die Ewigkeit, die der Verstorbene unter dem Schutz seines Herrn Osiris antrat.

In der Mitte der »Goldenen Halle« ruhte der Alabastersarkophag, in den die ineinandergeschachtelten Särge gesenkt wurden.

Aber zuvor wurde die Mumie vor dem Eingang der Grabanlage aufgestellt, damit ein letztes Ritual an ihr vollzogen werden konnte: die Augen- und Mundöffnung.[18] Diese sollte sie wieder in die Lage versetzen, alle ihre Sinne zu gebrauchen.

Diese wichtige Handlung wurde vom Nachfolger des Pharaos, Merenptah, vollzogen, der ein Gepardenfell trug, auf dem Kopf die blaue Chepreschkrone, die vermutlich mit Straußenleder bezogen war, und an den Füßen Sandalen aus weißem Leder. Er führte das Ritual mit Hilfe verschiedener Instrumente aus, die auf einem Schemel vor ihm bereitlagen. Zuletzt folgte die Abschiedsgeste mit einer Dechsel, einem Gerät, das an die Form des »Rinderschenkels« erinnerte. Dieser gehört zum Sternbild des Großen Bären in der nördlichen Himmelsregion.

Abb. 26 Merenptah, Sohn Ramses' II. und 13. Thronanwärter.
(Kairo, Ägyptisches Museum)

KAPITEL 2
DIE SELTSAME ODYSSEE EINER KÖNIGSMUMIE

Abschied vom Pharao

Trotz der Klagerufe der Königinwitwe, die die Beine des Ramses umschlang und ihn anflehte, sie nicht zu verlassen, nahmen die Priester den »schönen, in die Gefilde der Ewigkeit aufgebrochenen Reisenden«, setzten ihm die Goldmaske wieder auf Gesicht und Schultern und transportierten ihn in die Sargkammer. Dort betteten sie die Mumie wieder in die Särge, verschlossen diese mit den Deckeln und senkten die schwere Platte auf den Steinsarkophag. Ein Tuch aus durchsichtigem Leinen, das mit Goldrosetten bestickt war und an vier goldbeschlagenen Pflöcken hing, wurde über den Sarkophag gebreitet. Dann folgte die Errichtung der vier Götterkapellen auf dem Sarkophag.[1] An den Wänden der »Goldenen Halle«, die mit Darstellungen aus dem heiligen »Amduatbuch« (»Was in der Unterwelt ist«) und dem nach der Amarnazeit entstandenen »Pfortenbuch« ausgeschmückt war, lehnten bereits die Bauteile aus vergoldetem Holz. Die schrankartigen Schreine, die jetzt aufgebaut werden mußten, spielten in der Zukunft des Verstorbenen eine entscheidende Rolle: Zwei waren Kapellen der Muttergöttin des Südens, des Geiers Nechbet, eine dritte stellte das alte Heiligtum der Göttin Uto dar, der Muttergöttin des Nordens. Beide Schutzgottheiten begleiteten den Verstorbenen auf seiner Jenseitsreise; daher tauchten ihre Bildnisse überall auf der Grabausstattung auf. Eine vierte Kapelle, über den drei anderen errichtet, symbolisierte das Zelt für das Sedfest,[2] mit dem ab dem dreißigsten Herrschaftsjahr das Regierungsjubiläum begangen wurde. Diese Kapelle diente der Wiedergeburt und ewigen Verjüngung des Verstorbenen.

Auf dem Rückweg mußte die Trauerprozession, die nur noch aus

Abb. 27 Das Tal der Könige. (Foto: Lemaître)

den obersten Priestern bestand, in der Nähe des Eingangs einen tiefen Schacht umgehen, dessen Wände noch heute Spuren von Bemalung zeigen: Dieser Schacht symbolisierte zum einen den Sumpf, den der Anwärter auf die Ewigkeit durchschreiten mußte, und konnte zum anderen das Wasser aufnehmen, das bei den seltenen, aber heftigen Sturzregen in die Grabstätte eindrang.

Auf dem Weg zurück ans Tageslicht schritten die Priester an Wandmalereien vorbei, die die verschiedenen Stadien der Augen- und Mundöffnung zeigten. Und vor einer Inschrift mit der »Sonnenlitanei« hielten sie kurz inne, um einige Passagen zu psalmodieren.

Das Totenmahl

Draußen im Tal versammelten sich die vornehmen Trauergäste zum Leichenschmaus in einem großen Zelt mit Stühlen und kleinen Tischen. Man behängte sie mit Ketten aus Blumen und überreichte ihnen duftende Lotosblüten, denen im Totenkult symbolische Bedeutung zukam. Schwere Weine, an denen die Trauernden sich bis zur Verzückung berauschten, halfen bei der mystischen Vereinigung mit dem Verstorbenen. Diese Riten, die eine Begegnung mit der schrecklichen und gefürchteten, aber auch liebreizenden und begehrenswerten Hathor, der kuhgestaltigen Schutzgöttin von Theben-West, heraufbeschwören konnten, en-

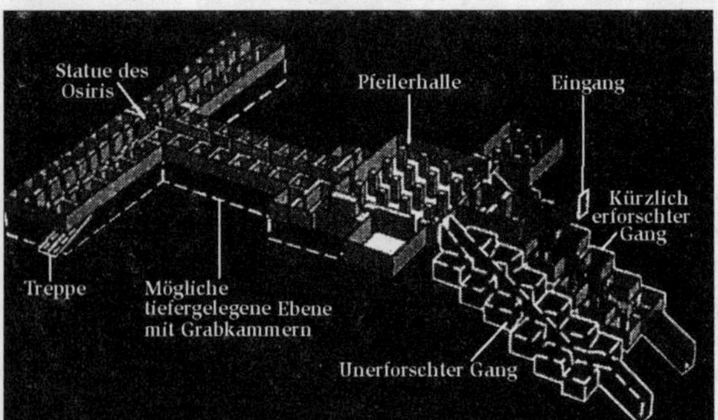

Abb. 28 Grab oder Kenotaph für die Kinder Ramses' II.; nach einer ersten Grabungskampagne, die K. Weeks begonnen hatte (Ende 1995).

deten mit lasziven Gesängen und Tänzen. Eine diskretere und zugleich poetischere Symbolik des Totenkultes kam durch bestimmte Elemente der Grabausstattung zum Ausdruck: So wurde die Witwe als Isis dargestellt, die ihren verstorbenen Gatten Osiris aus dem Totenschlaf erweckt und ihm die Zeugungskraft zurückgibt, damit er sie mit der Kraft der neuen Sonne befruchte. Isis und Hathor sind im Totenkult nur verschiedene Aspekte ein und desselben Symbols.

Beim Verlassen der Nekropole zog die Trauerprozession am Eingang des großen Gemeinschaftsgrabes, *Cher-en-Ahau*,[3] vorüber, in dessen Felsen Ramses II. zahllose kleine unterirdische Grabkammern, versehen mit den Namen seiner vielen Söhne – Amunherchepeschef, Ramesse und andere –, hatte hauen lassen.

Nach Ramses sollte es keinem Pharao mehr gelingen, Ägypten eine so lange Friedensperiode zu sichern, wie durch den Vertrag mit den Hethitern, den er in seinem einundzwanzigsten Regierungsjahr geschlossen hatte.

Ramses III.[4] konnte sein Königreich vor einer noch gefährlicheren Invasion als der Koalition unter dem Hethiterkönig Muwatallis retten. Aber das Land, das von libyschen Stämmen unterwandert und durch magere Ernten infolge unzureichender Überflutung geschwächt worden war, litt unter der Verblendung der Zentralregierung und einer oft unfähigen Verwaltung. So führten die Verarmung der Bevölkerung und die gesunkene Moral allenthalben zu Machtmißbrauch.

Abb. 29 Eine Statue des Osiris beherrscht die oberste Ebene der Anlage, die zur Zeit freigelegt wird (nach K. Weeks).

Die Plünderung des Grabes

Vor allem auf thebanischem Gebiet, wo in der öffentlichen Verwaltung die Korruption blühte und die Beamten der Hungersnot nicht Herr wurden, brachen Grabräuber die Königsgrüfte auf und plünderten die Schatzkammern. Das Grab Ramses' II. war schon im neunundzwanzigsten Regierungsjahr von Ramses III. Ziel einer versuchten Plünderung. Als Ramses IX.[5] den Thron bestieg, waren die Schätze des großen Pharaos ebenso geraubt wie die kostbaren Gerätschaften im Ramesseum, seinem Jubiläums- und Totentempel.

Drakonische Maßnahmen wurden ergriffen und Plünderer, deren man habhaft wurde, darunter ein gewisser Paykamen, streng verhört und zu Geständnissen und Nennung ihrer Komplizen gezwungen. Bis heute ist im »Großen Grasland« keine einzige Grabstätte bekannt, die nicht geplündert worden wäre, ausgenommen das kleine für Tutanchamun bestimmte »Reservegrab«. Nicht nur die Grabkammern wurden fast vollständig ausgeräumt, sondern die Grabräuber rissen auch die Mumien rücksichtslos aus ihren Binden, um an die Amulette und goldenen Hülsen an Fingern und Zehen zu kommen. Ebenso fielen die herrlichen Alabastergefäße den Plünderern zum Opfer, da diesen besonders an den kostbaren Salbölen lag. Einige gestanden sogar, sie hätten von den köstlichen Weinen der Pharaonen gekostet.

Daraufhin beschlossen die Priester und der Bürgermeister von Theben, die Mehrzahl der Mumien im Tal der Könige in den beiden schönsten Gräbern in Sicherheit zu bringen, deren Zugänge einfach zu überwachen waren: denen von Sethos I. und Amenophis II.[6] Also wurden die übel zugerichteten Mumien nahezu aller Pharaonen der 18. bis 20. Dynastie ohne jeden Pomp mit den armseligen Resten ihrer Grabausstattungen[7] ein zweites Mal beigesetzt. Die Zeiten prunkvoller Begräbnisse waren vorbei!

Zweihundert Jahre später, unter den Priesterkönigen der 21. Dynastie, wurden die fast völlig entblößten Leichname in grobe Tücher gelegt und der geraubte Schmuck durch Girlanden aus Blättern und Blumen, vor allem Blättern des Perseabaumes und Lotosblüten, ersetzt. Die Priester verwendeten die brauchbarsten Särge: So erhielt Ramses den gut erhaltenen Sarg seines Großvaters Ramses I., an dem jedoch alle Vergoldungen fehlten. Diese Rettungsaktion erfolgte im Jahr 6 des »Zeitalters der Wiedergeburt«, also am fünfzehnten Tag des dritten Monats der Jahreszeit Peret (Winter-Frühjahr) um das Jahr 1090 v. Chr., während der Herrschaft des Schattenkönigs Ramses IX. Durchgeführt wurde sie sehr wahrscheinlich unter der Leitung des Hohenpriesters Herihor.

Die Bewachung der Gräber war offenbar nicht ausreichend, denn schon wenig später brachen Grabräuber erneut das Grab von Sethos I. auf und schändeten die Mumie des Ramses. Pinodjem I., der Hohepriester des Amun, ließ die Schäden im Jahr 10 ausbessern; das Datum ist auf dem Grabtuch in Brusthöhe vermerkt. Wahrscheinlich legten die Priester zu diesem Zeitpunkt auch die beiden armseligen Zepter aus Palmholz, Geißel und Krummstab des Osiris, in die Hände des Bildnisses auf dem Mumiensarg – ein bescheidener Anklang an die Herrschaftsinsignien, die ursprünglich aus Gold und lapislazulifarbenem Glasfluß gefertigt waren.

Das versteckte Königsgrab

Aber auch die Königsgruft von Sethos I. war nicht mehr sicher, im Gegensatz zum Grab von Amenophis II., das von Plünderungen verschont geblieben war und erst 1898 durch Victor Loret freigelegt wurde. Die geschändeten Mumien der Pharaonen mußten erneut abseits der geschlossenen und abgeschieden gelegenen königlichen Nekropole in Sicherheit gebracht werden. Die Behörden fanden eine geeignete Stelle in einem Talkessel am Osthang des Bergmassivs, das vom »Heiligen Gipfel« überragt wird, der sich pyramidenförmig jenseits der thebanischen Ebene erhebt. Es handelte sich um das – wohl schon ausgeplünderte – Grab der unbedeutenden Königin Inhapi,[8] in dem man bereits die Mumie ihres Göttergemahls, Amenophis I., des Schutzherrn der Nekropole, in Sicherheit gebracht hatte. Um vor Grabräubern sicher zu sein, wurde der schnellste, unauffälligste, aber auch gefährlichste Weg gewählt: der direkte über den Bergkamm. Hätte die Expedition die lange Route durch die Ebene und am Der el-Bahari entlang genommen, wäre sie leicht entdeckt worden. Im Verlauf von drei Nächten wurde der abenteuerliche Umzug vollzogen. Der Leichnam des Ramses wurde – einer Inschrift auf dem jetzigen Mumiensarg zufolge – am siebzehnten Tag des vierten Peret-Monats im Jahr 10 der Herrschaft des Pharaos Siamun (979–960 v. Chr.) überführt. Eskortiert wurden seine und die anderen Mumien von hohen geistlichen Würdenträgern, darunter Anchefenchonsu, Nespakaschuti und der Siegelbewahrer der Totenstadt. Die Überführung wurde mit der Beisetzung des Hohenpriesters Pinodjem II. verbunden, der im gleichen versteckten Königsgrab mit seiner Ausrüstung zur letzten Ruhe gebettet wurde. Eine Inschrift am Kopfende von Ramses' Mumiensarg aus der damaligen Zeit klärt darüber auf, daß der Totenkult von einer anderen Gruppe von Priestern, zu denen ein Djedchonsujuefanch, ein Unennefer und ein Efenamun gehörten, am zwanzigsten Tag des gleichen Monats feierlich begangen wurde.

Dieses Versteck hatte nichts gemein mit den unterirdischen, prachtvoll ausstaffierten Königspalästen, welche die »Söhne der Sonne« im Jenseits zwischen Götterbildern und Fabelwesen beim Totengericht zeigten. Die Priester ließen die Särge zunächst in einen zwölf Meter tiefen und zwei Meter breiten Schacht hinab. Von dort ging es weiter durch einen Stollen, den man mit den Maßen 1,20 auf 1,80 Meter in den thebanischen Kalkstein getrieben hatte. Nach 7,50 Metern bog im rechten Winkel ein weiterer Gang von sechzig Metern Länge ab, der über fünf Treppenstufen in eine langgezogene, völlig schmucklose, acht Meter lange Sargkammer führte. Man stelle sich die Schwierigkeiten beim Herunterlassen der sperrigen Mumiensärge und beim Weitertransport durch die Gänge vor!

Nach 2830 Jahren!

Die Fährnisse, denen Ramses auf seiner Reise in die Ewigkeit begegnet war, fanden damit vorläufig ihr Ende: 2830 Jahre lang blieb seine Ruhe ungestört. Gefährlich wurde es erst wieder am Ende des 19. Jahrhunderts, als ihn moderne Grabräuber entdeckten, die in den thebanischen Königsgräbern Quartier bezogen hatten!

Sechsunddreißig Jahre nachdem Champollion die sensationelle Entzifferung der Hieroglyphen gelungen war (1822), rief Auguste

Abb. 30 Pfad über den Thebaner Gebirgsgrat zum »versteckten Königsgrab«. (Foto: M. Kurz)

Abb. 31 Eingang zum Schacht des »versteckten Königsgrabes«; erste Sarkophage von Pharaonen werden geborgen. (Archiv Gaston Maspero)

Mariette, der in Ägypten den Titel Mariette Pascha trug,[9] die erste Behörde zum Schutz der Denkmäler der Pharaonen ins Leben. Seither bemühten sich Inspektoren der Staatlichen Altertümerverwaltung darum, das moderne Grabräuberunwesen einzudämmen, durch das Antiquitätenhändler und »begierige« Sammler mit Stücken aus den altehrwürdigen Nekropolen versorgt wurden. Zwischen 1871 und 1874, also noch bevor Gaston Maspero Mariettes Nachfolge antrat, tauchten auf dem internationalen Antiquitätenmarkt Papyri aus der 21. Dynastie sowie eine Reihe von Fundstücken aus Gräbern der Thebaner Region[10] auf. Als zwei Mitarbeiter Masperos, die Inspektoren Heinrich Brugsch und Achmed Bey Kamal, mit Nachforschungen beauftragt wurden, kamen sie am 6. Juli 1881 – wieder zur Zeit der Nilflut – einer Bande von Plünderern, einer Familie aus dem Dorf el-Kurna in Theben-West, auf die Spur. Je nach Bedarf hatten diese sich der Grabbeigaben aus dem berühmten Felsenversteck von Der el-Bahari bedient, um einen schwunghaften Antiquitätenhandel zu betreiben.

Zu dieser Zeit verschwanden aus dem Grab vermutlich auch die prachtvollen, tiefblau glasierten Terrakottagefäße, auf die mit schwarzer Tinte Blumenornamente und die Namenskartuschen von Ramses II. aufgemalt waren. Die Gefäße in Form einer Situla*, die die ersten Plünderungen überstanden hatten, waren von den Priestern zusammen mit der Mumie in die neue Grabstätte überführt worden. Sie hatten Stoffreste von der Mumifizierung des Königs enthalten, die kurz nach Entdeckung des Grabes auf dem Antiquitätenmarkt auftauchten. Als einzige bislang bekannte Stücke aus der Grabausstattung Ramses' des Großen befinden sie sich seit 1906 im Louvre.[11]

Der Anblick der armseligen, finsteren Gruft in der Talsenke von Der el-Bahari, in der die Pharaonen des Neuen Reiches zusammengepfercht waren, erregte die Gemüter. Es mußte rasch gehandelt werden, wollte man weiteren Übergriffen durch die Dorfbewohner, ehemaligen Beduinen, die nahe der umliegenden Königsgräber seit Generationen ihre Quartiere hatten, vorbeugen. Mit Hilfe von Polizisten aus Kairo[12] wurden die Särge binnen achtundvierzig Stunden,

* Kultgefäß mit hohem, breitem Hals, abgerundetem Boden und einem Henkel.

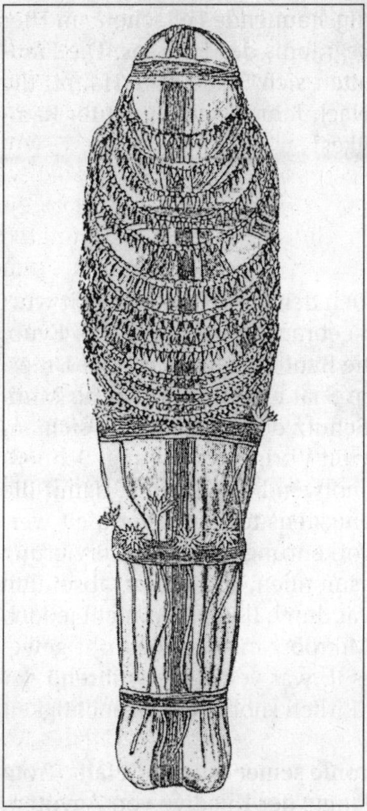

Abb. 32 Zeichnung der Mumie des Ramses im neuen Grabtuch aus der 21. Dynastie, geschmückt mit echten Blumen.

Abb. 33 Die von Grabräubern geschändete Mumie, wie sie der Khedive von Ägypten 1886 zu sehen bekam. (Kairo, Ägyptisches Museum)

diesmal am hellichten Tag, geborgen. Drei Tage später traf der Dampfer ein, den Maspero nach Theben-West geschickt hatte. Er nahm die kostbare Fracht an Bord und fuhr unverzüglich nach Kairo zurück.

Die Nachricht von der Entdeckung der Mumien hatte sich wie ein Lauffeuer verbreitet, und die Enttäuschung der Grabräuber war groß. Als aber der Dampfer den Fluß wieder hinunterfuhr, standen zwischen Luxor und Kuft ehrfürchtig staunende Fellachen am Ufer wie ehedem ihre Vorfahren beim Begräbnis des Pharaos. Die Frauen stießen Klagerufe aus und streuten sich Staub aufs Haupt, die Männer feuerten Salutschüsse ab. Nach Jahrtausenden erfuhr Ramses wieder die Ehrungen seines Volkes!

Ramses in Kairo

Zusammen mit den sterblichen Hüllen der Größten seiner Zeit wurde Ramses ins Museum von Bulak gebracht.[13] Ismail Pascha Eyub, der damalige Minister für öffentliche Bauten, ließ eigens zur Unterbringung der Mumien einen großen Saal errichten. 1882 gab Minister Mahmud Pascha Fahmy zum Schutz der Mumien, die sich am besten zur Ausstellung eigneten, zwölf Vitrinen in Auftrag. Schließlich sorgte Scott Moncrieff für die notwendigen Kredite, damit die Mauern, an denen sie standen, wenigstens teilweise vertäfelt werden konnten. Bis diese einfachen Vorkehrungen zur Konservierung getroffen waren, hatten die Königsmumien, die in der absoluten Trockenheit der Thebaner Berge zwar durch Plünderer, nicht jedoch durch klimatische Einflüsse oder Mikroorganismen bedroht gewesen waren, bereits gelitten. Ramses II. war vor allem während der Überschwemmungszeit einer gefährlich hohen Luftfeuchtigkeit ausgesetzt.

Auch bei anderer Gelegenheit drohte seiner Mumie Gefahr. Trotz der Inschriften auf den Särgen verlangte der Khedive von Ägypten, Mohammed Pascha Tewfik, daß die genaue Identität der Mumien festgestellt würde, vor allem die von Ramses II., dem als erstem die Leinenbinden abgenommen wurden.

Mit dieser zeremoniellen Prozedur, die unter Leitung von Gaston Maspero, Emil Brugsch und Urbain Bouriant im Beisein von sechs Ministern und hohen Würdenträgern des ägyptischen Königreiches stattfand, wurde am 1. Juni 1896, also am 28. Scha'ban 1303 anno Hegirae (muslimischer Zeitrechnung), um neun Uhr morgens begonnen. Man brauchte nur eine Viertelstunde, so Maspero später, um die rötliche Binde und die Tücher darunter zu entfernen. Der Hohepriester Herihor hatte das Tuch über Ramses' Brust mit dessen Namen beschriften lassen, so daß seine Identität zweifelsfrei feststand. Die Tücher, in die die Priester der 21. Dynastie die Mumie eingewickelt hatten, erwiesen sich als ziemlich grob, während die spärlichen Überreste des ursprünglichen Materials, das die Grabräuber an der Mumie gelassen hatten, aus allerfeinstem Leinen war; Maspero fühlte sich unwillkürlich an »durchsichtiges Musseline aus Indien« erinnert, »geschmeidig, weich und zart auf der Haut«. Als Pierre Loti 1907 das heutige Ägyptische Museum in Kairo besichtigte, das die Bestände des Museums von Bulak übernommen hat, wurde er nachts in den ersten Stock hinauf geführt, wo die Mumien der Pharaonen »lagerten«. Vor der Mumie des Ramses, die Maspero in das schwache Licht seiner Laterne tauchte, beschrieb er Loti die Szene, als der illustre Tote vor dem Khedive aus der Mumienbinde gewickelt worden war: »Die Spannung wurde so groß, daß unter den Würdenträgern ein Gedränge entstand. Sie stießen den Pharao um!« Loti ergänzte seinen Bericht: »Der große Sesostris hat seit seiner Unterbringung im Museum übrigens viel Aufsehen erregt. Eines Tages schnellte plötzlich sein Arm in die Höhe, worauf die Aufseher, vor Angst schreiend, die Flucht ergriffen. Der Arm ragt nach wie vor in die Luft, er wollte ihn einfach nicht mehr herunternehmen. Dann wimmelte es in seinem alten vergilbten Haarschopf und an sämtlichen Gliedmaßen plötzlich von kleinen Aasfressern, so daß ein Vollbad in Quecksilberlösung notwendig wurde.«[14]

Der Saal, in dem Loti die Mumien gesehen hatte, war für die Öffentlichkeit gesperrt, um sie den Blicken sensationslüsterner Gaffer zu entziehen. Im Jahr 1935, nach der Verabschiedung von Pierre Lacau, dem Direktor der Altertümerverwaltung, wurden sie im Empfangsraum seines Wohnhauses untergebracht. Als der Kanoniker É. Drioton die Nachfolge Lacaus antrat und seine zukünftige Residenz vor dem Eingang des Museums besichtigte, entdeckte er die Mumien an der Wand seines Salons! Drioton sorgte dafür, daß sie in das noch leere Mausoleum geschafft wurden, das für den Leichnam Saad Zaghluls bestimmt war. Erst als die Räumlichkeiten per Erlaß ihrer Bestimmung übergeben werden sollten, kamen die Mumien ins Ägyptische Museum zurück: Die wenigen Ehrengäste oder Ägyptologen, die sie in dem für die Öffentlichkeit gesperrten

Saal betrachten durften, mußten zunächst über den Vitrinen violette Vorhänge beiseite ziehen.

Ramses muss behandelt werden

Vor etwa zwanzig Jahren beschloß die Leitung des Ägyptischen Museums, den Leichnam des Ramses wieder öffentlich auszustellen. Damit begann ein neues Drama. Die erhöhte Luftfeuchtigkeit durch die Ausdünstungen der Besucher bedeutete für alle Mumien, die in alten, luftdurchlässigen Vitrinen lagen, eine zusätzliche Gefahr.

Zudem ließen die Verantwortlichen den Körper, den Kopf und vor allem das Gebiß der Mumien röntgen, ohne daß während dieser wissenschaftlichen Untersuchungen irgendwelche Schutzmaßnahmen getroffen worden wären. Schließlich drohte ihnen akuter Verfall: Vor allem die Mumie des Ramses, die einst nach Harzen und Salbölen geduftet hatte, verströmte einen üblen Geruch. Als ich mich aus Anlaß der Vorbereitungen zu der Ausstellung »Ramses der Große«, die 1976 in Paris stattfand, in Kairo aufhielt, bemühte ich mich darum, die Ursachen dieses Phänomens untersuchen zu lassen. Da zu dieser Zeit die Mittel dazu vor Ort fehlten, erlaubten mir die zuständigen Stellen in Ägypten, Ramses in Paris behandeln zu lassen. Man entschied sich, Professor L. Balout, den Verwalter des Pariser Musée de l'Homme, und Professor J. Dorst, den Direktor des Pariser Naturkundemuseums (Muséum d'Histoire Naturelle), damit zu beauftragen. Zur Durchführung eines solchen Vorhabens, das mit der Entfernung eines Pharaos aus Ägypten und dessen »Konsultation von Ärzten in Frankreich« verbunden war, bedurfte es einer vorherigen Übereinkunft zwischen den beiden Staatspräsidenten Muhammad Anwar as-Sadat und Valéry Giscard d'Estaing. Zudem mußte sichergestellt werden, daß die Kosten für Transport und Behandlung der Mumie im wesentlichen von französischer Seite getragen wurden.

Das technische Personal des Pariser Naturkundemuseums und des Musée de l'Homme bereitete den König für seine weite Reise vor. Für den Transport hatte ich um ein französisches Militärflugzeug mit zweistöckigem Laderaum gebeten.

Am 26. September 1976 verließ Ramses auf einem Lastwagen das

Ägyptische Museum von Kairo, bewacht von einer eigens für ihn zusammengestellten Leibgarde, deren kommandierender General auch Ramses hieß! Ein starker Wind von hundertfünfzig Kilometern pro Stunde war die denkbar ungünstigste Voraussetzung für einen Flug, auf dem der illustre Passagier vor jedem Stoß geschützt werden mußte. Allerdings hofften wir auf den »Wundermacher«, der dem legendären Helden immer wieder zu Hilfe geeilt war. Als die Maschine endlich startete, flaute der Wind tatsächlich ab. So konnte ich den Piloten bitten, Kurs über die Pyramiden von Gize zu nehmen. Der Leiter der Laboratorien am Ägyptischen Museum von Kairo, Dr. Schauky Nachla, der Ramses während seines siebenmonatigen Aufenthalts im Musée de l'Homme nicht von der Seite weichen sollte, traute seinen Augen nicht: 3190 Jahre nach seinem Tod überflog der Pharao Ramses, der seinem düsteren Grab entstiegen

Abb. 34 Die Mumie Ramses' II. bei einer endoskopischen Untersuchung nach ihrer Ankunft im Pariser Musée de l'Homme.

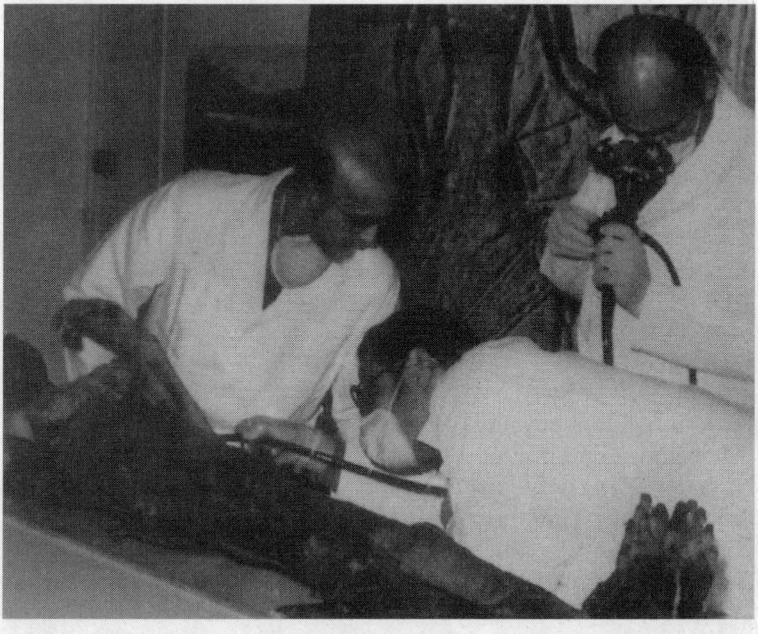

war, das einzige noch erhaltene der Sieben Weltwunder der Antike. Nach einer Zwischenlandung auf dem französischen Militärflugplatz Istres landete die Maschine mit Ramses an Bord pünktlich um siebzehn Uhr auf der Militärbasis Bourget-Dugny, wo man ihm einen standesgemäßen Empfang bereitete.

Ramses in Paris

In Gegenwart der Ministerin für Hochschulwesen, Alice Saunier-Seïté, die vom Präsidenten der Republik entsandt worden war, des Kommandeurs der Leibgarde des Präsidenten und des damaligen ägyptischen Botschafters Hafez Ismail erwies ihm die »Garde républicaine« die Ehre: Die ägyptische Regierung konnte sicher sein, daß ihr ältester und berühmtester Staatschef, der sich zur Behandlung nach Paris begeben hatte, in Frankreich mit gebührendem Respekt und gebotener Diskretion empfangen wurde.

Auf dem Weg ins Musée de l'Homme konnte ich der Versuchung nicht widerstehen, den Konvoi mit der sterblichen Hülle des Pharaos eine Schleife um den Obelisken auf der Place de la Concorde fahren zu lassen. Dieser Monolith aus rötlichem Granit ist eine der beiden steinernen »Nadeln«, die Ramses II. einst vor dem Tempel von Luxor hatte errichten lassen. Das geschichts- und symbolträchtige Denkmal war ein Geschenk Mechmet Alis an Frankreich: Jean-François Champollion, der Entzifferer der Hieroglyphenschrift, hatte Ägypten schließlich dreitausend Jahre Vergangenheit zurückgegeben.

Der Pharao und seine hundertzehn Pfleger

Über sieben Monate lang, vom 26. September 1976 – wieder einmal Überschwemmungszeit! – bis zum 10. Mai 1977, weilte Ramses als Gast der Stadt Paris vor allem im Musée de l'Homme zwischen Trocadéro und Eiffelturm.

Dort wurde für ihn eigens ein keimfreies Laboratorium eingerichtet. Zur Rettung der Mumie, um den Faktoren, die diese zu zersetzen begannen, auf die Spur zu kommen und um ihre neuerliche

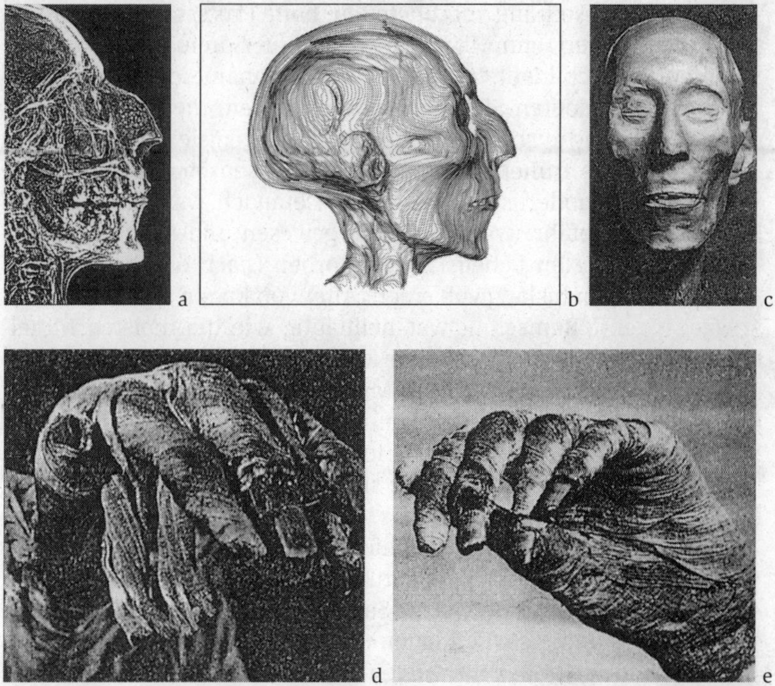

Abb. 35
a. Röntgenaufnahme vom Kopf des Pharaos; in der Nase sind Pfefferkörner erkennbar. (Aufnahme: Dr. Massard); b. Fotogrammetrische Darstellung vom Profil Ramses' II. (Foto: IGN); c. Rekonstruktion des Gesichts mit einem Pantographen anhand von Höhenlinien. (Foto: IGN); d. Die durch Grabschänder beschädigte Hand der Mumie; e. Die gleiche Hand, restauriert.

Abb. 36 Radiologische Untersuchung im Musée de l'Homme.

öffentliche Ausstellung vorzubereiten, hatte Professor Balout einen Stab von hundertzehn Mitarbeitern, darunter dreiundsechzig Wissenschaftler, gebildet.[15] Alle arbeiteten ehrenamtlich. Unter Wahrung der besonderen Sicherheitsvorkehrungen, die sich die ägyptische Regierung ausbedungen hatte, unterzogen sie den berühmten Zeitzeugen des frühen Altertums einer wissenschaftlichen Untersuchung mit modernsten Methoden. Demnach war der König zu Lebzeiten ungefähr 1,75 Meter groß gewesen und etwa in seinem fünfundachtzigsten Lebensjahr verstorben (nach den historischen Fakten war man bislang von einem Alter von knapp neunzig Jahren ausgegangen). Ramses II. war hellhäutig wie die meisten Mittelmeeranwohner, etwa die nordafrikanischen Berber.

Sein Brustraum war bei der Mumifizierung mit allerlei desinfizierenden Mitteln gefüllt worden: mit dem feingehackten Kraut der *Nicotiana L.*, die man an den Innenwänden des Thorax neben Schichten von Nikotin fand. Sie stammten sicher aus der Zeit der Einbalsamierung, was allerdings ein Problem aufwirft, denn das Gewächs war in Ägypten – so schien es – noch unbekannt. Zahllose Pollen einer Pflanze aus der Gattung der Kamille wurden ebenfalls im Brustraum entdeckt, neben Salbei und Hahnenfuß, vermischt mit Tragantgummi, sowie Linden- und Platanenblättern. Es fanden sich sogar einige Pollen der wilden Baumwolle, die wie alle anderen Pflanzen im Nildelta heimisch war. Bei endoskopischen Untersuchungen des unteren Bauchraumes stießen die Forscher auf Reste eines Gewebes aus blauen und goldenen Fäden, den Farben der Pharaonen. Am Hals fanden sich Spuren von Schalen der Zwiebeln einer stark duftenden Narzissenart.

Röntgenaufnahmen der Kiefer und eine Untersuchung der vorderen Backenzähne widerlegten den ersten Eindruck bei Entdeckung der Mumie: Das Gebiß des Königs, der im Alter auch unter Parodontose gelitten hatte, wies erhebliche Schäden auf. Eine xerographische Aufnahme zeigte im übrigen die sklerotischen Blutgefäße im Kopf des Pharaos. Sie geben eine Vorstellung davon, wie mühsam sich der tief gebeugte alte Pharao, der zumindest in den letzten zwanzig Jahren seiner Herrschaft an fortgeschrittener Entzündung und Versteifung der Wirbelgelenke litt, mit seinem langen Stock fortbewegt haben muß.

Welch erhebender Augenblick: Im Labor des Musée de l'Homme hatte ich, bevor die Mumie für die Röntgenaufnahmen vorbereitet wurde, eine vergrößerte Fotografie des Flachreliefs aus der Pfeilerhalle des Tempels von Abu Simbel an die Wand gehängt. Beim Vergleich des Profils der Mumie mit der Höckernase und dem kurzen vorspringenden Kinn mit der Darstellung des ungefähr dreißigjährigen Königs, den Steinmetze dreitausendzweihundert Jahre zuvor in tausenddreihundertfünfzig Kilometer Entfernung in den nubischen Felsen gemeißelt hatten, erwies sich die Ähnlichkeit als verblüffend.

Ein weiteres interessantes Detail kam ans Tageslicht: Ramses war zunächst in Nordägypten, nahe seiner Hauptstadt Piramesse, mumifiziert worden. In seinen Haaren klebten Sandkörnchen aus der Wüste und dem Meer, ein weiterer Hinweis darauf, daß mit der Einbalsamierung des Leichnams im Nildelta begonnen worden war: allerdings abseits der Flußarme, denn an der Mumie fanden sich keinerlei Pollen von Wasserpflanzen. Grobe Pollen von Getreidepflanzen deuteten vielmehr auf die Nähe von Feldern hin. Dagegen verwiesen Spuren von Quarzkörnchen aus Oberägypten auf das linke Flußufer in Theben, wo die Priester vermutlich versucht hatten, die von Grabräubern verursachten Schäden an den Binden zu beheben.

Eine unerwartete Entdeckung von grosser Bedeutung

Eine eingehende Untersuchung des schönen, noch geschmeidigen, seidig glänzenden Haares der Mumie brachte eine Überraschung: Nach behutsamen Bürstenstrichen nahm es wieder seine natürliche Form an und legte sich in harmonische, breite Locken. Wie Maspero bereits bei der Abnahme der Binden festgestellt hatte, waren Ramses' weiße Haare mit Henna gefärbt, eine Tatsache, die nach der neuerlichen Untersuchung nicht bezweifelt wurde. Anders verhielt es sich allerdings bei seinem Haar im Nackenbereich: Hier handelte es sich offenbar um natürliche rote Haarfarbe. Daß während des Alterungsprozesses die Haare im Nackenbereich ihre Farbe erst zum Schluß verlieren, ist allgemein bekannt. Sollte der ruhmreiche Pharao tatsächlich von Natur aus rothaarig gewesen sein (und dies vielleicht vom Vater und Großvater geerbt haben), bedeutete dies eine sensationelle Entdeckung. In Altägypten galt Rot als Farbe der unfruchtbaren Wüste und ihrer Tiere, Rothaarigen haftete mithin etwas Diabolisches an; sie galten als »typhonische« Wesen, als mit Typhon im Bund stehend, einem dem Gott Seth gleichgesetzten Ungeheuer der griechisch-römischen Zeit. Man nannte sie daher abwertend »Rotgestalten«. Ihre Träume wurden im berühmten »Traumbuch« in einem gesonderten Kapitel als die Träume der »Seth-Menschen« behandelt. Trotzdem erhielten am Anfang der 19. Dynastie zwei Pharaonen, die zwischen den Regierungszeiten der ersten Herrscher mit Namen Ramses gewirkt hatten, den Vornamen Sethos (also Seth). Man erinnere sich daran, mit welchem Stolz Ramses II. sich auf die Göttergestalt Seth berief, aus dem seine Ahnen hervorgegangen sein sollten. Er brachte ihn sogar mit dem Gott Baal der asiatischen Völker in Verbindung; zudem taucht Seth im Sonnenmythos auf, und zwar nicht nur als Bild für die notwendige Störung im Wechsel der Jahreszeiten und das kosmische Gleichgewicht, sondern auch als Verbündeter des Tagesgestirns, dessen Sonnenbarke er besteigt, um sie besser gegen das Böse zu verteidigen. Denn der wirkliche Dämon ist nicht etwa Seth, sondern Apophis, die gefährliche Schlange. So ist Seth nicht nur ein notwendiges Übel, ein Kain und Caliban, er offenbart sich zugleich als überaus dynamische Erscheinung des Göttlichen, die ihre Wohltaten über Ägypten verbreitet.

Mußte Ramses das in den Augen seines Volkes gefürchtete Vorurteil austreiben – oder die Furcht, die der Anblick seiner Haare heraufbeschwor? Hätte er ihnen also, weit davon entfernt, sie zu verdecken, durch mythologische Sublimierung Akzeptanz verschafft?

Greifen wir der Geschichte einen Augenblick vor. Wie dreizehn Fachleute – darunter Techniker und Ärzte eines gerichtsmedizinischen Labors, eines französischen Forschungsinstituts für Textilien und der Labors der Kosmetikfirma L'Oréal – bestätigten, war Ramses der Große mit an Sicherheit grenzender Wahrscheinlichkeit von Natur aus rothaarig. Diese überraschende Entdeckung erhellt auf Anhieb die Vorlieben und die zuweilen provokante Haltung des großen Königs. Eine körperliche Eigenart, die einem Geringeren hätte zum Verhängnis werden können, zum positiven Symbol um-

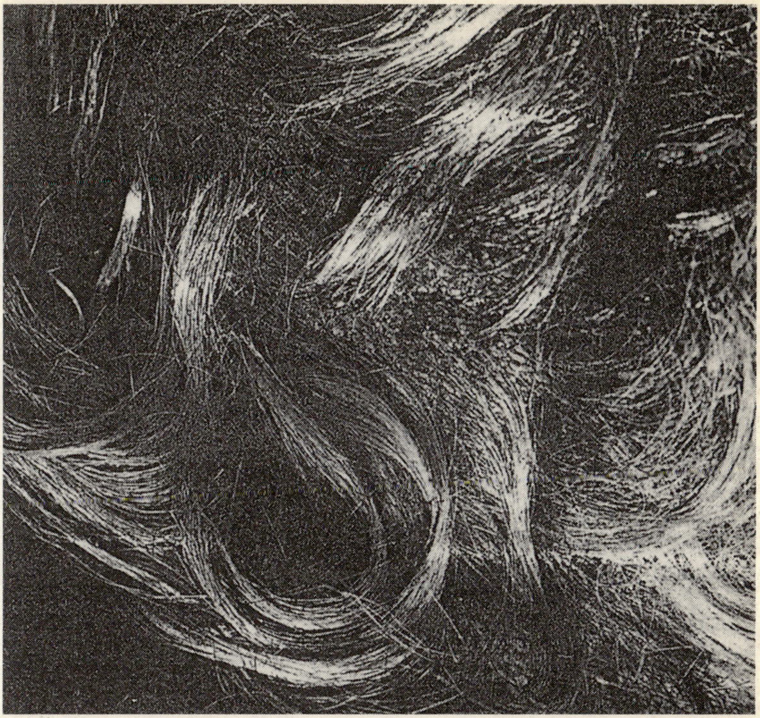

Abb. 37 Die weißen Haare Ramses' II., die ihren seidigen Glanz wie durch ein Wunder bewahrt haben. (Foto: Tassigny)

Abb. 38 Als Wächter der Sonnenbarke stellt sich Seth der Schlange Apophis entgegen. (Kairo, Ägyptisches Museum, Papyrus aus einem Grab)

zumünzen, stellte tatsächlich einen bedeutenden Erfolg dar! Statt seine Haarfarbe zu verstecken, strich er sie vor seinem Volk als Zeichen der Abstammung von Seth heraus, als Göttermal, das seinen dynastischen Vorgängern, den wahrscheinlich ersten rothaarigen Pharaonen, Glück gebracht hatte!

Obwohl Inschriften dies nicht eindeutig erkennen lassen, präsentierte Ramses seine ungewöhnliche Haarfarbe als besonderen Gunstbeweis des Seth, als eine der notwendigen Ausstrahlungen der Sonne. Dieser Wundermacher wandte eine sehr geschickte Diplomatie an!

Dem Übel auf der Spur

Das Einverständnis der ägyptischen Regierung zur »Behandlung« der Mumie war mit den Versprechen verknüpft, auf jedes öffentliche Aufsehen während des Aufenthalts in Paris und auf wissenschaftliche Experimente zu verzichten: Sämtliche Untersuchungen, auch die zu den möglichen Ursachen des Verfalls der Mumie, sollten von außen her erfolgen.

So schnitt man das grobe Tuch, mit dem Ramses' moderner Sarkophag ausgelegt war, in einzelne Stücke und verteilte sie zur Analyse an die verschiedenen Fachleute.

M. J. Muchacca, ein Chemie-Ingenieur aus Ägypten, der im Labor für Kryptogamen-Untersuchungen des Naturkundemuseums ein Praktikum absolvierte, kam schließlich »sechzig verschiedenen Arten« von Mikroorganismen »mit pilzähnlichem Verhalten« auf die Spur, die sich auf dem Leichnam seit kurzem intensiv vermehrten. Vor allem der Pilz *Daedalea biennis* wucherte auf dem Rücken des Pharaos.

Die Behandlung des Königs

Nach Ermittlung der Ursachen des Übels konnte man eine Behandlung verordnen: Nicht in Frage kamen eine Begasung oder die Imprägnierung mit chemischen Substanzen, die die Mumie hätten be-

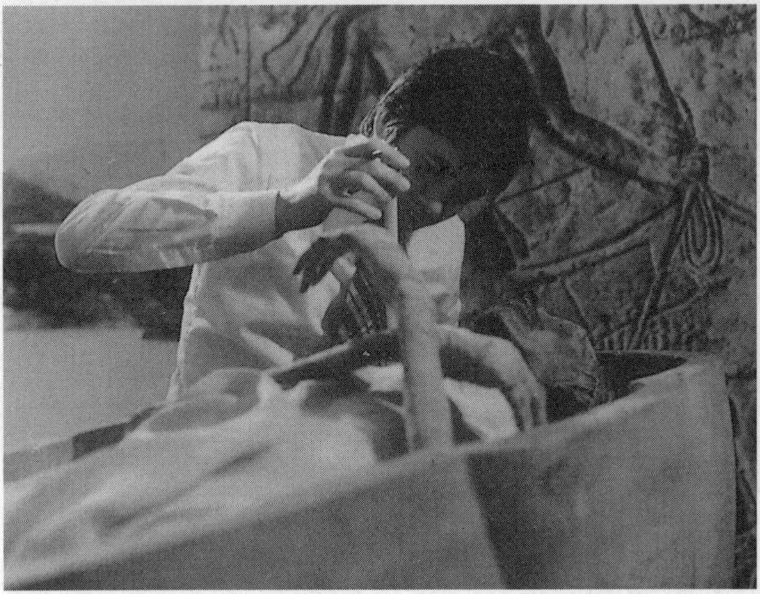

Abb. 39 Ingenieur de Tassigny nimmt ein letztes Mal Maß an der Mumie. (Foto: CEA)

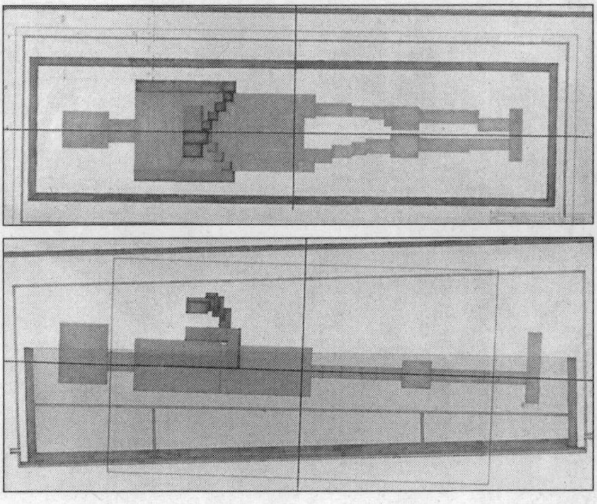

Abb. 40 Schema zur Festlegung der Strahlungsintensität an den jeweiligen Körperpartien. (Foto: Tassigny, CEA)

Abb. 41 Militärbasis du Bourget-Dugny: Die Mumie nach der Bestrahlung; die Vitrine mit dem verpackten Mumiensarg ist mit einem Überwurf bedeckt, bestickt mit den Wappenpflanzen des Pharaos. (Foto: Ch. Desroches Noblecourt und André Noblecourt)

Abb. 42 Der unter Glas verpackte Mumiensarg in Kairo. (Foto: Ägyptisches Museum)

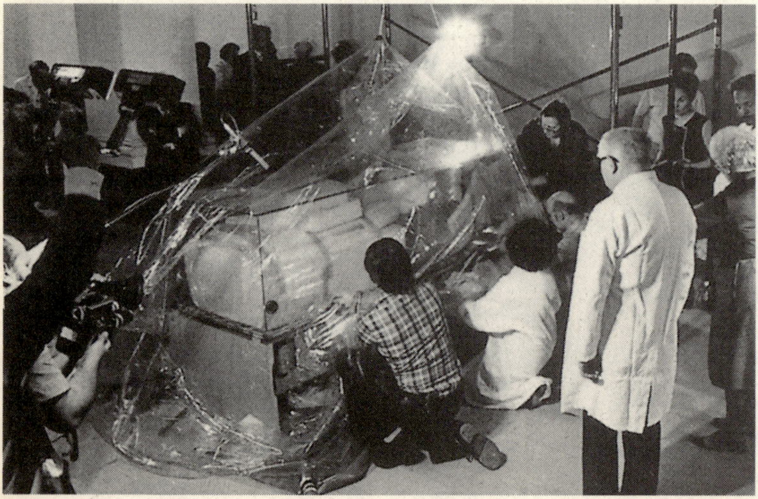

schädigen können. So blieben lediglich Gammastrahlen (Kobalt 60) übrig. Da man im Centre d'Études Nucléaires de Grenoble aufgrund zahlreicher Experimente mit Mumien aus dem Musée de l'Homme genügend Erfahrung hatte, entschlossen sich die Forscher zu einer radioaktiven Bestrahlung der Mumie. Die sterbliche Hülle des Pharaos wurde nach den notwendigen Vorbereitungen von seinen »Pflegern« in den (restaurierten) Mumiensarg zurückgelegt, in dem ihn die Priester der 21. Dynastie bestattet hatten, und dann in einer eigens für diesen Zweck hergestellten luftdichten Vitrine von Ingenieuren des Centre d'Études Nucléaires de Saclay einer Bestrahlung unterzogen.

Am Vortag der Operation machte Staatspräsident Valéry Giscard d'Estaing, begleitet von Ministerin Alice Saunier-Seïté, dem Pharao, der seine ehrfurchtgebietende Noblesse und Abgeklärtheit wiedererlangt hatte, seine Aufwartung. Zugleich sprach er allen, die sich an der Aktion zur Rettung des altehrwürdigen Gastes großzügigerweise beteiligt hatten, seine Glückwünsche aus.

Die Rückkehr des Pharaos nach Kairo erfolgte wie beim Herflug in einer Maschine der französischen Luftwaffe, einer Transall. Wieder begleitete ich die Mumie zusammen mit Professor Balout und dem Ingenieur de Tassigny, der die Berechnungen für eine optimale Bestrahlung angestellt hatte. Bei den Raumausstattern des Louvre hatte ich einen prächtigen Überwurf in Auftrag gegeben für den Behälter, in dem die Vitrine mit der Mumie die Heimreise antreten sollte: lapislazuliblauer Samt, gefüttert mit goldfarbener Faille, Stoffe in den Farben der Pharaonen. Zu Häupten und zu Füßen waren in Gold die beiden altägyptischen Wappenpflanzen aufgestickt, Lilie und Papyrus, Symbole der beiden Mutter- und Schutzgöttinnen, die den Pharao bis zu seiner Wiedergeburt in der Ewigkeit begleiteten.

Der »geheilte« Ramses nahm wieder einen Platz unter den Seinen im alten Ägyptischen Museum in Kairo ein – bis zur Einrichtung einer geeigneten Stätte, wo er mit fast allen anderen Pharaonen der drei Dynastien, die zur Größe des Neuen Reiches beigetragen haben, würdig untergebracht werden sollte.

Abb. 43 Antlitz der Pharaonin Hatschepsut. (New York, Metropolitan Museum)

Abb. 44 General Haremhab, der auf Befehl des Tutanchamun belohnt wird. Nach Besteigung des Pharaonenthrons ließ er sich mit der Uräusschlange auf der Stirn abbilden. (Sakkara, Privatgrab Haremhabs)

KAPITEL 3
DIE GEBURT EINER DYNASTIE

Herrscher der 18. Dynastie

Tutanchamun (König seit ca. 1340 v. Chr.), der letzte Herrscher der 18. Dynastie, der Ägypten seinen Glanz und seine Ausstrahlung verdankt hatte, starb um das Jahr 1331 v. Chr. Die Pharaonen seiner Dynastie hatten nicht herangereicht an die tapferen Herrscher der Anfangszeit des Neuen Reiches, die Fürsten aus dem Süden, Sekenre, Kamose und Ahmose (1550–1525), die die Hyksosinvasoren aus dem Land vertrieben hatten. Nach ihnen gelang es dem ruhmreichen Thutmosis III. (1479–1425), Ägypten in siebzehn asiatischen Feldzügen unangefochtene Stärke und Schutz vor Eindringlingen aus dem Osten zu sichern.

In den ruhigen Zeitabschnitten ließ Königin Hatschepsut (1479 bis 1457) die Zerstörungen beseitigen, gab dem Land Lebensfreude zurück und knüpfte mit fernen Ländern friedliche Kontakte und Handelsbeziehungen. Während der Herrschaft des starken Amenophis II., eines unerbittlichen Kriegsherrn, waren zum Schutz des Landes offenbar keine weiteren Eroberungsfeldzüge mehr nötig. Unter Amenophis III. Nebmaatre (1386–1349) brach ein goldenes Zeitalter an, das noch heute als Herrschaft der Schönheit gilt: eine Epoche maßvoller, unerreichter Pracht, eine Zeit der Schaffung höchst anmutiger Kunstwerke und der Suche nach einer Spiritualität, die sich aus engen dogmatischen Fesseln befreite.

Moderne Historiker neigen dazu, die bedeutenden Leistungen der Gemahlinnen dieser tapferen Herrscher, die Ägypten solch glanzvolle Zeiten bescherten, nicht ausreichend zu würdigen. Anders die Pharaonen selbst: Ahmose errichtete seiner Mutter Ahhotep in Abydos eine prachtvolle Stele, die sie als eine bemerkenswerte und vorausschauende Regentin feierte, die während der Kämpfe gegen die Hyksos eine aktive Rolle beim Truppennachschub gespielt hatte. Ahmose verlieh ihr den ersten militärischen Orden, der an eine Frau vergeben wurde: die drei *Fliegen der Tapferkeit.*[1]

Und Königin Hatschepsut warfen später die Zeitgenossen – anders als so mancher Ägyptologe heute – keineswegs vor, sie habe Thutmosis III., dem Klischee der bösen Stiefmutter entsprechend, den Thron geraubt. In Wahrheit nahm sie als Tochter des Königs und der Großen Königsgemahlin, als Kronprinzessin, den Platz eines Pharaos zu Recht ein und bereitete den minderjährigen Thutmosis, den Bastard einer Nebenfrau, als besonnene Regentin auf seine künftigen Aufgaben in einem mächtigen Staat vor.

Schließlich wäre sicher auch das Zeitalter des Amenophis III. nicht das gewesen, was es war, ohne seine Gemahlin Teje mit ihrer außerordentlichen Wirkung auf die Künste und das Denken[2] ihrer Zeit. Zudem übte sie nachhaltigen Einfluß auf die religiöse Reformation unter ihrem Sohn Amenophis IV. Echnaton (1356–1340) aus.

Das Experiment der Amarnazeit, die Abkehr von einer unüberschaubaren Vielfalt von Göttern und die Hinwendung zur »kosmischen« Wahrheit, hätte gewiß länger Bestand gehabt und wäre nicht so heftig angegriffen worden, wenn an Echnatons Seite ein ordnender politischer Geist gestanden hätte, der zur Sicherung der Landesgrenzen alte Bündnisse gefestigt und sich angesichts aufsteigender fremder Mächte wachsam gezeigt hätte.

Das Ende eines Herrschergeschlechts

Nach der Herrschaft des Ketzerkönigs oder »Schurken«, wie man ihn sogar nannte, starb das Geschlecht, das mehrere Pharaonen des Namens Amenophis gestellt hatte, schließlich aus. Prinz Thutmosis, der älteste Sohn Amenophis' III., war bereits in jungen Jahren gestorben. Echnaton war sein zweiter Sohn gewesen. Und der dritte Kronprinz, der schwache Smenkare, kann höchstens zwei Jahre regiert oder mitregiert haben: 1342–1340?

Der vierte Abkömmling schließlich, der in Achet-Aton (Amarna), des Reformators Echnaton neu gegründeter Hauptstadt, aufgewachsen war, trug damals den Namen Tutanchaton. Schon etwa im zehnten Lebensjahr mußte er den Thron besteigen (1340–1331). Seine Ratgeber, der Wesir Eje und der General Haremhab, brauchten viel diplomatisches Geschick, um die Beziehungen zu den Amunpriestern, die Echnaton durch den Bruch mit dem Reichsgott vor den Kopf gestoßen hatte, zu normalisieren. Die Ketzertempel wurden schnell geschlossen und niedergerissen. Inschriften zufolge empfing der Kinderkönig seine »Kronen im Heliopolis des Südens«, also in Hermonthis (Armant) im Süden Thebens. Er hieß fortan Tutanchamun.[3]

Nach zehn Jahren Herrschaft, die oft durch Mittelsmänner ausgeübt wurde, folgte ihm der alte Wesir Eje nach (1331–1327), der während einer kurzen Übergangszeit ruhmlos regierte.

Ein Feldherr als Pharao

Mit Haremhab gelangte ein General an die Spitze des Staates (1327–1295).[4] Welchen rechtlichen Anspruch auf die Krone hatte er? Mit seiner unbestreitbaren Tapferkeit und seiner starken Persönlichkeit bot Haremhab Sicherheit für ein Land, das keine fähige Führung mehr hatte. Von seiner Residenz Memphis aus hatte er mit aktiven Garnisonen während Tutanchamuns farbloser Herrschaft Aufstände in Kanaan, nahe der Ostgrenze, niedergeschlagen und war einstigen Verbündeten des Pharaos, die Schutz erfleht hatten, zu Hilfe geeilt. Auch ein dynastisches Band von ziemlicher Elastizität konnte er geltend machen: Seine Frau Mutnedjemet war aller Wahrscheinlichkeit nach die Schwester der schönen Königin Nofretete, der geliebten Gemahlin Echnatons. Von Haremhabs Herkunft ist bislang nichts bekannt, aber wahrscheinlich stammte er aus Ägypten, denn seine Amme Ti, eine bedeutende Hofdame, war die Gattin des Eje, des Oberbefehlshabers der königlichen Reiterei, der Wesir und schließlich Nachfolger Tutanchamuns wurde.

Als Pharao stellte Haremhab, ein geborener Militär und Verwalter, in dem geschwächten Land wieder Ordnung und Sicherheit her: Sein berühmter Erlaß gegen korrupte Beamte[5] macht das ganze Ausmaß der Zügellosigkeit, der Korruption, des Sittenverfalls und der Gesetzesbrüche im Lande deutlich.

Unter der festen Hand dieses guten Herrschers gewann Ägypten wieder Ansehen und Respekt im Ausland. Haremhab hatte sich die Leute seiner Umgebung, seine Mitarbeiter, mit scharfem Blick ausgesucht. So fiel ihm wahrscheinlich auch der brillanteste seiner Männer auf, der junge Militär Paramessu, der rasch zum Truppenkommandeur aufgestiegen war. Paramessu war der Sohn eines gewissen Sethos, der, wie wir noch sehen werden,[6] aus dem östlichen Grenzgebiet des Deltas, einer Domäne des Gottes Seth, stammte, worauf bereits sein Name hindeutet.

In dieser Region war einst die Stadt Auaris gegründet worden, die spätere Hauptstadt der Hyksoseroberer. Der Ort liegt am »Wasser des Re«, dem östlichsten Nilarm des Deltas in Richtung der Festung Tjaru (Sile, möglicherweise das heutige el-Kantara) an den sogenannten »Horuswegen«,[7] dem Ausgangspunkt der Küstenstraße durch das Land Kanaan: Seth genoß dort die gleiche Verehrung wie der Baal der Asiaten. Die offenkundig bunt gemischte Bevölkerung setzte sich aus vereinzelten Ureinwohnern, den Alteingesessenen, die ursprünglich aus Kanaan und noch ferneren Ländern zugewandert waren, aber auch aus den integrierten Nachfahren der Hyksosstämme zusammen. Wer seinen Sohn unter die Patenschaft des Seth stellte, wollte vermutlich auf die Region seiner Herkunft hinweisen, gemahnte aber zugleich auch an seine Familienbande.

Paramessu dürfte nur wenig jünger gewesen sein als sein Herrscher: Er erklomm alle Stufen seiner militärischen Laufbahn an der Seite eines Pharaos, der sich vornehmlich darum bemühte, die Armee ausreichend stark zu machen, damit sie Ägyptens außenpolitische Interessen verteidigen konnte. Bald wurde er erster königlicher Stalloberster; damit hatte er seinen Vater überflügelt. Mit dem Posten verbunden war der Eintritt ins Elitekorps der Streitwagen. Nachdem er Wagenlenker geworden war, übertrug Haremhab ihm eines der begehrtesten Ämter: das des königlichen Gesandten, der diplomatische Post in fremde Länder übermittelte. Dann wurde Paramessu zum General ernannt. Der Pharao gab ihm das Komman-

Abb. 45 Zwei Statuen des Baumeisters Amenhotep, Sohn des Hapu, und zwei Statuen des Wesirs Paramessu, die im Tempel von Karnak ausgegraben wurden. (Archiv Gaston Maspero)

do über die Festung Tjaru,[8] einem Grenzposten, den alle Feldzüge in Richtung Osten passieren mußten. Alsdann, mit dem Amt des Vorstehers der Nilmündung betraut, sah er sich der Aufgabe gegenüber, die Sicherheit im gesamten Norden des Landes, in östlicher wie in westlicher Richtung, zu garantieren.

Der Wesir Paramessu

Wegen der glanzvollen Erfüllung all dieser Aufgaben ernannte Haremhab Paramessu zum Wesir[9] und verlieh ihm den Titel des »Sprechers« des gesamten Landes, im Norden und im Süden. Diese Ernennung schloß sehr wahrscheinlich auch die Oberaufsicht über die verschiedenen Arbeiten zum Abriß, zur Umgestaltung und zu neuen Anbauten in den Tempelanlagen von Karnak mit ein. Um Angriffen durch die Priesterschaft des Amun von Karnak vorzubeugen, hatte Haremhab den großen Tempel, den Echnaton zu Beginn seiner Herrschaft im Osten Karnaks zu Ehren der Sonnenscheibe Aton errichtet hatte, mit seinen Kapellen abreißen lassen.

Ein Großteil des Baumaterials[10] wurde – wohl auf Paramessus Anweisung hin – für das Innere des Pylons verwandt, der jetzt unter Haremhab errichtet wurde. Mit Einverständnis des Pharaos wurde Paramessu die Ehre zuteil, sich vor dem Ostturm dieses IX. Pylonen in Gestalt zweier hockender Statuen in seiner offiziellen Amtstracht mit der Kette des Wesirs, Geschenken Seiner Majestät, zu verewigen.

Mit seiner Einsetzung zum Kronprinzen von ganz Ägypten waren die Würfel gefallen. Paramessu war der Nachfolger Haremhabs, des einstigen Waffengefährten seines Vaters Sethos, eines einfachen Truppenbefehlshabers. Der Pharao hatte keinen leiblichen Erben. Dagegen hatte Paramessu in Gestalt seines tatkräftigen Sohnes Sethos, der zu dieser Zeit vielleicht schon zum zweiten Wesir ernannt worden war,[11] bereits jetzt einen möglichen Nachfolger vorzuweisen.

Seine Einsetzung wurde mit großem Gepränge begangen. In Gegenwart der hohen Würdenträger des Staates überreichte man ihm den Siegelring mit dem Titel. Tänze und Gesänge begleiteten den

Abb. 46 Paramessu in der Amtstracht des Wesirs. (Kairo, Ägyptisches Museum)

Abb. 47 Königin Satre, Großmutter Ramses' II., in ihrem Grab im Tal der Königinnen.

frischgebackenen Kronprinzen bis zu seiner Residenz, wo die Feiern im Kreis der Familie fortgesetzt wurden. Paramessu war mit der Edelfrau Satre verheiratet. Sein Sohn Sethos,[12] der den Namen seines Großvaters trug, hatte wohl bereits Tuja geehelicht, die Tochter des Raja, eines Offiziers der Streitwagentruppe, und der Ruja, einer Sängerin aus dem Amuntempel. Das junge Paar hatte bereits eine kleine Tochter: Tia. Reste von Inschriften, die an den Mauern des Tempels von Karnak entdeckt wurden, geben Anlaß zu der Vermutung, daß sie später noch einen Sohn bekamen, der bereits im Jugendalter starb.[13] Wie dem auch sei, ein weiterer Knabe wurde geboren, den die Eltern, dem Brauch entsprechend, nach seinem Großvater nannten: Ramses. Wohl seit der Designierung zum Nachfolger des Pharaos ließ Paramessu in seinem Namen den Artikel Pa, der auf eine nichtadelige Herkunft hindeutete, weg und nannte sich fortan Ramessu.

Abb. 48 (linke Seite) Das Tal der Könige: Eingang zur Grabanlage Ramses' I. (Foto: M. Kurz)

Abb. 49 (unten) Das Tal der Königinnen: die »Heilige Grotte« über dem Tal.

Die Thronbesteigung Ramses' I.

Im Jahr 1295, beim Tod des Pharaos Haremhab, war Ramses II., Sethos' und Tujas Sohn, vermutlich fünf Jahre alt. An der Krönungszeremonie seines Großvaters, Pharao Ramses' I., der über das Land des Südens und des Nordens herrschte, durfte er sicher schon teilnehmen. Der neue Herrscher wurde zum Begründer der 19. Dynastie, des Hauses der Ramessiden.

In Anknüpfung an die Tradition der vorangegangenen Dynastie ließ Ramses I. sein unterirdisches Grab in der königlichen Nekropole unter dem Heiligen Gipfel in Theben-West, im Tal der Könige, anlegen. Er nahm an, daß die Handwerker der »Stätte der Wahrheit«,[14] *Set-Maat,* des heutigen Der el-Medine, die von dem Gründer der 18. Dynastie ins Leben gerufen wurde, genügend Zeit haben würden, um für seine sterblichen Überreste ein tiefes Felsengrab anzulegen. Zugleich führte er eine Neuerung ein: Seine Gemahlin, die Mitbegründerin der neuen Dynastie, sollte in einer Nekropole beigesetzt werden, die, entgegen den bisherigen Gepflogenheiten, den Königinnen der neuen Dynastie als Grabstätte dienen sollte.

Vielleicht wurde Prinz Sethos damals damit betraut, für die neue Nekropole den geeignetsten Ort zu finden. Seine Wahl fiel auf ein Wadi, das sich südlich des Tals der Könige zur westlichen Nilebene hin weitet, das *Set-Neferu,* das heutige Tal der Königinnen. Es hatte bereits für besonders verdiente und hochrangige Beamte sowie für die Königskinder der vorangegangenen Dynastie als Nekropole gedient. Anders als das Tal der Könige lag es nicht unter dem großen pyramidenförmigen Heiligen Gipfel, Symbol des Zeugungsgliedes, sondern unter der »Heiligen Grotte«, die dem großen weiblichen Prinzip Hathor geweiht war, deren Schoß alle Verstorbenen in sich aufnahm.

Dann ging der neue Pharao an die Verwirklichung eines Projektes, über das er bereits seit seiner Zeit als Wesir nachgedacht hatte: die Fortführung des architektonischen Werks, das Amenophis' III. Nebmaatre in Karnak begonnen hatte. Mit ihm wollte Ramses I. vor den Augen der gekränkten Amunpriester, die in der Amarnazeit gewiß nicht hofiert worden waren, die Rückkehr zum Amunkult feierlich begehen. Schon unter Haremhab war im großen Hof vor dem

Abb. 50 Innenansicht vom Grab Ramses' I. im Tal der Könige; ganz rechts die Sargkammer. (Archiv A. Piankoff)

Abb. 51 Grab Ramses' I.: Ausschnitt aus der Wandmalerei mit der Schlange Mehen und den Symbolen der zwölf Nachtstunden, die sie verschlingen muß. (Foto: Diradour)

Pylon des Amenophis, dem heutigen dritten, entlang der Mittelachse eine Allee aus zwölf hohen Säulen mit offenen Papyruskapitellen entstanden, ähnlich den Tutanchamun zugeschriebenen im Tempel von Luxor. Ramses vollendete nun die Kolonnade und ließ daneben etwas niedrigere Säulenreihen mit geschlossenen Papyruskapitellen errichten, ein Werk, das am Nordflügel begonnen wurde. Nach seinem Plan, der von seinem Sohn Sethos und seinem Enkel Ramses II. fortgeführt wurde, sollte so eine gewaltige Halle entstehen, die an einen tiefen Wald aus Papyrusstengeln erinnerte, ein architektonisches Meisterwerk, das noch heute im großen Tempel von Karnak zu sehen ist. Bevor die Wände verziert wurden, ließ Ramses an den von Haremhab ausgeschmückten Flächen dessen Vornamen und Namen durch seine eigenen ersetzen.[15]

Prinz Sethos, »Stern der Erde«

Zur damaligen Zeit war Memphis die militärische Hauptstadt, wo General Haremhab als Pharao in die gesamte heruntergekommene Administration wieder Ordnung gebracht hatte. Ramses I., der sich in einer langen, erfolgreichen Laufbahn verausgabt hatte, wurde nach Kräften von seinem Sohn Sethos unterstützt, der als Mitregent

Abb. 52 (unten) Namen und Vornamen Ramses' I. und Sethos' I. zwischen Sternen. Ausschnitt aus dem Deckenschmuck einer für Ramses I. bestimmten Halle im Jubiläumstempel seines Sohnes in el-Kurna. (Foto: Fathy Ibrahim)

Abb. 53 (rechte Seite) Gesicht des Mumiensarkophags Ramses' I., in dem später auch Ramses II. bestattet wurde. (Kairo, Ägyptisches Museum)

fungierte und mit Wohlgefallen verkünden ließ: »Als er die Sonne Re bei ihrem strahlenden Aufgang war, stand ich wie ein Stern der Erde an seiner Seite.«[16] Zudem demonstrierte er Stärke in den einst tributpflichtigen Gebieten, wo es Charu, Djahi und Fenchu seit der Schwächung Ägyptens an Loyalität gegenüber seinem Land hatten fehlen lassen. Regelmäßig mußten daher die Abgaben eingetrieben werden: Die Bürgermeister der unterworfenen ausländischen Städte schuldeten wie ihre ägyptischen Kollegen der Krone, vor allem aber dem großen Amuntempel, zu Neujahr Steuern und die Übernahme einer Arbeitslast.[17]

Angesichts der späteren Haltung Ramses' des Großen, der mit allen Tricks außerordentliche Frühreife beweisen wollte, hätte es nicht verwundert, wenn Prinz Sethos seinen damals siebenjährigen Sohn auf seinen Streifzug durch das asiatische Gebiet entlang der Mittelmeerküste nach Südphönizien, zu den Fenchu, mitgenommen hätte. Einige Gefangene, die mit Frauen und Kindern aus Kanaan verschleppt wurden, verstärkten anschließend das Tempelpersonal von Buhen am zweiten Nilkatarakt im ägyptischen Unternubien. Während Sethos seine Expedition leitete, an die er mit der Errichtung zweier Gedenkstelen erinnern ließ,[18] überwachte Ramses I. im zweiten Jahr seiner Herrschaft von seiner Residenzstadt Memphis aus die Entstehung seiner nahe gelegenen neuen Hauptstadt Piramesse, der »Domäne des Ramses«.

Ramses I. im Tal der Könige

Ramses starb, kurz nachdem er seinen Sohn als Mitregenten bestätigt hatte: Wenn seiner Herrschaft damit auch kaum zwei Jahre beschieden gewesen waren,[19] so hatte er doch mit Haremhab über lange Jahre hinweg die Verantwortung für eine tatkräftige Regierung getragen. Der erste Pharao der Ramessiden wurde im Tal der Könige bestattet. In seinem unvollendeten Grab, das weniger grandios ausgefallen war, als er es gewünscht hatte, tauchten Auszüge aus einer neuen Sammlung von Totensprüchen auf: das »Pfortenbuch«, an dessen Abfassung er zu Haremhabs Zeiten sehr wahrscheinlich mitgewirkt hatte. Das farbenfrohe Dekor auf blaugrauem

Untergrund besticht noch in unseren Tagen durch seine schlichte Eleganz.

Seine Gemahlin Satre folgte Ramses wenig später ins Reich des Osiris: Ihre kleine Grabanlage im *Set-Neferu*, dem Tal der Königinnen, schmückte man hastig mit ein paar aus schwarzen Strichen bestehenden Darstellungen, die durch rote Retuschen hervorgehoben wurden.

Die Ramessidenzeit hatte begonnen.

KAPITEL 4
DIE MITREGENTSCHAFT DES PRINZEN RAMSES UNTER DER HERRSCHAFT SETHOS' I.: 1294–1279 V. CHR.

Das Vorbild des Vaters

Sethos I. wurde mit etwa dreißig Jahren gekrönt. Die Ägyptologen stimmen darin überein, daß er ein brillanter Herrscher mit grandiosen Plänen war. Zunächst ging es ihm darum, ein Gegengewicht zu den mächtigen Propheten des Amun von Theben zu schaffen und die Priester der anderen Gottheiten an sich zu binden. So legte er sich bei der Krönung den Beinamen »geliebt von Ptah« zu, der ihn mit Memphis verband, und erklärte sich zugleich zum »Abbild des Re (auf Erden)«, der in Heliopolis verehrt wurde. Den Beinamen »Starker Stier, der in Theben erscheint«, übernahm er dagegen von seinem Vorbild Thutmosis III.

Ein Beispiel nahm sich Sethos auch an den bemerkenswerten architektonischen Leistungen von Amenophis III., der mit seiner Gattin Teje ein goldenes Zeitalter der Schönheit eingeleitet hatte. Sethos wählte die besten Künstler aus, setzte sein ganzes Vertrauen in die Architekten, die einer uralten Baukunst verpflichtet waren, und versuchte seine Vorgänger zu übertrumpfen. Zunächst legte er den Grundstein des Tempels von Abydos. Dann setzte er in Karnak den Bau der großen Säulenhalle fort. In Theben-West ließ er sich das größte und prachtvollste Felsengrab im gesamten Tal der Könige anlegen. Die Herrschaft des Sethos wurde in jeder Hinsicht zu einer »Renaissance«, eine Tatsache, die übrigens in den meisten seiner datierten Inschriften bereits erwähnt wurde.

Sein gewaltiges Programm enthielt sicher auch einen entscheidenden Grund, daß er im Zeichen der Renaissance regieren wollte. Angestachelt von dem Ruhm und den Taten seines großen Vorfahren Thutmosis III., plante er vor allem die Rückeroberung der

Abb. 54 Sethos I. auf seinem Streitwagen, Karnak. (Foto: A. Bellod)

(syrischen) Provinz Amurru, die während der Amarnazeit abgefallen war.

Schließlich nutzte er den Beginn einer neuen Sothisperiode – gleichsam ein günstiges Zeichen für seine Regierung und die Gründung seiner Dynastie –, um diese »Erneuerung Ägyptens« zu unterstreichen. Die Feierlichkeiten zu Beginn der Periode müssen um 1314/13 stattgefunden haben, also zum Zeitpunkt des Todes von Haremhab und der Thronbesteigung Ramses' I.

Diese beiden wichtigen Ereignisse konnten zusammenfallen, da es in Altägypten zwei verschiedene Kalender gab: Der erste galt für den Tempeldienst und den Ackerbau und richtete sich nach dem Wiedererscheinen der Sothis (des Siriussterns). Er deckte sich ungefähr mit der jährlichen Wiederkehr der Nilflut und hatte wie unser Sonnenjahr 365 1/4 Tage. Der andere, der Kalender der Verwaltung, zählte dagegen nur 365 Tage ohne Schaltjahr, so daß alle vier Jahre ein Tag fehlte. Es dauerte nicht weniger als 1460 (365 x 4) Jahre, bevor beide Kalender wieder auf den Tag genau übereinstimmten. So war der Neujahrstag, der am ersten Tag des ersten Achet-Monats gefeiert wurde, in diesem Jahr natürlich etwas ganz Besonderes:[1] Sothis und Sonne gingen fast zeitgleich am Morgenhimmel auf, wo sie die unmittelbar bevorstehende Überschwemmung ankündigten.

Dieser Tag des Wunders war ein Vorbote für segensreiche Perioden, in denen sich alles wieder im Lot befand. Sicher profitierten Sethos und seine Herrschaft von diesem Ereignis, das ihn so unmittelbar betraf. Die energiegeladene Atmosphäre dieser Zeit erfüllte die ganze frühe Kindheit des kleinen Ramses. Eine kleine, kostbare Stele, die heute im Musée du Louvre steht, zeigt ihn auf einem Sitzkissen, den Finger am Mund, an der Seite den kindlichen Zopf, der ihn als einen noch ganz jungen Knaben kennzeichnet. Sein feinplissierter, bis zum Rücken hinaufreichender Schurz, der an Sonnenstrahlen erinnert, ist ein Relikt aus der Amarnazeit. Die Stirn des Prinzen ziert bereits das königliche Band mit der Uräusschlange. Vor ihm ist seine Kartusche mit dem Thronnamen Usermaatre eingemeißelt: Das scheint auf seinen Herrscherstatus von Kindheit an hinzuweisen. Eine weitere kleine Stele aus grünem Schiefer, die sich ebenfalls

Abb. 55 Der junge Ramses als gekrönter Mitregent seines Vaters.

im Louvre befindet, klärt uns darüber auf, daß ihr Urheber, Ramses' Lehrer, Seine Majestät »vom Ei auf« unterrichtet habe.

Dieser Lehrer war ein junger Mann mit glänzenden Fähigkeiten, ein gewisser Tia, der Sohn des Amunwahsu, der es zum »Schreiber am Speisetisch des Herrn beider Länder« gebracht hatte: Damit war er für die Vorratshaltung im Palast verantwortlich. Tia, ein hervorragender Verwalter, dem später die Aufsicht über den »Tempel der Millionen Jahre«[2] seines Herrn übertragen werden sollte, wußte sich offenbar die Wertschätzung der Königsfamilie zu verschaffen, denn er durfte Prinzessin Tia, eine Tochter Sethos' I., heiraten und wurde mit der Eheschließung Schwager des künftigen Königs. Seine Familie hatte wahrscheinlich dem verstorbenen Haremhab nahegestanden, denn das Grab, das dieser noch in seiner Zeit als General auf der Hochebene von Sakkara hatte anlegen lassen, befand sich neben dem Doppelgrab von Tia und Tia.[3]

Abb. 56 Die Eltern der Tuja, die Schwiegereltern Sethos' I. (Nach Gaballa)

Abb. 57 Der königliche Schreiber Tia, der Lehrer des Ramses, betet die Dreiheit an: Ptah, Harachte und Amun.

Sicher glänzte der kleine Schüler Ramses in Geographie: Hohe Beamte, Offiziere der Reiterei und der Wesir sprachen in seinem Beisein über die Vorbereitungen zu den Kriegszügen in den Nahen Osten. Ramses kannte schon als Kind die Städte in den Provinzen von Kanaan, Charu und Djahi, die Provinz Upe (Südsyrien) und die Festungen, die im Land Amurru zurückerobert werden mußten. Er wußte auch, daß Thutmosis III. Mencheperre bei seinem achten asiatischen Feldzug die churritischen Krieger aus dem Reich Mitanni besiegt hatte. Er erfuhr von der Stadt Jenoam und daß bei Beth Schan eine (zweite) Inschrift an den militärischen Erfolg seines Vaters erinnerte. Ihm entging auch nicht, daß in Galiläa zu dieser Zeit Aufstände niedergeworfen werden mußten. Und er konnte vermutlich auch schon zwischen den rebellischen Schasu und gewissen Apiru unterscheiden, die in den Weinbergen des Pharaos bei der Lese halfen. Eines Tages hörte Ramses sogar den Wesir von einer

Abb. 58 Die Königinmutter Tuja, gefolgt von ihrem Schwiegersohn Tia und ihrer Tochter Tia. (Toronto)

Abb. 59 Königin Tuja als »Standartenträgerin«. (USA, Privatsammlung)

großen Expedition sprechen, die entlang der großen Handelsstraße, die Tyrus, Sidon, Byblos und Simyra an der phönizischen Küste verband, die ägyptischen Festungen und Brunnen instand setzen sollte. Ägyptens gefährlichste Feinde waren damals die Hethiter. Im Palast sprach man von einem langen, erbitterten Kampf: Der kleine

Prinz fieberte vermutlich schon dem Augenblick entgegen, an dem er unter Führung seines Vaters an den Feldzügen teilnehmen durfte.

Diese Gelegenheit sollte sich rasch bieten. Texte klären uns darüber auf, daß der Zehnjährige zunächst in den Genuß eines Ehrentitels kam: Oberkommandierender des Heeres. Um sein zwölftes Le-

Abb. 60 Sethos I. auf dem Weg zur Rückeroberung der Festungen entlang der Militärstraße in Palästina. (Nach A. Gardiner)

bensjahr herum begleitete er offenbar den Vater auf einem Feldzug gegen die libyschen Stämme Tjehenu und Meschwesch im Westen des Nildeltas. Wenig später, in Sethos' fünftem Regierungsjahr, durfte der Dreizehnjährige am Kampf gegen die Hethiter teilnehmen, die von Anatolien aus einen Vorstoß nach Syrien gewagt hatten. Bei diesem Feldzug ging es darum, Amurru und die Stadt Kadesch, die einst Thutmosis III. Mencheperre erobert hatte, wieder unter ägyptische Kontrolle zu bekommen.

Auf Prinz Ramses machten diese Schlachten großen Eindruck: Er war begeistert von der Erstürmung der Festung von Kadesch und tief bewegt, als in der eroberten Stadt zur Erinnerung an diesen Sieg eine Stele errichtet wurde: Er war stolz auf seinen Vater, der sich im Zeichen des Seth als tapferer Erbe der neuen Dynastie erwiesen und die Fackel des siegreichen Thutmosis wieder aufgenommen hatte. Sethos hatte sich der aufstrebenden Hethitermacht entgegengestellt, die jetzt von einem jungen und charakterstarken Herrscher verkörpert wurde: von Muwatallis, dem Fürsten von Chatti (Cheta). Dieser Herrscher eroberte allerdings wenig später die Festung wieder für die Hethiter zurück. Ein vorübergehendes Einvernehmen, das ganz im stillen geschlossen wurde, setzte dem Konflikt mit den Ägyptern vorerst ein Ende.

Der ungestüme Ramses, der von seiner Mutter, Königin Tuja, das energische Kinn geerbt hatte, sollte diesen Rückschlag jedoch nicht so bald vergessen, obwohl sich sein Vater im syrischen Hinterland und vor allem in der Küstenregion bis Tyrus in Südphönizien im Gegenzug feste Stellungen sicherte, von denen aus Ägypten Handel treiben und seinen Einfluß geltend machen konnte.

Kindheit eines Hochbegabten

Es ist zuweilen schwierig, historische Ereignisse zu verstehen und zu rekonstruieren, wenn die antiken Zeugnisse durch überhöhte Darstellung und Mythenbildung gefärbt sind. Ramses gilt heute vielfach als ein zu Arroganz und Übertreibung neigender Mann, dem man sogar schon Größenwahn nachgesagt hat. Wer sich diesen harten Urteilen anschließt, läßt zwei wichtige Faktoren außer acht: Zum

Abb. 61 Sethos I., begleitet vom jungen Ramses, vor dem Verzeichnis seiner »königlichen Ahnen«, der Königsliste, in Abydos. (Foto: IGN)

Abb. 62 Sethos I. und der junge Ramses bringen Opfer dar. Abydos (Foto: IGN)

einen muß man sich in die damalige Epoche hineinversetzen und auch die Redseligkeit der Zeitgenossen in Betracht ziehen. Zum anderen muß man die politische Absicht erkennen, die der Mensch Ramses mit seinem Programm lebenslang verfolgte: Er wollte als ein alle Normen sprengender Mann imponieren, als ein Ausnahmewesen, das zum Siegen geschaffen war. Dieser rothaarige Parvenu war ein gebieterischer, aber auch wohltätiger Pharao, von Gott inspiriert, weil von seinem Wesen ein Liebling des Horus, Abkömmling des Seth, aber auch der Sohn der Sonne auf Erden und Günstling des Amun und alles in allem ein Mann, der Wunder vollbrachte.

Warum sollte er also nicht seine außergewöhnliche Kindheit hervorheben, die Kindheit eines Hochbegabten, der schon in ganz jungen Jahren befähigt war, seinen Vater beim Regieren zu unterstützen? In dieser Absicht ließ Ramses am Eingang des Tempels von Abydos die berühmte große Weiheinschrift, auf die noch zurückzukommen sein wird,[4] einmeißeln. Sethos hatte diesen Tempel in der heiligen Stadt auf der Domäne des Osiris errichten lassen, und Ramses nutzte die Gelegenheit, um sich an der bedeutendsten und beliebtesten Pilgerstätte des Landes persönlich an seine Nachwelt zu wenden.

Wörtlich verstanden, präsentiert uns diese Inschrift ein Wunderkind, das von seinem Vater, kaum daß es laufen konnte, auf den Thron gesetzt wurde. Man muß dabei einiges berücksichtigen – an der Tatsache der Mitregentschaft sollten wir nicht zweifeln, es kommt so selten vor, daß uns aus diesen fernen Zeiten eine historische Erinnerung erhalten geblieben ist –, aber lassen wir die Begeisterung nicht mit uns durchgehen! Beim Lesen dieses Berichts, der wichtige Aussagen zur Zeit der gemeinsamen Regierung[5] und zur Person des Ramses[6] enthält, drängt sich der Eindruck auf, Sethos habe seine entstehende Dynastie ins rechte Licht rücken wollen, indem er die Kenntnisse und die Bedeutung des Kronprinzen pries. Sicher hat Sethos seinen Sohn zum Mitregenten gemacht: Ramses muß jedoch schon etwas älter gewesen sein.

Wahrscheinlich hat ihn die Frühreife seines Sohnes bewogen, ihm gewisse Pflichten zu übertragen: Sie konnten seinen Anspruch auf die Krone nur festigen. Dabei orientierte er sich wohl an seinem Vorgänger Haremhab, der seinem designierten Nachfolger Paramessu ebenfalls einen Titel zuerkannt hatte: »Kronprinz des ganzen Landes«.

Abb. 63 Sethos I. tötet den libyschen Stammesführer, Prinz Ramses (links) wurde nachträglich an die Stelle einer anderen Figur gesetzt. Karnak (Nach J. H. Breasted)

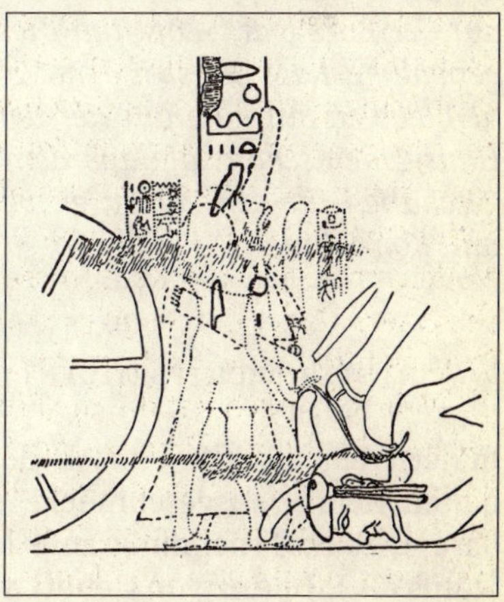

Abb. 64 Schematische Darstellung der beiden sich überlagernden Figuren hinter Sethos I. Karnak (Nach J. H. Breasted)

Die Mitregentschaft

Sethos dürfte diesen Schritt in der Friedensperiode nach dem Vertragsschluß mit dem Hethiterkönig Muwatallis getan haben, also zwischen den Herrschaftsjahren 7 und 8. Prinz Ramses war damals ungefähr fünfzehn Jahre alt. Der König verkündete – wahrscheinlich im großen Hof des Tempels von Memphis – vor den Großen des Königreiches und vor Vertretern des Volkes, daß er seinen Sohn zum König an seiner Seite einsetzen wolle.

In einem emphatischen Kommentar zu dem Ereignis hebt Ramses auf seine Legitimität als Herrscher ab, an der allerdings gewisse Zweifel bestehen bleiben:

»Ich bin aus Re hervorgegangen…, auch wenn mein Vater Menmaatre [Sethos I.] mich aufzog. Der Allmächtige selbst machte mich groß, da ich noch ein Kind war, damit ich herrsche. Er beschenkte mich mit dem Land, als ich [noch] im Ei war. Die Großen verneigten sich [küßten die Erde] vor mir, als ich als ältester Sohn, als Kronprinz, auf den Thron des [Erdgottes] Geb gesetzt wurde. Als mein Vater in der Öffentlichkeit erschien, war ich ein Knabe in seinen Armen, und, mich meinend, erklärte er: ›Krönt ihn zum König, damit ich seine Stärke [Nefru: *Ausstrahlung?*] *betrachten kann, solange ich an seiner Seite lebe.‹ [Dann kamen] die Kammerherren, um mir die Doppelkrone aufs Haupt zu setzen.*[7] *So sprach er über mich, als er auf der Erde war: ›Laßt ihn dieses Land organisieren! Laßt ihn es verwalten! Laßt ihn sich dem Volk zeigen!‹ So sprach er… denn seine Liebe zu mir kam aus tiefstem Herzen. Er versah mich mit einer Hausgemeinschaft, die aus dem königlichen Harem stammte, wie geschaffen für den Palast; er wählte Gemahlinnen für mich aus… und Konkubinen.«*

Warum sich rechtfertigen?

In der Weiheinschrift von Abydos, einem Bericht, der mit unglaubhaften Details ausgeschmückt ist, geht es Ramses ganz offenbar darum, seine Ernennung zum Mitregenten als Bestätigung seines Status als Erbprinz von Geburt an zu präsentieren. Aber gerade der

Abb. 65 (oben links) Ramses wird von der Göttin Anuket gestillt, die ihm göttliche Kräfte verleiht. (Tempel von Bet el-Wali)

Abb. 66 (oben rechts) Seth und Horus krönen den jungen Ramses zum Mitregenten. (Kleiner Tempel von Abu Simbel)

Abb. 67 Ramses II. trainiert seinen ältesten Sohn bei der Bändigung eines wilden Stiers.

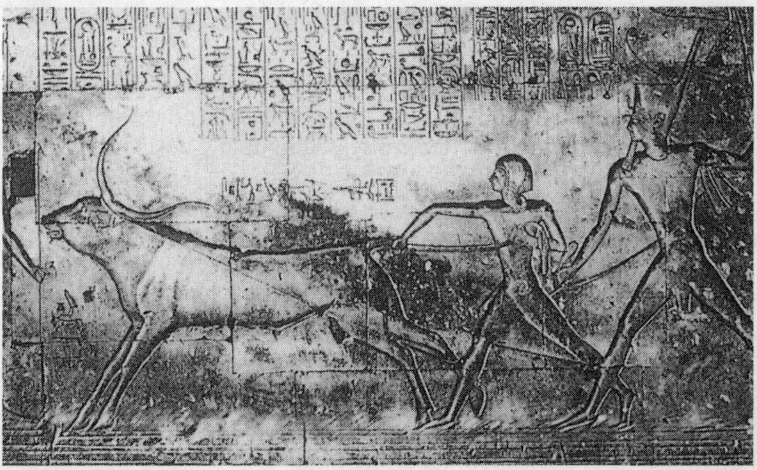

Nachdruck, mit dem er diesen Status hervorhebt, läßt die Sache zweifelhaft erscheinen.

Der Wortlaut dieser Inschrift lehnt sich offenbar an die Krönungsinschrift der Hatschepsut in ihrem späteren Totentempel in Der el-Bahari an. Die Königin erscheint als Herrscherin, die von ihrem Vater Thutmosis I. vor den Würdenträgern des Reiches designiert worden ist. Aber zu Ramses gibt es einen grundlegenden Unterschied.[8] Thutmosis hatte seine Tochter als erwachsene junge Frau gekrönt, ohne sie zur Mitregentin zu machen. Ramses stellt sich dagegen als unwahrscheinlich frühreifer Knabe hin und besteht darauf, daß er »als ältester Sohn, als Kronprinz, auf den Thron des Geb gesetzt« worden sei. Diese Behauptung könnte bedeuten, daß er den Anspruch auf die Krone nicht von Anfang an gehabt hatte. Darstellungen in Abydos zeigen ihn als Begleiter seines Vaters beim Opfern vor der endlos langen Königsliste, dem Verzeichnis seiner »königlichen Ahnen«.

Ramses bemühte sich sogar noch im Jahr 3 seiner Herrschaft darum, seine Legitimität zu rechtfertigen: So läßt er auf der Stele von Kuban seine Höflinge sagen:

»Du schmiedetest schon Pläne, als du noch im Ei warst, in deinem Amt als jugendlicher Kronprinz. Du wurdest eingeweiht in die Probleme beider Länder, als du noch jung warst und die Seitenlocke der Jugend trugst… Du warst Befehlshaber der Armee als junger Mann von zehn Jahren.«

Der große amerikanische Ägyptologe James Henry Breasted aus Chicago hat seinerzeit eine Hypothese aufgestellt, die sich auf ein Relief an der Außenmauer der großen Säulenhalle des Tempels von Karnak stützte: Hinter dem Streitwagen Sethos' I. entdeckt der Betrachter eine Gestalt, die ausgemeißelt wurde, vermutlich ein Prinz, den man später durch die Umrisse des kleinen Ramses ersetzt hat. Breasted sah in diesem nachgearbeiteten Teil des Reliefs nun den Beweis dafür, daß Ramses einen älteren Bruder ermordet habe, um seinen Platz einzunehmen.[9] Widerlegt wird die Hypothese freilich durch eine Szene am Jubiläumstempel des Sethos in el-Kurna, wo eine Darstellung der Krönung des Ramses durch Amun in Gegenwart seines Vaters belegt, daß zwischen den beiden offenbar vollkommenes Einvernehmen geherrscht hat.

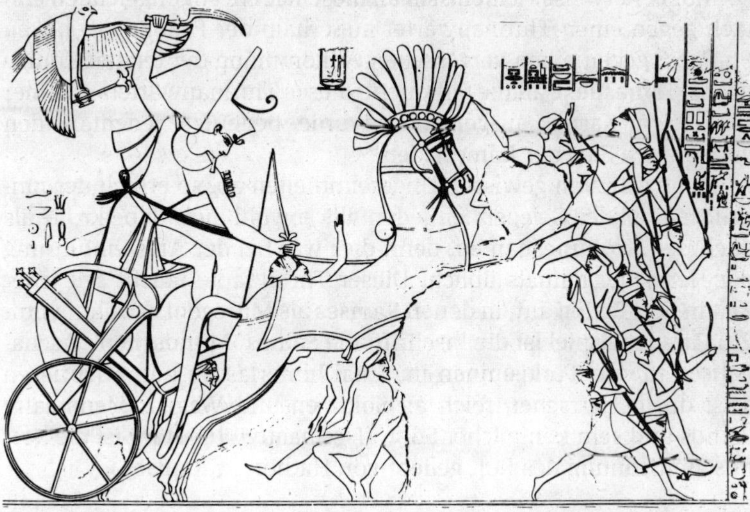

Abb. 68 Der Mitregent Ramses verfolgt die Schasu-Beduinen. (Tempel von Bet el-Wali)

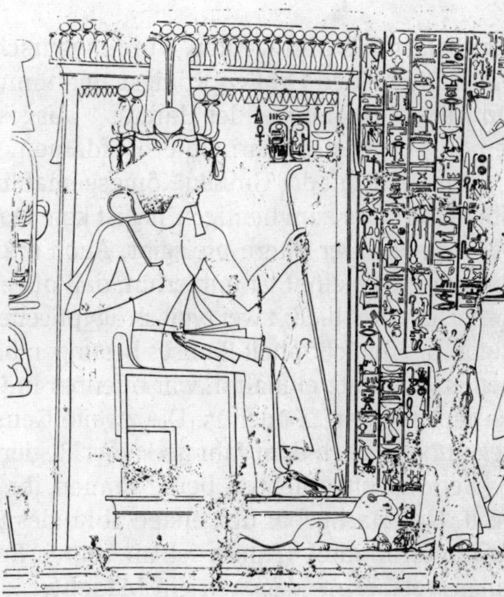

Abb. 69 Der Wesir, der Kronprinz und der Vizekönig von Nubien führen Ramses asiatische Gefangene vor. (Tempel von Bet el-Wali)

Möglicherweise richten sich all diese Rechtfertigungen auch einfach gegen einen Thronanwärter außerhalb der Familie des neuen Pharaos, gegen einen vergessenen Abkömmling der letzten Könige der 18. Dynastie. Daß die Silhouette dieses Thronanwärters an einer Mauer von Karnak ausgemeißelt wurde, bedeutete jedenfalls den endgültigen Sieg der Ramessiden.[10]

Sieht man von gewissen Ungereimtheiten ab, so erhielt der junge Prinz bei der Gelegenheit jedenfalls sowohl die Doppelkrone als auch den Krönungsnamen, denn dies war bei der Amtseinführung der Herrscher damals üblich. Dieser Thronname taucht seit jener Zeit in den Texten auf, in denen Ramses als Mitregent erwähnt wird. Ein Paradebeispiel ist die Inschrift, die Sethos' Mundschenk Aschahebsed in den Türkisminen im Sinai hinterlassen hat: »Gepriesen seist du, o Herrscher, reich an Soldaten und Wagen, Menmaatre Sethos und sein königlicher Sohn Usermaatre[11] [= stark ist die kosmische Ordnung des Re], geliebt von Hathor..., Ramses.«[12]

Die Welt des Mitregenten

Der Palast des Mitregenten wurde wahrscheinlich in Memphis gebaut. Die beiden Großen Königsgemahlinnen, die Sethos, Tuja und Hormin, der Vorsteher des Harems,[13] ausgesucht haben dürften, lebten dort im Kreise charmanter Hofdamen.

Zur Herkunft der Großen Königsgemahlinnen ist uns leider nichts überliefert. Bis zum heutigen Tag ist kein Dokument aufgetaucht, das die Namen ihrer Eltern preisgibt. Auch über ihre Qualitäten wissen wir nichts. Bekannt ist immerhin, daß die eine Nefertari und die andere Isisnofret hieß: zwei typisch ägyptische Namen. Die erste, deren Liebreiz und Schönheit Ramses besungen hat und die an seiner Seite den ersten Platz einnahm, war offenbar kränklich. Sie starb etwa im Herrschaftsjahr 24 oder 25. Die zweite Gemahlin Isisnofret lebte dagegen noch nach dem Jahr 40 seiner Regierung.

Sehr rasch brachten beide Frauen ihr jeweils erstes Kind zur Welt. Nefertari gebar den ersten Sohn des Herrschers, der zunächst Amunherunemef (Amun ist an seiner Rechten) genannt wurde. Isisnofret bekam dagegen ein Mädchen, das den Namen Bintanat

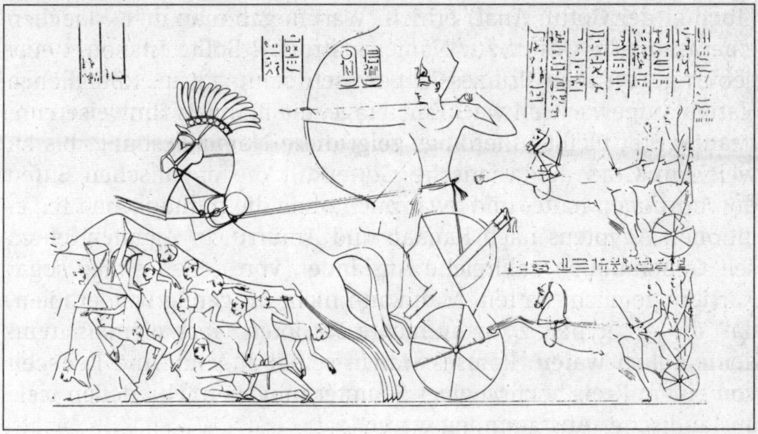

Abb. 70 Ramses verfolgt Aufständische in Obernubien. Hinter ihm die Wagen zweier Prinzen.

Abb. 71 Ein Verletzter wird ins Dorf der Aufständischen getragen. (Tempel von Bet el-Wali)

Abb. 72 Defilee der tributpflichtigen Gefangenen mit ihren Familien.

(Tochter der Göttin Anat) erhielt. Warum gab man dem Mädchen eine asiatische Göttin zur Namenspatronin? Sollte Isisnofret eine gebürtige syrische Prinzessin gewesen sein, die im königlichen Harem aufgewachsen war? Eine Frage, die mangels Hinweisen unbeantwortet bleibt. Allerdings zeigt diese Namensgebung, bis zu welchem Grad der asiatische Götterkult die ägyptischen Sitten durchdrungen hatte, und zwar auch ohne die militärischen Expeditionen Ägyptens nach Kanaan und Amurru. In Ägypten lebten seit Generationen zahlreiche Ausländer, von denen einige sogar Karriere gemacht hatten. Man kann nicht oft genug wiederholen, daß die Altägypter zwar aufrechte Patrioten, aber niemals fremdenfeindlich waren. Ramses war in seiner Jugend- und Reifezeit von einem Kreis hochrangiger Beamter umgeben, von denen viele ausländischer Abstammung waren.

Paser[14], der Sohn des Hohenpriesters Nebnetjeru, der es schon in jungen Jahren zu Sethos' Kammerherrn gebracht hatte und dann zum »Ersten Gottesdiener der [Kronengöttin] Werethekau«, also zum Verwalter der Königskronen aufstieg, wohnte der Inthronisierung des Prinzen zum Mitregenten sicherlich bei. Wahrscheinlich war er es, der dem Kronprinzen die Doppelkrone aufs Haupt setzte. Zu dessen näherer Umgebung gehörte sein Jugendfreund Amunemipet.[15] Aschahebsed, der seit dem Herrschaftsjahr 8 in die Berge des Sinai Lobpreisungen seiner beiden Herren meißeln ließ, stammte wahrscheinlich nicht aus Ägypten. Trotzdem wurde er in das hohe Amt des »königlichen Gesandten in allen fremden Ländern« berufen. General Urchia, ein gebürtiger Nordsyrer, gab seinem Sohn den kanaanäischen Namen Jupa. Besonders lange in den Diensten des Pharaos hatte der Chef der Tempelmaler von Karnak, Didia, gestanden, dessen Urahn sechs Generationen zuvor aus Kanaan nach Ägypten eingewandert war.[16]

Die Aktivitäten des Mitregenten

Im Jahr 8 der Herrschaft Sethos' I. erfuhr Ramses als Mitregent aus den Depeschen, die Amunemipet, der Vizekönig von Nubien, an seinen Vater gesandt hatte, daß sich im Land Kusch, dem heutigen

Sudan, westlich des dritten Katarakts eine Revolte anbahnte. Sethos arbeitete im Winter des Jahres 1287 v. Chr. eine Strategie aus, dank derer es einer von Fußsoldaten begleiteten Streitwagentruppe gelang, den Aufstand binnen sieben Tagen niederzuschlagen. In Theben, der Befehlszentrale, erlebte Ramses schließlich mit, wie beinahe tausend Gefangene mit einer gewaltigen Kriegsbeute aus Afrika in die Stadt einzogen. Allerdings waren solche Feldzüge nicht bedeutend genug, um den Mitregenten auf die hervorragend organisierten Gegner vorzubereiten, mit denen er sich in den kommenden Jahren erbitterte Schlachten liefern sollte.

Während des gesamten Jahres 9 seiner Herrschaft übernahm Pharao Sethos persönlich die Aufsicht über den Bau seines Tempels in Abydos. Um die Goldbeschaffung für die Ausstattung des Heiligtums zu erleichtern, mußte er die Wasserversorgung der Minenarbeiter verbessern. In der Wüste zwischen Edfu und dem Roten Meer, in den Wadis Mija und Abbad, stieß man bei der Grabung eines tiefen Brunnens tatsächlich auf Wasser, worauf Sethos den Tempel von Redessije in den Felsen hauen ließ.

Die Oberaufsicht über sein gewaltiges übriges Bauprogramm hatte er an den Mitregenten abgegeben. Darunter fielen die Bauarbeiten am Palast von Piramesse im Osten des Deltas, an zahlreichen Heiligtümern überall in Ägypten und an den Monumenten in Theben. Während am rechten Nilufer in Karnak auf der riesigen königlichen Domäne des Amun eine Säulenhalle geschaffen wurde, entstand am linken Ufer, bei el-Kurna, für Sethos ein »Tempel der Millionen Jahre«, wobei eine Halle im Süden des Bauwerks Sethos' Vater Ramses I. gewidmet wurde: Als Mitregent ließ es sich Ramses II. nicht nehmen, seine Person auf einer Tempelmauer in einer Krönungsszene, die ihn mit dem Gott Amun zeigt, zu verewigen. Besonderes Augenmerk richteten er und Paser, der kurz zuvor zum Wesir des Südens ernannt worden war, auf den Bau des großen Felsengrabes für Sethos I. Neben der Überwachung der Arbeiten auf den verschiedenen Baustellen mußte dafür gesorgt werden, daß die Materialien für deren Ausschmückung eintrafen: Der Granit für die Standbilder und Obelisken stammte aus den Steinbrüchen von Assuan, von wo aus er auf dem Wasserweg an den Bestimmungsort transportiert wurde. Kontrolliert werden mußte auch der Eingang des Goldes, aus dem Sethos eine kostbare Statue fertigen ließ.

Bei all diesen Inspektionen, die der mitregierende Prinz zwischen den Jahren 9 und 10 seiner Herrschaft – er müßte damals siebzehn und achtzehn Jahre alt gewesen sein – durchführte, hatte er sicher Gelegenheit, mit den geschätzten Thebaner Künstlern Bekanntschaft zu schließen und ihre Werke zu betrachten. Diese blieben wie im Mittelalter zumeist anonym, eine Gepflogenheit, die sich am Anfang der ramessidischen Epoche allerdings änderte. Vor allem bei Ausgrabungen des Arbeiterdorfes *Set-Maat*, dem heutigen Der el-Medine, das nahe den Thebaner Königsgräbern liegt, tauchten verschiedene Namen auf.[17] Mit Paser, der für das prunkvolle Mobiliar des Tempels von Karnak, für die königlichen Grabschätze, das Königsgrab und somit auch für die Überwachung der beteiligten Arbeiter zuständig war, erhielt Ramses die Gelegenheit, die Werke Sennodjems und die eines jungen Mannes zu bewundern, der später der brillante Führer der gesamten Gruppe der Künstler und Handwerker in Theben-West werden sollte: Neferhotep.

Das Tal der Könige

Unter Leitung Sennodjems arbeiteten die Künstler an den Gräbern des Sethos und der Tuja. Die Pläne, die man dem Pharao unterbreitet hatte, waren ganz anders als die der Grablegen, die sich die Königsfamilie am Anfang der Dynastie geleistet hatte. Für Sethos wurde im Tal der Könige ein Grab von fast hundert Metern Länge[18] in den Kalkstein getrieben. Die Totentexte, mit denen das Innere ausgeschmückt wurde, zeigten die verschiedenen Stationen der Sonne bei der Fahrt durch die Nachtstunden, in denen sie ihre Energie zurückgewinnt. Die geheimnisvollen Pfade, die zur Wiedergeburt führen, waren von allerlei Fabelwesen bevölkert. Auf den Pfeilern tauchte die lange Ringelschlange Mehen auf, über ihr die gleißende Sonnenscheibe. Überall erschien der Pharao, der ständig Zwiesprache mit den Göttern hielt. Darstellungen an den Mauern des langen unterirdischen Ganges zeigten sämtliche Stadien des Rituals der Augen- und Mundöffnung, das an einer Mumie vollzogen wurde.

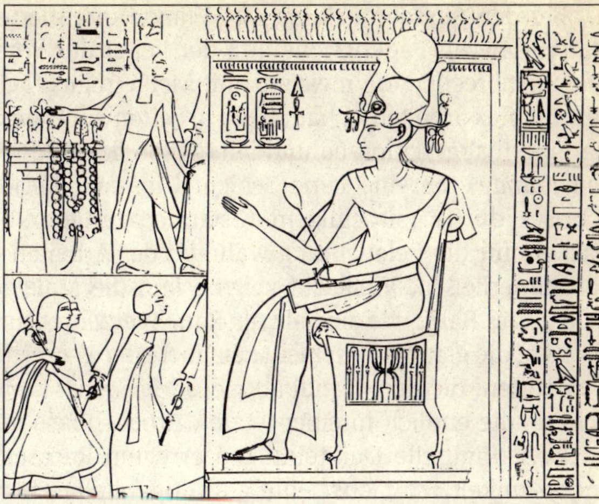

Abb. 73 Amunherunemef, der älteste Sohn des Ramses, der Wesir und der Vizekönig Amunemipet präsentieren dem Mitregenten die Tributstücke.

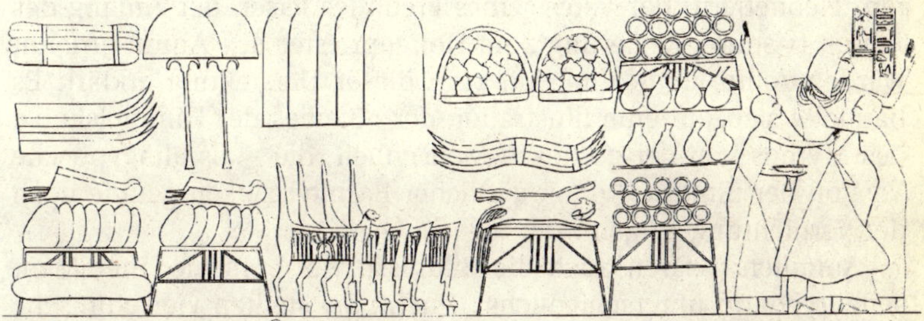

Abb. 74 Der Vizekönig von Nubien wird mit Ehrengold belohnt. Hinter ihm eingetriebene Tributstücke.

Abb. 75 Ägyptische Offiziere führen Gefangene aus Obernubien vor und bringen Goldketten und Tiere als Tributstücke mit. (Tempel von Bet el-Wali)

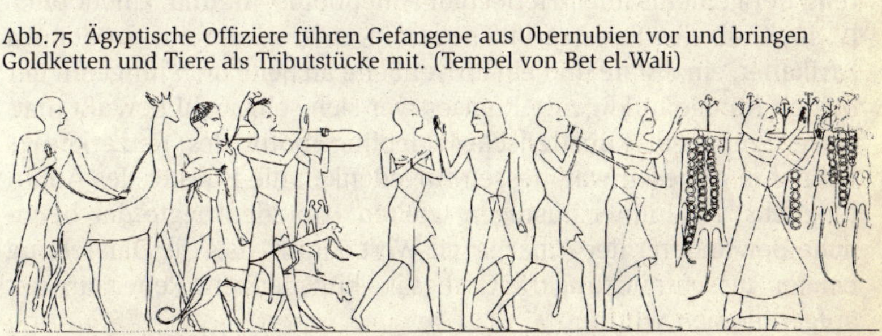

Bei der Ausschmückung der Wände orientierte Ramses sich an Entwürfen auf Papyrus, die ihm der Leiter der Vorzeichner vorlegte. Die Steinbrecher, die meistens mit Meißeln aus täglich neu geschnittenem Silex arbeiteten, hatten die Arbeiten am Gang und an den Grabkammern abgeschlossen und überließen das Feld nun den sogenannten *Kadja*,[19] die eine feine Schicht Gips auf die Mauern auftrugen. Ramses dürfte mit einigem Erstaunen festgestellt haben, daß die Fackeln für die Beleuchtung während der Arbeiten keinerlei Rußspuren hinterließen. Vielleicht zeigten ihm die Maler und Zeichner Pasched und Baki, wie sie Salz als Rauchverzehrer um die Flamme legten. Auf die glatte Gipsschicht zeichnete der Vorzeichner[20] Szenen und Inschriften, die der »Handhaber des Meißels«[21] zu feinen Reliefs ausschlug, die endlich in einer letzten Arbeitsphase ausgemalt wurden.

Drei originelle Darstellungen erregten Ramses' besondere Aufmerksamkeit: zunächst eine gewaltige stehende Kuh, unter deren Leib über den Köpfen schreitender Menschen Barken hindurchfahren. Nebnetjeru, der Vater seines Freundes Paser, der Anfang des Jahres 11 seiner Regierung zum Hohenpriester des Amun ernannt werden sollte, hatte ihm den Sinn dieser Darstellung erklärt: Es handelte sich um eine Illustration des »Buches der Himmelskuh«, des Mythos von der gottlosen Menschheit, die – als altägyptische Version der Sintflut – dank göttlicher Barmherzigkeit gerade noch der Vernichtung entgeht.

Auffallend waren auch die Bildnisse vier verschiedener Menschentypen in unterschiedlicher Tracht: Sie stellten vier ethnische Gruppen gleichberechtigt nebeneinander dar, unter ihnen auch die Ägypter. Dieser Ausdruck von Humanismus tauchte erstmals während der gemeinsamen Herrschaft Amenophis' III. und Amenophis' IV. im Grab des Ramose in Theben in einer Szene auf, in der ein Afrikaner, ein Asiate und ein Libyer Seite an Seite dem jüngeren der beiden Könige huldigen.[22] Ramses war sich sehr wohl bewußt, daß diese Szene ein künstlerisches Lieblingsmotiv des Ketzerkönigs Echnaton gewesen war, dessen Angedenken die Priester des Amun möglichst für immer austilgen wollten. Trotzdem legte der heimliche Bewunderer der Amarnazeit Wert darauf, daß die Darstellung bei der Ausschmückung des Grabes ins künstlerische Repertoire mit aufgenommen wurde.

Abb. 76 Mumienporträt des Sennodjem, unter dessen Leitung das Grab Sethos' I. ausgeschmückt wurde. (Mumiensarg im Ägyptischen Museum, Kairo)

Abb. 77 Sethos I. empfängt aus den Händen des Horus Bildnisse der Schutzgöttinnen Nechbet und Uto, die ihm Unsterblichkeit sichern sollen. (Tempel von Abydos)

Schließlich begeisterte sich der junge Mitregent für ein drittes Motiv: den Lauf der Zeit, dargestellt durch Sterne und Sternbilder unter einem in die Länge gezogenen Leib der Nut, der Himmelswölbung in Frauengestalt. Als gewaltige Komposition schmückte diese Darstellung des astronomischen Himmels die Decke der »Goldenen Halle«, die den Mumiensarg des Königs und seine prunkvolle Ausstattung für die Ewigkeit aufnehmen sollte.

Den Plänen nach sollte das Grab Sethos' I. binnen drei Jahren fertiggestellt werden.[23]

Das Tal der Königinnen

Weiter im Süden besuchte Ramses *Set-Neferu*, das heutige Tal der Königinnen, in dem einst die erste Große Königsgemahlin der Dynastie, seine Großmutter väterlicherseits, beigesetzt worden war. Er inspizierte den Beginn der Bauarbeiten am Grab seiner verehrten Mutter Tuja, das in den Felsen gehauen wurde. Die Stätte lag am Ende einer sich verschmälernden Felsenterrasse unter der alles beherrschenden Heiligen Grotte.

Die Grabstätte, die mit viel Sinn für Geometrie und Harmonie auf zwei Ebenen angelegt wurde, verfügte über zwei unterirdische Hauptkammern, in die zwei hintereinanderliegende Treppen hinabführten. Die weitläufige hintere Treppe mit vier Pfeilern aus dem gewachsenen Felsen sollte als Sargkammer dienen. Die unterschiedlichen religiösen Motive und Inschriften, mit denen die Wände ausgeschmückt waren, stammten aus dem »Totenbuch«. Ramses' Mutter stand der zarten strahlenden Nefertari, der Mutter seines ersten Sohnes Amunherunemef, sehr nahe. Deshalb nutzte er seine Inspektionsreise dazu, neben der Begräbnisstätte der Tuja einen Bestattungsort für seine Lieblingsgattin auszuwählen.

Nach dem langen Aufenthalt im Süden kehrte der gekrönte Prinz nach Memphis zurück, wo er von einer ständig wachsenden Familie erwartet wurde. Isisnofret, die bereits Bintanat und den kleinen Ramesse geboren hatte, war mit einem weiteren, besonders kräftigen Knaben niedergekommen. Ramses nannte ihn Chaemwese – in Erinnerung an seinen Aufenthalt in Theben und vielleicht nach einem Urgroßonkel.[24] Chaemwese bedeutet soviel wie »der in Theben erscheint«. Eine von Nefertaris Töchtern, Meritamun, zeigte schon als Kleinkind die Schönheit und Anmut der Mutter. Auf Ramses, der eben erst zwanzig Jahre alt geworden war, hatte der Aufenthalt mit Paser in Oberägypten bei den großen Tempelbaumeistern und den Thebaner Grabausstattern einen tiefen Eindruck hinterlassen.

Sethos trieb sein ehrgeiziges Bauprogramm weiter voran: Obwohl er in Karnak bereits die gewaltigste Säulenhalle Ägyptens errichten ließ, ordnete er in seinem elften Herrschaftsjahr den Bau einer weiteren Säulenhalle im Tempel des Gebel Barkal, einem Heiligtum des Amun von Napata im Land Kusch, an.[25]

Zu tun bekam Ramses auch am »Wasser des Re«, dem östlichen Nilarm im Delta, nahe des Sees, wo Ahmose einst die Hyksos vertrieben hatte. Nachdem Sethos dort den kleinen Palast seines Vaters Ramses I. hatte vergrößern lassen, unterstützte ihn Ramses jetzt bei der Verschönerung dieser Königsresidenz. Die Ziegel und bunt glasierten Fliesen, bei denen die Farbe Türkis dominierte, ließ er in den berühmten Keramikwerkstätten von Memphis fertigen.[26] Sie schmückten die Einfassungen der Türen und Fenster des Palastes. Ähnliche Fliesen zierten den Boden unter dem königlichen Baldachin, unter dem der Pharao Audienz hielt, und Schutzgötter aus dem gleichen schillernden Material säumten die Rampen, über die man zu ihm hinaufgelangte.

Der Mitregent als Kriegsherr

Der scheinbar sichere Frieden zwischen Ägypten und seinen äußeren Besitzungen geriet in Gefahr. Nach den Berichten der Boten war im Süden und Osten mit kleineren Aufständen zu rechnen: Sie mußten sofort im Keim erstickt werden. Wahrscheinlich übertrug Sethos seinem Sohn, der inzwischen zweiundzwanzig Jahre alt war, die Leitung eines kleinen Präventivfeldzuges in Kanaan und in den Gegenden, die von Schasu-Beduinen heimgesucht wurden. Sicher ist jedenfalls, daß er Ramses in seinem Herrschaftsjahr 13 oder 14 damit beauftragte, an seiner Stelle offiziell die Tributzahlungen der Länder Wawat und vor allem Kusch (Unter- und Obernubien) entgegenzunehmen.

Dem jungen Mitregenten wurde erlaubt, an diese wichtige Beförderung mit einer Darstellung in einem Tempel zu erinnern, der sechzig Kilometer südlich von Assuan, beim heutigen Bet el-Wali,[27] in den nubischen Felsen gehauen war. In den Szenen erscheint der junge Ramses als vollwertiger Pharao. Die Nordwand des ungedeckten Tempelhofs schmücken Reliefs, die summarisch von seinen asiatischen und libyschen Feldzügen erzählen: Auf seinem Wagen, seinen zahmen Löwen neben sich, schlägt er mit jugendlicher Begeisterung einen Feind in die Flucht. Weiter entfernt ist der Angriff auf eine asiatische Festung dargestellt.

Noch mehr lebendige Details weist das einstmals bunt bemalte lange Relief auf der Südmauer auf, das von links nach rechts den Ablauf des Kriegszuges in Obernubien zeigt. Dargestellt ist zunächst der Angriff auf einen Stamm deutlich gekennzeichneter Afrikaner. Den Pharao, der sie mit seinen Streitkräften verfolgt, begleiten erstmals zwei seiner Söhne: sein Ältester, Amunherunemef, Nefertaris Sohn, der damals ungefähr sieben Jahre alt war, und sein um ein Jahr jüngerer Sohn Chaemwese. Beide Knaben stehen auf einem eigenen Wagen mit Lenker. Die wilde Attacke löst unter den Aufständischen Panik aus. Ein Verletzter wird abtransportiert; Männer und Kinder stürzen in ein Dorf, in dem unter freiem Himmel Frauen mit Kochen beschäftigt sind.

Es folgt ein endloses Defilee von Vasallen, die Abgaben tragen oder – sofern es sich um Tiere aus Afrika handelt – führen: Löwen, Giraffen, Geparden, Gazellen und Meerkatzen … neben den Kostbarkeiten, die das Leben in Ägypten verschönten: Elfenbein, Straußenfedern, Ebenholz, in Afrika gefertigte ägyptische Möbel, Tierhäute, Spezereien, allerlei Halbedelsteine und Säckchen mit Gold, Goldringe und andere Goldschmiedearbeiten … Der Reigen wird angeführt von den beiden jungen Prinzen, die von dem alten Amunemipet, dem Vizekönig Nubiens, und vom Wesir Paser begleitet werden.

Fand dieser Feldzug nach Nubien tatsächlich zu dieser Zeit statt, oder handelt es sich bei der Szene um eine Anspielung auf einen Feldzug nach Kusch aus dem Jahr 8? Das sudanesische Aussehen der flüchtenden Bewohner spricht für diese Hypothese. Im achten

Regierungsjahr, zur Zeit seiner Heirat, hatte der Prinz allerdings noch keine Nachkommen. Vielleicht vermischte die Darstellung auf der Südwand zwei zeitlich voneinander getrennte Ereignisse, eines aus dem Jahr 8 und eines aus dem Jahr 13/14, als die Prinzen fünf und vier Jahre alt waren. Ebenso könnte es sich bei den Wandbildern auf der Nordwand um Darstellungen der asiatischen und libyschen Feldzüge handeln, auf denen er seinen Vater begleitet hatte.[28]

Der Aufstieg zur Macht

Der Felsentempel von Bet el-Wali mit seinen historischen Darstellungen ist das erste von insgesamt sieben größeren Heiligtümern, die Ramses in Nubien errichten ließ. Er zeugt offenbar von seiner unmittelbar bevorstehenden Machtübernahme in einer Zeit, als es mit Sethos I. gesundheitlich bergab ging. Im hinteren Bereich des grob in den Sandstein gehauenen Tempels ist Ramses allein bei einer Opferung dargestellt. Er opfert der königlichen Maat, dem Gleichgewicht und der Dynamik des Universums, für deren ständiges Wirken er als Pharao Sorge zu tragen hat.

Als Ausdruck seines göttlichen Wesens ist Ramses zweimal als Kindkönig dargestellt, wie er, mit der Chepreschkrone auf dem Haupt, von Isis und von Anuket, der Herrin über die Katarakte, gesäugt wird. Wie hätte man angesichts dieser Abstammung und seiner Heldentaten daran zweifeln können, daß er der Pharaonenkrone würdig war?

Sethos I., der in seinem vierzehnten oder fünfzehnten Herrschaftsjahr ungefähr fünfzig Jahre alt war, starb offenbar ganz plötzlich: am Ende des dritten Schemu-Monats, also während der Sommerhitze. Ramses war gerade fünfundzwanzig Jahre alt geworden.

Abb. 78 (oben) Bildnis eines Pharaos mit Barthaaren; Ramses trauert um seinen Vater. (Thebanisches Grab)

Abb. 79 (unten) Der Wesir Paser, der am Krönungszeremoniell teilnahm und dem König die Doppelkrone (Pschent) aufs Haupt setzte.

KAPITEL 5
DIE KRÖNUNG

Die Thronbesteigung

Sethos Menmaatre, der Sohn und Nachfolger Ramses' I., den Haremhab zum Pharao gemacht hatte, starb vermutlich in seinem vierzehnten oder fünfzehnten Herrschaftsjahr. Sein Sohn, der künftige Ramses II., mußte sich als würdiger Erbe einer Familie tapferer Soldaten beweisen, die die Etikette ebenso gut beherrschten wie den Umgang mit Waffen. Der Kronprinz, der schon in jungen Jahren Mitregent gewesen war, stand jetzt vor der Übernahme der absoluten Macht. Er mußte nur noch gekrönt und ins Amt eingeführt werden.

Am Morgen nach dem Tod seines Vaters – es war der siebenundzwanzigste Tag des dritten Schemu-Monats – wurde öffentlich verkündet, daß der neue Pharao die Regierung angetreten habe. Die siebzigtägigen Vorbereitungen zur Bestattung des verstorbenen Sethos I. begannen. Er wurde mit gewaltigem Pomp im Tal der Könige beigesetzt: im zweiten Achet-Monat, also Mitte August 1279 v. Chr.[1]

Der neue König entwirft sein Erscheinungsbild

In Memphis und Heliopolis war alles bereit für den schon inthronisierten Ramses, der sich auf das eindrucksvolle Zeremoniell vorbereitete, das ihn zum vollwertigen Träger der Doppelkrone machen würde. Zwar blieb er als Mensch auch nach der Krönung noch der Endlichkeit und den irdischen Wechselfällen unterworfen, doch erlangte er eine zweite, göttliche Natur, mit der er an der kosmischen Ordnung teilhatte: Deshalb markierte die Krönung zum Pharao denn auch den eigentlichen Beginn seiner Herrschaft.

Sicher machte sich Ramses schon vor seiner Krönung, die nach der Wiedererscheinung des Mondes stattfinden sollte, Gedanken über die Festigung seiner künftigen Herrschaft. Nach der Krönung sah er es jedenfalls als zwingend notwendig an, seine Ansprüche auf den Horusthron mit feierlichem Nachdruck in einer hundertsechzehnzeiligen Inschrift zu untermauern. Wollte er die zweifelhaften Umstände vergessen machen, unter denen ihm sein Vater den Titel des Mitregenten verliehen hatte?[2] Oder ging es ihm hauptsächlich darum, sich von einer Familie von Soldaten zu distanzieren? Sie stammte immerhin aus einer Grenzregion, deren Bevölkerung als unrein galt. Sicher ist immerhin soviel, daß die Dynastie des Ramses ein Novum war: Zwei direkte Vorfahren trugen den Namen Sethos, der als Königsname bislang noch nicht vorgekommen war. Überhaupt tauchte er in der ägyptischen Geschichte[3] erst unter Amenophis III.[4] und am Anfang der Amarnazeit auf, und zwar als Ausdruck eines bestimmten Aspekts der Göttergestalt Seth, zu dem Ramses schon wegen seiner roten Haarfarbe eine besondere Beziehung hatte. Zu seinen Vorfahren zählten auch hohe Beamte, die den Reformerkreisen um Echnaton nahegestanden hatten: So hatte sein Großonkel Chaemwese[5] eine gewisse Taemwadisi geheiratet, Haremsvorsteherin am Ende der Amarnazeit und Schwester des Vizekönigs von Nubien, Hui, einem Gefährten des jungen Tutanchamun.[6]

Seit Haremhab hatten die neuen Herrscher Ägyptens keine wirkliche Animosität gegen die Amarnazeit zu erkennen gegeben. So hatte Ramses als Mitregent beispielsweise bei der Ausschmückung des Felsentempels von Bet el-Wali diskret auf das »versenkte Relief« zurückgegriffen, eine beliebte Neuerung bei den Bildhauern der Amarnazeit, die den figürlichen Darstellungen mit einem Spiel von Licht und Schatten lebendigere Konturen verlieh.[7]

Pharao werden

Gegenüber den mächtigen Priestern von Karnak, dem Lehen des Amun, war Vorsicht geboten. Ramses mußte ständig darauf achten, das Kräftegleichgewicht zwischen ihnen und den Priestern anderer

Kulte zu erhalten. In diesem Sinne schuf er sich ein besonderes Erscheinungsbild und faßte kühne Reformen ins Auge, die im Hinblick auf die Entwicklungen des Landes notwendig waren.

Alles hing von der Glaubwürdigkeit und dem Charisma eines klugen Herrschers ab. So mußte Ramses schon zu Lebzeiten an der eigenen Legende arbeiten und Heldentaten vollbringen, mit denen er das Ansehen der Vorgänger übertreffen würde: Es sollte ihm gelingen! Im übrigen stand seine kommende Herrschaft unter einem günstigen Stern. Schon Sethos I. hatte sich mit dem Beginn einer neuen Sothisperiode, die alle 1460 Jahre wiederkehrt,[8] zur Stärkung seiner Macht auf eine besondere »Erneuerung der Geburten«[9] berufen können. Ramses war fest entschlossen, diese Gelegenheit ebenfalls, so gut es ging und auf konkretere Weise, zu nutzen. Zwischen dem Jahr 1313,[10] dem Zusammenfall beider Kalender, und seiner Krönung im Jahr 1279 lagen nur vierunddreißig Jahre, so daß sich beide Kalender seither höchstens um eine Woche gegeneinander verschoben hatten. Der neue Pharao konnte also noch immer als ein Herrscher gelten, in dessen Regierungszeit Ägypten von diesem außergewöhnlichen Phänomen profitieren würde.

Zudem hatte er kurz vor dem Tod seines Vaters in einer kurzen Seeschlacht die Schardana zurückgeschlagen, jene »Seevölker«,[11] die mit den Libyern verbündet waren und immer wieder ins Delta einzufallen versuchten. Seine Offiziere hatten aus den Gefangenen wertvolle Söldner gemacht, die jetzt dem Pharao treu ergeben waren.

Ramses, dem die Zukunft auf diese Weise vorgezeichnet war, konnte die ereignisreichen Tage seiner Einweihung in die das Universum lenkenden Mysterien, durch die er das Reich des Re in Besitz nehmen sollte, mit dem »der Himmel erdröhnt und die Erde erzittert«, sicher kaum erwarten. Von dem ersten rituellen Akt und dem Wesentlichen dieser Zeremonie, das heißt der Reinigung des Prinzen und seiner Krönung, bei der ihm Priester in Gestalt von Schutzgöttern die Kronen aufs Haupt setzten, sind nur wenige Reliefdarstellungen aus den Tempeln des Neuen Reiches überliefert. Die schriftlichen Quellen unterlagen strikter Geheimhaltung.

Der gesamte Ablauf dieser Initiation wurde später regelmäßig am Neujahrstag bei der »Bestätigung der königlichen Macht« im

»Tempel der Millionen Jahre« wiederholt, und zwar schon seit Beginn des Neuen Reiches, wahrscheinlich aber noch früher. Das Ritual wird glücklicherweise auf einem Papyrus erwähnt, der sich im Besitz des Brooklyn Museum[12] in New York befindet.

Die Reinigung des Prinzen

Sobald der Morgen dämmerte und Ramses erwacht war, kamen die Zeremonialpriester in den Palast, setzten den angehenden Pharao auf einen Tragsessel und trugen ihn zur »Pharaonentaufe« vor das Tor des Tempelpylonen.[13] Dieses Ritual, der Auftakt der Krönungsfeierlichkeiten, wurde wahrscheinlich vor einer kleinen Gruppe hochrangiger Beamter und ohne die Königin vollzogen.

Vier Priester mit den Masken des Horus, des ibisköpfigen Thot, eines tiergestaltigen Seth, der an ein Erdferkel oder einen Esel erinnerte, und des falkenköpfigen Dunanui (»Schwingen-Spreizers«) stellten sich in den vier Himmelsrichtungen um Ramses in Position. Sie begannen, sein Haupt und seine Schultern mit der heiligen Libation zu begießen, und bildeten mit dem Strahl die Hieroglyphenzeichen *Anch* und *Was*, die für die Kraft der Sonnenstrahlung standen. Horus wusch ihm das Gesicht, und Seth rieb es trocken. Nach der Reinigung, die symbolisch aus den vier Himmelsrichtungen erfolgte, wurde Ramses neunmal mit heiligen Ölen aus den altehrwürdigen Heiligtümern Ober- und Unterägyptens gesalbt. Sie bewahrten den König vor jedem Angriff des Bösen und stellten seinen Körper unter den magischen Schutz der Isis.

- Das erste Salböl sollte seiner Haut göttliche Eigenschaften verleihen.
- Die beiden folgenden machten ihn zum Sonnengott auf dem Stufenthron.
- Das vierte und fünfte beschworen die beiden Sonnenbarken, die das Tagesgestirn durch den Tag und die Nacht fahren.
- Das sechste Salböl ließ den Pharao eins werden mit Atum und so weiter.
- Das neunte Salböl schließlich diente der Weihe des Königsschurzes, einer Insignie des Pharaonenamtes.[14]

Abb. 80 König Sethos I. im Tragsessel auf dem Weg zur Krönung. (Abydos)

Abb. 81 Der neue Pharao wird von den Göttern ins Allerheiligste geleitet.

Abb. 82 »Rituelle Reinigung« (Taufe) des Herrschers. Fragmente in der Kapelle der Hatschepsut in Karnak.

Diese Salböle, die magische Staubkörnchen und Mineralien enthielten,[15] wurden über den gesamten Körper des Pharaos verteilt, so daß die Energien der Urmaterie in ihn einströmen konnten.

Das Stillen

Die zweite Phase des Krönungsrituals spiegelt sich in Darstellungen auf Tempelmauern wider: Von kleiner Gestalt, aber im Gewand des Herrschers, wird der Pharao von einer Göttin gesäugt. Diese Szene sollte das eigentliche Wesen des Ramses bestätigen, der im Schoß des Universums genährt und mit dem Lebenswasser[16] getränkt wurde. Seitdem verschwand jeder Hinweis auf seinen menschlichen Ursprung aus dem königlichen Kontext.

Der Schmuck und die Kronen

Im Allerheiligsten hängte der Zeremonienmeister dem König eine lange Schärpe aus rotem Leinen mit sechzig geknoteten Fransen um den Hals: Sie trug ein schwarzes Ornament aus dreißig oberägyptischen und dreißig unterägyptischen Kronen mit einer Silhouette des Ptah, des Herrn von Memphis, und der Königsjubiläen. Dann legte er ihm zwei Zepter in die Hände: *Anch* und *Was*, Symbole der Göttermilch, die schon unter Echnaton als Zeichen der lebenspendenden Sonne gedient hatten.[17] Ramses erhielt anschließend zwei weitere Schmuckstücke: ein Diadem *(Sesched)*, an dem ein Stirnband *(Schesep)* mit Uräus befestigt wurde, und eine schwere Kette *(Meanch)*, »die göttliches Leben verleiht«. Später wurden zahlreiche Amulette an die rote Leinenschärpe geheftet.

Der Pharao erhielt auch die makellosen weißen Ledersandalen sowie den »Stab der fremden Länder«, die seine Herrschaft über die Macht des Bösen bei den rituellen Prozessionen versinnbildlichen sollten. Der Stab erinnerte an jene bildlichen Szenen, in denen der Pharao mit Waffengewalt Angreifer aus anderen Völkern, Afrikaner und Asiaten, in Schach hält. Zwei Stöcke, die an ihren gebogenen unteren Enden die geschnitzten Köpfe eines Afrikaners und eines Asiaten[18] trugen, gehörten im übrigen auch zu der Grabausrüstung des Tutanchamun.

Dann schritten die Priester zur Einkleidung des neuen Königs. Für diese symbolträchtige Kulthandlung wären die prachtvollen

Abb. 83 Krönung Ramses' II.: Der Pharao sitzt zwischen den beiden Schutzgöttinnen; Horus und Thot setzen ihm die Doppelkrone (Pschent) auf. (Karnak)

Abb. 84 Stöcke mit den geschnitzten Köpfen eines Afrikaners und eines Asiaten an den unteren Enden, Symbole für die Völker, von denen Gefahr drohte und die der Pharao in den Staub ziehen soll. (Schatz des Tutanchamun im Ägyptischen Museum, Kairo)

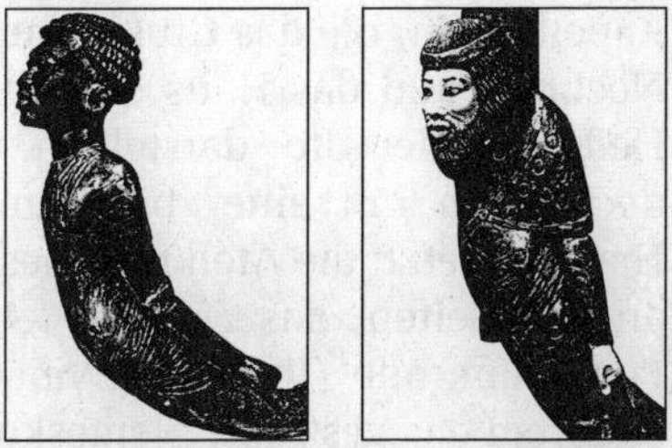

Abb. 85 Pyramidion des Obelisken der Hatschepsut: Amun setzt der Königin die Chepreschkrone auf, die Insignie des Amtes (Iaut) Atums. (Tempel von Karnak)

Abb. 86 Der Horusfalke breitet schützend seine Flügel um den Nacken des Chephren. (Kairo, Ägyptisches Museum)

Obergewänder aus plissiertem Leinen, die seit dem Anfang der Herrschaft von Thutmosis IV. und seit Amenophis III. auf Reliefs an Pharaonen häufig zu sehen sind, unpassend gewesen. Ramses trug nur den Lendenschurz des Königs, der seit Narmer,[19] dem ersten Pharao der geschichtlichen Zeit, üblich geworden war.

Auf einem Blockthron, der auf einem Podest stand, empfing der neue Pharao von Priestern, die Horus und Thot (oder Seth) darstellten, die weiße Krone des Südens, die rote Krone des Nordens und die Doppelkrone *(Pschent)*, die für die Vereinigung beider Reiche stand.[20] Priesterinnen, die ihm zur Seite saßen, riefen die beiden Schutzgöttinnen an, die geiergestaltige Nechbet und die heilige Kobra Uto, damit sie die Doppelkrone auf dem Haupt des Pharaos ins Gleichgewicht rückten.[21]

Priester mit falken- und hundeköpfigen Kapuzen, die Lokalgottheiten der Städte Pe[22] und Nechen[23] verkörpernd, riefen mit rhythmischen Bewegungen der Arme die entfernten Vorfahren des Königs an. Dann trat der Pharao nacheinander in verschiedene Kapellen ein, die das Große Haus *(Per-wer)*, das alte Heiligtum der Nechbet, und das Haus der Flamme *(Per-neser* oder *Per-nu)*, das Heiligtum der Uto, darstellten. Dort wurden ihm jeweils Kopfbedeckungen mit einer bestimmten liturgischen Bedeutung aufs Haupt gesetzt: die Atefkrone des Re mit den beiden Straußenfedern an den Seiten, das Diadem *(Sesched)*, die Hemhemetkrone, die Perückenkrone *(Ibes)* und verschiedene Leinenkopftücher, unter anderem das gestreifte Nemeskopftuch.

Schließlich erhielt der Pharao auch die straußenlederne Chepreschkrone, die heute unpassenderweise auch als »Kriegshelm« bezeichnet wird, obwohl er sie als Zeichen für das von Atum übertragene Königsamt in der Folgezeit gewöhnlich im Alltag trug.[24] Bei einer Zeremonie wurde sie durch den Amun von Karnak ins Gleichgewicht gebracht, eine Kulthandlung, die sich in einer symbolischen Darstellung widerspiegelt: Der Pharao kniet rücklings vor dem thronenden Gott, der ihm die Hand auf den Nacken legt. Dem so verklärten und nunmehr aller Zeitlichkeit entrückten Pharao wird verkündet: »Dir ist die Erde in ihrer Länge und Breite gegeben, keiner teilt sie mit dir.«

Die Verkündigung der Titulatur (siehe auch Seite 461)

Ramses erhielt die Titulatur mit den üblichen fünf Namen, die eine Art Regierungsprogramm darstellten. Sie wurde von Samut,[25] dem königlichen Schreiber des Lebenshauses, erstellt. Die Titulatur des Ramses bestand aus:

a) seinem »Horusnamen«, der als Inschrift über einem Horusfalken auf der Palastmauer prangte; sein Beiname lautete: »mächtiger Stier, geliebt von Maat«;
b) seinem Herrinnennamen; im Zeichen der Schutzgöttinnen Nechbet und Uto berief man ihn zum »Beschützer Ägyptens, der die fremden Länder unterwirft«;
c) seinem Goldnamen: »Goldhorus, reich an Jahren, groß an Siegen«.

Seine beiden letzten Namen tauchen später überall in ovalen Kartuschen auf, Abwandlungen der ursprünglich runden Seilschleife mit dem unten liegenden Knoten, einem Symbol für die Umlaufbahn der Sonne, innerhalb der alles der Herrschaft des Pharaos unterstand:

d) Die erste Kartusche des Ramses enthält seinen Titel »König des Südens und des Nordens«, gefolgt von seinem Thronnamen, den er bei der Ernennung zum Mitregenten seines Vaters erhalten hatte: Usermaatre, »Stark ist die Maat der Sonne« (wobei »Maat« als die alles verbindende Kraft der kosmischen Harmonie zu verstehen ist). Wenige Jahre später legte sich Ramses außerdem den Namen Setepenre, »auserwählt von der Sonne«, zu.[26]
e) Die zweite Kartusche enthält den Geburtsnamen Ramesse, den ihm seine Mutter bei der Niederkunft gegeben hatte und den er später Ra-mes-su schrieb.

Eine solche Titulatur mit fünf Namen, die alle Aspekte der übernatürlichen Erscheinung des Königs abdeckt, taucht erstmals unter Pepi II. am Ende des Alten Reiches auf. Nach dem jahrtausendealten Ritual der Verleihung wurde sie per Erlaß in den Gauen des Landes verkündet.

Die gesamte Liturgie diente gleichsam als Vorbereitung für den Augenblick, in dem Ramses das uralte Erbe der Herrschaft überantwortet wurde. Sie hatte ihn in eine solche Hochstimmung versetzt, daß er bereits jetzt in eine andere Sphäre überzugehen schien.

Die Übergabe des tausendjährigen Erbes

Mit Ladanum, einem duftenden Harz, salbten die Priester einmal mehr den Leib des Pharaos und hängten ihm unter Lobpreisungen des Horus weitere Amulette um den Hals. Dann vollzog der Nachfolger Sethos' I. die wichtigste Kulthandlung, die »Kommunion«.

Man mischte zerkautes Brot mit Harz und formte daraus in der Handfläche des Königs das Hieroglyphenzeichen für das Amt *(Iaut)*. Ramses schluckte das Symbol und erklärte, daß er die Macht des Herrschers besitze:

*

> *»Das Zeichen des Amtes, in der Hand geformt,*
> *Das Zeichen des Amtes aus zerkauten Brotkrümeln.*
> *Kein Sterblicher soll es erhalten!*
> *Und wird ihm das friedenbringende Zeichen des Amtes dargereicht, so spreche er viermal:*
> *›Das Zeichen für das Amt des Horus gehört ihm.‹*
> *Die Regierungsgewalt gehört ihm!*
> *›Das bestätigt das Zeichen des Amtes, sobald er es schluckt.‹«*[27]

Dann stand ein Beschwörungsritual an, das der vorangegangenen Herrschaft galt. Unter Beimischung verschiedener Mineralien wurde aus Nilschlamm ein flacher Kuchen geformt, während Ramses die Insignien der Königsmacht umgehängt wurden: Bildnisse eines Falken, einer Biene[28] und Zepter. Sieben tiergestaltige tönerne Götterbilder aus dem Lebenshaus, in deren Mündern eine Flamme loderte, wurden im Tempel geopfert.

* Die Hieroglyphe des Pharaonenamtes.

Abb. 87 Amun-Atum und Seschat schreiben den Thronnamen des Ramses auf Früchte des Ischedbaums; Darstellung im Ramesseum. (Zeichnung: Sabri)

Bei Einbruch der Nacht trat Ramses in einen Seinszustand ein, der ihn endgültig in seine neue Existenz des Herrschers überführte. Im Allerheiligsten stand ein Bett bereit. Der König empfing vier hölzerne Siegel, von denen zwei den Namen des Geb[29], eines ein Bildnis der Neith[30] und ein letztes den Namen der Maat trugen. Einer Inschrift zufolge wurden sie »unter den Kopf des Königs geschoben, als er sich hingelegt hatte«. Er war bereits in eine Art Betäubungszustand eingetreten.

Auf diesen symbolischen Tod folgte in magischer Atmosphäre eine »Erweckung«, ein Ritual, das man als Vorläufer der abendländischen Initiationsrituale von Zünften oder philosophischen Gesellschaften sehen könnte. Ramses nahm auf einem Thron mit geheimnisvollen Kräften Platz, der auf einem magischen Stein errichtet worden war (ähnlich dem »Stein Schottlands«, der zur Krönung englischer Könige unter den Thron geschoben wurde). In der einen Hand hielt er den Erdkuchen, in der anderen wahrscheinlich eine Schwalbe. Der Zeremonialpriester brachte den Horusfalken, den die Schwalbe durch Magie vor verderblichen Einflüssen schützen sollte. Über den Falken wurde dem Gott Horus verkündet, sein Erbe sei weitergereicht: »Sage Horus, daß der Pharao hier ist, damit beschäftigt, seine Stellung zu festigen.«

Der Absicherung der neuen Herrschaft und ihrem glücklichen Gelingen diente ein letztes Ritual: die Enthauptung von Pflanzen in zwei Reihen zu jeweils sieben Exemplaren. Damit sollten symbolisch alle bösen Kräfte, die der neuen Herrschaft schaden könnten, gebannt werden. Der König roch an den Pflanzen und hieb ihnen nacheinander die Spitzen ab. Nach diesem Ritual wurde er in eine rote, mit schützenden Amuletten behängte Leinenrobe gehüllt.

In diesem Aufzug trat er ins Lebenshaus, wo man ihm einen goldenen Falken, einen Geier aus farbigem Glasfluß und eine Katze aus Türkis um den Hals hängte. Dann brachten ihm Priester neun lebende Vögel unterschiedlicher Arten dar. Auf einer Reliefdarstellung dieses Rituals erkennt man einen Falken, einen Geier, einen Milan, eine Nilgans *(Chenalopex)*, eine Wachtel, eine Schwalbe und einen Kranich, alles Vögel mit einer Schutzfunktion. Während der Zeremonie legte man den Falken an den Nacken des Pharaos und

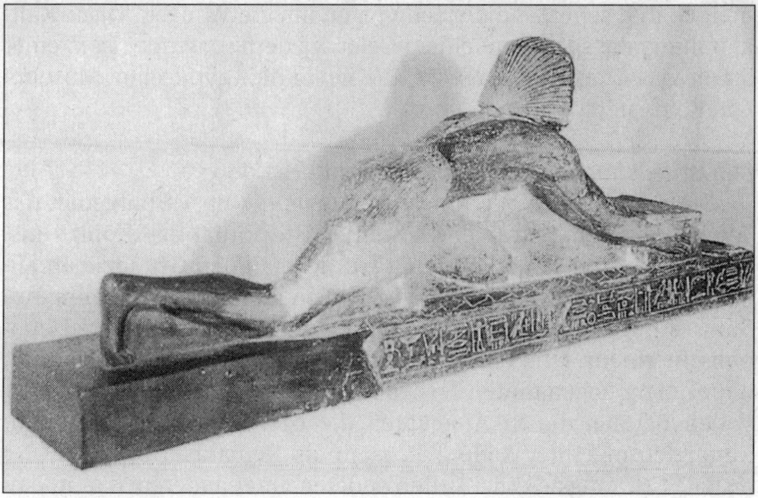

Abb. 88 Ramses auf den Zweigen des Ischedbaums mit einer Opfergabe.

Abb. 89 Ausschnitt: Ramses schiebt seine Opfergabe vor sich her. (Kairo, Ägyptisches Museum)

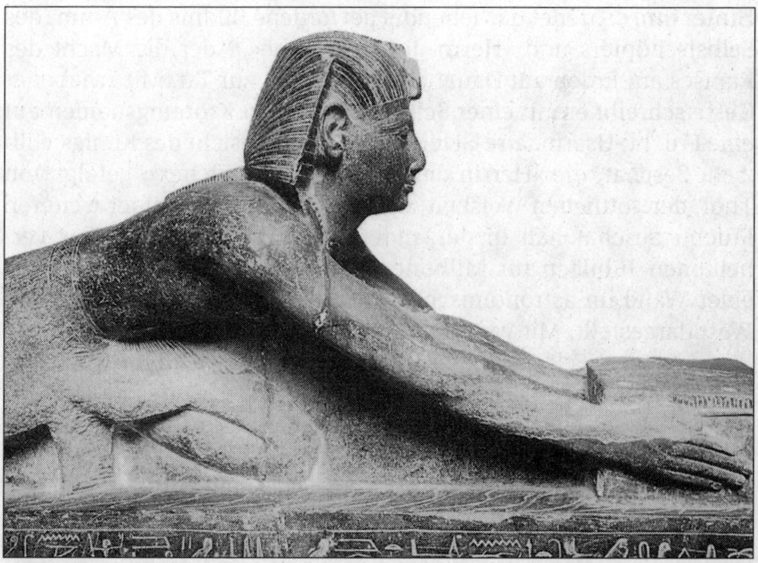

breitete ihm schützend die Schwingen um die Wangen. Diese Kulthandlung, die später mit einem Geier wiederholt wurde, ist in einer Statue des Chephren verewigt, die heute im Ägyptischen Museum von Kairo steht.

Der Ischedbaum und die Langlebigkeit des Königs

Diese imposante Krönungszeremonie, die im Verborgenen des Tempels stattfand, war das bedeutendste Ritual des Königtums. Zur Erneuerung seiner Wirkung wurde es in den Grundzügen alljährlich zu Neujahr wiederholt. Das Zeremoniell der Krönung des Ramses begann wahrscheinlich in Memphis und endete in Heliopolis in einem Tempelhof mit einem liebevoll gepflegten Perseabaum, dem sogenannten Ischedbaum. Die Früchte dieser prachtvollen Bäume, die in Altägypten die Ufer der Kanäle säumten, kündigten mit ihrer Reife gleichsam als Neujahrsgruß die Nilflut an. Die Krönungsfeierlichkeiten endeten unter anderem damit, daß sie rituell mit dem Namen und Vornamen des Pharaos beschrieben wurden.[31] Ramses saß auf dem Blockthron vor dem Perseabaum, dessen Früchte in diesem Jahr der Krönung besonders groß waren. Hinter ihm schreitet das lebendig gewordene Bildnis des Atum, des Selbstschöpfers und »Herrn der Ursprünge«,[32] der die Macht des Ramses auf Erden auf Dauer absichern soll, zur Tat. Mit erhabener Geste schreibt er mit einer Schreibbinse[33] den Krönungsnamen auf eine Frucht: Usermaatre-Setepenre[34]. Im Angesicht des Königs vollzieht Seschat, die »Herrin der Schriften und Bücher«, gefolgt von Thot, der göttlichen Weisheit, den gleichen Ritus an einer weiteren Frucht. Seschat hält in der anderen Hand das Zeichen der verheißenen Jubiläen für Millionen von Jahren. Diese Szene ist an einer Wand im astronomischen Saal des Ramesseums in Theben-West dargestellt. Mit Variationen ließ Ramses sie zusätzlich in eine Wand seines Felsentempels in Abu Simbel meißeln: Vor dem Ischedbaum kniend, empfängt er den Segen des Gottes Re-Harachte und das Zeichen der Sedfeste (Jubiläen). Hinter ihm schreibt Thot seinen Namen Usermaatre auf eine Frucht.[35]

Nach all diesen Riten, die sich im Verborgenen hinter Tempelmauern abspielten, wurde die Krönung in ganz Ägypten gefeiert. Einige Krönungsrituale waren zweifellos für die Öffentlichkeit bestimmt: Als herkulische Großtaten mußte Ramses einen wilden Stier niederstrecken, gefährliche Strauße verfolgen, Zielscheiben aus großer Entfernung treffen und dergleichen mehr. Auf seinem goldbeschlagenen Wagen fuhr er schließlich, dem Sonnengott gleich, durch dic Volksmassen, unter denen die Begnadigung zahlreicher Gefangener für noch größere Ausgelassenheit gesorgt hatte.

Das grosse Opetfest

Schon bald nach dem zweiwöchigen Neujahrsfest herrschte in Ägypten erneut Festtagsstimmung: Nach dem Eintreffen der Nilflut, wenn die Felder wegen Überschwemmung nicht bebaut werden konnten, feierten die Menschen das dreiundzwanzigtägige Opetfest. Im Krönungsjahr des Ramses fand es in Theben im September statt.[36]

Den Anwohnern am Nil bot sich ein prachtvolles Schauspiel, als die kostbaren Tragschreine in Barkenform mit den Götterbildern des Amun, der Mut und ihres Sohnes Chons aus dem Heiligtum in Karnak zum südlich gelegenen Tempel von Luxor zogen. Dort feierte der Herr von Theben über elf Tage lang die Vermählung mit seiner Göttergemahlin und die Erneuerung seines Ka, seiner geistigen Schöpferkraft.

Über einen Kanal, der nahe am Tempel von Karnak parallel zum Nil verlief, wurden diese Götterbarken auf großen Booten von Gläubigen und vom Tempelpersonal über drei Kilometer bis zum anderen Tempel getreidelt.[37] An beiden Ufern wurde die Prozession von einer ehrfürchtig staunenden Menge verfolgt. Überall wurde getanzt und gesungen, und blumengeschmückte Tische bogen sich unter der Last von Früchten und Getränken. In Luxor holten Priester die Barken von Bord der Boote und trugen sie in ihre Kapellen auf den Vorplatz des Tempels.[38]

Da der Hohepriester des Amun vor kurzem gestorben war, leitete Ramses persönlich den gesamten Ablauf der Prozession. Eine Szene zeigt ihn im Priestergewand, einem Gepardenfell, während eine Inschrift ihm – einmalig in Ägyptens Annalen – den Titel des »Ersten Propheten des Amun, König des Südens und des Nordens, Ramses Usermaatre«,[39] zuspricht.

Abb. 90 Das Opetfest: Priester, Musikantinnen mit Sistren, Harfenspieler und Akrobatinnen. (Karnak, Kapelle der Hatschepsut)

Abb. 91 Festprozession mit Opferrindern. Luxor, Hof Ramses' II. (Archiv Gaston Maspero)

Abb. 92 Das Opetfest: Der Kanal, der, parallel zum Nil, Karnak und Luxor miteinander verbindet. Die Barke des Pharaos begleitet die Tragschreine der Götter auf den Booten. Im unteren Bildfeld defilieren Soldaten. (Luxor, Zeit des Tutanchamun)

Abb. 93 Prozession zwischen Karnak und Luxor während des Opetfests: Priester tragen die Barke des Chons aus seinem Heiligtum. Im unteren Bildfeld Stände mit Speisen. (Tempel von Luxor)

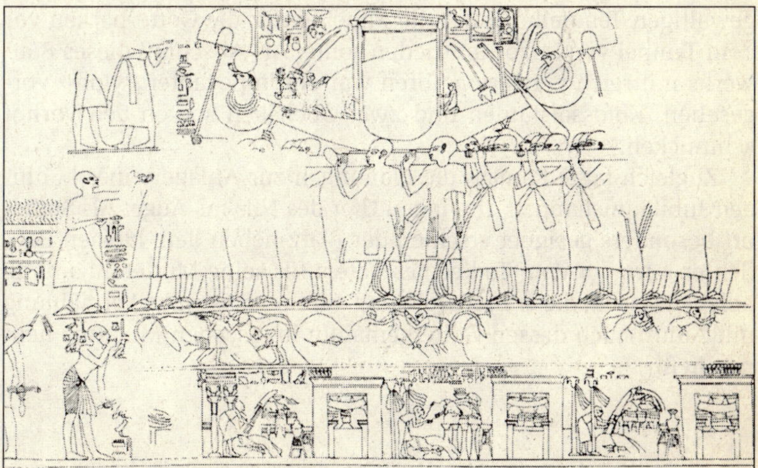

Von diesen Tagen an sollte der temperamentvolle junge Pharao für die ersten dreißig Jahre seiner Regierung einen rastlosen Tatendrang entwickeln. Während im Allerheiligsten des Luxortempels die Mysterien der Götterhochzeit des Amun zelebriert wurden, ließ sich Ramses im Amuntempel von Karnak die Tore zum Lebenshaus öffnen,[40] um sich in die Mysterien der Götterstrahlen von Theben, dem Urhügel der Schöpfung und der Domäne des Amun-Re, einweihen zu lassen. Wie eine Gedenkschrift verrät, erfuhr er bei dieser Gelegenheit, daß das rechte Auge des Göttlichen im Heliopolis des Südens (Hermonthis) und das linke im Heliopolis des Nordens verkörpert sei. Dieser Versuch eines Synkretismus markierte eine neue Phase im religiösen Programm des Ramses.[41]

Der König als Baumeister

Anschließend feierte der Pharao, begleitet von seiner Lieblingsfrau Nefertari, das Minfest, mit dem zur Sicherung einer reichen Ernte der Auszug des Fruchtbarkeitsgottes begangen wurde. Zur gleichen Zeit beauftragte er Baumeister mit Plänen zur Errichtung eines gewaltigen Tempelhofs, der die Kapellen für die Götterbarken vor dem Tempel von Luxor umfrieden sollte. Als Abschluß dieses Bauwerks mit reich verzierten Toren war ein imposanter Pylon[42] vorgesehen. Kolossalstatuen und zwei Obelisken sollten den Vorhof schmücken.[43]

Zugleich faßte Ramses die Planungen zur Anlage seines künftigen Jubiläumstempels am linken Ufer des Nils ins Auge. Als Standort besonders geeignet erschien der Platz neben dem kleinen Bau, den er kurz vor dem Tod seines Vaters für seine Mutter Tuja hatte anlegen lassen, die er in Anspielung auf ihre mystische Vermählung mit Amun nach dessen Göttergemahlin inzwischen Mut-Tuja nennen ließ.

Abb. 94 Grundriß des Tempels Amenophis' III., vergrößert durch den von Ramses II. erbauten Vorhof. (Luxor)

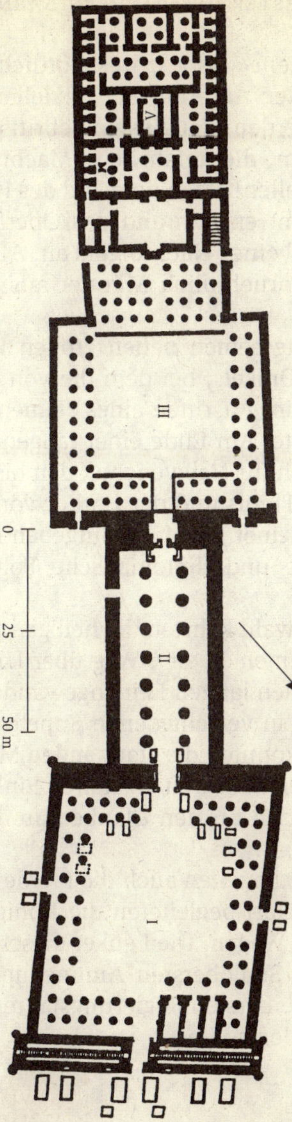
V
III
0
25
50 m
II
N
I

Der neue Hohepriester des Amun in Karnak

Amun, der »verborgene« Aspekt des Göttlichen, wie sein Name sagt, mußte nach der Amarnazeit offiziell wieder in all seine Rechte eingesetzt werden: Bei diesem Schritt ging es Ramses freilich vor allem darum, die gefährliche Macht der Priester seiner Kontrolle zu unterstellen! Nach dem Tod des Hohenpriesters Nebnetjeru,[44] dessen Amt er während des Opetfestes übernommen hatte, stand die Wahl eines Nachfolgers an. Als Kandidaten eigneten sich natürlich vornehmlich Männer aus der Umgebung des Pharaos.

Amun selbst sollte seinen neuen großen Diener wählen, und zwar mittels seines Orakels, bei dem die von den Priestern getragene Götterstatue beim Ausrufen eines Namens eine nickende Bewegung machen sollte. Am Ende einer langen Prozedur entschied sich Amun schließlich für Nebwenenef, den bisherigen Hohenpriester des Onuris von Thinis und der Hathor von Dendera, der diese beiden Ämter nach seiner Berufung aufgeben mußte. Nebwenenef sollte die geschickte und diplomatische Politik des Ramses in Karnak umsetzen.

Nach der Priesterwahl kehrten die heiligen Barken nach Karnak zurück. Diesmal nahmen sie den Weg über Land, wobei die kahlrasierten Priester in den langen Leinengewändern die Tragschreine unterwegs mehrfach in verschiedenen Kapellen absetzten. Bei geöffneten Vorhängen konnten die staunenden Menschen die kleinen vergoldeten Statuetten mit ihren kostbaren Einlegearbeiten bewundern, materielle Stützen für den Glauben an die unsichtbare göttliche Kraft.

In der Prozession tänzelten auch die Pferde des königlichen Gespanns. Neben Nefertari begleiteten die Königssöhne den Pharao auf je einem eigenen Wagen. Die Lenker dieser Gefährte unterstanden dem Befehl des Stallobersten Amunemipet, eines Vertrauten des Ramses, der in den ersten Regierungsjahren zum Vorsteher der Reiterei ernannt werden sollte.

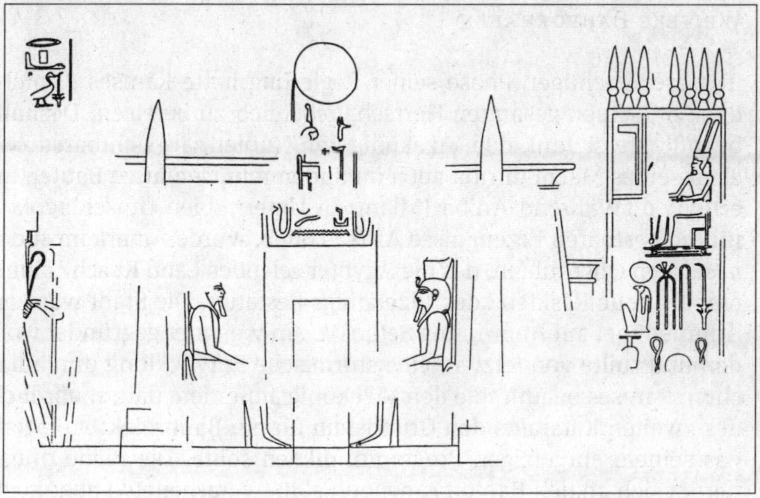

Abb. 95 Fassade des ersten Pylonen von Ramses II. in Luxor, Südseite. Erste Phase der Ausschmückung. (Zeichnung: Sabri)

Abb. 96 Zweite Phase der Ausschmückung: Rechts und links der Obelisken zwei hinzugefügte Gruppen von Standbildern. Hof Ramses' II. in Luxor. (Foto: Fathy Ibrahim)

Weitere Bauvorhaben

In dieser wichtigen Phase seiner Regierung hatte Ramses II. nicht die Zeit, seinen gesamten Herrschaftsbereich zu bereisen. Deshalb beauftragte er Juni, den Vizekönig von Nubien, als sichtbares Zeichen seines Machtantritts auch im Süden repräsentative Bauten zu errichten. Während Aniba (Miam) in Unternubien Umschlagplatz für die kostbaren Erzeugnisse Afrikas blieb, wurde Amara im sudanesischen Obernubien, das die Ägypter »elendes Land Kusch« nannten, als neue Residenz des Vizekönigs bestätigt. Die Stadt war von Amunemipet auf Anordnung Sethos' I. am Westufer gegründet worden und sollte von jetzt an eine stürmische Entwicklung durchmachen. Ramses beauftragte den Vizekönig außerdem damit, nördlich des zweiten Katarakts den Grundstein für ein Bauprojekt zu legen, das seinem ehrgeizigen Programm dienen sollte. Die Pläne orientierten sich an den Bauten Amenophis' III., verarbeiteten aber auch neue architektonische Elemente, die geeignet waren, die Größe seiner Herrschaft und die göttliche Natur des neuen Pharaonenpaares als Lenker und Wohltäter des Landes herauszustellen. Die beiden vorgesehenen Felsentempel sollten ihr kosmisches Wirken veran-

Abb. 97 Die Nilgötter, die die jährliche Überflutung sichern, winden die beiden Wappenpflanzen Ägyptens zusammen. Schmuck an beiden Seiten des Königsthrons. Fassade des großen Tempels von Abu Simbel.

schaulichen und die von Soleb und Sedeinga im Sudan übertreffen, die die Erinnerung an Amenophis III. und seine Gattin Teje lebendig hielten.

Auf der Suche nach einem geeigneten Standort entschied sich Juni für zwei Felskuppen, die Ramses' Wünschen entsprachen: Meha und das etwas weiter nördlich gelegene Ibschek, ein bescheidenes Heiligtum der Hathor.

Auch ein weiterer Besuch des Ramses in Theben galt dem Tempel von Karnak: Die Bauarbeiten an der großen Säulenhalle, die sein Vater Sethos begonnen hatte, ruhten seit dessen Tod und waren wegen der Krönungsfeierlichkeiten und dem Opetfest bislang noch nicht wiederaufgenommen worden. Ramses sorgte jetzt rasch für den Weiterbau, damit der prunkvolle Amunkult bald wieder zelebriert werden konnte. Der Pharao vertraute darauf, daß der geschickte Nebwenenef mögliche Exzesse in dieser mächtigen Priesterschaft gegebenenfalls unterbinden würde.

Erste Amtshandlungen

Bevor der Pharao Theben wieder verließ, scharte er seine wichtigsten Getreuen um sich: den Vorsteher des Schatzhauses, der oberster Steuereintreiber und Einkommensprüfer war, sowie die hochrangigen Beamten, die sich aus seinen Jugendfreunden rekrutierten und von denen einige asiatischen Ursprungs waren.[45] Dem Wesir Paser übertrug er die Aufgabe, ihn über die Ressourcen des Landes und die verschiedenen Kategorien der zahllosen Verwaltungsbeamten im Land zu informieren. Schließlich betraute er diesen hohen Beamten, der sein Mittelsmann war und für Gerechtigkeit zu sorgen hatte, mit einer der wichtigsten Aufgaben: Er mußte ihm täglich über seine Verwaltungsarbeit und über den Pegelstand des Nils berichten.

KAPITEL 6
DIE ERSTEN VIER JAHRE DER HERRSCHAFT

Ramses wurde in Memphis, der Domäne des Ptah, gekrönt, in Theben durch Amun geweiht und in Heliopolis durch Atum im Amt bestätigt. Jetzt mußte er sich noch in Abydos, der Domäne des Osiris, als Inhaber des Horusthrones präsentieren, und zwar in jenem prachtvollen Heiligtum, das sein Vater geplant hatte und das sich im Augenblick noch im Bau befand.

Der Hohepriester des Amun wird ernannt

So reiste Ramses auch nach Abydos, das zu einer wichtigen Zwischenstation auf dem Weg zurück in den Norden wurde. Dort warteten nicht nur die heiligen Hallen, die dem Dynastiegründer Ramses I. geweiht waren, auf ihre Fertigstellung, sondern Ramses konnte die Gelegenheit nutzen, Nebwenenef, dem neuen Hohenpriester des Amun, die Entscheidung des Orakels persönlich mitzuteilen. Für Nebwenenef, der sein Verbündeter in Theben werden sollte, bedeutete diese Beförderung den Höhepunkt seiner Laufbahn, weshalb er die offizielle Berufung in dieses Amt – sie fand am dreiundzwanzigsten Tag des dritten Achet-Monats statt – später dann auch in seinem Grab darstellen ließ: Ramses proklamiert ihn vom »Fenster der Erscheinung« seines Palastes aus vor Nefertari, der Königsfamilie, den Großen des Hofs und dem Rat der Dreißig mit der gebotenen Feierlichkeit zum Ersten Propheten des Amun. Bei seiner Berufung war Nebwenenef nicht nur sämtlichen Propheten und Würdenträgern des Amuntempels, sondern auch den Hofbeamten und führenden Militärs vorgezogen worden:[1]

(Zeilen 6–16): *Seine Majestät sagte ihm: »Du bist künftig Hoher-*

Abb. 98 Ramses-Statue mit Chepreschkrone auf dem Thron. (Turin, Museo Egizio)

priester des Amun. Sein Tempelschatz und seine Speicher sind unter deinem Siegel. Du bist das Oberhaupt seines Tempels, und die Verwaltung untersteht deiner Autorität. Die Güter [der Tempel] *der Hathor, der Herrin von Dendera, unterstehen von nun an der Autorität deines Sohnes*[2] *wie auch die Ämter deiner Vorfahren…*

…ich hatte vor ihm [dem Gott Amun] *den gesamten Hofstaat und die Befehlshaber der Soldaten aufgestellt; auch die Propheten der Götter und die Würdenträger seines Hauses, die vor seinem Angesicht standen, wurden ihm genannt.*

Mit niemandem war er zufrieden, bis ich ihm deinen Namen nannte. Diene ihm wohl, denn nach dir verlangte er. Ich weiß, du bist dazu in der Lage…

…Amun ist ein mächtiger Gott, der nicht seinesgleichen hat, der die Herzen ergründet, die Seelen erforscht, er ist der Geist, der des Menschen Innerstes kennt.«

(Zeilen 22-23): *Dann gab ihm Seine Majestät die beiden goldenen Siegelringe und den Stab aus Elektron, denn er wurde Hoherpriester des Amun und Vorsteher der Gold- und Silberhäuser, Vorsteher der beiden Speicher, Vorsteher der Arbeiten und Oberhaupt aller Handwerkervereinigungen in Theben. Ein königlicher Bote wurde entsandt, der im gesamten Land verkünden sollte, daß Nebwenenef das Haus des Amun übergeben worden sei und nun das gesamte Tempelpersonal unter seiner Führung stehe.*[3]

Die Monumente von Abydos

In Abydos stattete Ramses den verschiedenen Osirisheiligtümern einen Besuch ab und kam dabei auch bis zur (tausendjährigen) heiligen Treppe des Großen Gottes, in deren Nähe Gläubige zahlreiche Stelen errichtet hatten. Er stellte fest, daß keine andere Pilgerstätte besser geeignet war, um sich ein Denkmal zu setzen: So entstand die Widmungsinschrift, von der bereits die Rede gewesen ist und deren Wortlaut Ramses seinem Vater in den Mund legte. Er führte sich selbst als ein Wunderkind ein und feilte an seinem Erscheinungsbild.[4] Natürlich nutzte er den Aufenthalt in Abydos auch dazu, die notwendigen Anweisungen zur Fertigstellung der Tempel-

Abb. 99 »Ro-Setau«-Gebirge westlich von Abydos, hinter dem die untergehende Sonne ins Reich des Osiris eintaucht. (Foto: A. Ware)

Abb. 100 Ramses, begleitet von Nefertari, ernennt Nebwenenef zum Hohenpriester des Amun in Karnak. (Grab des Nebwenenef in Theben-West)

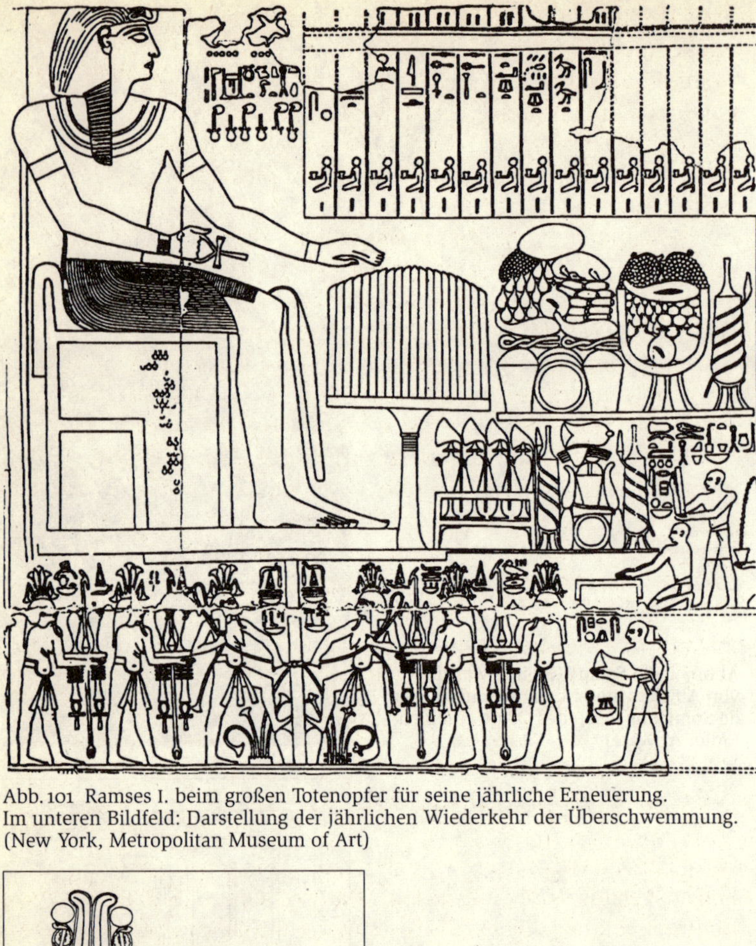

Abb. 101 Ramses I. beim großen Totenopfer für seine jährliche Erneuerung. Im unteren Bildfeld: Darstellung der jährlichen Wiederkehr der Überschwemmung. (New York, Metropolitan Museum of Art)

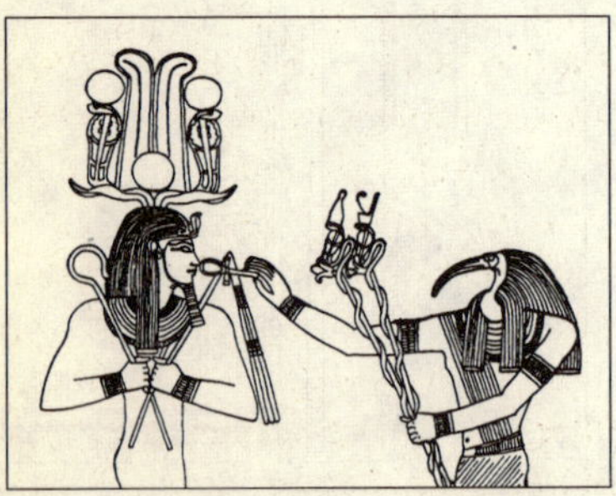

Abb. 102 Thot bringt der Mumie Sethos' I. Bildnisse der beiden Schutzgottheiten für seine Wiedergeburt dar. (Tempel des Sethos in Abydos)

anlage Sethos' I. zu geben und dafür zu sorgen, daß anschließend ein Tempeldienst organisiert würde.

Auch versäumte er nicht, an diesem altehrwürdigen Ort seinen eigenen Tempel zu stiften. Dieses Heiligtum wurde interessanterweise ganz aus Kalkstein errichtet, im Gegensatz zu allen anderen seiner Monumente, die er aus Sandsteinblöcken erbauen ließ. Auch wurde es entgegen der sonstigen Gepflogenheit des Bauherrn nicht mit versenkten, sondern ausschließlich mit den herkömmlichen – erhabenen – Reliefs ausgeschmückt.

Ramses hielt nicht nur das Andenken seines Vaters hoch, er verehrte auch die Vorgänger, in deren Tradition er sich gern stellte. In seinem wiederholten Bemühen, seine Ansprüche auf den Thron zu rechtfertigen, ließ er die jahrtausendealten Grabstätten der ersten Pharaonen restaurieren, um die sich bislang offenbar noch niemand gekümmert hatte. Er richtete einen besonderen Tempeldienst ein, der die laufenden Restaurierungsarbeiten überwachen und Opfergaben verteilen sollte. Sehr viel später sollte sein zwölfter Sohn Chaemwese, ein geborener Archäologe, sich nach seinem Vorbild um die zerfallenden Monumente der Nekropolen von Sakkara und Gize kümmern. Im Tempel des Sethos ließ Ramses sich auf einer der bislang noch unausgeschmückten Wände als Kind neben seinem Vater vor der eindrucksvollen Königsliste abbilden, eine Darstellung, die einmal mehr sein Recht auf den Thron hervorhob.

Die Bauarbeiten in Piramesse

Nach der Rückkehr in die Königsresidenz Piramesse, die augenblicklich ausgebaut wurde, beauftragte Ramses die Architekten mit der Errichtung von vier majestätischen Bauten im Zentrum der Stadt. Das neue Piramesse entstand anstelle der einstigen Hyksosstadt Auaris, wo im Norden ein Tempel des Seth und der halbfertige Tempel Sethos' I. standen. Unweit dieser Stelle lag der Hafen der künftigen Hauptstadt, nahe dem Zusammenfluß zweier Nilarme, des sogenannten »Wassers des Re« im Westen und des »Wassers von Auaris« im Osten. Der östliche Nilarm durchfloß den »See der Residenz«, der an die Seeschlacht zwischen dem Befreier Ägyptens und den Hyksos-

Abb. 103 Mai, der Baumeister des Ramses, wirkte hauptsächlich in Piramesse. (Kairo, Ägyptisches Museum)

Abb. 104 Meri und sein Sohn Wennefer, Hohepriester des Osiris, in Abydos. (Kairo, Ägyptisches Museum)

Abb. 105 Die Stelen des Nils am Gebel es-Silsile. Bei Niedrigwasser wurden Opfergaben in den Fluß geworfen. (Stich aus dem 19. Jahrhundert)

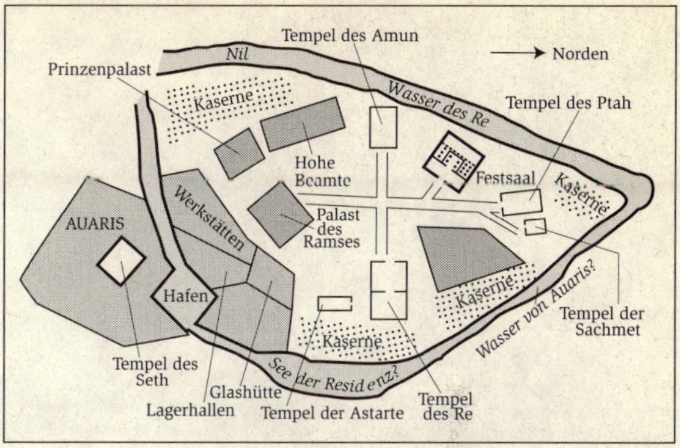

Abb. 106 Schematischer Stadtplan von Piramesse. (Nach Kenneth A. Kitchen)

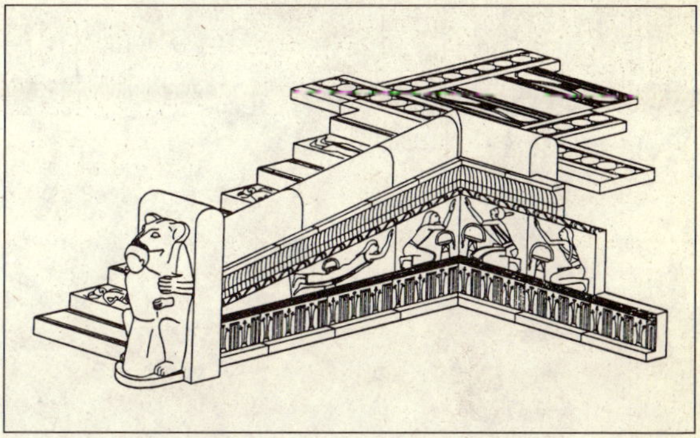

Abb. 107 Im Thronsaal des Palastes von Piramesse: Treppenaufgang zur Ebene des Thronsaals. (Rekonstruktion von W. Hayes)

Abb. 108 Neujahrsprozession: Priester ziehen mit einem dem Amun geweihten Gefäß, gefüllt mit Nilwasser, aus dem Tempel von Karnak. (Thebanisches Grab)

Abb. 109 Ramses, in Gestalt eines Sphinx, opfert ein Gefäß mit Wasser der Nilflut. Der Deckel mit dem Widderkopf weist es als Gefäß des Amun aus. (Kairo, Ägyptisches Museum)

Abb. 110 Ramses und Nefertari opfern dem Fruchtbarkeitsgott Min. (Tempel von Luxor)

eroberern erinnerte. Piramesse war somit völlig vom Wasser umschlossen. Im Zentrum der neuen Stadt, an den Enden zweier großer sich kreuzenden Straßen, ließ Ramses seinen Palast und drei Heiligtümer errichten: im Norden den Tempel des Ptah, flankiert von einem Heiligtum der Sachmet, im Osten den Tempel des Amun und im Westen den größten Tempel, der dem Re geweiht war. Im Süden lag schließlich das große Areal mit dem gewaltigen Palast des Herrschers. Zugleich entstanden überall im Umkreis Militärkasernen. Das gesamte Bauprogramm, auch der Ausbau des Palastes, unterstand einem gewissen Mai, dem »Bauleiter Seiner Majestät«. Einst ein hochrangiger Militär, sollte er Ramses später in Heliopolis und nach dem Tod des Pharaos dann dessen dreizehntem Sohn Merenptah dienen. Ramses hat seine Fähigkeiten sicher schon früh erkannt. Mai war so gewissenhaft, daß er die Arbeiter sogar in die Granitsteinbrüche von Assuan begleitete, aus denen die meisten Obelisken in Piramesse stammten. Als weniger skrupellos zeigte er sich freilich, als er die Verkleidung der Pyramide des Chephren in Gize abtragen und als Baumaterial in die neue Hauptstadt schaffen ließ!

Zum Bauprogramm in der neuen Hauptstadt gehörten auch die Erweiterung der prachtvollen Gärten des Ramses und die Anlage neuer Obstgärten mit Apfel- und Birnbäumen, die aus dem Nahen Osten stammten und später die Dichter zu Preisgesängen inspirieren sollten.

Eine Hymne auf den Nil

Gegen Ende des ersten Regierungsjahres nahte die Überschwemmungszeit, die Gelegenheit, den Nil mit einer langen Hymne[5] um die reiche Überflutung zu bitten, die für Ägyptens Landwirtschaft lebenswichtig war. So wurde eine große Stele mit Inschrift in die Felswand des Gebel es-Silsile eingelassen, wo eine Verengung des Flusses nördlich von Assuan die Grenze zwischen Nubien und Ägypten bildete: Sie datiert vom Jahr 1 seiner Herrschaft, dem zehnten Tag[6] des dritten Schemu-Monats, also vom Juni unserer Zeitrechnung. Aus diesem Anlaß wurden eine Vielzahl von Statuetten, Papyri und Speisen als Opfergaben in die Fluten geworfen.[7]

Die Bauwerke in Theben

Ramses dürfte Pasers regelmäßig eintreffende Berichte mit Befriedigung aufgenommen haben: Sie informierten ihn über den Stand der Grabungsarbeiten an seiner Felsengruft im Tal der Könige, deren Lage er bei den Feierlichkeiten zur Beisetzung seines Vaters bestimmt hatte. Der rituelle erste Schlag an dem feinen Kalkstein – dazu bediente man sich eines silbernen Meißels – war im Jahr 2 seiner Herrschaft ausgeführt worden.[8] Ramses erhielt zudem die Nachricht, daß sich die Arbeiten zur Erweiterung des Tempels von Luxor dem Ende entgegenneigten. Die Kolosse des Pharaos aus Rosengranit, der ebenfalls aus den Steinbrüchen bei Assuan stammte, wurden zwischen den Säulen des ersten Tempelhofs errichtet. Mit ihren sieben Metern überragten sie Statuen der Nefertari und später Standbilder seiner älteren Töchter.

Die Ausschmückungen der Wände waren bereits weit gediehen. Die Innenmauern des ersten Pylonen zierten religiöse Szenen. Nach einem schriftlichen Bericht, der diesen Bauabschnitt des Luxor-Tempels zum Gegenstand hatte und der um das Jahr 1277 v. Chr. entstand, sollten die beiden Obelisken, von denen einer in der Neuzeit als Geschenk Mechmet Alis nach Frankreich gelangte, ursprünglich vor den Molen errichtet werden.[9] Daß sie dann aber vor der Fassade des ersten Pylonen aufgestellt wurden, mag damit zusammenhängen, daß dieser als Endpunkt der Prozession beim großen Opetfest bislang noch keinerlei szenische Ausschmückung erhalten hatte.[10] Die Prozessionsstraße wurde bei der Gelegenheit erneuert und die Widdersphingenallee am Ausgangspunkt des Zuges vor dem Tempel von Karnak, die schon unter Tutanchamun restauriert worden war, erweitert.

Ganz Ägypten verwandelte sich in eine riesige Baustelle. In den wichtigen Zentren wuchsen raffinierte, von Seilen zusammengehaltene Holzgerüste in den Himmel, während die Steinblöcke mit skandierenden Hammerschlägen behauen wurden, bevor sie auf Schlitten die Rampen hinaufglitten …

Abb. 111 Kolossalstatue des Ramses mit Nefertari. (Luxor, erster Tempelhof)

In der Wüste von Kuban ein Brunnen für die Minenarbeiter

Eine besonders wichtige Nachricht erhielt Ramses im Jahr 3 seiner Regierung von seinem Schatzmeister Nebit, der ihn über die Erträge der ägyptischen Goldminen informierte. Ägypten erlebte damals sicher eine Zeit des Überflusses, und die Minen nahe des Wadis Hammamat zwischen Edfu und dem Roten Meer warfen beträchtliche Mengen des Edelmetalls ab. Ramses verdankte dies seinem Vater Sethos I., der in der Wüstenregion einen Brunnen hatte graben lassen, der den Schürfern jetzt die Wasserversorgung sicherte. Sethos war allerdings gescheitert, als er auch im unternubischen Wadi Allaki auf dem Weg zu weiteren Goldminen nach Wasser graben lassen wollte. Das hundertzwanzig Kilometer südlich von Assuan gelegene Wadi war durch eine starke Festung gesichert, die schon im Mittleren Reich von großer strategischer Bedeutung gewesen war. Später hatte der große Eroberer Thutmosis III. dort ein Heiligtum für den Horus von Baki[11] (Kuban) errichten lassen, eine der vier Horusgestalten neben dem Horus von Miam (Aniba), dem von Buhen (Wadi Halfa) und dem von Abu Simbel (Meha), wo Ramses in Göttergestalt selbst den lokalen Horus verkörperte.[12] Wieder fühlte sich der junge Pharao durch den Glanz des siegreichen Vorgängers herausgefordert: Auch dieser Ort sollte seinen Stempel tragen. Als Pendant zum Tempel des Thutmosis, der am linken Nilufer lag, ließ er am rechten Ufer innerhalb des Festungswalls einen weiteren errichten, dessen Ruinen in unserer Zeit entdeckt wurden. Wie immer knüpfte Ramses an die »königlichen Ahnen« an und versuchte, seinen Vater zu überflügeln, denn als Liebling der Götter konnte er das Schicksal bezwingen…

Hatte Sethos die Probebohrungen für den Brunnen bei einer Tiefe von hundertzwanzig Ellen[13] aufgeben müssen, so unterbreitete der Vizekönig von Kusch Ramses jetzt einen Vorschlag, mit dem er doch noch ans Ziel gelangen könne. Der Erfolg ließ nicht lange auf sich warten. Eine bedeutende Stele,[14] die im 19. Jahrhundert beim Dorf Kuban, nahe der imposanten Festung von Baki auftauchte, hat uns einen in vieler Hinsicht erbaulichen Text bewahrt. Dieser dokumentiert nicht nur ein wichtiges Ereignis in der Wirtschafts-

Abb. 112 Die Ruinen von Karnak zur Zeit von Napoleons Ägypten-Feldzug. Im Vordergrund der verlandete heilige See.

Abb. 113 Heutige Ansicht des heiligen Sees nach Freilegung der Ruinen und der Ausgrabung.

geschichte Ägyptens unter der Herrschaft Ramses' II., er ist auch ein eklatantes Beispiel für die übertriebenen Lobpreisungen des Pharaos, die der eigenen Person galten. Obwohl schmeichelhafte Inschriften im Neuen Reich an der Tagesordnung waren, blieb Ramses auch auf diesem Gebiet unübertroffen.

Die Kuban-Stele

In dieser Inschrift greift Ramses einmal mehr sein Lieblingsthema auf: seine ungewöhnliche Frühreife und den entsprechenden Kommentar seiner Höflinge. Und wieder präsentiert er sich als ein Lenker des Schicksals, der wahre Wunder vollbringt. Wo sein Vater auf der Suche nach Wasser bei einer Bohrungstiefe von hundertzwanzig Ellen gescheitert war, habe er das Ziel auf Anhieb erreicht. Aber lassen wir ihn selbst zu Wort kommen: Er gibt uns zwischen den Zeilen einen Abriß eines historischen Ereignisses und vermittelt zugleich ein Bild von seinem Führungsstil als Pharao. Die Kuban-Stele ist das charakteristischste Stück Propagandaliteratur vom Anfang seiner Herrschaft.

(Der allmächtige Pharao stellt sich selbst vor.)

Im dritten Jahr, am vierten Tag des ersten Monats der zweiten Jahreszeit [Peret] *unter Seiner Majestät,* dem Horus, *dem starken Stier, geliebt von Maat,* [Abkömmling] beider Göttinnen, *dem Beschützer von Ägypten, der die fremden Länder beugt,* dem Goldhorus, *reich an Jahren, groß an Siegen,* dem König von Ober- und Unterägypten, *Usermaatre-Setepenre,* dem Sohn der Sonne, *Ramses, geliebt von Amun.*

...Er erscheint täglich wie sein Vater Re auf dem Horusthron der Lebenden, der Mensch gewordene Gott, der Herr des Südens, der Horus von Edfu mit leuchtendem Gefieder, der prachtvolle Falke aus Elektron. Er beschützt Ägypten mit seinen Schwingen, beschirmt die Lebenden, gleich einer Mauer aus Tapferkeit und Sieg... Er verkörpert den Doppelten Herrn [Horus und Seth], *über dessen Geburt der Himmel frohlockte. Die Götter verkündeten: Unser Same ist in ihm. Und die Göttinnen fügten hinzu: Er ist aus uns hervorgegangen, um das Königtum des Re auszuüben... Der starke Stier gegen das elen-*

de Kusch, der noch im fernen Land der Schwarzen die Rebellen tötet. Seine Hufe versetzen die Höhlenbewohner in Angst und Schrecken, seine Hörner… Der Schrecken, den er verbreitet, hat Karoi erfaßt. Wegen seiner Siege macht sein Name unter den Völkern die Runde … Beim Klang seines Namens ergießt sich Gold aus dem Berg, wie für seinen Vater Horus, den Herrn von Baki [Kuban], *der den Ländern des Südens eine große Liebe einflößt, wie Horus im Land* Miam[15] *und der Herr von* Buhen [Wadi Halfa][16]…

(Ein Plan des Pharaos)

Seine Majestät weilte in Memphis [Hetkaptah], um den Kult für seine Väter und die Götter des Südens und des Nordens zu zelebrieren, aus denen er Kraft und Siege und ein langes Leben von Millionen Jahren zog… An einem dieser Tage saß [er] auf dem großen Thron aus Elektron, auf dem Haupt die Krone mit den beiden Federn an der Seite, und zählte die Regionen, aus denen das Gold kam, und zeichnete Pläne, um auf einer wasserlosen Route Brunnen graben zu lassen. Wie er vernommen hatte, sollte es in der Gegend Akajta viel Gold geben, aber auf dem Weg nach dorthin gab es nirgends Wasser … Deshalb kehrten von den Goldschürfern, die nach dorthin auszogen, nur die Hälfte [lebend] zurück: [Die anderen] verdursteten unterwegs mitsamt ihren Eseln, weil sie ihre Wasserschläuche weder auf dem Hin- noch auf dem Rückweg füllen konnten… Das war der Grund, warum aus dieser Region kein Gold kam: aus Mangel an Wasser.

(Ramses ruft die Großen des Hofs zu sich)

Seine Majestät gab dem königlichen Siegelbewahrer an seiner Seite den Befehl: »Ruf die Großen des Hofs herbei, denn Seine Majestät möchte mit ihnen über diese Gegend sprechen und [entscheiden], welche Maßnahmen zu treffen sind.« Sie erschienen sogleich vor dem Mensch gewordenen Gott, erhoben als Huldigung an sein Ka die Hände und warfen sich vor seinem strahlenden Antlitz in den Staub. On [= der Pharao] *erklärte ihnen die Natur des Landes und holte ihren Rat ein, wie auf der fraglichen Route ein Brunnen gegraben werden könne.*

(Antwort der Großen des Hofs)

Sie sprachen zu Seiner Majestät: »Du bist wie Re in allem, was du tust… Wenn du in der Nacht etwas begehrst, geschieht es sofort am

Morgen… Wir haben von vielen Wundern erfahren, seitdem du zum König der beiden Länder gekrönt wurdest… Alles, was aus deinem Mund kommt, ist wie das Wort des Harachte. Deine Zunge ist wie die Waage der Gerechtigkeit, und deine beiden Lippen sind genauer als jedes Maß des Thot…[17] *Gibt es einen Ort, den du noch nicht kennst? Kein Land existiert, das du noch nicht durcheilt hast! Nichts entgeht deinem Ohr, seitdem du die Herrschaft über dieses Land ausübst…*

Du schmiedetest schon Pläne, als du noch im Ei warst und in deiner Rolle als jugendlicher Kronprinz.[18] *Du wurdest eingeweiht in die Probleme beider Länder, als du ein Kind warst und die Seitenlocke der Jugend*[19] *trugst… Du warst Befehlshaber der Armee als Knabe von zehn Jahren… Wenn du dem Wasser sagst: ›Spring aus dem Berg!‹, dann gehorcht die Flut rasch deinen Worten, denn du bist der Mensch gewordene Re und Chepre in seiner wahren Gestalt. Du bist das lebendige Abbild deines Vaters Atum in Heliopolis. Dein Mund ist das Maß allen Geschmacks, dein Herz das Maß aller Klugheit; der Sitz deiner Zunge ist das Heiligtum der Maat, ein Gott wohnt auf deinen Lippen… Du existierst auf immer, alles geschehe nach deinen Plänen, alles was du sagst, wird erhört, o Herrscher, unser Herr!«*

(Der Vizekönig von Nubien schaltet sich ein)

Was die Gegend Akajta betrifft, so sagt der Königssohn [= Vizekönig] *des elenden Landes Kusch zu Seiner Majestät, dies sei schon »seit der Zeit der Götter so gewesen. Die Menschen verdursteten, und bereits die ersten Könige hatten versucht, einen Brunnen bohren zu lassen,*[20] *doch ohne Erfolg. So auch seinerzeit König Menmaatre* [Sethos I.], *der einen Brunnen von hundertzwanzig Ellen Tiefe*[21] *hat graben lassen. Auch er scheiterte, so daß es auf der Route noch immer kein Wasser gibt! Doch wenn du deinem Vater Hapi, dem Göttervater, sagst: ›Laß Wasser aus dem Berg springen‹, dann wird er nach deinen Wünschen handeln wie bei allen deinen Vorhaben… Denn deine Väter, die Götter, lieben dich mehr als alle Könige, die vor Re existiert haben!«*

(Ramses beschließt die Brunnenbohrung)

Seine Majestät sprach zu den Großen: »Wohl wahr ist, was ihr gesprochen habt. In dieser Gegend ist seit der Zeit des Gottes kein Was-

Abb. 114 Oberer Teil der Kuban-Stele mit einer Inschrift zur Brunnenbohrung im Wadi Allaki auf dem Weg zu den Goldminen.

Abb. 115 Abu Simbel: Ramses greift die Asiaten an. (Foto: Fathy Ibrahim)

ser entdeckt worden! Ich werde einen Brunnen anlegen, der täglich Wasser spendet, wie [im Niltal]...«

(Befehl an den Vizekönig von Nubien)

Seine Majestät sprach zum königlichen Oberschreiber... »Laß einen Monat zu einem Tag werden...« [Daraufhin] schrieb der königliche Oberschreiber an den Königssohn des elenden Landes Kusch, was ihm befohlen worden war... [Sollte ihm das Wasser in der Tiefe gehorchen? Und so gruben sie den Brunnen...]

(Brief des Vizekönigs von Kusch an Seine Majestät)

Man überbrachte vom Königssohn des elenden Landes Kusch einen Brief, in dem es hieß: »[Der] Brunnen ist vollendet. Was Seine Majestät mit eigenem Mund sprach, das wurde wahr: In einer Tiefe von zwölf Ellen[22] *stieß man auf Wasser. Es steht vier Ellen tief... So etwas ist in der Zeit des Gottes noch nie geschehen... Der Herr von Akajta empfindet große Freude... Das Wasser der Unterwelt hat ihn erhört...«*

(Der Brunnen wird getauft)

Seine Majestät befahl, dem Brunnen einen Namen zu geben: Brunnen Ramses Meriamun, stark an Siegen.

Warum Ramses seinem Wunderbrunnen gerade seinen Geburtsnamen und nicht etwa seinen Thronnamen gegeben hat, ist noch eine offene Frage.

Der Brunnen sollte übrigens für ein weiteres Wunder sorgen, das sich allerdings erst in unserer Zeit erreignete: Als im Zuge der Rettungsaktion der nubischen Kulturdenkmäler, die von den Fluten des Nasserstausees bedroht wurden, an die beteiligten Nationen Grabungsgebiete vergeben wurden, wählten die russischen Kollegen das Wadi Allaki und die Gegend Akajta. Am Ende ihrer Grabungsarbeiten stießen sie auf Reste des sagenumwobenen Brunnens, der noch immer den Namenszug des Ramses trug.[23]

Hinter dem Wasserbauprojekt des Ramses hatte sicher die Absicht gestanden, die Schatzkammern des Amun mit nubischem Gold zu füllen. Aber es gab noch ein weiteres Motiv. Der Pharao war wie seine Vorgänger, die Ägypten von der Fremdherrschaft befreit hatten, auf die Unterstützung der Armee angewiesen, aus der er selbst hervorgegangen war. Zur Sicherung ihrer Loyalität benötigte er neben Ländereien auch große Mengen Gold, mit denen er vor allem die ausländischen Kontingente der Armee, libysche Söldner, die Schardana, und seine nubischen Bogenschützen, entlohnte.

Der erste syrische Feldzug

Im Jahr 4 seiner Herrschaft ließ Ramses, der neunundzwanzig Jahre alt geworden war, seine Informanten aus dem Nahen Osten durch den Wesir einberufen und erhielt ermunternde Neuigkeiten: König Benteschina von Amurru, der von Ägypten abgefallen war, rechnete augenblicklich nicht mit einem ägyptischen Angriff, seit sein Verbündeter, der Hethiterkönig Muwatallis, mit Sethos einen Friedensvertrag geschlossen hatte. Ramses sah die Gelegenheit, die abgefallene Provinz Amurru zurückzuerobern und zunächst die Stadt Kadesch zu umzingeln, die seit der Zeit Thutmosis' III. in ägyptischem Besitz gewesen war.

Durch ihre Lage am Orontes, nordöstlich von Byblos, kam der Stadt höchste strategische Bedeutung zu. Im Sommer 1275 v. Chr. zog Ramses an der Spitze seiner Truppen nach Syrien, um eine Militäraktion gegen die Hethiter[24] aus Anatolien (das Reich Chatti oder Cheta) vorzubereiten. Chatti war für Ägypten erneut zu einer Bedrohung geworden, seitdem es mehrere syrische Städte, die dem Schutz des Pharaos unterstanden, an sich gerissen hatte.

Der Pharao durchquerte zunächst Kanaan, passierte Gaza und rückte vorbei an Askalon und Megiddo ins syrische Binnenland vor. Von dort aus zog er an die Mittelmeerküste nach Tyrus und weiter nach Norden bis nach Byblos, immer durch Städte mit ägyptischen Garnisonen,[25] die ihm die Durchquerung erleichterten. An der Mündung des Eleutheros brachte er wahrscheinlich die Stadt Irkata wieder unter ägyptische Kontrolle und zog dann nach Osten weiter. Auf dem Territorium von Amurru stieß er schließlich auf die Streitkräfte des Königs Benteschina, die er überrumpelte und vernichtend schlug. Benteschina wurde der Vasall Ägyptens, was ihn aber nicht daran hinderte, mit den ehemals verbündeten Hethitern heimlich weiter Beziehungen zu unterhalten.

Nachdem er den Boden für weitere Operationen bereitet und Benteschina Tribut auferlegt hatte, kehrte Ramses über Phönizien nach Ägypten zurück. Bei Byblos am Nahr el-Kelb, dem »Hundsfluß«, gründete er eine Stadt, der er ebenfalls den Namen Piramesse gab. Zur Erinnerung an seine Heldentat errichtete er dort eine Gedenkstele, die auf das Jahr 4, den zweiten Tag des dritten Achet-Monats datiert ist. Dagegen sind die Inschriften zweier weiterer Gedenkstelen – die eine wurde bei Tyrus errichtet – heute leider kaum noch zu entziffern.

Vorbereitung auf den zweiten syrischen Feldzug

Möglicherweise bereitete Ramses beim Rückmarsch aus Amurru seinen nächsten Feldzug schon dadurch vor, daß er in Irkata ein Kontingent aus Elitesoldaten zurückließ: seine Naruna-Truppe, die beim anstehenden Feldzug gegen die Hethiter wieder zur übrigen Armee stoßen sollte.

Sechzig Tage nach seinem Abmarsch aus Ägypten passierte er erneut die Festung Tjaru (el-Kantara) und kehrte dann in seine Residenzstadt am »Wasser des Re« zurück. Fast ein halbes Jahr lang – vom dritten Achet-Monat bis zum zweiten Schemu-Monat des Jahres 4 – bereitete er den großen Rückeroberungsfeldzug vor, der die lang ersehnte Konfrontation mit den Hethitern bringen würde.

Die Großen Königsgemahlinnen Nefertari und Isisnofret, die Königinmutter Tuja sowie die Hofdamen und Königskinder verbrachten die Überschwemmungszeit auf der Domäne des großen königlichen Harems im Faijum. Zu den Lieblingsbeschäftigungen gehörten dort neben erfrischenden Bädern im Karunsee (Merwer) die Vogeljagd, die Fischerei, Bootspartien und sportliche Vergnügungen im Freien. Die jungen Prinzen veranstalteten Wagenrennen, übten sich im Bogenschießen und durchstreiften sicher auch die Weingärten, die sich von denen des Nildeltas stark unterschieden. Sicher ließen sie sich auch die Pressen zeigen, aus denen der goldene Traubensaft für die lieblichen Weine floß. Die Prinzessinnen spannen und webten in den Werkstätten, in denen unter Aufsicht der Königinmutter kostbare Gewänder für die Königsfamilie und hauchzarte Gewebe als Geschenke für fremdländische Herrscher entstanden. Auch im Harem wartete man gespannt auf den großen Feldzug: Ramses beabsichtigte, einem kleinen Kreis von Angehörigen das unvergeßliche Schauspiel eines Vernichtungsschlages gegen den hethitischen Feind zu bieten.

Der Gegner hatte für die Schlacht eine Koalition aus Verbündeten und Vasallen vereint, eine gewaltige Streitmacht, die allerdings einen bunt gemischten Haufen darstellte, der nur im Kern – der hethitischen Wagentruppe – gut organisiert war. Damit diese Koalition zustande kam, hatte Muwatallis alle seine finanziellen Ressourcen mobilisiert. Nach den Informationen, die Ramses erhielt, bot er zwei große Armeen auf, von denen jede aus ungefähr zwanzigtausend Soldaten bestand. Die hethitische Kavallerie verfügte über zweitausendfünfhundert Streitwagen.

Und welche Streitmacht konnte Ramses in die Schlacht werfen? War er in der Lage, binnen weniger Monate genügend Kräfte zu mobilisieren, um sich mit dieser furchteinflößenden Koalition zu messen? Allem Anschein nach war er davon überzeugt.

Eine ägyptische Armee zur Zeit der 19. Dynastie

Diejenigen, die sich mit der Geschichte der ägyptischen Armee befaßt haben, stimmen darin überein, daß über ihren Aufbau mehr bekannt ist als über ihre Taktik.[26]

Ramses konnte sich zu dieser Zeit auf eine gut ausgebildete Berufsarmee stützen, deren Soldaten zudem finanziell abgesichert waren. Ein Vorsteher der Heeresschreiber hatte die Aufgabe, im Beisein Seiner Majestät die Truppenstärke zu registrieren, neue Rekruten zu organisieren und für Disziplin zu sorgen.[27] Der Generalstab um den Pharao, der selbst zu allen Zeiten Oberbefehlshaber der Armee war, setzte sich aus kommandierenden Generälen, Prinzen von Geblüt oder qualifizierten Favoriten sowie ehrenamtlichen Generälen zusammen.

Seit Ende der Hyksosherrschaft verfügte die ägyptische Streitmacht über den in der Mitte geschwungenen Doppelbogen und über Pferde, so daß sie den Gegner in Angst und Schrecken versetzen konnte. Die Offiziere der Streitwagentruppe, die sich vornehmlich aus dem Adel rekrutierten, trugen Helme sowie Brust- und

Rückenpanzer. Während ihrer harten Ausbildung hielten sie unter dem Befehl ihrer Kommandeure und der Stallobersten (die Kasernen hießen »Pferdeställe«) Manöver ab.

Die vier Divisionen der Infanterie

Sethos I. bestritt seine syrischen Kriege offenbar nur mit drei Armeekorps: den Divisionen des Re, des Amun und des Seth. Der schriftliche Bericht zur Schlacht von Megiddo[28] aus der 18. Dynastie deutet dagegen darauf hin, daß Thutmosis III. bereits über vier Divisionen verfügt hatte. Ramses jedenfalls stützte sich auf vier Divisionen, als er die Schlacht zur Rückeroberung von Kadesch vorbereitete. Jede umfaßte fünftausend Mann. Eine Division aus Soldaten aus dem Norden des Deltas war dem Banner des Seth, eine weitere mit Leuten von der Südspitze des Deltas dem des Re unterstellt. Die Division des Ptah bestand aus Rekruten aus der Gegend um Memphis, während die des Amun Männer aus dem Thebaner Raum bildeten. Letztere blieben in Oberägypten stationiert, um gegebenenfalls rasch in Obernubien eingreifen zu können.

Jede dieser Divisionen, die von einem Divisionsgeneral befehligt wurde, umfaßte Kompanien zu je zweihundertfünfzig Mann. Sie unterstanden einem Hauptmann, »dem Kommandeur der Kompaniechefs«, der als Standartenträger fungierte. Die Standarte[29] verlieh der jeweiligen Abteilung hochfliegende Namen, in denen besondere Fähigkeiten zum Ausdruck kamen: »Springender Löwe, stark an Waffen«, oder »geliebt von Amun« etc. Die Kompanie war in fünf Abteilungen zu je fünfzig Mann unterteilt. Zur Vervollständigung der Truppe griff man in den Provinzen auf Zwangsrekrutierungen zurück. Das Tempelpersonal hatte ein Zehntel der Sollstärke beizusteuern, eine Regelung, die offenbar höchst unpopulär war.[30]

Verwaltung und Zusammensetzung der Truppe

Die Militärverwaltung, die hervorragend ausgestattet war, unterstand Zivilbeamten. Jeder Division waren zwei ranghohe Schreiber zugeordnet: Einer sorgte für die Erfüllung der Sollstärke in der Truppe, der andere für Unterhalt und Verpflegung der Mannschaften. Bei ihrer Arbeit wurden sie von je zwanzig Heeresschreibern unterstützt, die sich um die Belange von je zweihundertfünfzig

Soldaten kümmerten. Der Bericht eines Schreibers, der die Probleme bei der Verteilung von Lebensmittelrationen während eines Feldzugs nach Syrien skizzierte,[31] verdeutlicht den Anteil der ausländischen Söldner an einer Division. Diese taktische Einheit hatte folgende Zusammensetzung:

[Deine ägyptischen] Soldaten machen 1900 Mann aus. [Darüber hinaus verfügst du über] 520 Schardana[32], *1600* Kehek[33], *100* Meschwesch[34] *und 880 Schwarze. Die Offiziere nicht mitgerechnet, sind das insgesamt 5 000 Mann.*

Neben den 1 900 ägyptischen Soldaten bestand die Division folglich aus 3 100 ausländischen Söldnern, die somit fast zwei Drittel der Truppe stellten.

Die Soldaten in Aktion

Diese Fußsoldaten marschierten in geordneten Reihen. Sie trugen rechteckige Schilde (außer den Schardana mit ihren runden), Helme, aber im Gegensatz zu den angreifenden Phalangen keine Rüstungen. Bewaffnet waren sie nur mit Dolchen, Streitäxten und kurzen Wurfspießen. Ein besonders schlagkräftiges Korps bildeten die Bogenschützen, die in Bataillone eingeteilt waren. Ihr Doppelbogen war eine verheerende Waffe, die dem Gegner aus einer Entfernung von fünfzig bis sechzig Metern gewaltige Verluste beibrachte und ihn noch aus hundertfünfundsiebzig Metern Distanz empfindlich schwächte. Meisterschützen trafen ihr Ziel aus fünfhundert Metern Entfernung!

Die Streitwagentruppe war in Schwadronen zu je fünfzig Wagen organisiert, die sich in fünf taktische Einheiten zu zehn Wagen untergliederten.[35] Jeder Wagen war mit einem Krieger und einem Lenker bemannt. Der Angriff erfolgte in geordneten Reihen, seine Wirkung beruhte mehr auf Überrumpelung des Gegners als auf dem Einsatz von Waffen. Der Offiziersgrad der Wagentruppe entsprach ungefähr dem eines Majors oder Obersten.

Rüstungswerkstätten und Stützpunkte

Die Streitwagen wurden in einer Werkstatt in einem Vorort von Memphis hergestellt und repariert.[36] Nachdem die Hethiter von Syrien her erneut zu einer Bedrohung geworden waren, ergänzte und verstärkte Ramses entlang der Route nach Osten die Militärposten und Stützpunkte, die schon unter Sethos I. eingerichtet worden waren. In der Festung Tjaru bei el-Kantara an der Landesgrenze im Osten des Deltas entstand eine Waffenschmiede. Als Kommandant dieser ägyptischen Bastion, die die Grenze zu den asiatischen Nachbarländern sicherte, diente ein hoher Offizier der Wagentruppe, der zugleich Bote Seiner Majestät in den fremden Ländern war.[37]

Bei Tjaru mußten zwangsläufig alle Feldzüge in Richtung Osten, oder auf dem Rückweg von dort, die Grenze passieren. Wenn die Asiaten aus dem Norden des Sinai nach Süden vorstießen, benutzten sie als Korridor das weiter südlich gelegene Wadi Tumilat. Gesichert wurde es durch die Festung Tjeku[38] (hebräisch: Sukkoth), das Hauptquartier der Polizeieinheiten, die die Beduinenstämme kontrollierten, die mit ihren Herden ins Delta zogen. Seit den Feldzügen Sethos' I. war die Straße vom Nildelta nach Gaza auf einer Strecke von ungefähr hundertsechzig Kilometern mit einem Dutzend Festungen gesichert, die dort vor allem auch die Brunnen schützten. Strategisch besonders wichtige Festungen unterstanden Bataillonskommandeuren. Ägyptische Garnisonen waren während der 18. Dynastie zudem in Byblos und Tyrus an der Mittelmeerküste stationiert, eine weitere gegen Ende der Dynastie in Jerusalem, wo sie die Berge von Judäa sicherte. Eine kleine Garnison erhielt auch Beth Schan, das im Süden des Galiläischen Meeres den Übergang über den Jordan kontrollierte. Die Soldaten blieben bis zu sechs Jahre ohne Unterbrechung an ihrem Stützpunkt, ein Aufenthalt, der dem Leben in einem Straflager ähnelte.

Die ägyptische Armee unterhielt außerdem so etwas wie Stabsquartiere: zum Beispiel in Gaza, das seinen Einfluß bis in die Ebene von Asdralon geltend machte.[39] Ein ägyptischer Militärstützpunkt wurde auch die Beka-Ebene nördlich von Damaskus. Jaffa diente als wichtiges Getreidelager für die Versorgung der Truppen. Unter den Ramessiden erhielt es zudem ein Depot zur Unterbringung von Streitwagen. Die Festung von Megiddo schließlich schützte die Ernten in der Ebene von Asdralon.

Die Truppen blieben während der Feldzüge natürlich in ihren Verbänden. Für die Versorgung der Soldaten, der Pferde und des übrigen Viehs (auch des zahmen Löwen des Pharaos) hatten die besetzten Länder aufzukommen. Nach dem Rückzug nach Ägypten kehrten die Soldaten in ihre Quartiere in den Stationierungsorten zurück.

Am Vorabend des zweiten Feldzugs in Syrien

Im Jahr 5 seiner Herrschaft traten die Kriegsvorbereitungen in eine heiße Phase. Der inzwischen dreißigjährige Ramses, der sich jetzt auf eine schlagkräftige Armee stützen konnte, bereitete den Marsch durch Kanaan nach Amurru vor, um dort die Hethiter anzugreifen.

Neben seinen Kriegshandlungen verlor er die innenpolitische Führung nicht aus dem Auge. Auf Ersuchen des Wesirs Paser ernannte er beispielsweise den gebildeten Ramose zum Schreiber der »Stätte der Wahrheit«, des heutigen Dorfes Der el-Medine, wo er die Verwaltung der königlichen Nekropolen von Theben-West verstärkte.

Die militärische Auseinandersetzung, auf die sich Ramses vorbereitete, gilt heute als die erste große Schlacht des Altertums. Dank der Inschriften und bildhaften Darstellungen, die zum Großteil von ihm selbst stammen, sind uns wichtige Details sozusagen aus erster Hand überliefert. Auch der große Thutmosis III., dessen Vorbild Ramses stets im Gedächtnis behielt, hatte sich einst gerühmt, einen Fürsten von Kadesch herausgefordert zu haben. Dieser hatte sich angeblich nördlich des Karmel und östlich der Ebene von Asdralon in der Stadt Megiddo[40] verschanzt. Wie Louis Christophe freilich zeigen konnte, hat es die berühmte große »Schlacht von Megiddo« in Wahrheit überhaupt nicht gegeben. Zwar schlug Thutmosis III. nach geschickten Manövern die Feinde in die Flucht und belagerte die Festung dann sieben Monate lang. Aber der Fürst von Kadesch geriet nicht in Gefangenschaft, er konnte sich vielmehr ehrenhaft zurückziehen.

So kann man eines mit Fug und Recht behaupten: Die Konfrontation zwischen der ägyptischen Armee unter Ramses II. und der Koalition unter den Hethitern war die erste große Schlacht des Alten Orients.

Abb. 116 Kriegsrat des Ramses nach Verhaftung der hethitischen Spione. (Foto: Nims)

KAPITEL 7
KADESCH I – ZUR SCHLACHT BEI KADESCH

WARUM KADESCH?

Warum hatte dieser feindliche Zusammenstoß zwischen den Streitkräften des Pharaos und denen der hethitischen Koalition so große Bedeutung?

Muwatallis und Ramses II. strebten beide nach der Vorherrschaft in einer Region, die vom Zweistromland bis an das Mittelmeer reichte. Wer von beiden den Handel in diesem Raum kontrollierte, war die bedeutendste Großmacht jener Zeit.

Seit der 8. Dynastie hatten sich die Pharaonen mit den Führern des Reiches Mitanni um das Orontestal und vor allem die Festung Kadesch (heute Tell Nebi Mend) gestritten, die das Grenzland zum Euphrat beherrschte. Doch konnte die Gefahr durch Mitanni[1] noch vor dem Beginn der Ramessidenzeit gebannt werden. Wieder sicherten Pharaonen, unter anderem Amenophis III., den Frieden durch Heiratspolitik und ehelichten Prinzessinnen aus Mitanni. Die einst umstrittene Region kam schließlich unter die Verwaltung ägyptischer Statthalter, die unter den verschiedenen abgabepflichtigen Lokalfürsten eine gewisse Harmonie herstellten.

Dieses Machtgefüge löste sich teilweise auf, als Ägypten unter Echnaton seine asiatischen Stellungen nicht mehr entschieden genug behauptete. Der ferne hethitische Nachbar aus Anatolien nutzte Ägyptens Schwäche dazu aus, sich unter den rivalisierenden Stadtstaaten des Nahen Ostens eine beneidenswerte Position zu schaffen. Mühelos unterwarf er einen Staat nach dem anderen: »Ihre käuflichen Fürsten, denen eine globale politische Vision fehlte, verteidigten eifersüchtig ihre Unabhängigkeit und waren auf lächerliche Vorrechte bedacht. Sie fanden sich lieber mit der fernen Lehnsherrlichkeit eines Pharaos oder eines hethitischen Königs ab, als einen Führer aus den eignen Reihen zu wählen und sich ihm zu unterwerfen, um diese zu bekämpfen.«[2]

Der hethitische Kaiser Suppiluliuma, ein Zeitgenosse Haremhabs, konnte Syrien und Amurru mühelos in seinen Besitz bringen, ohne bei Mitanni auf nennenswerten Widerstand zu stoßen. Nur die Ägypter stellten sich ihm in der Beka-Ebene in den Weg. Aber auch sie hätten einem hethitischen Vormarsch bis an ihre Grenzen nicht standgehalten; daß er ausblieb, hatten sie nur dem unerwarteten Tod Suppiluliumas zu verdanken. Wieder standen sich die Großmächte, Ägypten und Chatti, in der strategisch bedeutenden Region um die Stadt Kadesch gegenüber. Zum Glück schien Suppiluliumas Nachfolger Mursilis II. Ägypten gegenüber friedliche Absichten zu hegen.

Zu Beginn der Regierungszeit Sethos' I. sorgten Beduinen vom Stamm der Schasu, die die Militärroute zwischen el-Kantara und Gaza unsicher machten, erneut für Unruhe. Sie eroberten Festungen entlang dieser strategisch wichtigen Linie. Zwar gelang es Sethos, sie wieder hinauszuwerfen,[3] doch stieß er bei seinem Einmarsch in Kanaan auf den Widerstand einer ersten Koalition von Fürsten unter hethitischer Führung. Sethos war so klug, diese Fürsten vor Abschluß ihres Bündnisses separat zu bekämpfen: Mit der Entsendung der Division des Amun gegen Hamath von Galiläa bekam er einen Großteil Palästinas unter seine Kontrolle. Die Division des Re besiegte die Armee von Beth Schan. Die Division des Seth schließlich zwang Jenoam in die Knie.

Sethos ließ seinen jungen Sohn Ramses schon früh in das Kriegshandwerk hineinwachsen.[4] Ramses nahm an diesen asiatischen Kriegen teil und kam dabei mindestens bis nach Tyrus, wenn nicht sogar bis nach Ugarit,[5] wo König Nikmadu nach Echnatons Tod eine ägyptische Prinzessin geheiratet hatte.

Sethos mußte auch einen Aufstand der Apiru bekämpfen, die die mit Ägypten verbündete Stadt Raham angegriffen hatten. Die Apiru, von denen noch die Rede sein wird, waren Bergbewohner aus Jarmuth und Tirkal-el.[6] So schienen Kanaan und Palästina dem Pharao keine Schwierigkeiten mehr zu bereiten. Bald jedoch wurde seine Rückkehr ins Orontestal notwendig. Muwatallis folgte im Reich Chatti auf Mursilis II.: Dieser stellte sich gegen Sethos I., der nach Thutmosis III. die Festung Kadesch zum zweitenmal unter seine Kontrolle gebracht hatte. Man weiß, daß König Benteschina von

Amurru die Lehnsherrlichkeit des Pharaos anerkannte. Muwatallis eroberte Kadesch rasch zurück und nahm den elenden Benteschina gefangen.

Zu Beginn der Herrschaft Ramses' II. war der ungefähr gleichaltrige Muwatallis noch immer Herrscher von Chatti. In seiner Hauptstadt Hattusa (Bogazköy) saß er sehr viel näher am Ort des künftigen militärischen Geschehens als Ramses. Zudem verfügte er über bessere Kenntnisse des Geländes, was ihm entscheidende Vorteile verschaffte.

Muwatallis ließ Ramses seinen ersten syrischen Feldzug ungehindert durchführen. Vielleicht wollte er ihn in Sicherheit wiegen und glauben machen, von den Hethitern drohe keinerlei Gefahr. Andererseits war natürlich auch Zeit vonnöten, um über zwanzig kleine Fürstentümer in Kleinasien und Nordsyrien »durch Drohung und Bestechung« dazu zu bewegen, sich der großen Koalition unter seiner Führung anzuschließen.

Ein militärisches Kräftemessen der beiden großen Königreiche, die auf dem Höhepunkt ihrer Macht standen, war jedenfalls unvermeidlich.[7] Berichte zu dieser Schlacht, auf die sich beide Gegner vorbereiteten, füllten in beiden Ländern später die Archive. Augenblicklich ist sie allerdings fast ausschließlich aus ägyptischen Quellen bekannt, während in Anatolien bislang nur ein keilschriftlicher Brief von Ramses an Hattusilis III. aufgetaucht ist.[8] Ramses ließ zur Schlacht bei Kadesch einen historischen »Bericht« anfertigen, der sich wie eine militärische Abhandlung liest und den er in die Mauern der bedeutendsten Tempel des Landes einmeißeln ließ. Entdeckt wurden diese Inschriften bislang an den Wänden von fünf Heiligtümern: in Abydos, Luxor, dem Ramesseum, den beiden nubischen Tempeln von Abu Simbel und in ed-Derr.[9] Dieser »Bericht«[10] wird durch großflächige Reliefs mit Darstellungen der wichtigsten Phasen der Schlacht illustriert. Ihre Gesamtkomposition, die das Kampfgetümmel und die Heldentaten des Ramses zeigt, stellt im Vergleich zur traditionellen Art der Darstellung, bei der die Etappen des Kampfgeschehens stets in isolierten Einzelbildern wiedergegeben wurden, eine bedeutende Neuerung dar.[11]

In den vier Tempeln im ägyptischen Mutterland tauchte neben dem »Bericht« ein weiterer, eher literarischer Text auf. Dieses sogenannte »Kadesch-Gedicht« enthält einerseits etliche weitere Details, unterschlägt aber auch einige Einzelheiten aus dem »Bericht«. Ramses hat es im Jahr 9 seiner Herrschaft vermutlich seinem Schreiber Pentawer persönlich diktiert. Im großen Tempel von Abu Simbel, der mit einer eher knappen und eingängigen Version des nüchternen Berichts ausgeschmückt ist, taucht das »Gedicht« dagegen nicht auf. Der von Pentawer niedergeschriebene Text ist im übrigen durch drei Papyri überliefert.[12]

Um die dramatischen Augenblicke, die Ramses erlebt hat, unmittelbar wiederzugeben, lassen wir ihn am besten mit einer gerafften Wiedergabe des »Kadesch-Gedichts« selbst zu Wort kommen. Zu beachten gilt, welche einzelnen Situationen er hervorhebt und welche er verschweigt.

Die dritte[13] *Schlacht bei Kadesch nach dem* »Gedicht« des Pentawer

Hier beginnt der Sieg des Königs von Ober- und Unterägypten, Usermaatre-Setepenre, des Sohnes der Sonne, des Ramses Meriamun … in den Ländern Chatti[14] *und Nahrina*[15]*, in Arzawa*[16]*, Pitassa*[17] *und Dardanoi*[18]*, in Keschkesch*[19]*, in Masa*[20]*, in Karkischa*[21] *und in Luka*[22]*, in Karkemisch*[23]*, Kedi*[24]*, in dem gesamten Land von Nuchaschesche*[25]*, im Land Kadesch*[26]*, in Ugarit*[27]*, [in] Muschanet*[28] *[und Aleppo]*[29]*. Seine Majestät war ein Herr von strahlender Jugend, tatkräftig, mit starken Gliedern, mutig wie [der Kriegsgott] Month. [Er war] vollkommen von Gestalt wie Atum, so daß man sich an seiner Schönheit ergötzte. [Er war] groß an Siegen… Man wußte nicht, wann er den Kampf suchte. Für seine Armee war er ein fester Schutzwall, am Tag der Schlacht ihr Schild und ein Bogen, wie er seinesgleichen sucht. Er ist tapferer als vereinte Hundertschaften. Millionen Männer halten ihm nicht stand, sie fallen vor ihm nieder wie verlöschendes Feuer. Furchtlos wie ein wilder Löwe im Tal der Wüstentiere. Er redet nicht wie ein Prahlhans.*[30] *[Er] errettet seine Armee am Tag der Schlacht, führt sein Gefolge nach Hause zurück und befreit sein Fußvolk aus der Not mit einem Herzen, das einem Berg aus Kupfer gleicht…*

(Der Abmarsch)

Seine Majestät bereitete sein Fußvolk, seine Wagentruppe und seine Schardana vor, die er nach einem Sieg mit starkem Arm in Ge-

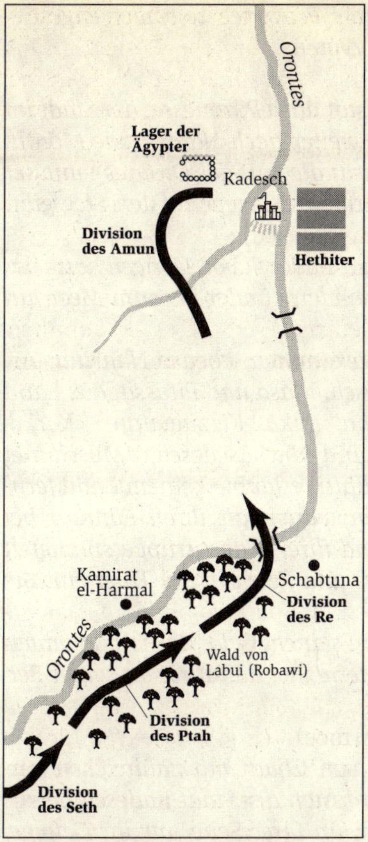

Abb. 117 Der Vorstoß der vier ägyptischen Divisionen vor dem Angriff der Hethiter.

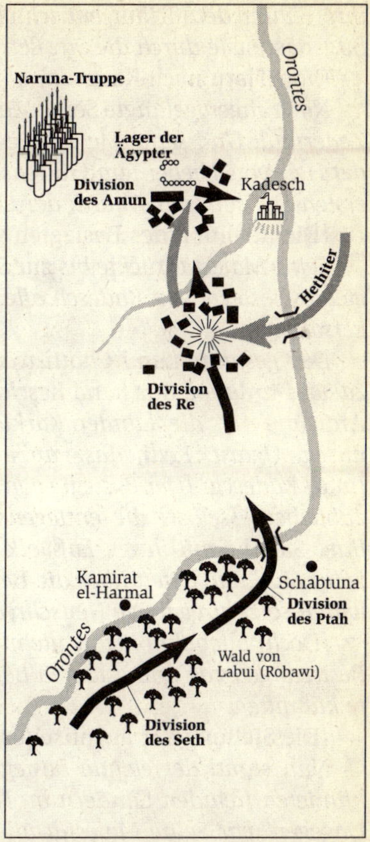

Abb. 118 Die Stellung der vier Divisionen beim Angriff. (Skizze: E. David)

fangenschaft geführt hatte, und vertraute ihnen seinen Schlachtplan an. Dann marschierte Seine Majestät in Richtung Norden, mit dem Fußvolk und der Wagentruppe: ein geordneter Abmarsch im fünften Jahr, am neunten Tag des zweiten Schemu-Monats [Ende Mai].

Seine Majestät passierte die Festung Tjaru, eine mächtige Erscheinung wie Month, so daß all die fremden Länder erzitterten und ihre Führer den Tribut entrichteten. Die Armee zog über enge Gebirgspässe wie durch die Straßen Ägyptens.

(Von Tjaru nach Kadesch)

Nach Tagen gelangte Seine Majestät nach Piramesse, der Stadt im Zederntal. Und seine Majestät zog weiter nach Norden wie Month, der Herr von Theben, und durchschritt die Furt des Orontes[31] *mit der ersten Division des Amun, der Usermaatre-Setepenre den Sieg gibt.*

(Die Koalition des Besiegten von Kadesch)

Seine Majestät rückte bis zur Stadt Kadesch vor. Derweil hatte der elende Besiegte von Kadesch alle fremden Länder bis zum Meer hin versammelt.

Das gesamte Land Chatti war gekommen, ebenso Nahrina, Arzawa, Dardanoi, das Land Keschkesch, Masa und Pitassa, das Land Arawana [?], die Länder Karkischa, Luka, Kizzuwatna,[32] *Karkemisch, Ugarit, Kedi, das ganze Land Nuchaschesche, Muschanet [und] Kadesch. [Der Besiegte von Chatti] erlaubte keinem Land fernzubleiben, [selbst] die entlegensten waren mit ihren Führern bei ihm. Sie alle mit ihrem Fußvolk und ihrer Wagentruppe sprengten jedes Maß. Sie liefen über die Berge und fielen in die Täler ein. Sie waren so zahlreich wie Heuschrecken.*

[Doch] blieb ihm nichts mehr von seinem Geld, das er aus seinen Besitzungen zog und anderen Ländern gab, damit sie an seiner Seite kämpften.

(Die Stellung der ägyptischen Armee)

Nun stand der elende Besiegte von Chatti mit zahlreichen verbündeten fremden Ländern im Nordosten der Stadt Kadesch bereit. Dagegen war Seine Majestät allein, an ihrer Seite nur ihr Gefolge, nur die Division des Amun marschierte mit ihr. Die Division des Re durchschritt die Furt am Südrand der Stadt Schabtuna,[33] *ein Iter*[34] *vom Standort Seiner Majestät entfernt. Die Division des Ptah stand im Süden der Stadt Aronama, während die Division des Seth die Straße entlangmarschierte. [Zudem] hatte Seine Majestät eine »Eingreiftruppe«*[35] *gebildet. Man hatte sie am Ufer des Landes Amurru versammelt.*

(Der Angriff der Asiaten)

Aber der elende Besiegte, der Herr von Chatti, lagerte in der Mitte seiner Armee, wich aus Furcht vor Seiner Majestät der Schlacht aber aus. Derweil hatte er Männer und Pferde, zahlreicher als Sandkörner, losgeschickt: Auf einem Wagen standen je drei Männer,[36] *bewaffnet und gerüstet mit Kriegsgerät. Sie waren zusammengezogen worden, um sich hinter der Stadt Kadesch zu verstecken, und jetzt kamen sie von der Südseite von Kadesch her und schnitten der ankommenden Division des Re den Weg ab: Die konnte sich auf den Kampf nicht mehr vorbereiten. So wurden das Fußvolk und die Wagentruppe Seiner Majestät überrumpelt, während Seine Majestät im Norden der Stadt, am Westufer des Orontes, stand. Bald erhielt er Nachricht von diesem Angriff.*

Seine Majestät trat ruhmreich wie sein Vater Month auf den Plan. Der König rüstete sich zur Schlacht und legte den Brustpanzer an.[37] *Er war wie Baal zu seiner Stunde. Das große Gespann, das Seine Majestät trug, hieß »Sieg-in-Theben«*[38] *und stammte aus dem großen Stall des Usermaatre-Setepenre, geliebt von Amun.*

(Der Zusammenprall)

So fuhr Seine Majestät im Galopp hinaus und raste völlig allein und ohne jede Begleitung in die Horde der Besiegten von Chatti.[39] *Seine Majestät blickte sich um und entdeckte zweitausendfünfhundert Streitwagen, besetzt mit den tapfersten Kriegern der Besiegten von Chatti und aus den vielen fremden Gebieten, die mit ihnen waren, aus Arzawa, Masa und Pitassa, je drei Mann pro Wagen, die wild um sich schlugen, während bei mir kein hochrangiger Offizier war, keine Wagenkämpfer, keine Fußsoldaten und keine Schildträger, denn der Feind hatte meine Infanterie und meine Wagentruppe auseinandergesprengt, und nicht einer war mir geblieben, um sie zu schlagen.*

(Die Anrufung Amuns)

In höchster Not ruft Ramses, der nicht mehr auf menschliche Hilfe zählen kann, den Gott an, dessen Division er kommandiert. Andere Herrscher folgten seinem Beispiel…

Ziemt es sich für einen Vater, den Sohn zu vergessen? Bin ich dir etwas schuldig geblieben? In allem habe ich dir gehorcht, was du mir befohlen hast! Siehst du, o Amun, diese elenden, gottlosen Asiaten? Habe ich dir nicht zahlreiche Denkmäler errichtet, deine Tempel mit meiner Beute gefüllt? Dir meinen Tempel der Millionen Jahre *geweiht? Dir habe ich sämtliche Länder geschenkt, um deine Opfer-*

gaben zu bereichern. Auf mein Geheiß brachten sie dir zehntausend Tierköpfe und allerlei duftende Kräuter dar. Ich ließ dir große Pylonen errichten, stellte selbst ihre Flaggenmasten auf, holte dir Obelisken aus Elephantine, habe selbst den Steinträger gespielt, habe für dich deine Schiffe auf das Meer[40] *geführt, um dir aus den fremden Ländern Tribut zu holen. Tu Gutes dem, der auf dich baut!*

(Der Ruf wird erhört)

Ich rief dich, mein Vater Amun, als ich mitten in den fremden Heerscharen stand. Alle fremden Länder standen gegen mich … der ich ganz allein war … keiner an meiner Seite, mein zahlreiches Fußvolk hatte mich verlassen, und keiner meiner Wagenkämpfer suchte nach mir! … Unablässig rief ich sie, doch keiner hörte mich.

Aber Ramses glaubt plötzlich, Amun habe ihn erhört. Sein Gebet erhält einen anderen Tonfall. Innerlich gestärkt und selbstbewußt, wie im Besitz göttlicher Gnade, ruft er aus:

Amun wurde mir nützlicher als Tausende von Fußsoldaten, als Hunderttausende von Wagenkämpfern, nützlicher selbst als Zehntausende von Brüdern und Söhnen, die in einem Herzen vereint sind! … O Amun, ich habe deinen Willen nicht mißachtet. Siehe, ich habe an den Landesgrenzen gebetet, und meine Stimme gelangte bis in das Heliopolis des Südens.[41] *Ich habe Amun gefunden, als ich ihn rief. In meinem Rücken ruft er, als stünden wir einander gegenüber: »Ich bin bei dir, bin dein Vater, meine Hand ist mit dir, ich nütze dir mehr als Hunderttausende Soldaten. Ich bin der Herr des Sieges.«*

Ramses hat die Botschaft seines Gottes gehört und weiß sich beschützt. Er glaubt, daß ein Wunder geschieht.

(Das Wunder)

Ich entdeckte erneut, daß mein Herz stark war, und spürte Freude in der Brust. Ich war wie Month. Ich schoß [Pfeile] nach rechts und packte [Feinde] links! In ihren Augen war ich Sutech [= Seth] *in Aktion. Ich sah, wie die zweitausendfünfhundert Streitwagen, zwischen denen ich steckte, vor meinem Gespann zusammenbrachen. Keiner erhob mehr die Hand, um gegen mich zu kämpfen. Ihre Arme waren zu schwach, um einen Bogen zu spannen. Ihnen fehlte der Mut, ihre Wurfspieße zu halten! Ich schleuderte sie ins Wasser, sie stürzten hinein wie Krokodile. Ich säte den Tod in ihre Menge, wie es mir gefiel. Wer niederstürzte, stand nicht mehr auf.*

(Der hethitische Gegenangriff)

Doch der elende Herrscher von Chatti, der inmitten seiner Infanterie und seiner Wagentruppe saß, beobachtete den Kampf Seiner Majestät, die ganz allein und ohne Fußvolk und Wagen war. Er rief zahlreiche Fürsten zu sich, alle mit ihren Streitwagen und gerüstet mit Kriegswaffen: die Fürsten von Arzawa, von Luka und von Dardanoi, die Fürsten von Karkemisch, von Karkischa und von Aleppo mit ihren Brüdern, die an einem Ort vereint waren. Mit insgesamt tausend Streitwagen warfen sie sich in die Schlacht. Ich stellte mich ihnen wie Month entgegen und gab ihnen meine starke Hand zu spüren. Im Nu richtete ich ein Blutbad an und schlug sie vernichtend. Einer, der seinen Kameraden rief, sprach: »Das ist kein Mensch, der da unter uns ist, sondern Sutech, der Kraftreiche, ist Baal in Person! Fliehen wir, retten wir unser Leben, damit wir weiter atmen können! Seht denjenigen, der sich ihm zu nähern wagt: Seine Hände und all seine Glieder erschlaffen, er kann weder einen Bogen noch einen Wurfspieß halten.«

Seine Majestät verfolgte sie wie ein Greif. Ich tötete sie und hörte nicht auf!

(Die Ansprache des Ramses an seine Armee)

Ich erhob die Stimme und sprach zu meinem Heer: »Haltet durch! Fasset Mut, meine Soldaten, damit ihr seht, wie ich siege! Denn allein Amun war mein Beschützer!«

Ramses unterbricht seine Schilderung des Kampfgetümmels, in dessen Zentrum er sich befand, und nutzt die Gelegenheit zu einer Strafpredigt an seine Streitkräfte. Dabei hebt er die eigene Großmut hervor:

»Wie feige sind eure Herzen, meine Wagenkämpfer! Keiner unter euch verdient Vertrauen. Ist einer unter euch, dem ich keine Wohltaten erwiesen hätte? Bin ich nicht als Wohltäter aufgetreten, als ihr arm wart? Gutwillig habe ich euch zu hohen Offizieren gemacht, habe täglich Söhne von euch auf die Güter des Vaters gesetzt und alles Übel im Land ausgemerzt. [Sogar] eure Sklaven habe ich befreit, um an ihrer Stelle eure Kriegsgefangenen zu euren Sklaven zu machen. Ich habe euch in euren Städten wohnen lassen, habe euch den Arbeitsdienst im Militär erlassen, auch meinen Wagenkämpfern. Ich schickte sie zurück in ihre Dörfer, weil ich mir sagte: ›Sie werden

sich nicht verändert haben, wenn sie mit mir in die Schlacht ziehen!‹ Aber siehe, kein Mann unter euch blieb bei mir, um mir im Kampf die Hand zu reichen. Das Verbrechen meines Fußvolkes und meiner Wagentruppe ist größer, als man sagen könnte!«

Seht, Amun hat mir den Sieg gegeben, als weder die Infanterie noch die Wagentruppe mir zur Seite stand. Ich war allein, kein hoher Offizier ist mir gefolgt, kein Wagenkämpfer, kein Soldat meiner Armee und kein Hauptmann. Die fremden Länder, die mich beobachtet haben, erwähnen meinen Namen noch in den fernsten Gegenden! Alle Pfeile, die auf mich abgeschossen werden, gehen, bevor sie mich erreichen, ins Leere.

(Die Armee kehrt ins Feldlager zurück)

Als mein Fußvolk und meine Wagentruppe sahen, daß ich wie Month war, daß ich einen starken Arm hatte und mein Vater Amun bei mir war und mir erlaubte, die fremden Länder in Stücke zu hauen, da kehrten sie abends allmählich ins Feldlager zurück, um dort die Nacht zu verbringen. Sie entdeckten, daß alle Krieger der fremden Länder, auf die ich mich gestürzt hatte, in ihrem Blut lagen, selbst die tapferen Krieger von Chatti, selbst die Söhne und Brüder ihres Herrn.

(Lobreden der Armee an Ramses)

Dann begann meine Armee, mir zu huldigen. Meine höheren Offiziere verherrlichten meinen starken Arm, und auch meine Wagentruppe, die auf meinen Ruf stolz war, verkündete: »Welch herrlicher Krieger, der dem Herzen wieder Mut macht! Du warst der Retter deiner Infanterie und deiner Wagentruppe! Du bist der Sohn des Amun. Dein starker Arm hat das Land Chatti verwüstet. Ein König, der am Tag der Schlacht anstelle seiner Truppe kämpft. Du bist groß im Siegen vor deiner Armee, vor dem gesamten Land. Ohne dich zu brüsten, hast du Ägypten beschützt und die anderen Länder niedergezwungen. Für immer hast du Chatti das Rückgrat gebrochen!«

(Die Entgegnung des Ramses)

Da sprach Seine Majestät vor seinem Fußvolk, seinen höheren Offizieren und seinen Wagenkämpfern: »Wächst nicht das Ansehen eines Mannes in seiner Stadt, wenn er nach tapferem Kampf an der Seite seines Herrn zurückkehrt? Habt ihr in euren Herzen nicht bemerkt, daß ich eine Mauer aus Eisen bin? Was sollen die Leute sagen, wenn sie hören, daß ihr mich im Stich gelassen habt? Daß kein höherer Offizier, kein Hauptmann oder Soldat mir die Hand reichte, als ich kämpfte?«

Ich habe Millionen aus den fremden Ländern getötet, ganz allein mit meinem Gespann: mit »Sieg-in-Theben« und »Mut-ist-zufrieden«, meinen beiden großen Pferden. Bei ihnen fand ich Unterstützung, als ich allein gegen zahlreiche Länder kämpfte. Ich werde sie täglich in meinem Beisein füttern lassen, wenn ich in meinem Palast weile. Denn sie waren da, als ich mich mit meinem Schildträger Menna und den Mundschenken meines Hauses, meine Zeugen für den Kampf, mitten im Schlachtgetümmel befand.

(Der Tag nach der Schlacht)

Als die Erde wieder hell wurde, da schritt ich erneut die Reihen ab, um wieder ins Gefecht zu ziehen. Ich war bereit, wie ein wütender Stier zu kämpfen. Ich trat in die Reihen, stürzte mich auf sie wie ein Falke, und Jene an meiner Stirn[42] *ließ meine Feinde niederfallen. Ich war wie Re, wenn er frühmorgens in seinem Glanz erscheint, verbrannte mit meinen Strahlen die Leiber der Feinde, von denen einer seinem Kameraden zurief: »Vorsicht, hab acht, bleib fern. Sieh! Die große Sachmet ist mit ihm. Wer sich ihm nähert, dem verbrennt ein Feuerhauch den Leib.«*

(Muwatallis bittet um einen Waffenstillstand)

Derweil schickte der elende Fürst von Chatti [eine Botschaft], in der er meinem Namen huldigte wie dem des Re und sagte: »Du bist Sutech, Baal in Person. Der Schrecken vor dir ist wie ein brennender Pfahl in der Erde von Chatti.« Dann schickte er seine Gesandten zu mir mit einem Brief, gerichtet an den großen Namen Seiner Majestät. Er übermittelte Grüße an Seine Majestät in der Residenz von Re-Harachte, an den starken Stier, geliebt von Maat, den Herrscher, der seine Armee schützt. Eine Mauer für seine Soldaten am Tag der Schlacht, der König von Ober- und Unterägypten, Usermaatre-Setepenre, den Sohn der Sonne, den Löwen, den Herrn mit dem starken Arm, Ramses Meriamun, dem ewiges Leben gegeben ist:

»Dein Diener spricht und läßt verbreiten, daß du der Sohn des Re bist, hervorgegangen aus seinem Leib. Er hat dir alle Länder gegeben, vereint zu einem Ort. Das Land Ägypten und das Land Chatti sind dein, sie liegen unter deinen Füßen. Siehe, deine Macht ist groß,

deine Stärke lastet schwer auf dem Land Chatti. Es ist gut, daß du deine Diener[43] *getötet, ihnen dein wildes Angesicht gezeigt hast, daß du kein Erbarmen kanntest! Siehe, gestern bist du vorbeigekommen und hast hunderttausende getötet. Heute bist du gekommen und hast [mir] keinen Erben*[44] *gelassen. Sei nicht hart in deinem Tun, siegreicher König!*

Frieden ist besser als Kampf, laß uns leben!«

(Die Antwort des Ramses)

Da ließ Meine Majestät Milde walten, denn ich war wie Month zu seiner Zeit, als sein Angriff zum Sieg geführt hatte. Ich ersuchte darum, daß alle Führer meines Fußvolkes, meiner Wagentruppe und sämtliche höheren Offiziere zu mir geführt wurden, um den Versammelten den Inhalt des Schreibens bekanntzugeben, das man mir geschickt hatte. Meine Majestät verkündete ihnen die Worte, die der elende Herrscher von Chatti geschrieben hatte. Da sprachen sie mit einer Stimme: »Frieden ist sehr gut, o Herr, unser Gebieter! Es spricht nichts gegen eine Aussöhnung, wenn du sie herbeiführst, denn wer widersteht dir am Tag deines Zorns?«

(Die Rückkehr nach Ägypten)

Da befahl Meine Majestät, daß diese Worte verbreitet würden, und ich trat den friedlichen Rückzug nach Süden an. Meine Majestät zog sich mit ihrem Fußvolk und ihrer Wagentruppe in Frieden nach Ägypten zurück, und mit ihr alles Leben, alle Standhaftigkeit und Herrschaft. Die Macht Seiner Majestät schützte seine Armee, und alle fremden Länder huldigten seinem schönen Angesicht.

So kehrte [der Pharao] friedlich ins ägyptische Piramesse, geliebt von Amun, groß an Siegen, zurück. Im Palast des Lebens und der Herrschaft… erschienen ihm die Götter des Landes und huldigten ihm mit den Worten: »Willkommen, unser geliebter Sohn, König von Ober- und Unterägypten, Usermaatre-Setepenre, Sohn der Sonne, Ramses Meriamun.«

Sie belohnten ihn mit Millionen Sedfesten, so daß er für immer auf dem Thron des Re sitzen würde. Und alle Regionen und fremden Länder, die er niedergezwungen hatte, waren für immer und ewig unter seinen Schuhen.

Der »Kadesch-Bericht« – ein Militärbericht

Ramses diktierte den Text des »Kadesch-Gedichts« seinem Schreiber Pentawer vier Jahre nach der großen Schlacht. In ihm kommen alle Gefühle zu Wort, die einen Heerführer erfüllen, der von seinen Truppen im Stich gelassen wird: Angst, Wut und Verzweiflung. Dann aber schlägt die Stimmung in eine wilde Entschlossenheit um, die in einen Siegesrausch mündet. Was in dieser Schilderung fehlt, sind die Episoden mit den Beduinen, die den Feldherrn mit Falschinformationen in einen Hinterhalt lockten. Ramses wußte, daß sie kein Ruhmesblatt bedeuteten und ihm allenfalls Tollkühnheit bescheinigt hätten.

Er beauftragte jedoch gleich nach seiner Rückkehr die Augenzeugen des Geschehens, zu denen sicher seine Mundschenke und wahrscheinlich auch sein Schildträger Menna gehörten, die wichtigsten Ereignisse nachzuzeichnen und durch Bildhauer darstellen zu lassen.

Die Schlacht bei Kadesch ist übrigens die erste in der Geschichte, von der die Taktik und die Aufstellung der gegnerischen Heere überliefert sind.[45] Der »Bericht« über die Schlacht war offenbar von militärischen Beobachtern inspiriert worden, die diese dramatischen Stunden persönlich miterlebt hatten.

Der nüchterne und knappe Text, der auf den Tag der Schlacht datiert ist, wird begleitet von Kommentaren zu den einzelnen Ereignissen, die mit bildlichen Darstellungen illustriert werden.

Auf der Grundlage dieser realitätsnahen Dokumente kann man den Tag von Kadesch in seinen Grundzügen rekonstruieren. Interessant sind vor allem die Einzelheiten, die im »Kadesch-Gedicht« nicht erwähnt werden.

Abmarsch der Armee

Ramses verließ seine Hauptstadt auf einem von seinen beiden Lieblingspferden gezogenen Streitwagen, um die vier ägyptischen Divisionen gegen Amurru zu führen. Er selbst kommandierte die Division des Amun. Vor ihm, an der Spitze des Zuges, ragte inmitten der höheren Offiziere der große Pfahl mit dem Widderkopf empor, das Feldzeichen der ersten Division.

Hinter ihm marschierten zweitausendfünfhundert Soldaten. Zu seinem persönlichen Gefolge gehörten seine Mundschenke und die Leibgarde aus Schardana. Einer der beiden Wesire – sein Name wird nirgends genannt – und der Generalstab, dessen Offiziere ebenfalls anonym bleiben, begleiteten ihn. Mit von der Partie waren auch seine beiden ältesten Söhne, deren Namen in dem bebilderten »Bericht« mehrfach erscheinen.

Bei der Schilderung des Angriffs auf das Lager des Ramses taucht der Name einer königlichen Gemahlin auf: Mutnofret. Handelt es sich um die zweite Große Königsgemahlin Isisnofret, deren Name durch einen Fehler des Schreibers entstellt wurde? Wahrscheinlicher ist, daß es sich dabei um eine Gattin aus dem »Reiseharem« des Pharaos handelte, der sich bei seinen Unternehmungen vornehmlich von Zweitfrauen begleiten ließ. Der »Bericht« jedenfalls macht einen Unterschied zwischen den Nachkommen der Großen Königsgemahlinnen und denen dieser anderen Frau: Dort nämlich heißt es, man habe »die Königskinder und die der Mutnofret« aus der Gefahrenzone bringen müssen.

Hinter der Division des Amun folgten nacheinander die des Re (oder Pa-Re) und des Ptah. Die Division des Sutech (Seth) beschloß das militärische Aufgebot.

Wie dank der akribischen Protokollierung bekannt ist, benötigte dieses Kriegskorps auf den Tag genau einen Monat, um bis in die Gegend um Kadesch vorzustoßen: vom neunten Tag des zweiten bis zum neunten Tag des dritten Schemu-Monats des Jahres 5 seiner Regierung (also Juni bis Juli 1274 v. Chr.). Jeder Division war eine Militärverwaltung zugeordnet, die sich um die Versorgung und die Unterbringung der Soldaten zu kümmern hatte. Die Zelte wurden auf robusten Karren mitgeführt, die von Rindern (Büffeln?) und Eseln gezogen wurden.

An die einzelnen Divisionen waren Schlachtpläne ausgegeben worden, und die Offiziere wußten vor dem Abmarsch aus Piramesse zudem über die verschiedenen Etappen der Marschroute Bescheid. Eine Etappe ganz am Anfang war wohl Gaza. Ramses stieß längs der Küste nach Byblos vor, wobei er Tyrus vielleicht umging. Von Byblos aus nahm er Kontakt mit den Elitesoldaten der Naruna[46] auf, die er mit Blick auf die jetzige Operation einige Monate zuvor

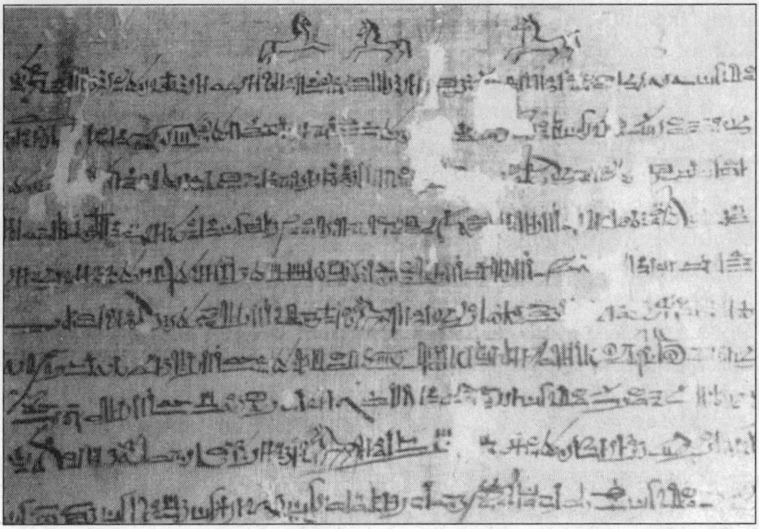

Abb. 119 Fragment des von Pentawer niedergeschriebenen »Kadesch-Gedichts«. Stilisierte Pferde schmücken den in hieratischer Schrift verfaßten Papyrus.

Abb. 120 Ring mit den Lieblingspferden des Ramses, der an sein Versprechen erinnert, der Fütterung der Tiere täglich beizuwohnen. (Paris, Musée du Louvre)

in der Region stationiert hatte. Wahrscheinlich schickte er sie nach Norden zur Mündung des Eleutheros, von wo aus sie wenig später nach einem präzise festgelegten Zeitplan dem Flußlauf entlang nach Kadesch, nahe dem Quellgebiet, vorrücken sollten. Tatsächlich sollten diese Elitetruppen am verabredeten Tag zusammentreffen – zum Glück, wie wir noch sehen werden.

Die Küste hinter sich lassend, wandte sich das Heer zwischen Libanon und Antilibanon zur Beka-Ebene, um unweit des von Ramses gegründeten Verwaltungszentrums Piramesse im Zederntal, das bei Damaskus in der Region Upe lag, in Amurru zu landen.[47] Die Division des Amun erreichte die letzten Ausläufer der Berge am Ostufer des Orontes. Auf einem Gebiet, das heute Kamirat el-Harmal heißt, verbrachte sie die letzte Nacht vor der großen Schlacht.

Abb. 121 Ramses, der im Lager der Division des Amun zum Kriegsrat gerufen hat, empfängt den Wesir und die Offiziere. Unten verprügeln Schardana und andere Fußsoldaten mit Stöcken die hethitischen Spione. (Zeichnung: Clère und Fouard)

KAPITEL 8
KADESCH II – DER KAMPF VOR DER FESTUNG

DIE FEINDLICHE LIST

Am Morgen des nächsten Tages führte Ramses »in der Tracht des Month« seine Division durch den Wald von Labui, in dem seinerzeit schon der sportliche Pharao Amenophis II. Gazellen gejagt hatte. Ramses brannte darauf, endlich in die Gegend um Kadesch zu gelangen. Er wollte möglichst rasch an einer Furt südlich der Stadt Schabtuna[1] den Orontes überschreiten, um dann am rechten Ufer weiter nach Kadesch vorzurücken.

Von dort aus war die Stadt noch ganze zwölfeinhalb Kilometer entfernt.

Seine Späher stießen auf zwei Männer, die sich offenbar versteckten. Sie ergriffen diese und stellten fest, daß es sich um Beduinen handelte. Die Männer gaben sich als Abgesandte einer Gruppierung aus der hethitischen Koalition aus, die das Joch des Muwatallis abschütteln wolle.

»Unsere Brüder, die Führer der Stämme, die mit dem Besiegten von Chatti verbündet sind, haben uns zu Eurer Majestät geschickt, um auszurichten, wir wollen Diener des Pharaos sein und uns vom Herrn von Chatti lösen.« Da sprach Seine Majestät zu ihnen: »Wo sind sie, eure Brüder, die euch geschickt haben, um dies Seiner Majestät kundzutun?« Da sagten sie zu Seiner Majestät: »Sie befinden sich beim elenden Herrn und Besiegten von Chatti. Und der hält sich im Land Aleppo, im Norden von Tunip, auf, und er fürchtet den Pharao so sehr, daß er sich nicht nach Süden wagt. Denn er hat erfahren, daß der Pharao nach Norden zieht!«

Ramses bemerkte nicht, daß man ihm eine Falle stellte. Und dabei hatte sich schon sein großes Vorbild Thutmosis III. einst einer Kriegslist bedient, um die Stadt Joppe (Jaffa) zu erobern.[2] In Wahrheit hielt sich Muwatallis mit seinen zwanzigtausend Soldaten und

Abb. 122 Das Feldlager der Division des Amun westlich von Kadesch; Schilde umgrenzen das Gelände. Der Eingang links ist mit zwei Sphingen geschmückt. Links Darstellung des Lagerlebens der Soldaten und Tiere. In der Mitte der gezähmte Löwe des Ramses.

zweitausendfünfhundert Streitwagen ganz in der Nähe, im Nordosten der Festung Kadesch, versteckt.

Ramses entwarf offenbar sofort einen Schlachtplan: Die Festung lag momentan aufgrund der Abwesenheit des Muwatallis scheinbar schutzlos vor ihm, also wollte er sie im Handstreich erobern. Welch eine unverhoffte Gelegenheit zur Revanche! Ein glanzvoller Sieg lockte, der Ruhm des Pharaos würde über den gesamten Nahen Osten leuchten!

Von falschen Hoffnungen geblendet, vergaß Ramses alle Vorsicht, die gerade in dieser Situation angebracht gewesen wäre. Er

Rechts in einer Umfriedung das große Zelt des Pharaos; davor die drei kleinen Zelte der Prinzen. Die hethitischen Angreifer umzingeln das Zelt des Pharaos. Oben rechts befehlen Abgesandte des Pharaos, die königliche Familie in Sicherheit zu bringen.

konsultierte nicht einmal seine Ratgeber, wie er es bislang vor jeder wichtigen Entscheidung getan hatte. Es gab nur noch ein Ziel: mit der Division des Amun im Eilmarsch nach Kadesch ziehen und die Festung im Sturm erobern, um sich beim Eintreffen der anderen Divisionen als triumphaler Sieger zu präsentieren. So führte Ramses seine Soldaten an der Furt südlich von Schabtuna rasch über den Orontes und zog dann am linken Flußufer entlang weiter nach Norden bis zu einer Stelle, wo er zunächst sein Lager aufschlug. Von dort aus wollte er die Festung von Nordwesten her einnehmen.

Das königliche Feldlager

Nach Ankunft an dem Ort, den der Pharao als Biwak ausgesucht hatte, machten sich die Soldaten unter Führung der Offiziere und Militärschreiber daran, den Lagerplatz abzustecken und vor allem das königliche Zelt aufzustellen, das eine martialische Szene schmückte: Krieger fremder Länder huldigten auf Knien dem Pharao. Um ein weites rechteckiges Areal herum wurde eine geschlossene Reihe von Schilden errichtet, die eine Umfriedung von ungefähr zwei Ellen Höhe bildeten. In der Mitte der schmaleren Westseite lag der Eingang zum Lager, rechts und links begrenzt von hohen Pfosten mit Statuen kauernder Löwen[3] auf der Spitze. Die Militärverwaltung legte Wert darauf, die Macht des Pharaos während der Feldzüge mit Symbolen weithin sichtbar zu machen.

Durch den Eingang des Lagers gelangte man sofort auf die Mittelachse, die in gerader Linie zum großen rechteckigen Zelt des Ramses mit seinem runden Dach führte. Direkt daneben standen kleinere Zelte, vermutlich für die Prinzen. Im gesamten Lager, in dem Menschen, Tiere und Kriegsmaterial untergebracht waren, herrschte reges Leben. Keiner im Westteil des Lagers ahnte, daß von Osten her eine Katastrophe nahte.

Verweilen wir einen Augenblick im Westteil dieses umfriedeten Geländes, wo sich die Soldaten der Division des Amun in Sicherheit wiegen. Mit Spießen bewaffnete Garden bewachen den Eingang. In der Nähe fressen ausgespannte Pferde aus Futtertrögen, andere stehen zwischen den Reihen der Streitwagen. Im Hintergrund weiden Lastesel, liegen auf der Erde oder werden von einem Soldaten angetrieben. Knaben gehen Männern zur Hand, die verwundete Tiere verbinden, Waffen reinigen, Wagen inspizieren, Mahlzeiten zubereiten oder Marschunfähige versorgen.

In der Mitte des Lagers liegt mit heraushängender Zunge der große »lebendige Löwe Seiner Majestät, der Vernichter seiner Feinde«.[4] Vor ihm steht sein Dompteur, um die Dressur zu vervollkommnen.

Der Friede dieser Szene wird gestört durch die Gefahr, die von Osten her naht. Männer mit Schilden werfen sich hethitischen Streitwagen entgegen, die die Umfriedung durchbrochen haben und ins Lager eingefallen sind. Schon liegen Eindringlinge auf dem Boden, wo ihnen die Soldaten des Pharaos den Todesstoß versetzen. Ein königlicher Offizier auf seinem Streitwagen streckt wie zum Befehl die Hand aus: Vor ihm fliehen Prinzen auf zwei weiteren Streitwagen in Richtung Westen. In einer Version des Berichts im Ramesseum steht zu lesen:

Der Wedelträger des Pharaos eilt herbei, um die Königskinder und die der Mutnofret anzuweisen: »Verlaßt nicht den Westen des Lagers und haltet euch von der Schlacht fern!«

Neben dem Lager taucht ein Bild dieser Figur auf:

Der Wedelträger zur Rechten des Königs, der königliche Schreiber, der [große] Kommandant der Armee, [der Erste Wagenkämpfer] Seiner Majestät, Pareherunemef.

Wie war es zu diesem Überfall gekommen?

Die Folgen der Kriegslist

Die beiden Schasu-Beduinen hatten Ramses eine Falschinformation gegeben, der ihnen in der freudigen Erwartung eines raschen Sieges prompt auf den Leim gegangen war. Jetzt drohte eine Katastrophe. Der Feind hatte seine Truppen im Norden von Kadesch zusammengezogen und sie hinter der Festung und zwischen Büschen versteckt. Er griff an zwei Fronten an, attackierte Ramses' Lager und die zweite Division, die des Re, die gerade die Furt bei Schabtuna durchschritten hatte, um sich der ersten Division des Amun anzuschließen.

Eine Darstellung mit einer früheren Szene zeigt Ramses auf seinem goldbeschlagenen Thronsitz während des Aufschlagens seines Lagers. Wie man ihm mitteilt, sind in der Umgebung zwei feindliche Spione aufgegriffen worden, aus denen man die Wahrheit herausgeprügelt hat:

»Wir [gehören] zum Herrn von Chatti. Er hat uns geschickt, um den Aufenthaltsort Seiner Majestät auszuspionieren.« Da sprach Seine Majestät zu ihnen: »Wo ist er selbst, der Besiegte von Chatti? Ich habe gehört, er halte sich im Land Aleppo im Norden von Tunip auf.« Sie aber sagten Seiner Majestät: »Siehe, der elende Herr von

Abb. 123 Die hethitischen Spione werden verprügelt.

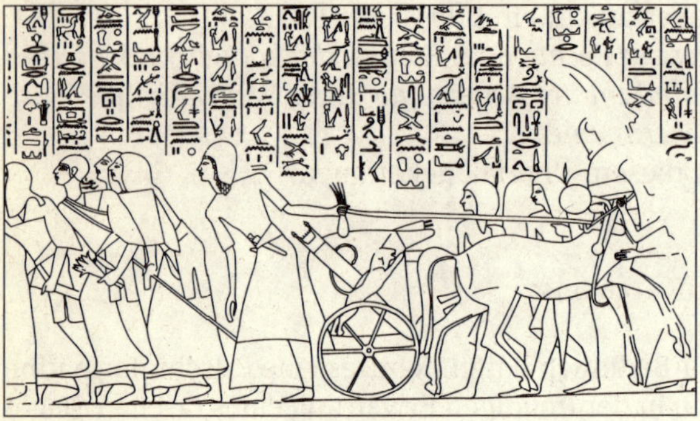

Abb. 124 Der Streitwagen des Pharaos und sein Schildträger Menna.

Abb. 125 Der Wesir und ein ägyptischer Bote verlassen das Lager, um die Division des Ptah zu alarmieren.

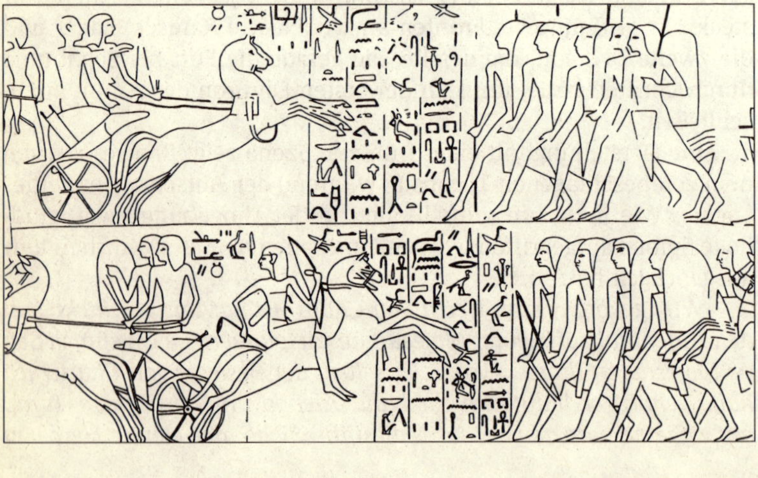

Chatti ist mit vielen [Soldaten der] fremden Länder herbeigeeilt: Sie sind seine Bundesgenossen [es folgt die Aufzählung der im ›Kadesch-Gedicht‹ genannten Namen]. *Sie haben ihr Fußvolk und ihre Wagentruppe bei sich. Sie tragen Kriegswaffen und sind zahlreicher als die Sandkörner am Flußufer. Siehe, sie liegen voll gerüstet und kampfbereit hinter der alten Festung Kadesch!«*

In dieser dramatischen Situation reagierte Ramses mit Geistesgegenwart und unbestreitbarer Tapferkeit. Sofort rief er den Generalstab zu sich und informierte ihn über die nahende Katastrophe.

»Seht, in welcher Lage die Statthalter in den fremden Ländern und die Herren der Länder des Pharaos sind. Jeden Tag versicherten sie Seiner Majestät: ›Der elende Herr von Chatti ist im Land Aleppo, ist vor Seiner Majestät geflohen, als er erfuhr, daß Seine Majestät ihm entgegenzog. Doch seht! Wie ich von diesen beiden Spionen des Besiegten von Kadesch soeben erfahren habe, ist der elende Besiegte von Chatti mit zahlreichen verbündeten Ländern, mit Soldaten und Pferden, zahlreich wie Sandkörner, herbeigeeilt. Und seht! Sie liegen hinter der alten Festung Kadesch, [während] meine Statthalter in den fremden Gebieten und unsere Führer, denen die Länder des Pharaos unterstehen, nicht imstande waren, uns über ihr Eintreffen zu informieren!‹«

Natürlich blieb keine Zeit, sich mit dem Versagen seiner »Aufklärung«, das damals ein Kapitalverbrechen darstellte, eingehend zu befassen. Ramses schickte sofort den Wesir, der den kleinen Prinzen Reherunemef begleitete, mit Boten nach Schabtuna, um die Division des Ptah schleunigst herbeizubeordern. Wahrscheinlich hielt sie sich zu diesem Zeitpunkt noch im Wald von Labui auf. Auf die Unterstützung der Division des Seth, die am weitesten entfernt war, konnte Ramses nicht zählen. Aber er rechnete damit, daß wenigstens die Division des Re bis in die Nähe des Lagers gelangt war.

Während Ramses Kriegsrat hielt, startete Muwatallis seine Offensive. Er schickte zunächst zweitausendfünfhundert Streitwagen, die mit je drei Mann (Lenker, Schildträger und Bogenschütze) besetzt waren, in Richtung Orontes los, behielt aber ungefähr zehntausend Fußsoldaten bei sich. Bei der nächsten Furt durchquerten die Streitwagen den Fluß, um am Westufer auf die Ägypter zu treffen. Unterwegs stießen sie auf die Division des Re, überrumpelten sie und zersprengten sie in zwei Teile. Danach fielen sie in das Lager des Pharaos ein.

So begann die große Schlacht bei Kadesch, die keinen ganzen Tag dauerte und die Ramses später zu einem Ereignis von gewaltiger Bedeutung machte. Sie ist bis heute die am besten dokumentierte[5] militärische Auseinandersetzung vor der Schlacht von Marathon (490 v. Chr.).

Das Kampfgetümmel

Ramses wußte nicht, daß die Wagentruppe des Muwatallis bereits den Orontes überschritten und die Division des Re zersprengt hatte, deren Fußsoldaten und Kavallerie nach einer wilden Flucht versuchten, sich zu seinem Lager, zur Division des Amun, durchzuschlagen. Als der spärlich besetzte Kriegsrat des Pharaos seine Sitzung beendete, ertönte in der Nähe bereits Waffengeklirr. Ramses befahl die sofortige Evakuierung seiner Familie, rief seine Leibwache und seinen Schildträger Menna zu sich, ließ anspannen und jagte in rasendem Tempo auf seinem Wagen dem Kampfgetümmel entgegen.

Schlachtrufe ausstoßend und auf die Zuverlässigkeit seines Schildträgers bauend, sprengte Ramses die Grenzen des Menschenmöglichen und machte seinem Namen Setepenre (Auserwählter des Re) alle Ehre. Im Vertrauen auf diese göttliche Flamme in sich schoß er einen Pfeil nach dem anderen ab, während er seinen Streitwagen mit den Zügeln um die Hüften lenkte, damit ihm Menna, der ihn mit dem Schild deckte, immer neue Geschosse reichen konnte. Ramses verfiel geradezu in einen Blutrausch, während seine Pferde über Gefallene hinwegsprengten und mit den Hufen die Streitwagen der Hethiter zerschlugen: »Auch Millionen Fremder konnten ihn nicht beeindrucken, für ihn waren sie nichts als Strohhalme.« Dieser verzweifelte, ja blinde Angriff war der eines Dämons! »Dies ist kein Mensch!« riefen die Feinde schreckensstarr oder schon tödlich getroffen.

So heißt es denn in den Inschriften zu den Reliefs des »Berichts«, die Ramses vor Kadesch in voller Aktion zeigen:

Abb. 126 Ramses allein im Kampfgetümmel.

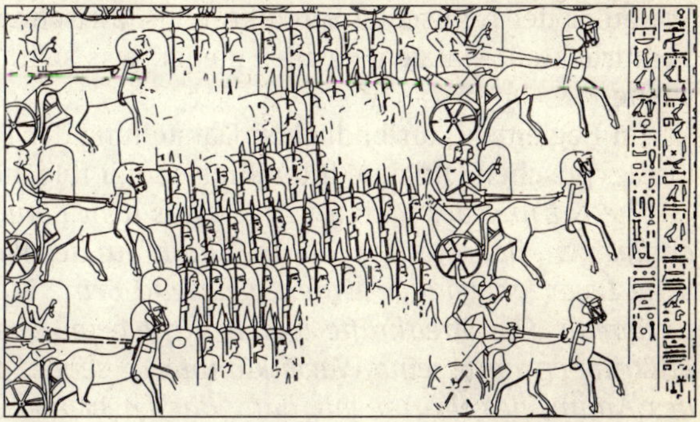

Abb. 127 Ankunft der Naruna-Truppe.

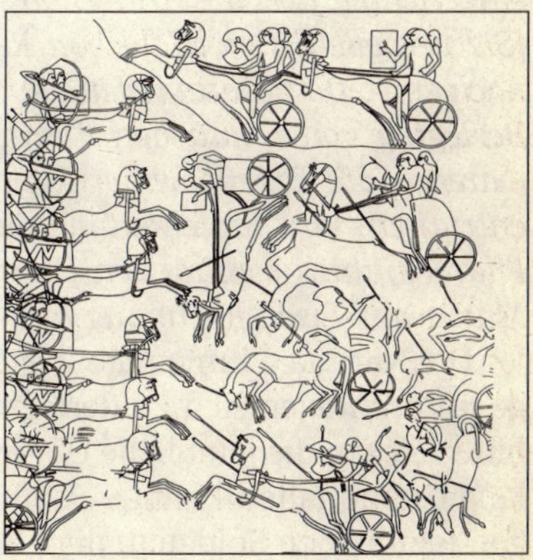

Abb. 128 Gefecht zwischen Ägyptern und Hethitern.

Er ist wie ein Orkan, der am Himmel erscheint, seine Gewalt ist die Flamme im Stoppelfeld.

Die Ankunft der Naruna-Truppe

Sechsmal ging Ramses zum Gegenangriff über, dann begannen sich die Reihen des Gegners plötzlich und scheinbar wie von selbst zu lichten: Aus dem Osten war die prachtvolle Naruna-Truppe eingetroffen und hatte den Feind überrumpelt. Ramses hatte ihr Eingreifen meisterhaft vorausgeplant. Die hervorragende Disziplin dieser kampferprobten Soldaten war schon an ihrer Marschordnung abzulesen. Wenn sie in geschlossenen Reihen, Schild an Schild – ein Vorläufer der römischen Schildkröte[6] –, zwischen den Streitwagen voranrückten, walzten sie alles nieder, was sich ihnen in den Weg stellte.

Im Begleittext zur bildlichen Darstellung der Reliefs schilderten die ägyptischen Offiziere ihren Einsatz mit folgenden Worten:

Die Naruna des Pharaos trafen aus dem Land Amurru ein. Sie entdeckten, daß die Truppen der Chatti auf der Westseite ins königliche Lager eingefallen waren, während Seine Majestät dort allein ausharrte. Die Streitkräfte waren nicht beim Pharao, weder seine Fußtruppen noch seine Wagenkämpfer… seine Soldaten. Das Heer des Amun, das ihn umgab, hatte das Lager noch nicht vollständig eingerichtet, und die Armeen des Re und des Ptah waren unterwegs. [Sie verließen] den Wald von Robawi [= Labui] *und mußten erst noch eintreffen. Dann fielen die Naruna über die Reihen des elenden Besiegten von Chatti her, die ins Lager des Pharaos eingebrochen waren – die Diener Seiner Majestät töteten sie und ließen keinen entrinnen. Ihre Tapferkeit wurde gestärkt durch die große Kraft des Pharaos, ihres wohltätigen Herrn, der als Berg von Kupfer und als Mauer aus Eisen für immer hinter ihnen stand.*

Die Naruna nahmen die Wagenkämpfer der Koalition in die Zange und schlugen sich zu dem eingekesselten Ramses durch, der erbittert gegen die feindliche Übermacht ankämpfte, der er nicht mehr lange standhalten konnte. Schließlich vertrieben sie auch die übrigen feindlichen Soldaten, die plündernd durch das Lager zogen.

Unterstützt von den Naruna – sie hatten eine militärische Glanzleistung vollbracht –, verfolgte Ramses mit der verbliebenen Kavallerie den Feind in Richtung der Festung. Im Nordosten von Kadesch sammelte er die versprengten Soldaten der Division des Re, zu der unter Führung des Wesirs im Eilmarsch auch die Division des Ptah gestoßen war. Jetzt gingen die beiden feindlichen Kavallerien gegeneinander in Stellung.

Die Reliefs, die die wichtigsten Etappen des »Berichts« illustrieren, geben diese Begegnung in einem prächtigen Bildfeld in der Mitte wieder. Im unteren Teil erscheinen das ägyptische Feldlager und der »Kriegsrat« des Ramses. Der obere Teil schließlich zeigt das schreckliche Kampfgetümmel um den Pharao mit Gefallenen, Pferdekadavern und zerschlagenen Wagen.

Anschließend wird dem Betrachter die letzte Phase dieser Schlacht vor Augen geführt: der siegreiche Angriff der ägyptischen Kavallerie auf die hethitische Wagentruppe, die unter der Führung des Ramses in den Süden von Kadesch abgedrängt wurde.

Der Angriff der ägyptischen Kavallerie

Ramses war wieder Herr der Lage! Das Blatt hatte sich wie durch ein Wunder gewendet. Der Pharao trieb die hethitischen Streitwagen durch die Furt in die andere Richtung über den Orontes, den sie kurz zuvor überquert hatten. Entscheidend war, daß in der entstehenden Panik Wagen, Pferde und Krieger in die Fluten stürzten, wo die meisten von ihnen ertranken! »Die Hethiter stürzen in den Fluß wie Krokodile!«

Die Details dieser Flachreliefs wirken lebensecht, oft tragisch, zum Teil aber auch komisch. Den Kämpfern des Pharaos waren die Einzelheiten der Schlacht bestens im Gedächtnis geblieben. Darstellungen des Gemetzels erschienen bald überall, an den Pylonen von Luxor wie an den Mauern des Tempels von Karnak, wo sie den staunenden Volksmassen vorgeführt wurden. Sie prangten selbst in den Heiligtümern, wo dem großartigen Sieg ewige Dauer verliehen werden sollte. Die Vielzahl der Darstellungen spricht für eine wahrheitsgemäße Wiedergabe dieser Ereignisse.

Auf der großen Nordwand der Säulenhalle von Ramses' Tempel in Abu Simbel ist die Leiche von Muwatallis' Bruder Patjar abgebildet. Sie schwimmt nahe bei Kadesch im Orontes. Die gleiche Darstellung zeigt den »elenden Herrscher« von Aleppo, der von Soldaten aus den Fluten gezogen und auf den Kopf gestellt wird, damit er das geschluckte Wasser erbricht.

Diese Bildgeschichten verraten ein unglaubliches Engagement. Die Künstler – und ihre Ratgeber – wollten den Betrachter an dem verzweifelten Kampf, an der Stimmung gefährlicher Situationen und darüber hinaus an Alltagsszenen teilhaben lassen. Das entstandene Meisterwerk hat viel der »Befreiung der Kunst« durch Echnaton zu verdanken, der auf den Wänden der Atonheiligtümer im Osten des Amuntempels von Karnak völlig neue künstlerische Akzente gesetzt hatte.

Mit dem wütenden Angriff des Ramses, der die Soldaten der Koalition in den Orontes trieb, war die Schlacht entschieden. Der Pharao hatte bei dieser ungleichen Begegnung vor allem von seiner verzweifelten Entschlossenheit profitiert. Gleichwohl war er nicht völlig planlos in den Kampf gezogen, wie der Blitzeinsatz der Naruna-Truppe, ohne die er verloren gewesen wäre, hinlänglich belegt. Der Ausgang dieser Schlacht wirft übrigens eine Frage auf, die später immer wieder diskutiert werden sollte: Hat eine Armee, auch bei zahlenmäßiger Überlegenheit, eine Chance gegen einen Gegner, wenn der oberste Heerführer in der Schlacht nicht persönlich präsent ist?

Warum blieb Muwatallis während der gesamten Kampfhandlungen mit seinem Fußvolk am linken Ufer des Orontes östlich von Kadesch? Warum griff er nicht ins Kampfgeschehen ein? Und warum warf er vor allem im kritischen Moment, als seine Kavallerie an den Orontes zurückgedrängt wurde, nicht seine gewaltige Infanterie in die Schlacht?

Wollte er, ein geschickter Diplomat, der Feindseligkeiten gewöhnlich mit einem Friedensvertrag aus der Welt schaffte, sinnloses Blutvergießen vermeiden? Hatte ihn der Tod seiner Brüder und vieler Angehöriger in der Schlacht aus der Bahn geworfen? Oder litt er bereits an der Krankheit, die ihn wenig später im besten Lebensalter dahinraffen sollte?

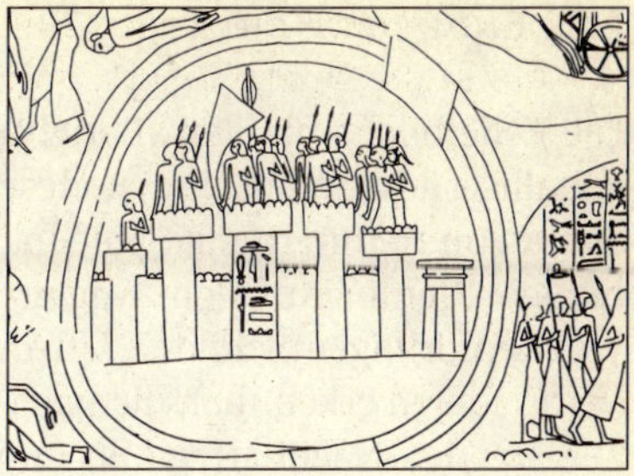

Abb. 129 (links) Ein Bruder des Hethiterkönigs ist ertrunken; ein Fürst wird lebend aus den Fluten geborgen.

Abb. 130 (oben) Die Festung Kadesch zwischen den beiden Armen des Orontes, die durch einen Kanal verbunden sind.

Abb. 131 Der König der Hethiter befiehlt die Beendigung der Kämpfe.

Das Ende der Schlacht

Die Reliefbilder, die den »Bericht« der Schlacht begleiten, zeigen Muwatallis südwestlich von Kadesch auf seinem Streitwagen in einer Schar von Hethitern mit Spießen. Sein Wagenlenker hält die Zügel der beiden Pferde. Auf den Wagen schwingen Soldaten die typischen violinenförmigen Schilde.[7] Vor den Pferden sind weitere Krieger der Verbündeten erkennbar, die nach den überlieferten Ländernamen fast alle aus den Nachbarregionen Anatoliens stammen. Einige Soldaten, die wie die Ägypter große, oben abgerundete Schilde tragen, kommen offenbar aus Gegenden, die einst dem Pharao tributpflichtig waren.

Muwatallis zieht mit der Hand an den Zügeln seiner Pferde, als brächte er seinen Wagen zum Stehen. Nach hinten zur Festung gewandt, hebt er die andere Hand, um den Kämpfen Einhalt zu gebieten. Stellt die Szene den Befehl zum strategischen Rückzug in die Festung dar, der einem Gegenangriff des Pharaos zuvorkommen sollte? Oder zeigt sie die Verzweiflung des hethitischen Herrschers, der in der Schlacht zahlreiche Angehörige verloren hat? Die Ägypter nennen sogar ihre Namen:

Abb. 132 Tausende von hethitischen Fußsoldaten, auf deren Einsatz Muwatallis verzichtete.

Sapather, Bruder des Besiegten von Chatti
Tergenenes, Streitwagenoffizier des Besiegten von Chatti
Gerbetes, Schildträger des Besiegten von Chatti
Agem, Truppenführer aus der Region Kebeset
Kemyth, Führer der Teher-Krieger
Cherpeser, der Bote des Besiegten von Chatti
Tyder, Führer vom Gefolge des Besiegten von Chatti
Pys, Streitwagenoffizier des Besiegten von Chatti
Semertes, Streitwagenoffizier des Besiegten von Chatti
Rebesnen, Truppenführer aus der Provinz Inenes
Chemeterem, Bruder des Besiegten von Chatti
Teder, Führer der Teher-Krieger
Thutes, Truppenführer von Ines
Benek (?), Streitwagenoffizier des Besiegten von Chatti usf.

Die Texte zu dem Bild des Hethiterführers inmitten seiner achtzehntausend Teher-Krieger, die er noch nicht in den Kampf geworfen hat, beschreiben seinen Seelenzustand:

Der große elende Besiegte von Chatti, der inmitten seiner Streitwagentruppe stand, wandte, vor Entsetzen und Fassungslosigkeit

Abb. 133 Fernab des Kampfgeschehens: hethitische Streitwagen mit einem Teil des Trosses.

zitternd, das Gesicht nach hinten. Er war niemals in den Kampf gezogen, denn er fürchtete Seine Majestät, seitdem er gesehen hatte, wie sie über die Männer Chattis und der anderen Länder, ihrer Bundesgenossen, die Oberhand gewann. Seine Majestät warf sie im Nu nieder, denn [der Pharao] war wie ein göttlicher Falke. [Der Hethiter] huldigt dem Gott auf Erden mit den Worten: »Er ist wie Seth in seiner Stunde, ist Baal in Person.«

Die hethitischen Streitkräfte erhielten folglich den Befehl, sich in die Festung zurückzuziehen. Sie lag zwischen dem Orontes und

Abb. 134 Am Abend nach der Schlacht: Ramses befiehlt die Zählung der getöteten Feinde, Schreiber zählen abgeschlagene linke Hände, die Prinzen führen die Gefangenen vor, während der Wesir und die Offiziere dem Pharao huldigen.

einem Seitenarm, die durch einen Kanal miteinander verbunden waren. Vollständig von Wasser umgeben, war sie nur über zwei Zugbrücken im Süden und Osten zu erreichen. Hier fanden Muwatallis und die verbündeten Truppen Zuflucht.

Am Abend nach der Schlacht

Man hat Ramses bisweilen vorgeworfen, er habe den Erfolg bei Kadesch zu einem grandiosen Sieg hochstilisiert. Während er im »Gedicht« als der alleinige Sieger der Schlacht erscheint, geben die Reliefs des »Berichts« mit ihren offiziellen Kommentaren eine

realitätsnähere Darstellung des Geschehens. Die Illustrationen auf den Mauern der verschiedenen Tempel des Landes wurden genau aufeinander abgestimmt. Die Bilder von der Ankunft der Naruna-Truppe und der folgenden Schlacht, die sich die Streitwagen der Ägypter und der Koalition liefern, zeigen jedenfalls deutlich, daß Ramses in dieser gefährlichen Situation nicht allein war. Ebenso erkennt der Betrachter auf den ersten Blick, daß Ramses die Festung nicht erobert hat. Über den Türmen, auf denen sich hethitische Soldaten mit Spießen drängen, flattert die feindliche Standarte. Anders als die in einer Szene aus dem achten Regierungsjahr, die die Eroberung Tunips zeigt, ist sie nicht von Pfeilen durchbohrt dargestellt.

Die Division des Ptah, die schließlich auf dem Schlachtfeld eintraf und zu der später die Division des Seth stoßen sollte, hatte keine Gelegenheit mehr, sich an den Kämpfen zu beteiligen. Ihre Soldaten bargen Verwundete, transportierten ägyptische Gefallene ab,[8] versorgten verletzte Pferde und zählten getötete Gegner.

Letzteres erledigten die Ägypter dadurch, daß sie den Feinden eine Hand abschlugen und diese von Schreibern akribisch registrieren ließen. Als makabre Trophäen häufte man sie vor dem Pharao auf. Seine Söhne und ranghohe Militärs präsentierten ihm Reihen Gefangener, hochrangige Offiziere der feindlichen Wagenkämpfer.[9] Auf einem Kissen in seinem Streitwagen sitzend, nahm er das Zeugnis seines Sieges entgegen. Im unteren Bildfeld dieser Darstellung erscheint sein ältester Sohn Amunherchepeschef,[10] der sich diesen neuen Namen in der Schlacht bei Kadesch verdient hatte. Auch er übergibt bedeutende Gefangene mit gefesselten Armen. Im mittleren Bildfeld huldigen der Wesir – wieder ohne Namen – und drei Divisionsgeneräle mit erhobenen Händen dem König. Im oberen Bildfeld führen zwei andere Prinzen weitere gefesselte Gefangene und erbeutete Pferde vor.

Die höheren Offiziere und der Wesir hatten kläglich versagt: Sie hatten Ramses weder vor der Kriegslist des Feindes gewarnt noch ihm in der Schlacht den Rücken gestärkt: Offenbar zur Strafe blieben sie auf den Darstellungen der Schlacht bei Kadesch ungenannt. Namentlich erwähnt wurden dagegen die Söhne des Königs: Reherunemef, Ramesse, Chaemwese, Meriamun, Sethos, Merenptah,

Amunherchepeschef, der vormalige Amunherunemef, sowie ein weiterer, dessen Name nicht mehr zu entziffern ist.

Ramses hat seinen Soldaten die rüde Strafpredigt, die er in sein »Gedicht« eingeflochten hat, wohl am Ende der Siegesfeierlichkeiten gehalten. Mit Lob bedacht wurden dagegen – wie im »Gedicht« erwähnt – sein Schildträger Menna sowie die tapferen Pferde seines Wagengespanns »Sieg-in-Theben« und »Mut-ist-zufrieden«. Sicher schaute er später in Piramesse oft im Stall vorbei und fütterte sie höchstpersönlich. Jedenfalls hat Ramses diese Tiere, denen er so viel verdankte, auf originelle Weise verewigt: Drei Jahrtausende später verehrte der Vizekönig von Ägypten Mechmet Ali dem französischen König Karl X. einen goldenen Ring, der bei Ausgrabungsarbeiten in der Nekropole der Apisstiere in Sakkara zum Vorschein gekommen war. Den Ring schmückten Figürchen zweier Pferde[11] vor einem Futternapf. Offenbar hat Ramses sein Versprechen auch in Form dieses erlesenen Schmuckstücks gehalten. Es gleicht einem Wunder, daß man es heute im Pariser Louvre bestaunen kann.

»Friede ist besser als Krieg« (Muwatallis)

Obwohl der Wortlaut des »Gedichts« nahelegt, daß der Pharao die Schlacht am folgenden Morgen weiterführte, ist diese Hypothese nicht zu halten.

Eine Eroberung der Festung schien angesichts seiner geschwächten vier Divisionen sehr unwahrscheinlich, trotz der Unterstützung durch die Naruna-Truppe, die ebenfalls Verluste erlitten hatte. Die zwanzigtausend Verteidiger in Kadesch hätten einer Belagerung sicher lange standgehalten. Andererseits war zu erwarten, daß Muwatallis in seiner Bedrängnis eine diplomatische Einigung anstreben würde. Nach dem Eintreffen seiner Botschaft, die vom »Gedicht« im Wortlaut wiedergegeben wird, soll Ramses sich mit seinem Generalstab und seiner Leibwache beraten und das Waffenstillstandsangebot unverzüglich angenommen haben. Offenbar scheute er jedes weitere Abenteuer und nahm lieber die Gelegenheit wahr, sich ohne Gesichtsverlust aus einer schwierigen Lage zu befreien. So nahm er

Abb. 135 Die thebanische Dreiheit Amun, Mut und Chons über dem Nil. Die Darstellung setzt den Reichsgott in Beziehung zur Nilflut. Großer Tempel von Karnak. (Foto: A. Bellod)

das Angebot des Gegners dankbar an und befahl den »friedlichen Abzug« nach Süden.

Die Rückkehr nach Ägypten

Ramses zog mit seinen Truppen und zahlreichen Gefangenen an den Nil zurück. Da Boten vorausgeeilt waren, wurden er und seine Soldaten am Anfang seines sechsten Herrschaftsjahres (Juli 1274 v. Chr.) ehrenvoll in der Hauptstadt empfangen.

Zwar wurden auf seine Soldaten Lobeshymnen angestimmt, doch sprach man wenig von der Kriegsbeute, die fast nur aus den Waffen gefallener Gegner und aus Pferden bestand. Ausgeklammert blieben auch die eigenen Verluste an Material, die der Einfall der hethitischen Koalition ins Lager des Pharaos gekostet hatte.

Der scharfsinnige Ramses sollte aus den Ereignissen seine Lehren ziehen. Er hatte begriffen, wie instabil die Bündnisse mit den Duodezfürsten des Ostens waren. Und er wußte, daß die kriegslüsternen Nachbarn nach seinem anfänglichen triumphalen Aufbruch, bei dem er als unbesiegbar gefeiert worden war, seine Rückkehr beobachteten: Kadesch und Amurru waren noch immer in hethitischer Hand. Er mußte sich auf weitere Feldzüge nach Osten einrichten, um verlorenes Terrain zurückzugewinnen. Nur so konnte er Ägypten seinen Glanz zurückgeben und erneut die Grenzen sichern.

Tatsächlich brachte Muwatallis sofort nach dem Abzug der Ägypter wieder ganz Amurru unter seine Kontrolle. Sein Verbündeter Benteschina wurde in die Hauptstadt Hattusa verbannt und in Amurru durch einen gewissen Schapilli ersetzt. Muwatallis eroberte schließlich auch Damaskus und die dazugehörige Provinz zurück.

In Piramesse befaßte sich Ramses mit der Neugliederung seiner Divisionen und kümmerte sich ernsthaft um eine Verbesserung seiner militärischen Aufklärung. Daß er auf eine Kriegslist der Hethiter hereingefallen war, hatte tiefe Spuren bei ihm hinterlassen.

Abb. 136 Ramses bringt Ptah ein Rauchopfer dar. (Foto: A. Bellod)

KAPITEL 9 RAMSES UND DIE BILDERSPRACHE DER TEMPEL I DIE STIFTUNG DES RAMESSEUMS

Die unmittelbaren Folgen von Kadesch

Amunherchepeschef, der älteste Sohn des Königs, hatte sich in der Schlacht von Kadesch bewährt. So konnte ihm Ramses Verantwortlichkeiten übertragen, als er sich selbst in den Süden des Landes begab.

Unterstützt wurde der Prinz von zwei loyalen und tüchtigen Beamten, für die er große Zuneigung hegte und die das Vertrauen des Pharaos genossen.

Da war zunächst der Wesir Paser, der vermutlich als Mitverwalter des Königreiches im Norden des Landes blieb – gewissermaßen als Ersatz für den Wesir des Nordens, der in der Affäre der hethitischen Spione in Amurru im Jahr 5 eine gewisse Mitverantwortung gehabt hatte. Ramses verließ sich zum anderen auf seinen Hofbeamten Amuneminet,[1] der sich bislang als sehr kompetent und loyal erwiesen hatte. Diesem hatte er bereits kurz zuvor die Leitung einer Art Geheimpolizei übertragen, die in den fremden Gebieten antiägyptische Agitationen zu beobachten hatte. Augenblicklich knüpfte er ein Netz von Informanten, die über die aktuelle Stimmung in den tributpflichtigen Provinzen hinter der östlichen Grenzregion des Nildeltas berichteten.

Die Posten an der Ostgrenze des Landes wurden verstärkt. Ungewöhnlich starke Truppenaufgebote kampierten hinter el-Arisch,[2] an der Mittelmeerküste Richtung Gaza und Raphia. Diese Militärstraße mit ihren Festungen[3] hielt die Schasu-Beduinen in Schach, die immer wieder plündernd ins Land einfielen. Begleitet wurden diese Vorsichtsmaßnahmen durch eine Säuberungskampagne in der Führungsschicht der Armee und eine neue Ausbildungsstrategie, die bei den Fußsoldaten und selbst bei den Offizieren der Streitwagen die Kampfmoral heben und die Disziplin verbessern sollte.

Umzusetzen hatte diese Reformen Prinz Amunherchepeschef, vermutlich unterstützt von General Urchia, dessen Sohn ebenfalls an der Schlacht bei Kadesch teilgenommen hatte.

Während der Abwesenheit des Ramses fungierte die Königinmutter Tuja als halboffizielle Mitregentin, denn schon während der ersten syrischen Feldzüge hatte sie eine politische Klugheit und Tatkraft gezeigt, um die sie die Großen Königsgemahlinnen Nefertari und Isisnofret nur beneiden konnten.

Zu den Tempeln des Südens

Die Reise des Ramses in die Gebiete des Südens[4] diente dazu, die Provinzverwalter persönlich über den Ausgang der Schlacht bei Kadesch zu informieren. Niemand sollte an der Großtat des Herrschers von Ägypten zweifeln. Zugleich wollte Ramses mit den Untertanen im Süden näheren Kontakt aufnehmen. Seine Aufmerksamkeit galt auch dem Stand der Arbeiten an seinen großen Bauprojekten. Diese Tempel knüpften in Anlage und Ausschmückung mehr denn je an die Bauten der Vergangenheit an, brachten aber auch besser als früher die kosmischen Kräfte zum Ausdruck, auf denen das Gleichgewicht der Welt beruht.

In den Bauten, die die verschiedenen Aspekte des Weltenschöpfers verherrlichen sollten, ließ Ramses nun den titanenhaften Kampf verewigen, den er fast völlig allein gegen den mächtigsten Feind in den Ländern des Nordens und Ostens geführt hatte. Die magische Wirkung der entstehenden Reliefs sollte ihm bei allen künftigen Unternehmungen den Sieg sichern. So überzog Ramses das ganze Land mit einer Vielzahl von Tempeln, mit denen er die Gunst der Götter zu erlangen und seine Armee zu heldenhaften Taten anzuspornen hoffte.

Die Dreiheit nach Echnaton

Doch um welche Götter ging es? Sein heimliches Vorbild Echnaton hatte nur ein göttliches Wesen anerkannt, nämlich jenes, das er im

Zentrum des Sonnenballs entdeckt hatte. Dieses Wesen erschien als Sonne, die erstmals seit der Amarnazeit mit ihren Strahlen dargestellt wurde, an deren Enden kleine Hände der Erde Wärme, Licht und Leben spendeten. Das Bild prangte überall auf den Tempelmauern und an den Wänden der Grablegen dieser Zeit.[5] Aber wie viele geheime Spekulationen gab es noch darüber hinaus in den Heiligtümern, wo sich die Priester und Gelehrten von Hermopolis,[6] die Schüler des Thot, ihren Forschungen widmeten!

Wollte man die religiöse Lehre unter Ramses auf einen Nenner bringen, so könnte man sich auf einen Papyrus stützen, der gegenwärtig in Leiden[7] aufbewahrt wird. Nach der Lehre dieses Textes, der unmittelbar nach der Amarnazeit am Anfang der 19. Dynastie entstand, ist ein gewaltiges, universelles Schöpfungsprinzip mit seinen vielfältigen Erscheinungsformen am besten zu begreifen, wenn man sich vorstellt, daß diese Götterwesen zu einem einzigen Leib gehören. Der Synkretismus der Epoche führte so zur Verehrung einer Dreiheit aus Amun, Re und Ptah, hinter der faktisch ein einziger göttlicher Wille stand. Der Abschnitt 300 der Hymne an den Amun versucht, das differenzierte System zu analysieren:

Drei sind alle Götter: Amun – Re – Ptah! Sie haben nicht ihresgleichen. Verborgen ist der Name [= das Prinzip] *in der Eigenschaft des Amun. Sein Angesicht ist Re, sein Leib ist Ptah.*

Ihre Städte auf Erden sind auf immer errichtet: Theben, Heliopolis und Memphis, bis in die Ewigkeit.

Wird vom Himmel eine göttliche Botschaft ausgesandt, so hört man sie in Heliopolis, wiederholt sie in Memphis vor dem Junggesichtigen [= Ptah] *und legt sie in einem Brief in der Schrift des Thot nieder. [Den schickt man] in die Stadt des Amun, der ihre Güter besitzt. In Theben antwortet man: »Seht, sagen die Götter, das gehört zur Neunheit: Alles, was aus ihrem Munde kommt, stammt von Amun.« Die Götter bestehen durch ihn, gehorchen seinem Befehl. Eine göttliche Botschaft wird entsandt? Er kann töten oder zum Leben erwecken. Denn alles, Leben wie Tod, hängt von ihm ab… Amun, Re [und Ptah], von allen dreien gemeinsam.*

So dunkel uns diese Passage heute anmuten mag, deutlich wird das Dogma einer »Dreieinigkeit« formuliert, die als unangreifbare Glaubenswahrheit erscheint. Dieser Aspekt der neuen Religion des

Amun, der nach Echnatons Reformation[8] auftauchte, sollte von Ramses noch stärker betont werden. So heißt es in Abschnitt 40 der Hymne:

... der sich selbst gestaltet, dessen Formen keiner kennt, der Abbilder seiner selbst hervorbringt, sich selbst erschafft und den eigenen Samen mit dem eigenen Leib vereint, um im tiefsten Inneren sein Ei zu bilden. Er wird zu einer Form, einem Abbild der Geburten...

Die Wiederkehr des Seth

Ramses wollte dieser Dreiheit das Bild des Seth hinzufügen, des Gottes, der an seine Abstammung erinnerte, der mit Horus seine großen Namen anführte und den die Königinmutter im privaten Bereich mit Horus gleichsetzte. Schon die Vorgänger hatten ihn angerufen, wenn das Land in Gefahr war. Sethos hatte ihn an die Spitze der schlagkräftigen vierten Division gestellt, auf die sich Ramses jetzt verlassen konnte. Der älteste Tempel des Seth stand im Süden der neuen Hauptstadt Piramesse, ein Heiligtum, das in den anderen drei Himmelsrichtungen durch die Tempel des Amun, des Re und des Ptah ergänzt wurde.

Der Begriff des Amun (»des Verborgenen«) war bereits ausgiebig kommentiert worden und verband sich zunehmend mit den anderen Gottwesen. So begegnete man im Ramesseum dem Amun-Atum, der den Herrschernamen auf die Früchte des Ischedbaums schreibt. In Karnak fand man einen Fruchtbarkeitsgott Amun-Min, und auf einer Wand in der dortigen großen Säulenhalle thronte ein Amun-Nil über dem Wasser der Nilflut. Das Widderhorn des Amun schließlich, abgebildet neben dem Gesicht des Pharaos, stand für dessen Gottgleichheit auf Erden.

Amun war es auch gewesen, den Ramses in den dramatischsten Augenblicken seines Lebens vor der Festung Kadesch angerufen hatte. Der Pharao stärkte den universellen Geist seiner Vorhaben, indem er den Einflußbereich dieser Dreiheit ausweitete und die Macht der einzelnen Priesterschaften möglichst beschränkte. Da Amun ganz verschiedene Kulte abdecken konnte, vermochte ihn jeder als »seinen« Gott zu erkennen, vor allem die gewöhnlichen

Ägypter, die zu den Tempeln des Landes keinen Zutritt hatten. So wurde Amun auch zum »Gott der einfachen Leute«, wie B. Gunn es treffend formulierte. Ramses förderte diesen Aspekt und wies den Hohenpriester Bekenchons später an, dem Amun, der Gebete erhört, einen Platz auf der Ostfassade des großen Tempels von Karnak zu reservieren. An gleicher Stelle hatte sich bereits Königin Hatschepsut neben dem Bildnis des Amun in einem prächtigen Alabasterblock verewigt.

Die Bauvorhaben

Ramses war sich bewußt, daß bis zur vollständigen Umsetzung seiner Militärreform, der Voraussetzung für die Rückeroberung der verlorenen Gebiete, zwei Jahre ins Land gehen würden. Bis dahin hatte er Zeit für ein anderes wichtiges Anliegen: die Verwirklichung seines Bauprogramms, dem symbolische Bedeutung zukam. Auf seiner Reise nach Karnak legte er einen Zwischenstopp in Abydos ein, wo sein Tempel der Vollendung entgegenging. Er gab den Auftrag, an den Außenfassaden der Nord- und Westseite den »Bericht« der Schlacht bei Kadesch einzumeißeln.

Abb. 137 Luftaufnahme des Ramesseums aus dem Jahr 1913 vor der Rekonstruktion. Auffallend die großflächigen Nebengebäude um den Jubiläumstempel Ramses' II.

Mit der Ankunft in Theben kehrte Ramses in eine wohlbekannte Gegend zurück: In jungen Jahren hatte er in Pasers Begleitung Baustellen am linken Nilufer inspiziert und bei der »Wahl« des Nebwenenef, den das Orakel zum Hohenpriester des Amun erkoren hatte, auch die Region um Karnak besucht. Nach seiner Krönung war er nun endgültig zum Sohn dieses Gottes geworden und konnte sich zudem als der Held von Kadesch vorstellen.

Er wählte die südliche Außenmauer vom »Haus des Amun«, um auch dort den bebilderten »Bericht« zur Schlacht einmeißeln zu lassen. (Die Motive wurden später durch andere Kriegsszenen ersetzt.) Das gleiche Thema schmückte auch den südwestlichen Zugang zu diesem Tempel. In Luxor ließ Ramses die wichtigsten Etappen der Schlacht nach dem »Bericht« gleich dreimal einhauen und präsentierte sie so der staunenden Volksmenge: an den Außenwänden der Tempelhöfe und an der nördlichen Fassade des Pylonen.

Der Lieblingstempel: das Ramesseum

Nach der Überfahrt über den Nil besuchte Ramses seinen »Tempel der Millionen Jahre« oder das »Grab des Osymandias«,[9] wie ihn Diodorus von Sizilien nach einem Ägyptenbesuch in der Spätzeit nannte. Seinen heutigen Namen Ramesseum verdankte der Tempel Jean-François Champollion. Mit Abu Simbel war er das liebste Heiligtum des Ramses, der ihm einen weiteren Namen gab: »das Schloß des Usermaatre-Setepenre, vereint in Theben auf der Domäne des Amun«.[10]

Bei Ramses' Besuch waren die Arbeiten am Rohbau fast völlig abgeschlossen,[11] nicht aber die Ausschmückung. Der Tempelbezirk umfaßte zahlreiche Magazine, in denen bereits Stücke des Tempelschatzes lagerten. Im Norden, Westen und Süden standen gewaltige Kornspeicher mit gewölbten Dächern, in denen die Getreidevorräte für die Priester und Handwerker der Nekropole gehortet wurden. Sie dienten zugleich als Lager für die Gerätschaften des Tempeldienstes und der Kulthandlungen sowie für die zahlreichen Geschenke, die dem Pharao zu Neujahr überreicht wurden.

Neben den Vorratshäusern lagen im Tempelbezirk die Unter-

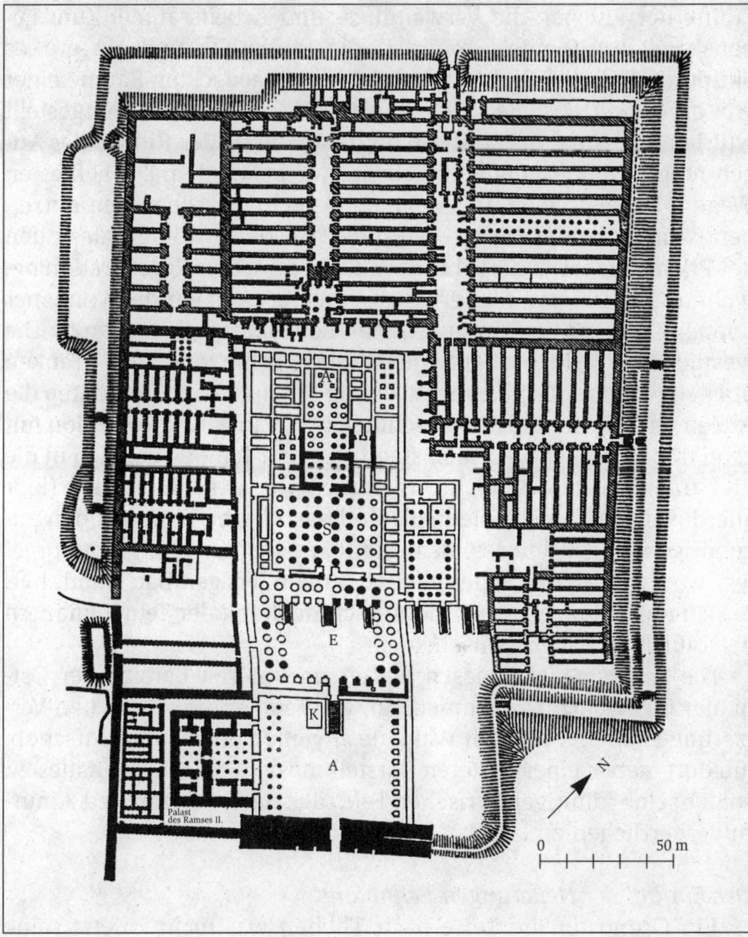

Abb. 138 Grundriß des Tempels und seiner Nebengebäude. Unten links die Überreste des Palastes, den Ramses bei Aufenthalten bewohnte. Rechts von der Säulenhalle die Geburtshalle der Königin Tuja.

künfte der Priester, die Verwaltungs- und Arbeitsräume. Zum Lebenshaus des Tempels gehörten die Bibliothek und ein großes Skriptorium. In der Südostecke lagen die ungedeckten Räume einer großen Werkstatt, in der die heiligen Gefäße und Statuen hergestellt wurden, die von den Priestern mit dem Vollzug des Rituals der Augen- und Mundöffnung zum Leben erweckt wurden. Die gefliesten Wege erlaubten einen angenehmen Verkehr zwischen den einzelnen Bauten. An der Südostecke stand der kleine Königspalast, den der Pharao während der jährlichen Riten zu seiner Regeneration bewohnte. Die äußeren Mauern des Tempelbezirks wurden von einer doppelten Allee von Sphingen mit Löwenkörpern begrenzt: Die westlichen mit Menschenköpfen hoben schützend ihre Pranken über eine Statue des Pharaos, während Sphingen mit Tierköpfen die Alleen im Norden und Süden schmückten. Ein gewaltiger Pylon mit zwei trapezförmigen Türmen stand vor dem Tempel, der sich in die drei traditionellen Bereiche untergliederte: den Tempelhof (hier allerdings zwei), die Säulenhalle und das Allerheiligste mit den zugehörigen Sälen. Ramses, dem die Pläne für das Heiligtum vorgelegt worden waren und der jetzt vor einem fertigen Bau stand, hatte sich ausbedungen, über die Ausschmückung der Tempelmauern persönlich vor Ort zu entscheiden.

Die Schlacht bei Kadesch ließ er im unteren Bereich der Ostmauer im zweiten Hof einmeißeln, während er die szenischen Verzierungen auf der inneren Wand des Pylonen erst einmal aufschob, um dort, neben einer weiteren Darstellung der Schlacht bei Kadesch, später seine künftigen syrischen Feldzüge nach Kanaan und Amurru verherrlichen zu lassen.

Der Einfluß der Neuerungen Echnatons

Ein Grund für die Reise nach Theben war nicht zuletzt seine von Jugend an bestehende Vorliebe für die vielschichtigen Neuerungen der Amarnazeit, die, was die erwähnten Aspekte des Amun angeht, auch in den theologischen Anschauungen des Ramses Spuren hinterlassen hatten. Die Bestattungsriten standen dagegen ganz im Zeichen des Osiriskultes, an dem das gesamte ägyptische Volk in immer stärkerem Maße Anteil hatte und dessen Mysterien das Verhalten der Gläubigen beeinflußten. Schon vor seiner Zeit als

Abb. 139 (v. l. n. r.) Osirispfeiler der Hatschepsut in Der el-Bahari. In ihren Händen die Zepter des Osiris und die Sonnenzeichen. Statue des unbekleideten Amenophis' IV. Echnaton in Osirishaltung aus dem Osten Karnaks. Auffallend das Fehlen des Geschlechts. (Kairo, Ägyptisches Museum) Statue des Amenophis IV. Echnaton in Osirishaltung. Echnaton trägt den kurzen Schurz des lebenden Königs. (Kairo, Ägyptisches Museum)

Abb. 140 Echnaton und Nofretete verteilen Belohnungen. Über ihnen der Sonnenball Aton, dessen Strahlen in kleinen Händen mit den Sonnenzeichen *Anch* und *Was* enden.

Mitregent dürfte Ramses mit zahlreichen theologischen Widersprüchen konfrontiert worden sein: Wahrscheinlich suchte er deshalb das Gespräch mit den Priestergelehrten des Lebenshauses, vor allem in Hermopolis, wo ihm die »Reformation« des Echnaton und ihr dramatisches Scheitern auseinandergesetzt wurden.

Ramses war überzeugt, daß die Gottesvorstellung von dem Sonnenball Aton in Ägypten seit Menschengedenken bestanden habe und nicht erst von Echnaton eingeführt worden sei, der ihr ja lediglich eine »naturwissenschaftliche« Deutung gegeben hatte. Die verschiedenen Göttergestalten, die zu allen Zeiten Ägyptens Tempel bevölkert hatten, waren gleichsam als ein Hilfsmittel zu verstehen, das den gewöhnlichen Sterblichen das Schöpfungsprinzip in seiner unendlichen Vielfalt, wie sie in der nach der Amarnazeit entstandenen Hymne an Amun zum Ausdruck kam, anschaulich machte.

Osiris aus der Sicht des Echnaton

Ramses jedenfalls hatte ganz richtig verstanden, worauf es Echnaton in seinem Kampf um eine theologische Reform angekommen war. Wie hätte der »Ketzerkönig« den Osirismythos ablehnen sollen, wo er sich selbst in der Haltung des Gottes mit geschlossenen Beinen (also statisch), über der Brust gekreuzten Armen und mit dessen Insignien, Krummstab und Geißel, hatte abbilden lassen? Osirispfeiler schmückten den am Anfang seiner »Ketzerherrschaft« entstandenen Atontempel im Osten Karnaks. Und seine Grabausstattung mit Steinsarkophag, Mumiensärgen und Uschebtis entsprach ganz jener klassischen Bestattungsform, die dem Mythos zufolge erstmals dem hingemordeten Gott Osiris zuteil geworden war. Die berühmten Osirispfeiler des Ketzerkönigs, der die monotheistische Hinwendung zum Atonkult gepredigt hatte, muß Ramses als ein seltsamer Widerspruch erschienen sein. Er löste das theologische Problem bei einem Streifzug durch die Geheimarchive in den Tempeln: Es gab keine zwei fundamentalen, einander entgegengesetzte Wahrheiten, hier das Geheimnis der Lebenskräfte, dort das Mysterium des Todes. Vielmehr gab es die beiden Seiten ein und desselben Phänomens. Das Leben existierte nicht ohne den Tod und umgekehrt, beide ergänzten sich notwendigerweise und umfaßten alle göttlichen Erscheinungsformen.

Die schöpferische Lebenskraft einerseits und das Tote und Reglose andererseits folgten als positives und negatives Prinzip endlos aufeinander wie der Wechsel von Tag und Nacht, von Licht und Finsternis, deren ununterbrochene Folge die Ewigkeit bildete. Sicher wollte Amenophis IV. Echnaton eine solche Sicht der Welt, deren Überzeugungskraft in der Einfachheit lag, erklären. Er hoffte, eine gewisse Ambiguität und das von den Mythen genährte Unwissen zu beseitigen. Statt die großen Naturgesetze zu erhellen, hatten die Mythen sie häufig eher ins Dunkel getaucht und sich von ihrem ursprünglichen Thema entfernt. Man mußte schon sehr gelehrt sein, um hinter der poetischen Osirislegende die ganze kosmische Wahrheit zu entdecken.

Die Osirispfeiler

Die berühmten Osirispfeiler tauchen an ägyptischen Tempeln seit dem Mittleren Reich auf. Sie bestehen aus einem rechteckigen Pfeiler, vor dem in Mumienhaltung der König mit den Zeptern des Osiris in der Hand steht. Um die Bedeutung dieser Figuren vollständig zu erklären, muß man sie im Zusammenhang mit dem Jubiläumszeremoniell sehen, das zu Neujahr im »Tempel der Millionen Jahre« vollzogen wurde. Die Osirispfeiler symbolisierten die Kräfte im Todesschlaf, aus denen neue Lebensenergie entsprang. Echnaton hob diese beiden Aspekte des Lebens, die der König beim Jubiläum verkörperte, nun besonders hervor und erinnerte zugleich auf sehr anschauliche Weise an ein Mysterium des Osirismythos, das in der Domäne des Gottes in Abydos in Geheimzeremonien beschworen wurde.[12] Der Gott war durch seine Verstümmelung auch seiner Männlichkeit beraubt worden, ein Geheimnis, das freilich dadurch verborgen blieb, daß Osiris stets von Mumienbinden und einem Leichentuch verhüllt dargestellt wurde. Echnaton brach nun mit dieser Tradition und ließ sich in beiden Phasen des Mythos darstellen: zunächst in der Phase des Todes und der Verstümmelung als nackte Figur, der das Geschlechtsteil fehlte. Diese Darstellung kam der Preisgabe eines Mysteriums gleich, das von den Priestern eifersüchtig gehütet wurde. Neben diesem ersten Typ des Osirispfeilers ließ er sich als König mit erneuerter Lebenskraft darstellen: mit bloßem Oberkörper, im Lendenschurz und mit verschiedenen Kopfbedeckungen, die die Kraft der Sonne beschworen.

Echnaton löste mit seinen Osirispfeilern unter den Priestern des Amun, die in liturgischen Fragen besonders konservativ eingestellt waren, gewiß einen Skandal aus, aber noch verhaßter machte er sich bei den mächtigen Osirispriestern in Abydos, die ihm diesen Angriff auf ihre Vorrechte, der früher oder später zum Untergang seiner Dynastie führen mußte, niemals verzeihen sollten. Trotzdem hatte sich die neue Vorstellung Bahn gebrochen, die den Gegensatz zwischen den beiden göttlichen Aspekten Re und Osiris letztlich aufhob. Echnatons Demonstration entsprach ja auch der berühmten Stelle aus dem »Totenbuch«,[13] die da lautet: »Osiris ist von gestern, Re ist von morgen.«

Die »Reformation« in den Augen des Ramses

Diese kühne Neuerung, die sich auch in der Baukunst niederschlug, war Ramses natürlich nicht entgangen. Als er den Auftrag zum Bau des Ramesseums[14] am linken Ufer von Theben gab, suchte er nach Mitteln, die Erneuerungsriten auf diskretere Weise, ohne die Priesterschaft vor den Kopf zu stoßen, bildhaft umzusetzen. Der Schreiber Ramose schlug vor, sich an einem Werk zu orientieren, das schon Echnaton als Vorbild gedient und das der Baumeister Senenmut für Königin Hatschepsut geschaffen hatte. Ihre Mumienbildnisse, die die Osirispfeiler in der großen Galerie im oberen Bereich ihres Terrassentempels in Der el-Bahari bildeten, halten neben den Osiriszeptern, Krummstab und Geißel, auch die Sonnenzeichen *Anch* (Leben) und *Was* (Atem und Sonnenkraft) in den Händen, die unter Echnaton in die kleinen Hände der Sonnenstrahlen Atons gelegt worden waren. Ramses freilich bevorzugte die beiden von Echnaton konzipierten Bildnisse, die weniger vergeistigt und anschaulicher waren, wobei er den Realismus der Amarnazeit allerdings nicht übernahm.

Im Ramesseum ließ er deshalb den ursprünglich geplanten einzigen Tempelhof um einen zweiten erweitern: Den einen säumte eine Kolonnade mit traditionellen Osirispfeilern, die also den Herrscher – mit Leichentuch – in seinem Zustand vor der Zeremonie der Regeneration zeigten. Die Kolonnade des zweiten Tempelhofs

Abb. 141 Zweiter Hof des Ramesseums, gesäumt von traditionellen Osirispfeilern. Dahinter die Säulenhalle.

a

b

Abb. 142
a. Aufnahme eines traditionellen Osirispfeilers im Ramesseum. (Foto: Fathy Ibrahim)
b. Osirispfeiler in der ersten Pfeilerhalle des großen Tempels von Abu Simbel. Ähnliche Osirispfeiler – der König trägt manchmal einen etwas größeren Schurz – im ersten Hof des Ramesseums sind stark zerstört. Die Standbilder des Ramses werden mitunter durch Statuen seiner Familienmitglieder flankiert.

umliefen dagegen Pfeiler mit Figuren, die ihn mit geschlossenen Beinen, aber im Lendenschurz des lebenden Pharaos und mit Sonnenzeichen an der Kopfbedeckung darstellten. Flankiert wurden diese Bildnisse des regenerierten Königs von Statuetten der Königssöhne. Als Ramses nach dem Anlegen am Kai vor dem Tempel das große Tor des Pylonen durchschritten hatte, konnte er mit Genugtuung seine Statuen bewundern, die ihn im gleichen Aufzug zeigten, in dem ihn die Menge nach seiner alljährlichen Erneuerung beim Hinausschreiten aus dem Allerheiligsten erblickte. Anschließend nahm er seine gewaltige Kolossalstatue neben dem Südpfeiler des Tores am Ende des Tempelhofs in Augenschein und machte sich ein Bild vom Stand der Vorarbeiten für die Errichtung des entsprechenden Kolosses an der Nordseite.[15] Beim Durchschreiten des zweiten Hofs und vor dem Eintreten in die große Halle mit den Papyrussäulen hatte er seine Mumienbildnisse vor ihren Pfeilern im Blick. Wie ihre Gegenstücke maßen sie jeweils sechzehn Ellen, also die Höhe der idealen Überflutung. Den gleichen Abmessungen begegnet man auch in Abu Simbel, vor allem bei den Osirispfeilern der ersten Pfeilerhalle. Mehr denn je wurde die Bildhauerkunst in die Riten mit einbezogen, die bei der alljährlichen Verjüngung des Pharaos während der Feierlichkeiten zu Neujahr vollzogen wurden.

Der ägyptische Tempel stellte das Spiegelbild der Welt dar, in die der Weltenschöpfer den Menschen hineingesetzt hatte: Das auf dem Schöpfungshügel gelegene Haus des Gottes sollte eine umfassende Weltsicht Gestalt werden lassen. Mit Blick auf die architektonischen Experimente seiner Vorgänger – zum Beispiel die unvollendete Kolonnade von Luxor – und die gewaltige Säulenhalle von Karnak beschloß Ramses, der großen zentralen Säulenhalle in seinem persönlichen Tempel[16] einen bestimmten Sinn zu verleihen.

Das wichtigste Symbol der Säulenhalle

Die alljährliche Wiederkehr der Überschwemmung markierte den Beginn eines neuen Jahres, bestehend aus den drei Jahreszei-

Abb. 143 Decke und Kapitelle im Mittelschiff der Säulenhalle des Ramesseums. (Foto: Fathy Ibrahim)

ten mit je vier Monaten, aus denen das gesamte Land, Mensch und Tier die Mittel für ihre Existenz zogen. Dieser Zyklus, der sich nach dem Wunsch der Menschen in Altägypten möglichst regelmäßig vollziehen sollte, war seit Jahrtausenden in zwölf Monate mit dreißig Tagen (plus fünfeinviertel zusätzliche Tage) eingeteilt. Die altägyptische Woche hatte dagegen zehn Tage, so daß das Jahr auch noch in sechsunddreißig dieser Dekaden unterteilt war. Mit Opfergaben und Bittgebeten hatten die Priester dafür zu sorgen, daß alle Dinge ihren geordneten Lauf nahmen und daß am Ende des Jahres zur rechten Zeit die sehnsüchtig erwartete Nilflut eintraf.

Ramses wählte für seine Säulenhalle einen symbolträchtigen Aufbau, der die Eckdaten des vollkommenen Jahreszyklus widerspiegelte: für die zwölf Monate zwölf Papyrussäulen[17] mit offenen Kapitellen, auf deren Säulenschäften er jeweils eine Darstellung von sich als thronendem Pharao, der einer Gottheit opfert, einmeißeln ließ. Begleitet wird er vom Bild seines Ka, eines Geistwesens, das sein göttliches Potential verkörperte und auf dem Kopf das »Banner« mit dem Horusnamen des Pharaos trug. Die zwölf Säulen flankierten im Osten und Westen achtzehn kleinere Papyrussäulen mit geschlossenen Kapitellen, die neben den zwölf Monaten für die sechsunddreißig Dekaden des Jahres standen. Dieser gesamte symbolische Sonnenzyklus sollte natürlich zu der Darstellung des Neujahrstages führen, die sich an exponierter Stelle im folgenden Saal anschloß.

Der astronomische Saal

Aus der Säulenhalle gelangte man am Ende der mittleren Kolonnade durch eine große Tür mit Kranzgesims, über dem sich ein langer Fries mit Symbolen des immerwährenden Zyklus der Sonne erstreckte,[18] in einen rechteckigen Saal, dessen Decke von acht Säulen mit geschlossenen Papyruskapitellen getragen wurde. Vom »astronomischen« Saal spricht man deshalb, weil die Decke über den vier Säulen im nördlichen Bereich mit bildlichen Darstellungen der Sternbilder und einem Kalender ausgeschmückt ist. Dieser geradlinig von Osten nach Westen angeordnete Kalender beginnt an der Zwischenwand zur großen Säulenhalle nahe einer großen horizontalen Luke, deren flach einfallendes Tageslicht das Sternendekor an der Decke erleuchtet.

Der Kalender

Ramses hatte Anweisungen zur Form der Anlage gegeben: Der Kalender sollte so angelegt werden, daß der Neujahrstag und die Epagomenen in die Mitte der Decke gelegt wurden.[19] Dieser Punkt markierte den Beginn der ersten Jahreszeit Achet, in der der Nil den Ackerboden bis an den Rand der Libyschen und Arabischen Wüsten überschwemmte. An den *Achet* schloß sich die zweite Jahreszeit *Peret* (Winter/Frühjahr) an, in der gesät und später erste Ernten eingebracht wurden. Während der dritten Jahreszeit *Schemu* (Sommer) schließlich wurden die restlichen Ernten eingefahren, bevor dann die große Sommerhitze begann, unter der Mensch und Tier zu leiden hatten. Der Schemu endete mit der Weinlese und der Vorfreude auf den Beginn des neuen Jahres.

Der Kalender im Ramesseum begann folglich mit den beiden letzten Monaten des Peret, und er endete mit den ersten beiden der gleichen Jahreszeit. Getreu der Anweisung des Ramses erschien der Neujahrstag genau in der Mitte des Kalenders zwischen dem vierten Schemu-Monat und dem ersten Achet-Monat. Links und rechts einer gedachten Achse, die senkrecht zum Kalender durch den Neujahrstag verlief, fanden sich Darstellungen des Orion und des Sothissterns (Sirius), der nach siebzig Tagen Unsichtbarkeit auf geheimnisvolle Weise am östlichen Morgenhimmel wieder auftauchte.[20] Kurze Zeit später ging an ungefähr der gleichen Stelle dann die Sonne auf. Dieser Frühaufgang des Sothissterns um den 18. Juli kündigte das baldige Eintreffen der Nilflut an.

Dieser Nordsüdachse des Kalenders weiter folgend, war an der Decke Thot, der Herr der Zeit, in Gestalt eines Hundskopfaffen abgebildet, der, auf einem Djedpfeiler[21] sitzend, nach Süden blickte.[22]

Der Neujahrstag

Der Blick des Thot markierte die Himmelsrichtung, aus der die herbeigesehnte und vom Sothisstern angekündigte Flut kam. Die naturwissenschaftlich-symbolische Darstellung war Teil einer Kosmologie, die Ramses in seinem Tempel verewigt sehen wollte.[23] Dieser war eine Widerspiegelung der Prinzipien der Himmelsmechanik und des Weltengetriebes: Die zwölf Monate, drei Jahreszeiten und sechsunddreißig Dekaden vibrierten gleichsam im Sandstein seines Heiligtums.

Die Wände dieses astronomischen Saales schmückte unter anderem ein Bildnis des Ischedbaumes, Zeichen der zyklischen Erneuerung des Königs, der mit seiner göttlichen Lebensenergie (die noch unter Beweis zu stellen war, wie wir sehen werden!) für das Leben des Landes garantierte.

Ein weiteres Flachrelief an der Ostwand des astronomischen Saales zeigte die Prozession der Barken des königlichen Ka, der Schutzherrin der Nekropole (Ahmes-Nefertari), der thebanischen Dreiheit (Amun, Mut und Chons) und der Amaunet. Interessanterweise sind die Barken des Chons und der Amaunet, die von vierundzwanzig Priestern getragen werden, am größten und schwersten, während an den Holmen der Tragschreine der anderen Gottheiten nur achtzehn Priester abgebildet sind. Ramses verherrlichte den Neujahrstag hier vor allem als Rückkehr der Götterflut, in der alle Lebenshoffnung lag und in der sich Amun, der Verborgene, in seiner Verschmelzung mit Re-Harachte offenbarte. Diese Überflutung, die durch das Wirken der Sonne – symbolisiert durch die Ankunft der Barke des Amun-Re – herbeigeführt wurde, versuchte Ramses zu beeinflussen, damit sie pünktlich eintraf an Ägyptens Südgrenze, nördlich des zweiten Katarakts bei den heiligen Felsen Ibschek und Meha, die er in Bälde ebenfalls besuchen wollte.

Eine steinerne Uhr

Als astronomisches Symbol dürfte Ramses auch die vierundzwanzig Stunden des Tages, die den natürlichen Lauf der Sonne markieren, im Blick gehabt haben: Man mag sie in den jeweils acht Säulen der drei Säle entdecken, die sich (beginnend mit dem astronomischen Saal) als Allerheiligstes an die Säulenhalle anschließen. Für Ramses hatten diese Räume die höchste Bedeutung, denn sie dienten vornehmlich den Ritualen, mit denen alljährlich die Macht des Königs bestätigt wurde. Sie fanden nicht nur am Tag,

Abb. 144 Mittelpunkt der astronomischen Decke. Der Ausschnitt zeigt oben Sothis sowie Orion und unten auf dem Djedpfeiler den Affen Thot, dessen Blick die Richtung der Nilflut zu Neujahr angibt.

Abb. 145 Der Tierkreis im Narthex von Sainte-Madeleine in Vézelay.

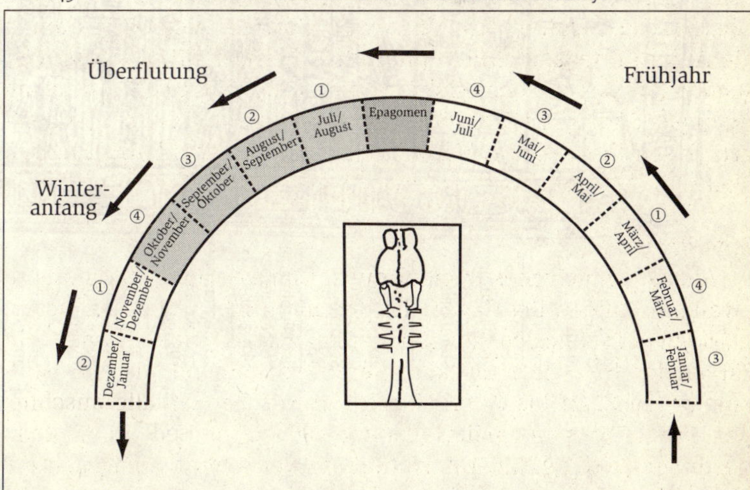

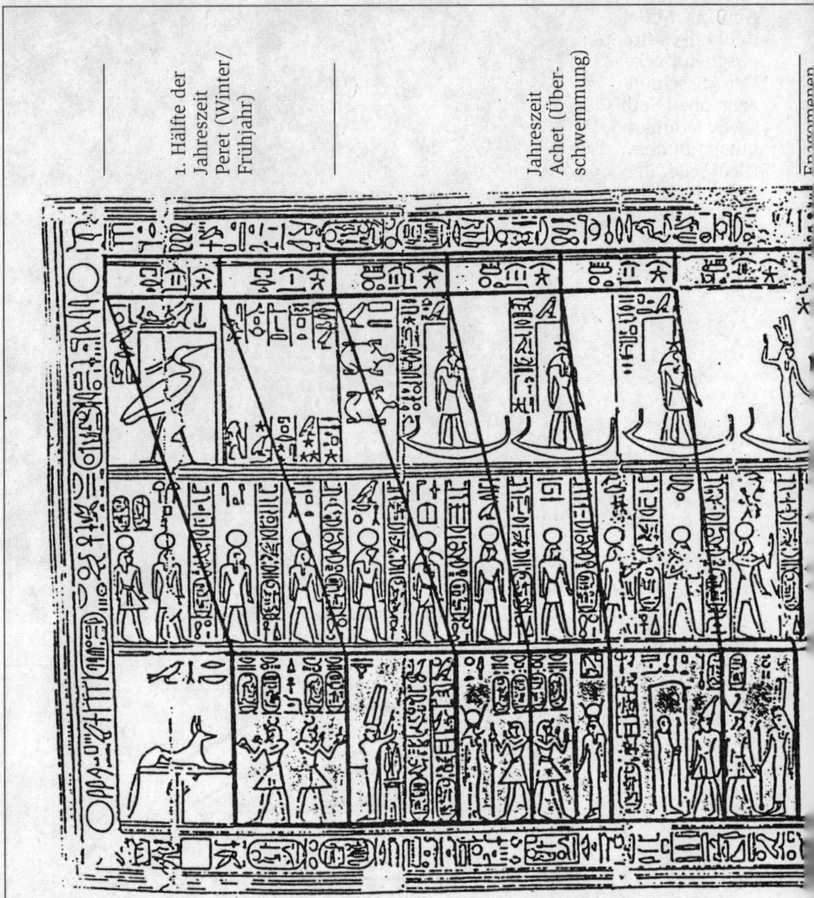
1. Hälfte der Jahreszeit Peret (Winter/ Frühjahr)
Jahreszeit Achet (Über- schwemmung)
Große Flamme
20. Dezember 20. Januar Steinbock
20. November 20. Dezember Schütze
20. Oktober 20. November Skorpion
20. September 20. Oktober Waage
20. August 20. September Jungfrau
20. Juli 20. August Löwe

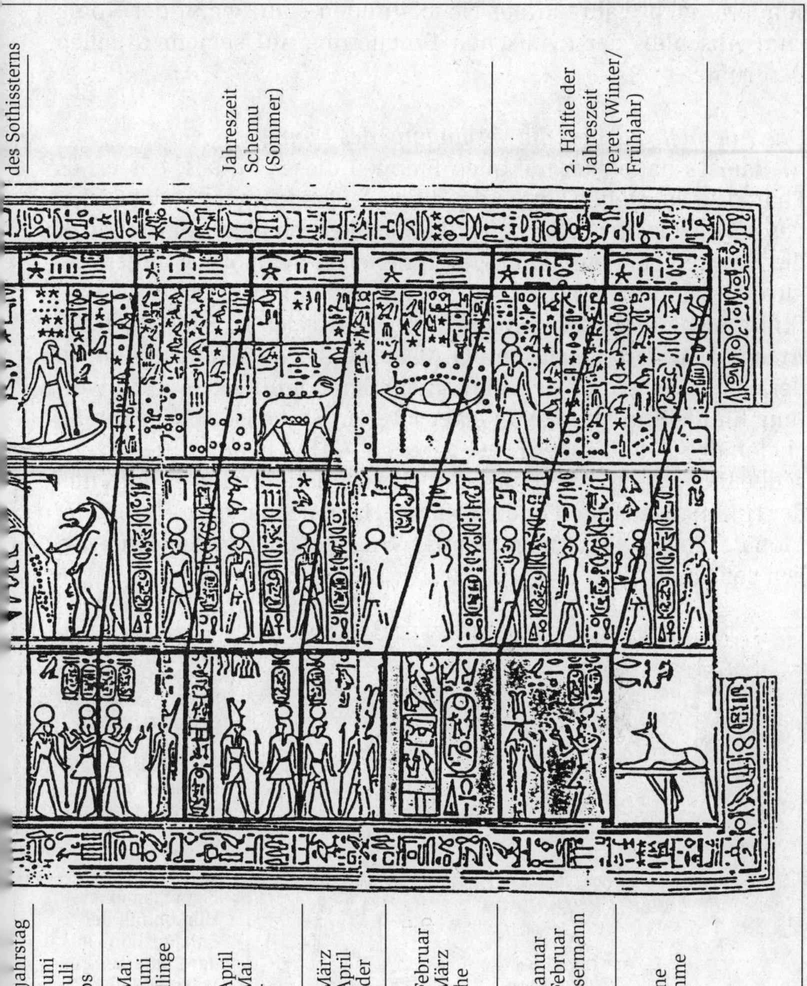

Abb. 146 Skizze der astronomischen Decke im Ramesseum (nach Parker). Die schrägen Linien setzen die Erklärung der Monate (rechte Spalte) in Beziehung zum heutigen Datum ihres Anfangs und Endes (ganz links).

sondern auch während der Nachtstunden statt, wenn der König zum Abschluß der zyklischen Erneuerung auf seinem rituellen Bett ruhte.[24]

Das Allerheiligste und die Verjüngung des Königs

Ramses hatte sich mit allen Etappen dieses Rituals, das er als Pharao zu vollziehen hatte, sorgfältig auseinandergesetzt. Im Süden des Allerheiligsten ließ er jene Räumlichkeiten anlegen, in denen er die rituellen Stadien durchlief, mit denen er symbolisch in den Zyklus der Natur eintrat und so seinem Land auf magische Weise die Ernten sicherte. Ein Flachrelief in den Osirissälen im Südwesten der Anlage zeigt ihn gleichsam als Allegorie der drei Jahreszeiten. In der ersten bedient er einen Pflug, ein Symbol für seine Verantwortung für die Ernteerträge. In einer zweiten Szene ist er mit einer Sichel in der Hand bei der Ernte dargestellt. Und in der dritten Szene schließlich, die für das Ende der Hitzeperiode und das Eintreffen der Nilflut steht, opfert er dem Nilgott Hapi, der das ganze Land vier Monate lang bewässern und für das Wiedererwachen der Natur sorgen soll.

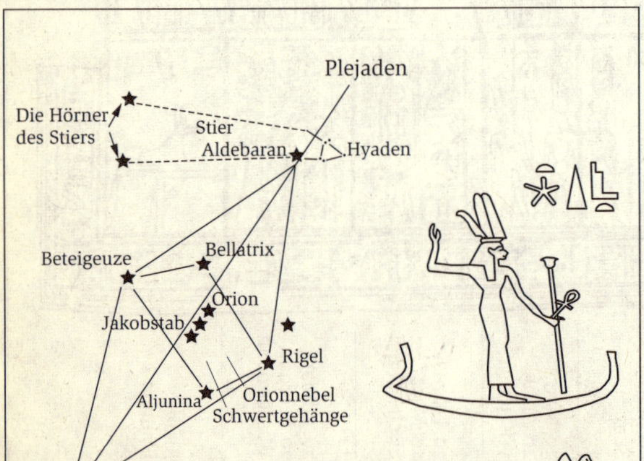

Abb. 147 Sternbild Großer Hund mit Sirius (Sothis) als hellstem Stern. Rechts das Bildnis der Sothis-Isis an der astronomischen Decke des Ramesseums. Unten: frühgeschichtliches Figürchen einer Hündin mit der Entsprechung aus der Römerzeit. Volkstümliche Darstellungen des Hundssterns Sothis. Seinem Wiedererscheinen Ende Juli verdanken die Hundstage ihren Namen.

Die gegenüberliegenden Säle, die das Wirken der Sonne feierten, beschworen das alljährliche Wiedererwachen der Natur, die Garanten der ewigen Wiederkehr aller Formen, der alle Riten letztlich galten.[25] So stellte Ramses die gesamte Anlage seines Jubiläumstempels systematisch und konsequent ins Zeichen der großen Gesetze des Kosmos, um diese zu veranlassen, das Hereinbrechen des gefürchteten Chaos zu verhindern.

Amun als Schutzherr des Ramses

In diesem »Tempel der Millionen Jahre«, das Ramses mit Amun, dem Verborgenen, zu teilen beabsichtigte, galt es, weitere religiöse Themen künstlerisch umzusetzen. Hatte ihn Amun nicht vor Kadesch, wo er dem Feind in die Falle gegangen war, aus höchster Bedrängnis gerettet? So wurde in die Südwestwand der Säulenhalle eine prachtvolle Darstellung eingemeißelt, auf der der Pharao aus den Händen des Herrn von Karnak, der neben seiner Gemahlin Mut auf dem Thron sitzt, zum Zeichen seines Sieges den Krummsäbel[26] empfängt. Priorität hatten freilich die Szenen der Schlacht, die Ramses in die Innenwand des zweiten und in die Westfassade des ersten Pylonen einhauen ließ. Dabei gab er den Bildhauern, wie erwähnt, die Anweisung, an den Wänden genügend Raum auszusparen, um nach den geplanten Feldzügen in Kanaan und Amurru die erhofften Siege zu verewigen.

Abb. 148 Ramses bei der rituellen Verrichtung von Feldarbeiten. Darstellung in den Osirishallen seines Jubiläumstempels.

Einführung der Familie

Die Familie des Ramses, der zu diesem Zeitpunkt in seinem dreißigsten Lebensjahr stand, war bis dahin gewaltig gewachsen. Eine Neuerung, die erstmals in Abu Simbel aufgetaucht war, erschien jetzt auch im Ramesseum: Beiderseits des Tores, das aus der großen Säulenhalle in den astronomischen Saal führte, war eine zweiteilige Bildfläche seiner zahlreichen Nachkommenschaft gewidmet. Den Norden beherrschte das Defilee seiner Töchter, den Süden dagegen die ebenfalls immer länger werdende Liste der Prinzen. Neben den senkrechten Kolumnen mit den eingemeißelten Namen der Söhne blieb eine Spalte leer, in die später hinzukommende Namen ihres Nachwuchses eingesetzt werden sollten. Im siebenundsechzigsten Herrschaftsjahr des Ramses wurden dem Namen des dreizehnten Prinzen, Merenptah, nach dem Tod seiner früher geborenen Brüder verschiedene Titel und der Thronname hinzugefügt.[27]

Die Handwerker des Ramesseums

Dann ging es an die Entlohnung: Gold und Silber erhielten der Leiter der Arbeiten, Penre, der Leiter der Polizeikorps der Madjai, die an den Bauarbeiten am Ramesseum von Anfang an beteiligt waren, der Baumeister Amuneminet, seine Handwerksmeister und die gesamte Handwerkerschaft, die bei der Errichtung dieses Heiligtums Herausragendes geleistet hatten. Einige der erhabenen Reliefs zeigten bereits die für ägyptische Sakralbauten bunte Bemalung auf weißem Grund. Bedacht werden mußten natürlich auch die Beamten, die für den Einsatz der ägyptischen und fremdländischen Arbeitstrupps verantwortlich waren. Unter ihnen arbeiteten beispielsweise die Apiru, die einst unter Sethos I. als Gefangene aus Kanaan ins Land gekommen waren. Sie unterstanden den Kommandeuren der Polizeikorps der Madjai, unter denen auch Nubier dienten. Nubier war zum Beispiel Amunemipet, der als Kommandeur von Apirusoldaten die Bauarbeiten am Ramesseum überwachte. Entlohnt wurde auch Hatjai, der Befehlshaber der Madjai, dessen Vater die großen Standbilder im Ramesseum[28] errichtet hatte und der sicher auch an der Aufstellung des gewaltigen Kolosses im Süden des zweiten Pylonen beteiligt war. Wenig spä-

Abb. 149 Ramses II. empfängt Krummstab und Geißel aus den Händen des Amun; im unteren Bildbereich Aufmarsch seiner Söhne. Darstellung im hinteren Teil der Säulenhalle im Ramesseum. (Foto: Fathy Ibrahim)

Abb. 150 Reste der großen gedeckten Kolonnade im nordwestlichen Bereich des Ramesseums. Die kannelierten Säulen stammten aus dem Jubiläumstempel der Hatschepsut in Der el-Bahari. Im Hintergrund überwölbte Lagerhallen. (Foto: Fathy Ibrahim)

ter sollte er auch die Masten vor dem Tempel des Amun aufrichten. Eine Entlohnung erhielt zudem ein weiterer Befehlshaber der Madjai: Juni, der »mit der Sicherung der Ordnung im Land betraut ist«. Er war vermutlich maßgeblich an der Errichtung der Säulenhalle beteiligt gewesen.

Zur Umgebung des Ramses gehörte Tia, den er gleich nach der Krönung zum Schatzmeister und Stallmeister des Ramesseums ernannt hatte. Dieser Schwager des Pharaos hatte wichtige Verwaltungsposten im Ramesseum auch mit Männern ausländischer Herkunft besetzt, und zwar nicht nur Nubiern: So war Ramsesemperre ein Kanaanäer, der ursprünglich Ben-Azen geheißen hatte. Er war aus der Region Sin-Baschan nach Ägypten verschleppt und im Palast oder im Harem erzogen worden, worauf er dann als loyaler Untertan des Pharaos Karriere machte. Später wurde Jupa, ein weiterer Beamter ausländischer Herkunft, oberster Verwalter des Ramesseums: Er übernahm das Amt von seinem Vater, General Urchia.[29]

Die verborgenen Motive des Ramses

Als Material für die Bauten des Ramesseums dienten größtenteils Sandsteinblöcke, die im Gebel es-Silsile gebrochen wurden, während für den symbolträchtigen Schmuck Rosengranit, schwarzer Granit und Alabaster verwendet wurden. Um einen reibungslosen Nachschub zu gewährleisten, schreckten die Führer der Madjai nicht davor zurück, die benachbarten Jubiläumstempel der 18. Dynastie als Steinbrüche zu mißbrauchen, eine Tatsache, die Ramses bei seiner Visite am linken Ufer von Theben kaum entgangen sein dürfte. Der englische Ausgräber Quibell, der das Ramesseum ab 1898 erkundete, entdeckte zahlreiche Trümmer mit den Namenszügen Amenophis' II., der Hatschepsut, Thutmosis' III. und Thutmosis' IV. Einige Steinblöcke stammten aus der Anubiskapelle von Der el-Bahari. Quibell sorgte dafür, daß die Steine aus dem Tempel der Hatschepsut nach über dreitausend Jahren Zweckentfremdung wieder an ihren Ursprungsort zurückkehrten. Als ich zwischen 1968 und 1980 mit anderen Archäologen im Ramesseum Untersuchungen durchführte, stieß ich in Nebengebäuden auf Papyrussäulen

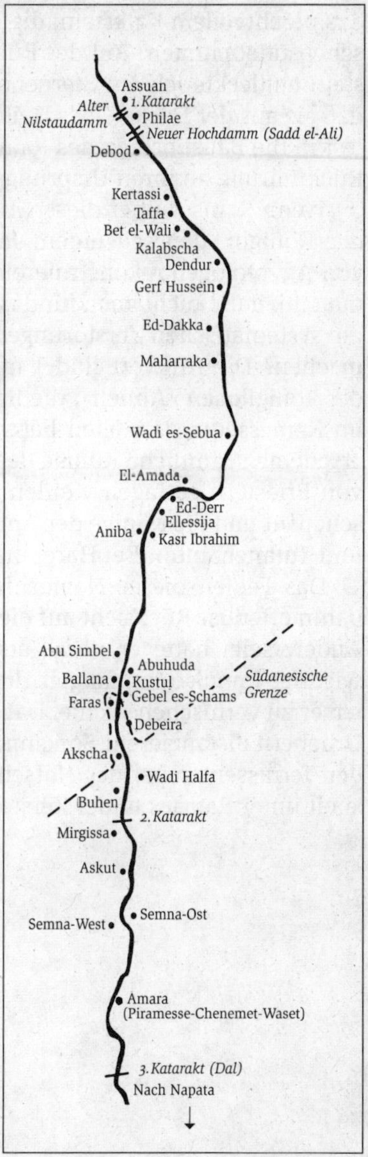

Abb. 151 (oben) Nefertari (fragmentarisch) und ihre Schwiegermutter Tuja schreiten Sistren schwingend zur Geburtshalle. (Säulenhalle im Ramesseum)

Abb. 152 (rechts) Karte der Länder Wawat und Kusch von Assuan bis zum 3. Katarakt.

aus prachtvollem Kalkstein, die ebenfalls aus dem Tempel der Hatschepsut stammten. Auf der Rückseite von Bodenfliesen aus Kalkstein entdeckte ich ein Sternenornament, ein Anhaltspunkt dafür, daß sie aus der Decke eines Heiligtums stammten. Leider waren sie fest in die Bausubstanz des Ramesseums integriert, so daß an eine Rückführung an ihren Ursprungsort nicht zu denken war.

Wenn Ramses über diese »Anleihen« aus dem Terrassentempel der Königin, den seit einem Jahrhundert mehrere Generationen von Ägyptologen rekonstruieren, informiert gewesen wäre, müßte man ihn dann nicht auch für das Ausmeißeln ihrer Kartuschen und die systematischen Zerstörungen dieses Heiligtums verantwortlich machen? Die Antwort findet man in dem gewaltigen Aufmarsch der königlichen »Ahnen«, die Ramses im Tempel von Abydos und im Ramesseum darstellen ließ. Im Jubiläumstempel des Pharaos erscheinen sämtliche Könige des Neuen Reiches als Statuetten, die von Priestern getragen werden. Dagegen fehlen die Königin Hatschepsut und die Könige der Amarnazeit: Echnaton, Smenkare, Eje und Tutanchamun. Bei Haremhab geht die Liste weiter.

Das Fehlen dieser Namen ist unschwer zu erklären: Ramses nahm offenbar Rücksicht auf die Priester des Amun und des Osiris. Andererseits hatte er von Hatschepsut wie auch von Echnaton wichtige Impulse empfangen, die er nutzen wollte, aber deren Quellen er zu vertuschen suchte. Daher mußte er sich öffentlich von den Urhebern distanzieren! So kann man sich erklären, warum sowohl der Terrassentempel der Hatschepsut als auch Echnatons Hauptstadt unter Ramses II. der Zerstörung anheimfielen.

KAPITEL 10
RAMSES UND DIE BILDERSPRACHE DER TEMPEL II
DIE GEBURTSHALLE DES KÖNIGS IN THEBEN
RAMSES UND DIE NUBISCHEN TEMPEL

Die Geburtshalle des Königs

Die Königinmutter

Ramses begegnete seiner Mutter Tuja stets mit Verehrung und Dankbarkeit. Diese große Dame, die aus einer adeligen Familie von Militärs stammte, hatte schon vor ihrer Zeit als Königsgemahlin Sethos' I. ein sehr aktives Leben geführt. Schon in jungen Jahren unterstützte sie ihren Prinzgemahl und war so besser als andere Prinzessinnen darauf vorbereitet, nach dessen Krönung während seiner Feldzüge in Syrien oder im Land Kusch im ägyptischen Mutterland gewisse Verantwortlichkeiten zu übernehmen. Als nach dem Tod des Sethos ihr Sohn Ramses II. den Thron bestieg, stand sie auch ihm bei den Regierungsgeschäften zur Seite. Ramses war nach seiner Rückkehr aus Amurru von ihren Fähigkeiten so beeindruckt, daß er sie über zehn Jahre lang in Phasen seiner Abwesenheit – vornehmlich aufgrund von Kriegszügen – zur halboffiziellen Mitregentin machte.

Sethos und sein mitregierender Sohn Ramses hatten für diese ungewöhnliche Ehefrau und Mutter, die beide gerne mit Ahhotep, der Mutter des Befreiers Ahmose, verglichen, in Theben-West bereits mit dem Bau eines Tempels begonnen und sich in dessen Fundamenten als Bauherren verewigt.

Nach dem Tod des Vaters führte Ramses die Bauarbeiten mit veränderten Plänen weiter. Der Tempel, den er gemäß einer heute noch an wenigen Resten lesbaren Inschrift »seiner Mutter errichtet« hatte, sollte jetzt nicht mehr ausschließlich der Tuja geweiht sein. Einige Bereiche wurden für Nefertari und die Schar ihrer Kinder vorgesehen, wovon heute noch Trümmer im Tempelbezirk zeugen.

Ramses weihte den Tempel zugleich dem Mythos seiner göttlichen Geburt, der ihn aus der Masse der Sterblichen heraushob. Mit

Abb. 153 Kleiner Tempel von Medinet Habu aus der Zeit der Ptolemäer. Steinblock aus der Geburtshalle der Tuja mit Szene des Mysteriums der Theogamie.

Abb. 154 Die vollständige Szene im Tempel von Luxor. (Zeit des Amenophis III.)

bildlichen Darstellungen wurde das Mysterium der Theogamie beschworen, das ihn zum leiblichen Sohn des Gottes Amun erhob.

Die Theogamie

Obwohl zahlreiche Tempelreliefs untergegangen sind, finden sich seit der Zeit des Pyramidenbaus in der altägyptischen Literatur Hinweise auf das Mysterium der Theogamie, eine religiöse Vorstellung, wonach beim Zeugungsakt ein Gott an die Stelle des Pharaos tritt und dessen Sohn so auf mystische Weise zu seinem eigenen macht. Zu Beginn der Pharaonenzeit entstanden, sollte sich diese Vorstellung bis zu deren Ende und noch länger halten.[1] Lediglich der göttliche Erzeuger änderte sich. Während in der 5. Dynastie der Gott Re[2] den neuen Pharao zeugte, übernahm diese Rolle während des Neuen Reiches Amun, der beispielsweise die Königin Hatschepsut, die Tochter des Thutmosis und der Ahmes, gezeugt haben soll. Obwohl im Terrassentempel von Der el-Bahari alle ihre Darstellungen ausgemeißelt wurden, erkennt man unter der nördlichen Kolonnade noch immer die Reliefserie mit den einzelnen Etappen dieses Mysteriums: die Zeugung, die Verkündigung des Wunders durch Thot, die Geburt des Götterkindes und seines Ka und schließlich die Szene, in der der Säugling seinem göttlichen Vater präsentiert wird.

Eine vergleichbare Szene ist im Tempel von Luxor erhalten: Auch hier war ein Raum den Darstellungen der Theogamie gewidmet, wobei Amun der Königinmutter Mutemweja beiwohnt, die dann den späteren Amenophis III., den Bauherrn des Tempels, zur Welt bringt.

Das sogenannte Mammisi oder die Geburtshalle war bis zu dieser Zeit ein einzelner Raum im Tempel, so daß das Mysterium der Götterhochzeit die überirdische Abstammung des Pharaos nur im verborgenen, hinter den Tempelmauern, beschwor. Wahrscheinlich Sethos, sicher aber Ramses brachen mit dieser Tradition und werteten das Mysterium auf, indem sie für die Geburtshalle ein eigenes Heiligtum schufen, das neben dem Tempel für alle erkennbar ein unabhängiges Dasein führte. Das neu geschaffene Heiligtum hatte mehrere Räume, so daß die gesamte königliche Familie, einschließlich der Nachkommen, die auf Reliefs dargestellt wurden, von der

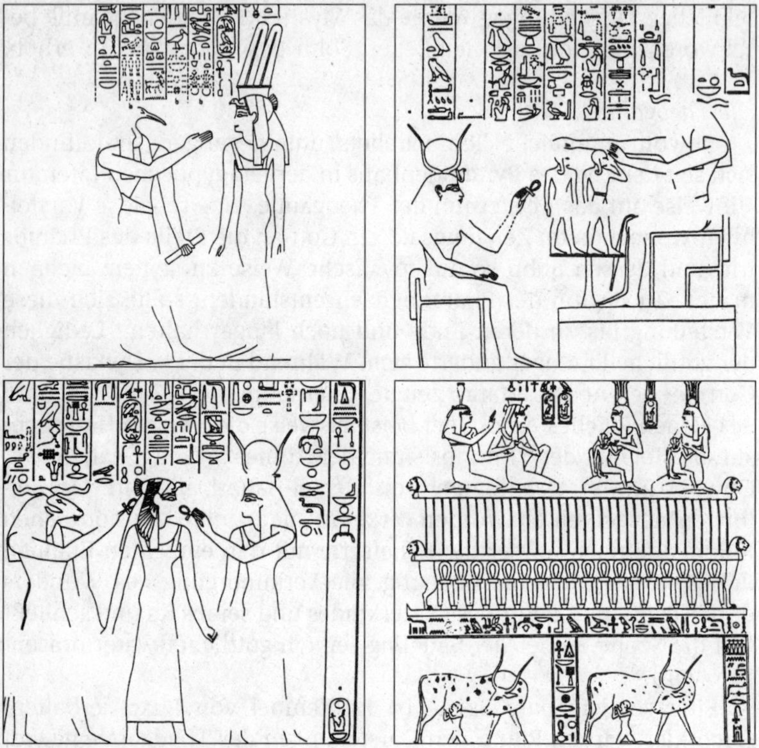

a b c d

e

Abb. 155
a. Die Verkündigung durch Thot.
b. Chnum formt auf der Töpferscheibe das Götterkind und sein Ka.
c. Die Königin wird in die Geburtshalle geführt.
d. Die Königin nach der Geburt; Ammen nähren das Kind und sein Ka.
e. Das Götterkind und sein Ka werden ihrem Erzeuger Amun präsentiert.
(Tempel von Luxor)

göttlichen Ausstrahlung des Pharaos profitierte. Also geht der neue Typ des Heiligtums, von dem man ursprünglich annahm, er sei erst in griechisch-römischer Zeit entstanden, schon auf Ramses zurück: eine Kapelle der Geburt des Horus als Sohn der Isis (der ist eins mit dem Pharao). Ramses II. ließ dieses erste baulich selbständige Mammisi, das seine göttliche Abstammung beschwor, im Norden der Säulenhalle seines »Tempels der Millionen Jahre« errichten. Diese Entdeckung konnte ich schon 1970 bei Forschungsarbeiten vor Ort machen.

Wie man ein völlig zerstörtes Baudenkmal rekonstruiert

Von der Geburtshalle waren lediglich einige Säulenbasen und Abdrücke von Mauern erhalten. Im Schutt einer Zugangsrampe entdeckte ich einen Stein mit der oben zum Teil bereits zitierten Inschrift: »Er hat dieses Bauwerk seiner Mutter errichtet…« Jahre später tauchte ein Fragment aus einem Kapitell einer Hathorsäule auf, ein Hinweis darauf, daß der Bau einem weiblichen Wesen geweiht gewesen war. Erkennbar waren außerdem Teile der Kartuschen des Ramses und der Nefertari. Im Mauerwerk eines nahen Tempels aus der Spätzeit, in Medinet Habu, tauchten weitere behauene Steine mit szenischen Darstellungen der Theogamie des Ramses auf, die ganz offensichtlich aus dem Mammisi der Tuja stammten. Unvollständig und mit der Unterseite nach oben zeigten sie Reste der Szenen des Zeugungsaktes, der Präsentation des Göttersohnes sowie Prinzessinnen und den unteren Bereich vom Defilee der Prinzen. Überall in der Decke trugen Blöcke, die aus den Fundamenten des ursprünglichen Heiligtums stammten, Inschriften, die das Heiligtum als eine Stiftung für Mut-Tuja auswiesen. Die Einfassung einer Tür schließlich enthielt Bruchstücke einer Hathorsäule, auf denen die Namen des Ramses und der Mut-Tuja zu entziffern waren. Dieses architektonische Puzzlespiel vermittelte eine vage Vorstellung von dem Heiligtum, in dem sich Ramses einst als Göttersohn des Amun hatte feiern lassen. Neben der Nennung der Mut-Tuja erschienen auch die Namen der Nefertari und der Kinder von Ramses, dem Göttersohn, der bald zum lebenden Gott erhoben werden sollte.[3]

Abb. 156 Überreste der Geburtshalle: Säulenbasen im Ramesseum.

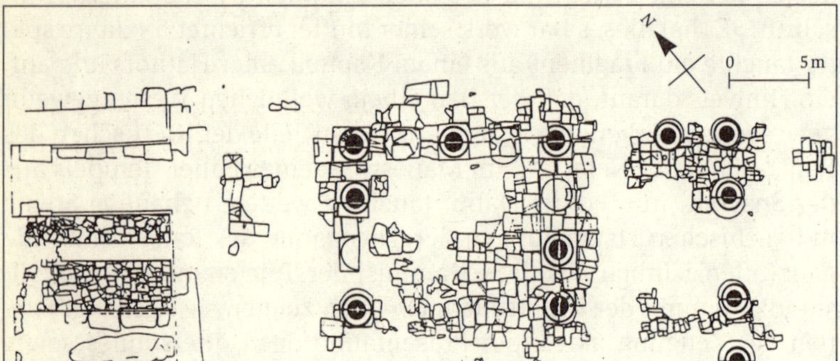

a

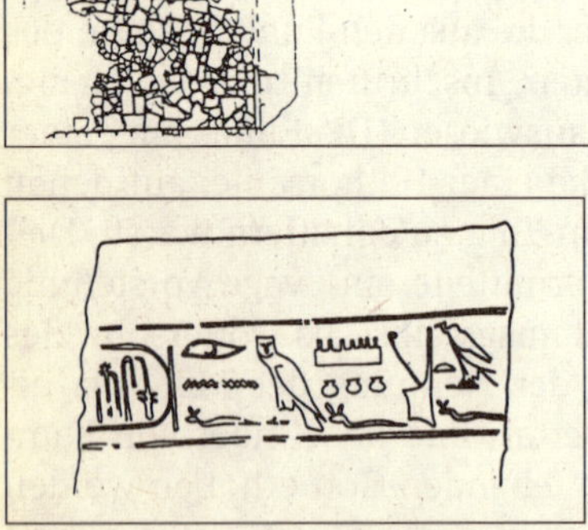

b

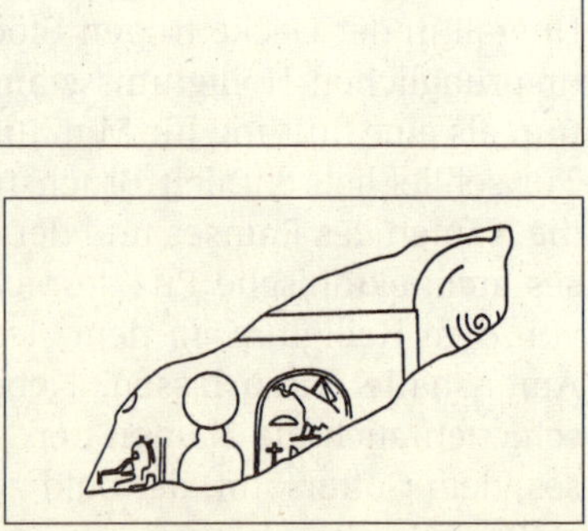

c

Abb. 157 a. Zeichnung der Überreste am Boden. b. Weiheinschrift des Ramses für seine Mutter. c. Fragment einer Hathorsäule.

Der Aufstieg einer Königinmutter

Hätte Ramses für dieses neuartige Mammisi die alleinige Urheberschaft beanspruchen können? Stand es nicht auch unter dem Einfluß des großen kulturellen Neuerers Echnaton, dem Ramses schon so oft gefolgt war? Im Grabmal des Hui, der während der Amarnazeit Großkämmerer der Königinwitwe Teje gewesen war, gibt es hierzu eine bedeutsame Reliefdarstellung: Echnaton führt seine Mutter Teje an der Hand zu einem Heiligtum mit einem ungedeckten Hof in der Mitte, an den sich ein Peristyl mit fünf Säulen an seiner Breitseite anschließt. Nach den erhaltenen Säulenbasen zu urteilen, dürfte der Innenhof des Mammisi im Ramesseum den gleichen Grundriß gehabt haben.

Beim Bau der Geburtshalle, die als eigenständiges Heiligtum

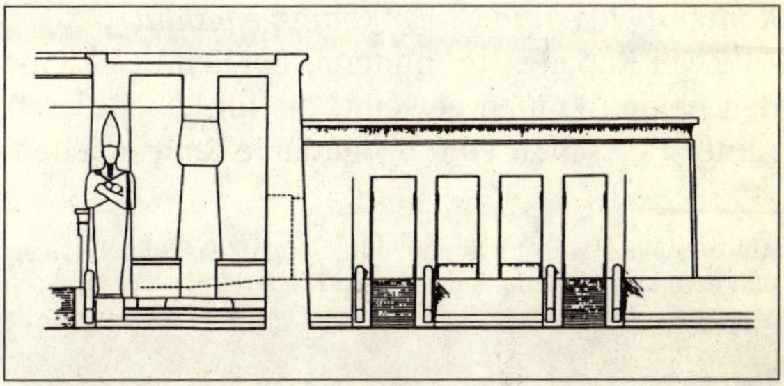

Abb. 158 Rekonstruierte Fassade der Geburtshalle des Ramses; daneben Saal vor der Säulenhalle seines großen Tempels.

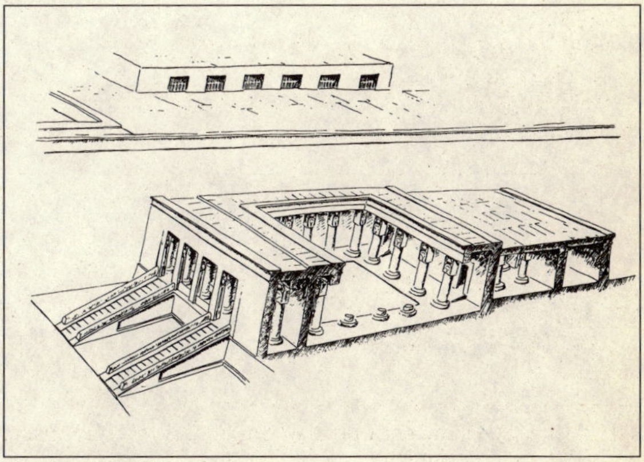

Abb. 159 Aufriß der Geburtshalle.

die Theogamie des Amun und der Mut-Tuja beschwor, hatte Ramses also erneut unter dem Einfluß seines heimlichen Vorbildes gestanden. Gleichwohl übertraf er Echnaton auch auf diesem Gebiet. Auf ihre göttliche Abstammung hatten bereits die ersten Pharaonen verwiesen, doch war sie bislang noch nie für eine Königinmutter reklamiert worden. Ramses tat ebendies, indem er ihrem Namen meistens den der Gemahlin des Amun voranstellen ließ. Für Mut-Tuja wurde dieser zweite Name schon zu Lebzeiten jedenfalls so geläufig, daß sie zuweilen sogar mit der familiären Koseform »Muti« angesprochen wurde. Diese Namensgebungen waren nicht nur dazu angetan, die nichtadelige Herkunft der Ramessiden zu verschleiern, sie hoben die Dynastie zudem über alle Sterblichen hinaus.

Königinwitwe und Große Königsgemahlin

Zwei Kapellen im hinteren Bereich des kleinen Tempels waren den beiden Frauen geweiht, die im Leben des Ramses zu Anfang seiner Herrschaft eine bedeutende Rolle spielten: der Königinmut-

Abb. 160 Blick auf Abu Simbel mit dem großen Tempel Ramses' II. im Felsen Meha und dem kleinen Tempel der Königin Nefertari im Felsen Ibschek.

ter Mut-Tuja und der Großen Königsgemahlin Nefertari, der Mutter des Kronprinzen. Beide Frauen waren am Eingang der Säulenhalle,[4] durch den man vom »Tempel der Millionen Jahre« in die Geburtshalle gelangte, Naos-Sistren[5] schwingend, auf dem Weg in ihr Heiligtum abgebildet. Mit einiger Kenntnis der damaligen Symbole erkennt man, in welchem Lebensabschnitt der Bildhauer sie in Stein gehauen hat. Bei der Frau mit der Doppelfederkrone handelt es sich um die inzwischen unfruchtbare Königinwitwe. Nefertari, die vor ihr ins Heiligtum schreitet, trägt neben der Federkrone die Hörner der Hathor mit Sonnenball, einen Kopfschmuck, der auch auf den Sothisstern anspielt, der die Erneuerung des Jahres und die Regeneration des Herrschers einleitet.

Die Arbeiten am Ramesseum waren in gewünschter Weise vorangekommen: Ramses nahm sich vor, nach seinen geplanten syrischen Feldzügen nach Theben zurückzukehren, um dann neue Heldentaten verewigen zu lassen. Zum Abschluß der Bauarbeiten wurden vor der Geburtshalle zwei Rampen errichtet, über die man auf die Terrasse des Tempels gelangte. Sie entstanden mit Sicherheit nicht vor dem achten Herrschaftsjahr.[6]

Auf dem Weg zu einer neuen Architektur

Vor der Rückkehr in seine glanzvolle Hauptstadt im Norden reiste Ramses in die nubische Provinz zu einer Inspektion der im Bau befindlichen Heiligtümer, die er den Schutzgöttern des Reiches gestiftet hatte: Von ihnen hing schließlich das pünktliche Eintreffen der Nilflut ab.

Ramses und die geplanten nubischen Tempel

Vom südlichen Heliopolis fuhr Ramses auf seiner Königsbarke weiter flußaufwärts. Am Gebel es-Silsile, der Enge des Flusses, wo er am Anfang seiner Herrschaft dem Gott Hapi eine große Stele hatte errichten lassen, gelangte er schließlich in das Fahrwasser des ersten Katarakts.

Assuan

Die Stadt Syene, das heutige Assuan, war das Ausfalltor nach Afrika und seit Menschengedenken der größte Markt auf dem afrikanischen Kontinent. Verschiedenste Volksgruppen tauschten Waren von unglaublicher Mannigfaltigkeit aus den Regionen des Südens. Soldaten der Garnisonen des Pharaos, ein Kommando der Division des Amun aus Theben, sorgten mit Polizeitruppen der Madjai für Ruhe und Ordnung. Unter der Kontrolle des Provinzstatthalters wurde hier auch eine gewaltige Menge Gold aus den nubischen Minen umgeschlagen und zumeist auch verarbeitet.

In den verschiedenen Lagerhallen stapelten sich die Güter, die als Steuern unter den Vizekönigen von Wawat und Kusch in Unternubien und dem heute sudanesischen Obernubien einmal im Jahr eingetrieben und dann in den Norden des Reiches verschickt wurden: Gold in Ringen oder als Staub in Säckchen, verschiedene Edelhölzer als lange Scheite oder verarbeitet zu Bogen, Schilden und Möbeln. Seit Jahrhunderten waren geschickte unternubische Ebenholzschreiner im ägyptischen Kunsthandwerk geschult. Zu den begehrten Tributstücken gehörten auch Felle von Raubkatzen, Eier und Federn von Straußen, Stoßzähne von Elefanten, Halbedelsteine und lebende exotische Tiere für den Zoo des Pharaos: Meerkatzen, Hundskopfaffen, Geparden, Leoparden, Löwen und Giraffen. Schließlich waren die Nubier auch hervorragende Schiffsbauer; zahlreiche Schiffe passierten Assuan nach dem Auslaufen aus den Werften auf ihrer Fahrt in Richtung Hauptstadt.

Die Ankunft der Nefertari

Nefertari, die dem Pharao auf einem Schiff nachgefahren war, erblickte in der flimmernden Hitze ein außergewöhnliches Bild: Gewaltige Felsblöcke aus Rosengranit, von der Erosion geschwärzt, ragten aus den Fluten des Nils wie Herden badender Elefanten. Auf der Insel Abu, Elephantine, wie die Griechen sie später nannten, wohnten die Vornehmen des Landes, deren prächtige Behausungen den Tempel umgaben. Hier verehrte man die Lokalgötter Satet, Anuket und den widderköpfigen Chnum, den »Afrikaner«, der aus Nilschlamm und dem Wasser des Katarakts auf seiner Töpferscheibe einst den Menschen geschaffen hatte. Die Festung, die im

Abb. 161 Rekonstruktion der Festung von Buhen im Wadi Halfa.

Abb. 162
Doppeltes Tor
an der Ostseite
der Festung.
(Zeichnungen:
W. Emery)

Mittleren Reich eine Schlüsselposition bei der Verteidigung des Landes besaß, stand zwar noch, hatte aber alle strategische Bedeutung verloren.

Das Land Wawat

Unablässig wurden dem Königspaar Geschenke dargebracht, doch mußte man die Anker lichten, um beim augenblicklichen Hochwasser den ersten Katarakt zu passieren. Auf der vom nubischen Vizekönig Juni festgelegten Fahrtroute ging es dann weiter zur nächsten Station der Reise.

An den Ufern des schmalen Landes Wawat (Unternubien) mit seiner friedlich gewordenen Bevölkerung lagen noch immer die Festungen aus der Zeit des ägyptischen Vorstoßes nach Süden. Mit ihren gewaltigen Glacis und zinnenbewehrten Türmen schützten sie jetzt nur noch kleine Ansiedlungen – Garnisonen und Wohnhäuser – und vor allem die ägyptischen Tempel vor möglichen Angriffen von Beduinen, die vornehmlich aus der arabischen Wüste erfolgten.

Die erste Etappe der Nilfahrt endete am Ostufer an der Einmündung des Wadi Allaki, das zu den Goldminen nahe der Stadt Baki führte, wo der Pharao für die Minenarbeiter einst den Brunnen hatte anlegen lassen, an dessen wundersame Bohrung die berühmte Kuban-Stele erinnerte. Unweit der Festung aber, am Westufer, konnte das Herrscherpaar den Tempel Thutmosis' III. mit seinen harmonischen und leuchtend bemalten Wandreliefs bewundern: Die Skulpturen zeichneten sich durch einen sehr reinen Stil aus, der dem eines Monuments entsprach, das Thutmosis auf der Insel Elephantine errichtet hatte.

Der Felsentempel von Gerf Hussein

Hier im Norden des Landes Wawat sollte Ramses dem Ptah von Memphis und Piramesse, dem Schöpfergott, unter dessen Schutz eine Division seines Heeres stand, einen Felsentempel stiften, der heute unter dem Namen Gerf Hussein bekannt ist. Die Ausschmückung, ein schwacher Abglanz des großen Tempels von Abu Simbel, wurde offenbar durch örtliche Kunsthandwerker vorgenommen.

Abb. 163 Schiff des Vizekönigs von Nubien. (Thebanisches Grab des Hui)

Abb. 164 Protodorische Säule im Felsentempel von Bet el-Wali.

Abb. 165 Nische in der Rückwand des Felsentempels von Bet el-Wali mit den Statuen des Ramses, des Chnum und der Anuket.

Vom Flachtempel zum Felsentempel

Die großen Tempel im Nildelta und in Theben wurden auf Steinblöcken errichtet, wobei die Vorderseite durch einen imposanten Pylonen aus zwei trapezförmigen Türmen abgeschlossen wurde, dem mythologischen Symbol der morgendlichen Sonnengeburt. Die drei Tempelbereiche waren mit Ausnahme des Innenhofs mit Flachdächern unterschiedlicher Höhe gedeckt. Hohe Mauern aus ungebrannten Ziegeln, die den Tempel und die Nebengebäude umgaben, verliehen der Anlage ein festungsähnliches Aussehen. Der ägyptische Tempel war, anders als die Heiligtümer der Griechen, kein Orientierungspunkt, der die Blicke auf sich lenkte, und war auch nicht wie die christlichen Kathedralen für alle zugänglich. Im Haus des Gottes hatte vielmehr ein hierarchisch gegliedertes und für besondere Funktionen spezialisiertes Tempelpersonal aus Priestern, Tempeldienern und Gelehrten dafür zu sorgen, daß durch Opfer und Gottesdienst das »kosmische Weltengetriebe« in Gang gehalten wurde.

In ihrem Tempel in Der el-Bahari hatte Königin Hatschepsut lange vor Ramses eine architektonische Neuerung eingeführt: Sie ließ am Ende der obersten Terrasse Kapellen in die rückwärtige Felswand schlagen. Neu war auch die Anlage eines weiteren Felsentempels in Mittelägypten, des sogenannten Speos Artemidos (»Grotte der Artemis«), wie ihn die Griechen nannten, den ebenfalls Hatschepsut anlegen ließ. Später wurde die Grottenform von Sethos I. in Redessije auf der Route zu den Minen, die das Gold für seinen Tempel in Abydos liefern sollten, beim Bau eines weiteren Heiligtums aufgegriffen. Dahinter stand die Vorstellung, daß aus dem Inneren des Felsens die Kräfte kämen und daß seine mineralische Basis die eigentliche Matrix der Schöpfung bilde.[7]

Ramses stiftete an den nubischen Ufern des Nils Felsentempel für die vier Gottheiten, deren Heiligtümer in Piramesse über die verschiedenen Himmelsrichtungen wachten. Und auch das kleine Heiligtum von Bet el-Wali, das Ramses, wie bereits erwähnt, schon am Ende seiner Mitregentschaft hatte errichten lassen, war teilweise in den Fels gehauen worden.

Wir werden noch sehen, daß die vier nubischen Stiftungen des Ramses in enger Beziehung zum Phänomen der Nilflut standen. Sie waren ein weithin sichtbares Zeichen für das Wirken des Pharaos in Verbindung mit den Naturgewalten, von denen die Geschicke Ägyptens abhingen. Von diesen Tempeln erhoffte sich Ramses eine gewaltige spirituelle Wirkung, ohne allerdings den Einfluß jenes älteren Kults zurückdrängen zu wollen, der dem Wirken der Sonne galt und sich in der Verehrung der vier nubischen Aspekte des Horus manifestierte: im Horus von Baki (Kuban), Miam (Aniba), Meha (Abu Simbel) und Buhen (Wadi Halfa) an der Grenze zum Land Kusch nahe des zweiten Katarakts.

So sollte Ramses eines Tages ein dem Ptah geweihtes Heiligtum hundert Kilometer südlich von Assuan und nördlich von Kuban am linken Ufer des Nils teilweise als Grotte in den Felsen hauen. Die Osirispfeiler in einem vorgebauten Säulenhof stellen den Bauherrn im Schurz des lebenden Pharaos dar und griffen so die von Echnaton eingeführte und im Ramesseum übernommene Neuerung auf.

Die Landschaften Nubiens

Je weiter der Schiffskonvoi mit dem Herrscherpaar, dem Vizekönig von Nubien und dessen offizieller Leibgarde nach Süden zog, desto grüner wurde die Landschaft. Die Ufer säumten Dattel- und ägyptische Dumpalmen sowie duftende wilde Mimosen. Im Zentrum jedes Dorfes ragte majestätisch ein Maulbeerfeigenbaum auf, in dessen Schatten die Alten friedlich plauderten. Frauen und Kinder liefen am Ufer zusammen, um die vorüberziehenden Schiffe, über denen sich bunt durchwirkte, mit geometrischen Mustern und Rankenornamenten geschmückte Segel im Wind blähten, winkend zu begrüßen. Erwachsene Männer sah man selten im Lande Wawat: Die meisten Nubier dienten in der ägyptischen Armee, arbeiteten in der Verwaltung von Ober- und Unterägypten oder verdingten sich im Mutterland als redliche und tüchtige Diener.

Vergeblich hielt Nefertari am linken Nilufer Ausschau nach den anmutigen Totenkapellen mit den pyramidenförmigen Kopfbedeckungen, die in der liebgewordenen Thebaner Region, die sie seit der Kindheit kannte, zum vertrauten Bild gehörten. Trotz der Berührung mit der ägyptischen Kultur hielten die Nubier an ihren Sitten und Gebräuchen fest und setzten ihre Toten in der Heimat noch immer, in Ziegenhäute gehüllt, in der Erde bei. In Felsengräbern nach ägyptischem Brauch wurde nur eine kleine Elite bestattet, so ein gewisser Hekanefer, der Sohn eines nubischen Stammeschefs, der mit Tutanchamun in der Palastschule *(Kep)* erzogen und nach der Rückkehr in die Heimat in der damaligen Hauptstadt Aniba Statthalter geworden war.

Wadi es-Sebua

An der Einmündung der aus der westlichen Libyschen Wüste kommenden Karawanenstraße legten die Schiffe an. Hier sollte Ramses in den folgenden Jahren ein weiteres Heiligtum stiften, in dem reisende Kaufleute und andere den »Amun der Wege« anrufen würden. Der Tempel wurde zum Teil ebenfalls in den gewachsenen Fels gehauen und Jahrtausende später mit den meisten anderen nubischen Heiligtümern durch Versetzung vor den steigenden Fluten des Assuanstausees gerettet. Nach seiner Löwensphingenallee heißt er heute Wadi es-Sebua, »Tal der Löwen«.[8] Ramses ließ ihn zu geeigneter Zeit szenisch mit den Etappen seiner Vergöttlichung und mit Darstellungen seiner ständig größer werdenden Familie[9] ausschmücken. Er entstand neben einem kleineren Felsentempel, den Amenophis III. einst ebenfalls dem Amun gestiftet hatte.

Der Tempel von el-Amada

Nach diesem Halt fuhren die Schiffe mit dem Herrscherpaar weiter nach Süden in eine Gegend, die schon zur damaligen Zeit ein archäologischer Anziehungspunkt war. In el-Amada, das ebenfalls am helleren westlichen Ufer lag, besuchten sie ein reizendes Heiligtum aus der 18. Dynastie, das die drei aufeinanderfolgenden Pharaonen Thutmosis III., Amenophis II. und Thutmosis IV. erbaut hatten. Die Reliefs im Allerheiligsten des Tempels, die die beiden ersten Pharaonen in Auftrag gegeben hatten, wurden für Ramses zu einer Offenbarung: Hatte er bei den bislang besuchten Bauten von Thutmosis III. in Assuan, Baki (Kuban) und auch hier im vorderen Bereich des Tempels nur gewaltige Göttergestalten gesehen, so fiel sein Blick im hinteren Bereich des Heiligtums von el-Amada nun auf zierliche Reliefs mit poetischen Details, die rituelle Zeremonien des Götterkults und die wichtigsten Etappen der Stiftung zeigten. Ungewöhnlich kunstvoll war auch die bunte Bemalung. Nach einer

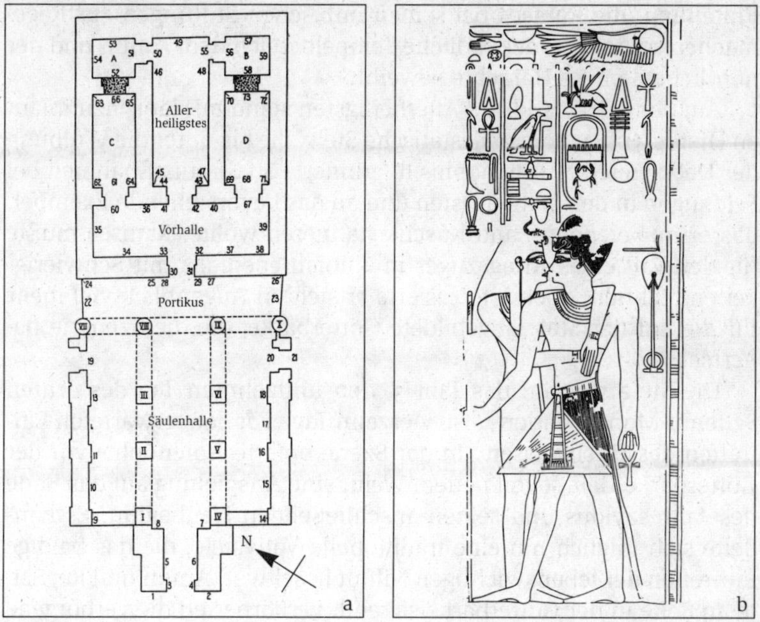

Abb. 166
a. Grundriß des Tempels von el-Amada. b. El-Amada: Isis umarmt Thutmosis IV.

Abb. 167 Große historische Votivstele des Amenophis II. Der Pharao in der Götterbarke opfert Horus und Amun.

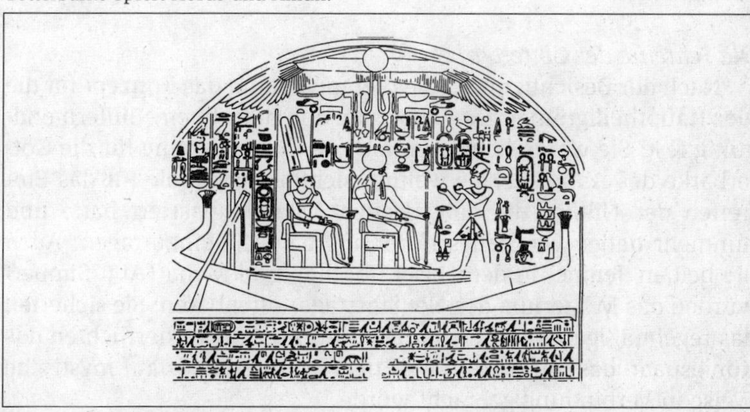

Einteilung, die Ramses bei seinen nubischen Stiftungen zur Regel machen sollte, war der südliche Tempelbereich dem Amun und der nördliche dem Re-Harachte geweiht.

Auf der Rückwand des Allerheiligsten stand mit lapislazuliblauen Hieroglyphen eine majestätische Stele, die bis unter die Wölbung der Decke reichte: Amenophis II. erinnerte an Strafmaßnahmen bei Feldzügen in den Nahen Osten und an das bevorstehende Exempel, das er im »elenden Land Kusch« statuieren wollte. Ramses mußte für den Fall eines Kriegszuges in Nubien ebenfalls mit Schwierigkeiten rechnen, doch interessierte er sich im Augenblick viel mehr für die auf der Stele abgebildete Götterbarke, die die Szenerie beherrschte.

Die Stele war auf das Jahr 3, den fünfzehnten Tag des dritten Schemu-Monats datiert, also vierzehn Tage vor dem erwarteten Eintreffen des Hochwassers. In der Szene opferte Amenophis vor der Götterbarke Gefäße mit neuem Wein, eine Anspielung auf das Ende des Jahreszyklus und seinen anschließenden Neubeginn. Es handelte sich folglich um eine traditionelle Votivstele, die das baldige Eintreffen der lebenswichtigen Nilflut beschwor. Amun und Re, Seite an Seite in der Götterbarke sitzend, verkörperten die verborgene Kraft hinter dem Wirken der Sonne. Das Heiligtum war folglich als Schrein für die Götterbarke gedacht, die auf der Fahrt zu den Heiligtümern die Fluten der Überschwemmung ins ägyptische Mutterland brachte.

Die Schreine der Götterbarke

Nach der Besichtigung dieses Tempels stand das Konzept für die vier Hauptheiligtümer des Ramses an den nubischen Nilufern endgültig fest: Sie waren konzipiert als gewaltige Schreine für die Götterbarke des Amun-Re, als weithin sichtbare Symbole für das Eintreffen der Nilflut, die den zweiten Katarakt passiert hatte und nunmehr dabei war, neues Leben ins Land hineinzutragen. Auch die beiden Tempel in den Felsen Ibschek und Meha (Abu Simbel) würden das Mysterium des Neujahrstages offenbaren: Sie sicherten das regelmäßige Eintreffen der Überflutung und verherrlichten das Königspaar, das mit diesem wichtigen Naturereignis auf mystische Weise in Verbindung gebracht wurde.

Vor der Abfahrt aus el-Amada ließ Ramses auf den Reliefs die Amundarstellungen restaurieren, die unter Echnaton ausgemeißelt und durch den Sonnenball Aton ersetzt worden waren. Wie noch heute zu erkennen ist, wurden diese Arbeiten hastig und nur in groben Zügen von den Handwerkern ausgeführt, denen es auf Ästhetik nicht ankam. Es ging ja vornehmlich um den Tribut an die mächtige Priesterschaft des Amun. Gleichwohl hatte Ramses dem Amunkult eine weitere Dimension hinzugefügt und der verborgenen Kraft des Herrn von Theben eine konkrete Bedeutung verliehen.

Das Land der »Goldenen«

Zwischen el-Amada und Miam[10] breitete sich vor Nefertari eine gleißende Landschaft aus. Nichts erinnerte an die bläulichgrünen Farbtöne, die das liebliche Delta mit seinen Pflanzungen beherrschten. Gewichen war auch das bleiche Gelb des Sandes, die dominierende Farbe am linken Ufer der Thebaner Berge, wo die Pharaonen ihre »Häuser der Ewigkeit« in den Fels schlagen ließen. Glasklar war die nubische Luft, fernab vom fruchtbaren Staub, der von den nördlichen Frühjahrswinden aufgewirbelt wurde. Stunden und Tage glitt Nefertari an Bord ihres Schiffes über einen Fluß mit langen Furchen – Streifen aus Türkis, Amethyst oder Chrysolit. In der rasch hereinbrechenden Abenddämmerung verschmolzen Himmel und Wasser zu einer einzigen Fläche von Gold, die nur von der schmalen, glänzenden Klinge der untergehenden Sonne durchschnitten wurde. Beim Anblick dieses Naturschauspiels begreift jeder, warum Nubien von jeher mit Gold in Verbindung gebracht wurde. Reiche Vorkommen schlummerten nicht nur unter der Erde, auch die Landschaft selbst lag abends in diesem Glanz. Ihr verdankte die vielgesichtige Göttin Hathor,[11] die den Tod und die wieder zum Leben erweckende Liebe verkörperte, einen ihrer Namen: Nubet, »die Goldene«.

Miam und Toschka

Bald säumten geschwärzte pyramidenförmige Felsen die schmalen Ufer. Der Streifen bebaubaren Landes auf der linken Seite des Nils wurde breiter: Der kleine Schiffsverband näherte sich Miam, der Hauptstadt des Landes Wawat, die bis zu dieser Epoche die Residenz des Vizekönigs von Nubien gewesen war. Erst kurz zuvor hatte Ramses das Verwaltungszentrum der Provinz ins südlichere Kusch verlegt, in die neue Residenzstadt, die ebenfalls den Namen Piramesse trug. Die Verlegung betonte die ägyptische Präsenz in den Gebieten des Nordsudans, dem einstigen Land Iam, wo die kriegerische Urbevölkerung sich den zivilisierteren Umgangsformen der Eroberer nicht so leicht anpaßte.

Der schwimmende Konvoi hatte die Gegend um Toschka passiert, das seit dem Alten Reich ebenfalls das Ziel von Karawanen gewesen war, die mit Eseln ab Assuan von Oase zu Oase die Wüste durchquerten. Die berühmten Steinbrüche dieser Gegend lieferten neben Diorit, dem Material der berühmten Statue des Chephren im Ägyptischen Museum von Kairo, auch kostbaren Jaspis. In ihren kleinen Barken kamen die Minenarbeiter herbei, um der Großen Königsgemahlin ihre Huldigung darzubringen.

Ellessija

Am rechten Ufer gewannen die Felsen Profil: Die Herrscher passierten die Höhle von Ellessija, eine unauffällige weitere Stiftung Thutmosis' III. Die Reliefs in diesem Felsenheiligtum zeigten Szenen mit den wichtigsten Kulthandlungen bei der Bestätigung der königlichen Macht am Neujahrstag. Ramses hatte bislang in keinem nubischen Heiligtum persönliche Hinweise auf seine Vorgänger und deren Gefolge entdeckt. Ausnahmen waren die von ihm bewunderte Stele des Amenophis II. und eine Inschrift, die sein Vater, der tapfere Sethos I., etwas weiter südlich dieses Tempels in den Felsen hatte hauen lassen. Ramses war fest entschlossen, diese konventionellen unpersönlichen Darstellungen in den eigenen Stiftungen zu überwinden, indem er den Figuren des Pharaos menschlichere Züge verlieh und zudem Mitglieder seiner Familie abbilden ließ. Auch hier folgte er wieder dem Vorbild des großen Reformators Echnaton.

Als der königliche Schiffskonvoi den Kai von Miam anlief, schwammen ihm Barken entgegen, die mit Wedeln der Dumpalme geschmückt waren: Der Statthalter und hohe Würdenträger huldigten dem Herrscherpaar und hießen es mit Geschenken willkommen.

Das nubische Handwerk

Die einstige Hauptstadt war noch immer das große Warenlager, in dem Erzeugnisse aus dem Süden umgeschlagen wurden. Nach wie vor arbeiteten hier zahlreiche Elfenbeinschnitzer, Goldschmiede und Hersteller von Lederwaren. Aus afrikanischen Harthölzern fertigten Handwerker Sessel, Stühle und Schemel, die mit Elfenbein eingelegt und mit Gold beschlagen wurden. Hier entstanden mit Leopardenfell bezogene Sitzkissen, Zierschwänze aus Giraffen- und Stierfell, schöne Sandalen mit aufgeworfenen Spitzen zum Schutz der Zehen und allerlei Toilettenartikel für den Palast des Pharaos. Aus Miam stammten auch jene seltsamen Goldschmiedearbeiten, die an »mehrstöckige Torten« erinnerten, auf denen Nubierfigürchen Dumpalmen erklommen: Die schönsten erhielten die Herrscher neben der rituellen Gabe der berühmten Datteln aus dem Goldland jetzt als Geschenk überreicht.

Ed-Derr und Kasr Ibrahim

Vor Aniba lag die Siedlung Kurusku,[12] der Ausgangspunkt einer langen Karawanenstraße, die unter Umgehung des großen Nilbogens direkt zum heutigen Abu Hamid im Sudan führte.

An dieser östlichen Route lag der vorgesehene Standort für ein weiteres Heiligtum, mit dessen Errichtung Ramses den damaligen Vizekönig Juni beauftragte: den heutigen Felsentempel von ed-Derr,[13] den Ramses dem Gott Re-Harachte weihte.

Die Standorte für die geplanten Felsentempel des Ptah, des Amun und des Re-Harachte waren zu dieser Zeit bereits festgelegt: Jetzt galt es nur noch einen Standort für den Tempel des Seth zu finden, dem die vierte Division der ägyptischen Armee unterstellt war. Dieser Schutzherr der Ramessiden wurde in gewisser Weise durch den rothaarigen Ramses verkörpert, der ein rastloser Kämpfer und unermüdlicher Beschützer der Sonnenbarke war.[14] Mit Seth verschmolz der Herrscher in einer Darstellung im Heiligtum von Ibschek, dem Ziel seiner augenblicklichen Reise mit Nefertari, wo er bereits als Horus von Meha (Abu Simbel) verehrt wurde.

Bei ihrer Weiterfahrt passierten die Herrscher südlich von ed-Derr den imposanten Felsen Kasr Ibrahim, an dessen Fuß drei kleine monolithische Kapellen zu Ehren der Lokalgötter und der Dynastie der Thutmosiden in den Fels gehauen worden waren. Die charakteristischste Kapelle, die auf Amenophis II. zurückging, war wie die anderen an der Rückwand mit der Statue des Pharaos geschmückt, die zwei aus dem gewachsenen Fels herausgeschlagene Götterbilder flankierten. Eine Reliefdarstellung zeigte den Vizekönig Usersatet, der dem Herrscher mit Produkten aus den Ländern Wawat und Kusch huldigte.

Der schmale Zugang zu diesen Kapellen war äußerlich ebenso schmucklos wie der Eingang zum Höhlenheiligtum von Ellessija oder wie der des kleinen Felsentempels des Haremhab, der etwas südöstlich des Felsens Ibschek über dem Nil lag. Nach dem Besuch in diesem Heiligtum fuhr das Herrscherpaar dem gewaltigen, noch im Bau befindlichen Tempel des Ramses entgegen, in dem er als Wundertäter und gottgleicher Herrscher die Zeiten überdauern sollte.

Abu Simbel

Eine staunende Nefertari

Für Nefertari begann ein lang ersehnter Tag. Seit der Krönung ihres Königsgemahls wußte sie, daß dieser ein gewaltiges Bauprojekt plante, das alles bisher Dagewesene in den Schatten stellte: zwei Heiligtümer, deren Grotten ganz in den Fels gehauen werden sollten und in denen der Pharao mehr als anderswo im Zentrum der wichtigen Kulthandlungen stand. Ramses und sie selbst waren hier die eigentlichen Hauptfiguren, deren Wirken mit dem Walten der beiden Naturkräfte verschmolz, ohne die es in Ägypten kein Leben gab: der Sonne und der jährlichen Überflutung des Nils. Hier gingen beide ein in eine Götterwelt, die ihnen auf magische Weise unablässig die Kräfte spendete, dank derer sie ihr heiliges Werk verrichten würden.

Schon jetzt bot sich der Großen Königsgemahlin ein Anblick, der ihre kühnsten Vorstellungen übertraf. Die Hallen der beiden Heiligtümer, von denen das südliche noch gewaltiger war als das im Norden, waren bereits komplett aus dem spröden rötlichen Sandstein der Felskuppen Meha und Ibschek ausgehauen worden. Die Eingänge waren im Gegensatz zu den schmucklosen der Felsenkapellen mit Flachreliefs verziert. Die mit Hochreliefs geschmückte Fassade des größeren Felsentempels von Meha ähnelte stark der Fassade gemauerter Heiligtümer. Obwohl der klassische Pylon fehlte, erblickte Nefertari vier gewaltige Sitzfiguren von je zwanzig Meter Höhe, zwischen denen sich das Eingangsportal ins Innere öffnete. Über der trapezförmigen Fassade huldigten auf einem Fries zweiundzwanzig stehende Hundskopfaffen[15] der aufgehenden Sonne. Niemals hatte Nefertari ein eindrucksvolleres Bauwerk erblickt. Der Gesamteindruck dieser Vorderfront übertraf den des Pylonen vor dem Tempel Amenophis' III. in Theben-West, den nur zwei sitzende Kolosse schmückten.[16] Die gewaltigen Sitzfiguren trugen bestimmte Namen, die gewisse göttliche Eigenschaften des Pharaos verkörperten. Auf den Gerüsten stehend, die diese turmhohen Figuren noch immer umgaben, meißelten die besten Steinmetze Ägyptens die feinen Gesichtszüge der Kolosse.

Abb. 168 Großer Tempel von Abu Simbel. Blick aus der ersten Pfeilerhalle ins Allerheiligste, wo Ramses neben den drei Hauptgöttern thront.

Der Felsentempel von Ibschek im Norden

Ein ganz anderes Bild bot sich Nefertari dagegen vor dem nördlich gelegenen Felsen Ibschek. In der leicht nach vorn geneigten Fassade öffneten sich rechts und links vom Eingang je drei Nischen, in denen man schon aus der Ferne in den Fels geschlagene Standfiguren von acht Metern Höhe erblickte. Wegen des kleineren Grundrisses waren die Bauarbeiten an diesem nördlichen Felsentempel bereits weiter vorangeschritten. Beim Näherkommen erkannte Nefertari zwei Standbilder des Pharaos, die beide von ihren zwei Söhnen flankiert wurden: der Älteste, Amunherchepeschef, und Meriatum waren ebenfalls im Stehen, aber in kleinerer Größe dargestellt. Die sakrale Erscheinung, die die Bildhauer den beiden Kolossen des Ramses gegeben hatten, stand in lebhaftem Kontrast zu den anderen Standbildern. Sie wurde durch den monumentalen Charakter der Figuren betont, die als Personifikation einer göttlichen Eigenschaft je einen Beinamen des Königs trugen,[17] der in die Schulter eingemeißelt war: Im Süden stand »*Heka-taui*, geliebt von Amun«, im Norden »*Re-en-hekau* (Sonne der Fürsten), geliebt von Atum«. Dieser zuletzt genannte göttliche Aspekt war für Ramses so wichtig, daß der Name an der Schulter einer Sitzfigur vor der Fassade des Felsentempels von Meha und auf einem Osiriskoloß in der ersten Pfeilerhalle erneut auftauchte.[18] Ebenso erschien er an einem Koloß vor dem Tempel von Luxor und einem weiteren im Ramesseum.[19] Nach *Re-en-hekau* waren außerdem ein Regiment und ein Schiff des Ramses benannt.

Ganz im Süden der Fassade stand eine weitere, etwas größere Statue des Königs, umgeben von Bildnissen seiner Söhne Meriatum und Meriere. Beide tauchten erneut an der äußeren Nordseite neben der Statue des Königs mit der Kappe des Ptah-Tatenen auf dem Kopf auf. Zwischen beiden Figurengruppen an der Nord- und Südseite mit dem Pharao in der Mitte entdeckte Nefertari schließlich ihr eigenes strahlendes Bildnis mit der Krone der Sothis auf dem Kopf. Rechts und links von ihrer Statue, die aus dem Felsen herauszutreten schien, standen Figuren ihrer beiden Töchter Meritamun und Henuttaui. Auffallend einige Details: Ihr Standbild war gleich groß wie die Statuen des Königs, und die Statuetten ihrer Töchter waren größer als die ihrer Söhne. Ramses hatte einen kühnen Entwurf gewagt und dem Weiblichen auf glanzvolle Weise gehuldigt.

Der Vizekönig Juni, ein Zeitgenosse von Sethos I., dem bald Hekanacht nachfolgen sollte, überwachte den Fortgang der Arbeiten im nördlichen Felsentempel. Zur Erinnerung an seine Rolle ließ er später an der linken Seite des Heiligtums eine große szenische Darstellung in den Fels hauen, die ihn bei einer Huldigung des Pharaos zeigte. Stolz bekannte er sich hier zu seiner Heimatstadt Herakleopolis. Auf einem Rundgang durch die Baustellen, auf denen die Arbeit in vollem Gange war, führte Juni das Herrscherpaar schließlich zur Terrasse des großen Felsentempels.

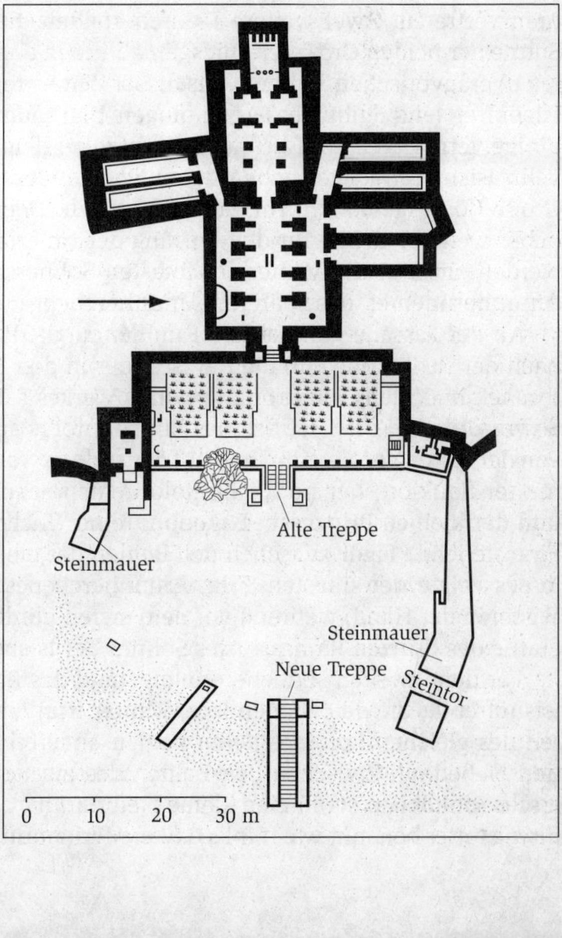

Abb. 169 Grundriß des Felsentempels Ramses' II.

Der Felsentempel von Meha im Süden

Hier war der Anblick wieder ein anderer: Die vier kolossalen Sitzfiguren des Königs waren umgeben von den Statuen der Großen Königsgemahlin und der Königinmutter, von zwei Prinzen und sechs unverheirateten Prinzessinnen. Das läßt darauf schließen, daß die Figurengruppe im ersten Viertel der Herrschaft des Ramses konzipiert wurde.

Die Fassade

Nefertari und die Königinwitwe Mut-Tuja waren mit je zwei Statuen vertreten. Zwei weitere Figuren stellten die beiden ältesten Söhne der beiden Großen Königsgemahlinnen dar. Daß – wie in allen oberägyptischen Tempeln aus dieser Zeit – eine Darstellung der Isisnofret fehlt, gibt den Ägyptologen bis heute ein Rätsel auf: Einige vermuteten ein Eifersuchtsdrama, bei dem Nefertari die Rivalin Isisnofret ausgestochen habe. Nach anderen soll die zweite Große Königsgemahlin früh verstorben sein. Doch sollte ein möglicher weiterer Grund für den Vorrang der Nefertari berücksichtigt werden: Sie war die Mutter des ältesten Sohnes und Kronprinzen Amunherunemef, des späteren Amunherchepeschef.

An der Fassade nahmen die Familienmitglieder ihre Stellung je nach der Bedeutung ein, die Ramses, der in den Heiligtümern von Ibschek und Meha die Krönung seines Werkes sah, ihnen beimaß. So wurde sein Koloß südlich des Eingangstores auf der einen Seite von der Statue der Nefertari und auf der anderen von der der Königinmutter flankiert; der nördliche Koloß entsprechend von Nefertari und der kleinen Prinzessin Baketmut, einer Tochter der Isisnofret. Eine stehende Figur zwischen den Beinen des ersten südlichen Kolosses zeigte den ältesten Sohn Amunherchepeschef[20] mit einem Wedel in der Hand, während vor dem ersten nördlichen Koloß eine Statue des Prinzen Ramesse, des Sohnes der Isisnofret, stand.

Vor dem zweiten südlichen Koloß stand das Bildnis der kleinen Isisnofret II., die den Namen ihrer Mutter trug, und zu beiden Seiten des gleichen Kolosses deren beiden anderen Töchter Bintanat und Nebettaui. Zwischen den Beinen des zweiten nördlichen Kolosses schließlich stand eine kleine Nefertari II., die ebenfalls nach ihrer Mutter benannt war. Links davon Meritamun, die älteste Tochter der Nefertari, und ganz rechts erneut die Königinmutter Mut-Tuja. Die Figurengruppe stellte eine ausgewogene Gesamtkomposition dar, in der die Mutter des Kronprinzen und die Königinmutter eine herausragende Stellung einnahmen. Den Süden beherrschten dagegen der älteste Sohn der Nefertari und die älteste Tochter der Isisnofret, im Norden der älteste Sohn der Isisnofret, Prinz Ramesse, und die älteste Tochter der Nefertari. Dieser Aufbau spiegelte eine familiäre Hierarchie wider, an deren Spitze Ramses als gottgleiche Vaterfigur mit grandioser Fürsorglichkeit über das Wohl ihrer Mitglieder wachte. Zugleich kam in ihr seine Verehrung für Mutterschaft und Weiblichkeit zum Ausdruck, denn Ramses hatte zu der Zeit, als diese Fassade entworfen wurde, bereits ebenso viele Söhne wie Töchter. Dagegen fehlten zwei wichtige Figuren: Der hochverehrte Vater, der allerdings schon verstorben war, und die zweite Große Königsgemahlin, die an später entstandenen Bauten wieder auftauchen sollte. Dieser Sachverhalt wirft so manche Frage auf.

Der große Hof

Durch die schmale Eingangspforte gelangte man in eine Halle, die mit ihren Osirispfeilern – sie zeigten Ramses im Schurz des lebenden Königs – an einen traditionellen ungedeckten Tempelhof erinnerte. Die Ausschmückung der Wände mit martialischen Szenen, in denen der Herr von Ägypten das Böse aus dem Land vertreibt, war fast abgeschlossen. Maßgeblich verantwortlich für die Gestaltung der in den Fels gehauenen »Wohnstatt der Millionen Jahre«, so eine Inschrift, war Aschahebsed, der erste Mundschenk des Pharaos.[21]

Die Entwürfe auf Papyrus, die die wichtigsten Etappen der Schlacht bei Kadesch zeigten, waren von den Vorzeichnern mit Hilfe eines Quadratrasters bereits auf die Nordwand der Pfeilerhalle übertragen worden. Die Südwand dagegen war reserviert für Darstellungen heldenhafter Eroberungen, mit denen schon in früheren Jahren die Landesgrenzen gesichert worden waren. Sie zeigten die Einnahme einer syrischen Festung durch den Pharao auf einem Streitwagen. Ebenfalls dargestellt waren seine drei Söhne Amunherchepeschef, Ramesse und Reherunemef, die auf je einem Streitwagen in den Kampf zogen. Die folgende Szene, in der Ramses

Abb. 170 Großer Tempel von Abu Simbel: Osirispfeiler in der ersten Pfeilerhalle (Nordseite).

Abb. 171 Erste Pfeilerhalle, Nordostwand: Ramses erschlägt vor Harachte hethitische Feinde. Im unteren Bildteil Defilee der Prinzessinnen.

einen libyschen Stammesführer tötet, war bereits in Karnak aufgetaucht, allerdings mit Sethos I. als Kriegshelden. Ein weiteres Relief zeigte den Herrscher majestätisch auf seinem Streitwagen neben seinem zahmen Löwen. Zwei Reihen schwarzer Gefangener vor ihm spielten wahrscheinlich auf einen Kriegszug im Land Kusch während der Mitregentschaft des Ramses an. All diese Szenen und die Darstellungen der jungen Söhne des Ramses sprechen dafür, daß mit dem Bau des großen Tempels von Abu Simbel bereits in den ersten Herrschaftsjahren begonnen worden war.[22]

Den Abschluß der Kriegsszenen im südlichen Tempelbereich bildet eine Darstellung des Ramses, der dem Götterpaar Amun-Mut für die Eroberungen in Kusch dankend Opfer darbringt. Am Ende des dekorativen Bildteils, der von einem Defilee kuschitischer Gefangener beherrscht wird, stand eine seltsame religiöse Szene: Vor dem Thron des Amun von Napata, der in seinem Felsenheiligtum sitzt, bäumt sich eine riesige Kobra auf, vor der Ramses ein Rauchopfer darbringt: ein Symbol des Nils, der sich von seinen Quellen nach Ägypten hineinschlängelt und sein Wasser über das Land des Pharaos verteilt.[23]

Abb. 172 Ramses opfert dem Amun-Nil von Napata.

Die gegenüberliegende Wand zeigte Ramses nach der Schlacht bei Kadesch. Der Pharao führt den Göttern Harachte und Jusas, einer Verkörperung der Hathor, zwei Reihen hethitischer Gefangener vor.

Wieder präsentierte der Bauherr stolz seine Nachkommenschaft, die schon damals, in den Jahren 6 bis 7, sehr zahlreich war. Den unteren Teil der Mauer im Eingangsbereich zierten Reliefdarstellungen der ersten Söhne und Töchter. Den Söhnen wurde rituell der Süden, den Töchtern der Norden zugewiesen. Die Gleichheit war fast perfekt. Etwas kürzer war jedoch die Reihe der acht Söhne des Ramses: Amunherchepeschef, Ramesse, Reherunemef, Chaemwese, Monthherchepeschef, Nebencharu, Meriamun und Sethmuia.

Ramses konnte sich davon überzeugen, daß die Bildhauer auch die Silhouetten seiner neun Töchter mit Namen fertiggestellt hatten: Bintanat, Baketmut, Nefertari II., Meritamun, Nebettaui, Isisnofret II., Henuttaui, Urniro und Nedjemetmut.

Die Säulenhalle

An der Süd- und Nordwand einer Säulenhalle, die sich an den großen Hof anschloß, waren die Götterbarken des Amun und des Re dargestellt, wobei die erste ein Widdergehörn und die zweite ein Falkenkopfmotiv schmückte. Vor diesen Barken sollten Reliefbilder des Ramses und der Nefertari entstehen, die den Göttern huldigen würden. Obgleich unvollendet, konnte Ramses seiner Gemahlin bereits den Sinn dieser Darstellungen erläutern: Tatsächlich stellten beide Barken die in ihre Einzelaspekte aufgelöste Barke des Amun-Re dar, von der später eine gesamtheitliche Darstellung im Allerheiligsten auf einem Bodensockel und auf der Südwand auftauchen sollte. Die Nordwand des Raumes war dagegen dem vergöttlichten Ramses reserviert, der hier die Züge des Re-Harachte angenommen hatte. Auf der Südwand der Felsenkapelle des großen Tempels war eine weitere Barke zu sehen, diesmal allerdings die des Thot, der ebenso wie Amun, den Ramses letztlich verkörperte, über die steigenden Fluten des Nils gebot. Nefertari war mit dem Synkretismus des Ramses inzwischen so gut vertraut, daß auch diese Verschmelzung verschiedener göttlicher Aspekte sie nicht mehr verwirrte. Noch faßbarer wurde die Symbolik dieses Tempels, als Ramses,

Abb. 173 Großer Tempel von Abu Simbel: die vier Sitzfiguren im Allerheiligsten mit (v. l. n. r.) Ptah, Amun, Ramses II. und Re-Harachte.

Abb. 174 Fassade des kleinen Tempels der Nefertari in Abu Simbel.

seine Baumeister und Aschahebsed mit ihr ins Allerheiligste schritten, um sich von der präzisen Ausrichtung der Anlage zu überzeugen, die sich an den vier sitzenden Statuen an der Westwand orientierte.

Das Licht des Allerheiligsten

Die Tempelachse war so ausgerichtet worden, daß der erste Strahl der aufgehenden Sonne zweimal im Jahr auf eine der vier Sitzfiguren an der Rückwand des Tempels fiel. Den Plänen nach sollten auch im Süden und Norden Bildnisse des Ptah, des Amun, des Ramses und des Re-Harachte aus dem gewachsenen Felsen gehauen werden. Da sich der Sonnenaufgang über das Jahr bis zur Sommersonnenwende täglich weiter nach Norden und bis zur Wintersonnenwende weiter nach Süden verschob, gelangten die Sonnenstrahlen das Jahr über nur während zwei Perioden bis in das Innerste des Tempels: vom 10. Januar bis zum 30. März und vom 10. September bis zum 30. November. Und genau am 20. Februar trafen sie zunächst die Statue des Amun, dann die des Pharaos und schließlich die des Re-Harachte, während am 20. Oktober zunächst Re-Harachte, dann Ramses und schließlich Amun angestrahlt wurden. Zweimal im Jahr übertrug die Sonne mit ihren Strahlen so die Kräfte der Götterfiguren auf Ramses und frischte damit gleichsam seine göttliche Natur wieder auf. Das Kultbild verschaffte dem Pharao Eingang in den Kreis der Götter und einen Platz in ihrer Barke, die nach altägyptischer Vorstellung jedes Jahr zu Neujahr den Nil hinabglitt – ein Symbol für die Überschwemmung, die durch das verborgene Walten der Götter und des Pharaos das Land bewässerte.

Die Statue des Ptah, des Gottes der Finsternis, wurde von den Sonnenstrahlen dagegen nur an der linken Schulter gestreift.

Die Bedeutung des kleinen Felsentempels

So ereignete sich das Wunder dieses Tempels, das auf magische Weise die Götterkraft des Königs erneuerte, nur zu gewissen, von Ramses festgelegten Zeiten im Jahr. Mit einem ebenso bedeutenden Ereignis war das Heiligtum der Hathor verknüpft, das der Nefertari geweiht war. Dieser Felsentempel mit Hathorsäulen, die das Weib-

Abb. 175 Im kleinen Tempel der Nefertari:
a. Die Königin opfert Anuket Papyrusstauden und spielt ein Pforten-Sistrum.
b. Nefertari beim Opfer.
c. Zeichnung einer Hathorsäule aus der ersten Pfeilerhalle des Tempels.
d. Nefertari mit Geißel und Sistrum

a

b

c

d

liche beschworen, war mit Reliefs ausgeschmückt, die mehr als alle anderen jugendlichen Charme und Frische ausstrahlten. Sie zeigten das junge Königspaar auf romantische Weise ganz am Anfang der Herrschaft des Ramses. Gleichwohl diente auch dieses Heiligtum einem genauen Zweck, der im Bildnis der kuhgestaltigen Göttin Hathor an der Rückwand des Allerheiligsten zum Ausdruck kam. Er stand in direktem Zusammenhang mit der alljährlichen Zeremonie der Erneuerung des Königs, die bei der Wiederkehr der Nilflut – hier schien Hathor sie aus dem Berg hervorspringen zu lassen – vollzogen wurde. Zum Auftakt dieses Zeremoniells hatte die Königsgemahlin an diesem erhabenen Ort eine bestimmte Kulthandlung zu vollziehen. Stehend, von schlanker Gestalt, empfing sie von Hathor (als Eros) und Isis (als Mutterschaft) die Krone des Sothissterns, der nach seinem Verschwinden zu Neujahr den erneuten Aufgang der Sonne herbeiführte. Dafür stand die Weiheinschrift, die Ramses in Hieroglyphen in die Tempelfassade hatte einhauen lassen: »Nefertari, um derentwillen die Sonne aufgeht.« Für das Gelingen dieses kosmischen Prozesses sollte nicht zuletzt auch der Altar des Sonnengottes Re sorgen, der im großen Tempel an der Nordwand der zweiten Pfeilerhalle im Entstehen begriffen war.

Nefertari hatte sich von der raffinierten Anlage dieser beiden Tempelanlagen überzeugen können, die nach Abschluß der Bauarbeiten die Bühne für ein kosmisches Schauspiel bilden sollten, dessen Hauptakteure Ramses und sie selbst sein würden. Nach dem Rundgang machte sie sich mit dem Pharao auf den Rückweg nach Unterägypten in ihre Hauptstadt Piramesse.

KAPITEL 11
NACH KADESCH

Moab und Edom

Die wenigen Monate seines Aufenthalts in Oberägypten und Nubien hatten den militärischen Tatendrang des Ramses erheblich gestärkt. Nach der Rückkehr verschaffte er sich sofort ein Bild, wie die Nachricht von der Schlacht von Kadesch in Kanaan angekommen war, wie sie Ägyptens alte Vasallen aufgenommen hatten und wie die aufsässigen Schasu[1] darauf reagierten.

Ramses hatte diese Nomaden schon am Ende seines sechsten Herrschaftsjahres aus Kanaan nach Osten abgedrängt. Jetzt ging es vor allem darum, bei den kanaanäischen Vasallen die Steuern einzutreiben, die ihnen seit Thutmosis III. auferlegt waren und die Haremhab und vor allem Sethos I. wieder erhoben hatten.

Wirkliches Kopfzerbrechen bereitete Ramses dagegen Ostpalästina, die Gegenden Moab und Edom (Seïr), die östlich und südlich des Toten Meeres lagen. Die dortigen Volksgruppen entwickelten eine Art nationale Identität und begannen sich gegen die ägyptische Bevormundung aufzulehnen. Die geschickte hethitische Propaganda schürte in diesen Regionen lokale Aufstände.[2] Jeder Widerstand mußte schon deshalb im Keim erstickt werden, weil diese Regionen nahe der ägyptischen Grenzen zum Hindernis bei der Rückeroberung Amurrus werden konnten, das seinerseits als Pufferstaat gegen eine eventuelle weitere hethitische Koalition fungieren sollte. In der Strategie, mit der Ramses diese Gefahr bannen wollte, sollte sein ältester Sohn, der sich in der Schlacht bei Kadesch bewährt hatte, eine wichtige Rolle spielen.

Im Jahr 7 seiner Herrschaft (1273/72 v. Chr.) sah der zweiunddreißigjährige Ramses so sein vordringliches Ziel darin, in den großen Regionen rings um das Tote Meer jeden Widerstand zu brechen. Zwei Divisionen seiner Armee sollten von den Bergen des

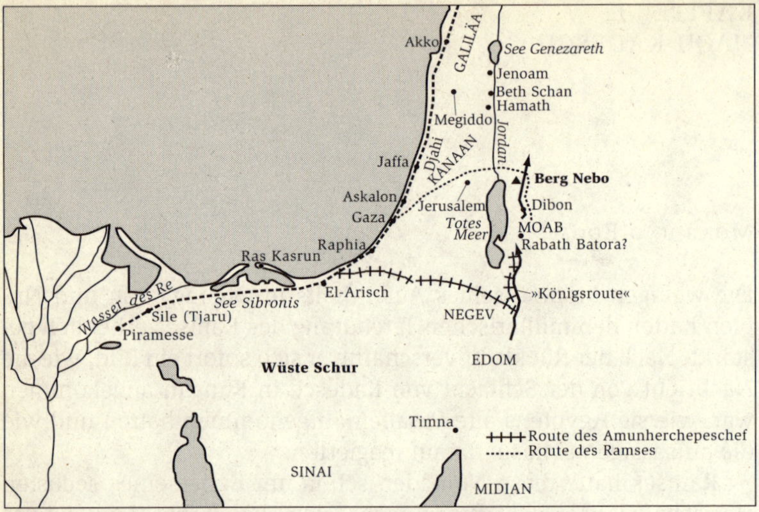

a

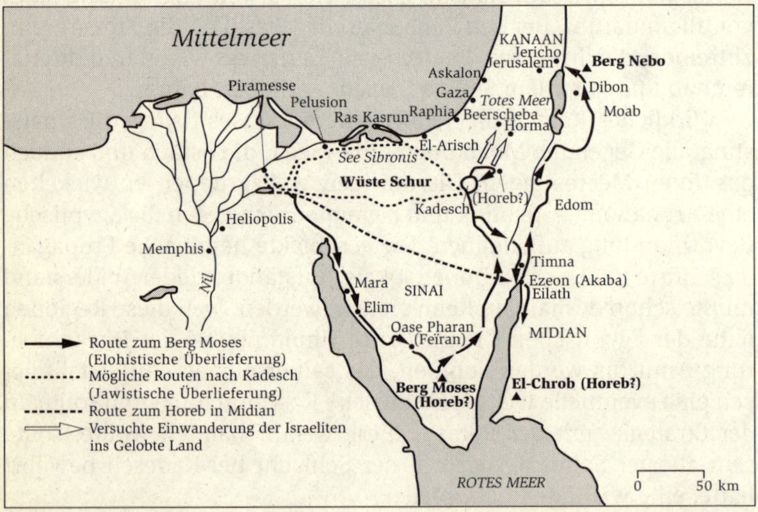

b

Abb. 176 a Die Kriege im Land Moab: der Vormarsch des Ramses und seines Sohnes Amunherchepeschef und die Vereinigung der Truppen bei Rabath Batora. (Skizze: E. David)

Abb. 176 b Die verschiedenen möglichen Routen des Auszugs aus Ägypten. (Nach dem Katalog der Pariser Ausstellung zu »Ramses dem Großen«)

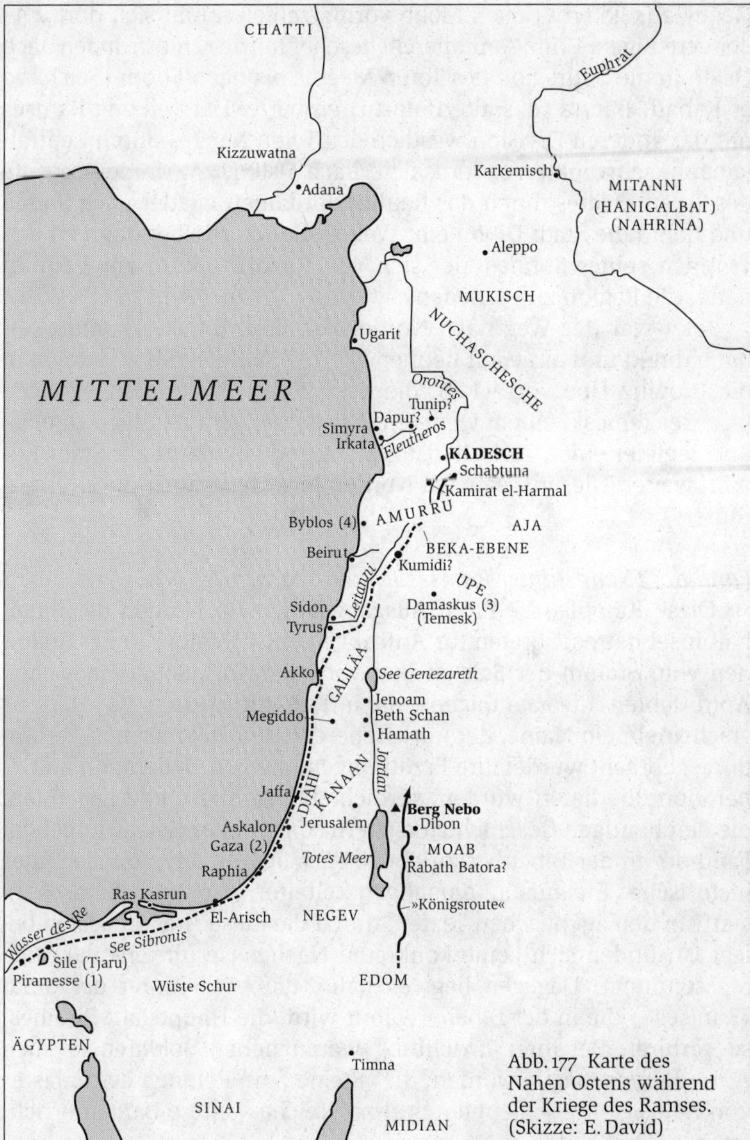

Abb. 177 Karte des Nahen Ostens während der Kriege des Ramses. (Skizze: E. David)

Negev aus getrennt nach Moab vormarschieren und sich dort wieder vereinigen. Prinz Amunherchepeschef führte seine Truppen nach Osten in die Südregion des Toten Meeres bis nach Edom (Seïr), wo er Rabath Batora (das alte Butartu) eroberte. Derweil zog Ramses mit der anderen Division westlich des Toten Meeres durch Zentralkanaan, schwenkte vor Jerusalem nach Osten, zog an der Ostseite des Toten Meeres durch das heutige Jordanien wieder nach Süden und nahm die Stadt Dibon ein. Weiter südlich stieß er dann zu den Truppen seines Sohnes, der sich von Rabath Batora aus bemüht hatte, die Region zu befrieden.

Jetzt war der Weg nach Norden fast frei. Ramses konnte beinahe direkt und ohne auf nennenswerten Widerstand zu stoßen in die Provinz Upe vorrücken, die nach Kadesch verlorengegangen war. Bei Temesk, einem weiteren Piramesse, dem heutigen Damaskus, legte er einen Zwischenstopp ein und zog dann zur Stadt Kumidi weiter. Dieser Weg nach Norden hieß denn auch die »Königsroute«.

Fand der Exodus unter Ramses II. statt (1272/71)?

Diese Kämpfe, die ihren Ausgangspunkt im Norden der Sinaihalbinsel hatten, sorgten für Aufruhr in einer Region, in der Beduinen vom Stamm der Schasu und vor allem die halbnomadischen Apiru lebten, die »Staubigen«, die in Keilschrifttexten als »Hapiru« erscheinen, ein Name, der mit »Heperer«, den Hebräern, in Verbindung gebracht wurde. Ihre Erzählungen, die von Generation zu Generation überliefert wurden, verdichteten sich rasch zu Legenden, die den heutigen Geschichtsforschern so manches Rätsel aufgeben: Fand der in der Bibel beschriebene Auszug aus Ägypten als reales historisches Ereignis im damaligen Zeitalter, also unter Ramses II., statt? In den ägyptischen Texten, durch die diese Ära am besten belegt ist, finden sich keine konkreten Nachweise für eine derartige Massenflucht. Dagegen liegt es nahe, daß sich hinter der Stadt »Ramses«,[3] die in der Bibel erwähnt wird, die Hauptstadt Piramesse verbirgt. Bei ihrer Errichtung waren neben Soldaten ja auch Apiru herangezogen worden, die »Steine zum Pylonen des Palastes von Ramses II.«[4] schleppten und zahlreiche weitere Bauten errichteten.

War Moses Ägypter?

Der Name Moses (aus *mes* = Kind; *mesy* = gebären etc.) leitet sich aus einer typisch ägyptischen Form her, die auch in den Namen Thutmosis, Ramesse (also Ramses) usf. steckt. Den Namen Mes (oder Moses) trugen zahlreiche Ägypter der 19. Dynastie, als die Bauarbeiten an den Königsgräbern und an den Tempeln, wie schon in der 18. Dynastie, mit asiatischen Gefangenen bestritten wurden. Doch dienten nicht nur Kriegsgefangene als tüchtige Arbeitskräfte. Zahlreiche freie Asiaten und Beduinen, darunter Apiru, fertigten Ziegel und transportierten Steinblöcke[5] für die Bauten in Piramesse[6] oder verdingten sich regelmäßig als Saisonarbeiter bei der Weinlese.

Die Fremdarbeiter des Pharaos

Einige Arbeiter und freigelassene Gefangene blieben auf Dauer in Ägypten, wo ihre Kinder entsprechend ägyptisch erzogen wurden. Söhne fremdländischer Führer, die in der Palastschule *(Kep)* oder im königlichen Harem ausgebildet wurden, trugen bei einer späteren Rückkehr die ägyptische Kultur in ihre Heimat. Andere erklommen in Ägypten die Karriereleiter, und einige gelangten sogar bis in die unmittelbare Umgebung des Pharaos. So ist nicht auszuschließen, daß Moses, von dem es in der Apostelgeschichte heißt, er sei »in aller Weisheit der Ägypter ausgebildet, und er war mächtig in Wort und Tat«,[7] zu diesen einflußreichen Männern ausländischer Herkunft gehört hat. Er war ja der Bibel zufolge am Hof des Pharaos erzogen worden (Ex 2,10–11). Von jeher galt Ägypten als ein Land, das trotz eines starken Nationalgefühls niemals in Fremdenfeindlichkeit verfiel. Einer schriftlichen Überlieferung aus der 19. Dynastie ist beispielsweise zu entnehmen, daß eine Ägypterin drei ihrer Sklaven freiließ und adoptierte.[8] Daß Moses nach Aussage der Bibel von der Tochter des Pharaos an Kindesstatt angenommen worden sei, liegt also durchaus im Bereich des Möglichen.

Unentbehrliche Arbeitskräfte?

So muß man sich fragen, welche ernsthaften Gründe zu einem massenhaften Auszug von Fremdarbeitern aus einem Land, in dem sie gute Lebensbedingungen vorfanden, geführt haben sollten. Und warum hätte ein Pharao, der gewiß dringlichere Probleme hatte, sich dem Exodus einer Volksgruppe widersetzen und die Flüchtlinge sogar verfolgen sollen? Als Arbeitskräfte waren sie schließlich ersetzbar. Tatsächlich deutet in den erhaltenen Dokumenten aus der damaligen Zeit nichts auf eine Massenflucht – oder Vertreibung – von Ausländern aus Ägypten hin. Man könnte höchstens vermuten, daß die organisierte Vertreibung der Hyksos, der asiatischen Besatzer Ägyptens, durch die Fürsten von Theben am Anfang des Neuen Reiches in diese Legende mit eingeflossen ist. Eine weitere Hypothese baut auf der Vermutung auf, der in der Bibel beschriebene Exodus habe in der Zeit unmittelbar vor dem Feldzug des Ramses und des Amunherchepeschef durch die Wüste Negev nach Edom begonnen: Ramses hatte damals einen stichhaltigen Grund, den Auszug der Apiru zu verhindern: Sie hätten sich mit den Schasu verbünden und so den Vormarsch der ägyptischen Truppen verzögern können.[9]

Die ägyptischen Plagen?[10]

In der biblischen Erzählung ist die Rede von Plagen, mit denen die Ägypter bewegt werden sollten, die Israeliten abziehen zu lassen. Unter anderem sei »Ofenruß« als Staub vom Himmel gefallen. Hier könnte es sich um eine Folge des fernen Vulkanausbruchs handeln, dem einst ein Großteil der Insel Santorin zum Opfer fiel.[11] Lavakügelchen gelangten damals nachweislich bis in den Norden Sinais.[12] Andere Plagen sind im Zusammenhang mit dem Hochwasser des Nils während der Epagomenen zu sehen, wenn die »ferne Göttin« ihr Unwesen zu treiben schien:[13] Epidemien, Tierseuchen, die explosionsartige Vermehrung der Algen im Nilwasser, das sich in Blut zu verwandeln scheint, usf. Andererseits nennt die Bibel Einzelheiten, die nicht zu den Gepflogenheiten und ins Ambiente Ägyptens passen. Die Tötung der erstgeborenen Söhne, wohl eine grausame asiatische oder phönizische Sitte, war im Land des Pharaos völlig unüblich.[14] Und während Heuschrecken wegen der verheerenden Folgen in ganz Nordafrika gefürchtet waren, galten sie in Ägypten allgemein als heilbringend, da sie gegen das Böse kämpften. Darstellungen von Heuschrecken schützten seit dem Alten Reich ägyptische Gräber. Ihre Form bestimmte die Gestaltung von

Salbölbehältern; außerdem dienten sie als Vergleich für die tapferen Soldaten der vier Divisionen der ägyptischen Armee.[15]

Daß Ramses einige seiner vielen Söhne schon vor deren dreißigstem Lebensjahr verlor, mag man im Zusammenhang mit der biblischen Erzählung vom Tod der Erstgeborenen sehen. Doch darf nicht vergessen werden, daß Ramses' Ältester, Amunherchepeschef, am Anfang seiner Herrschaft noch am Leben war und wahrscheinlich noch kurz vor dem Jahr 21 seiner Herrschaft an den diplomatischen Vorgesprächen vor Abschluß des Friedensvertrages zwischen Hethitern und Ägyptern teilnahm.

Die Meinung der Ägyptologen

Eines zeichnet sich immerhin ab: In der biblischen Erzählung flossen mehrere, voneinander unabhängige historische Fakten aus unterschiedlichen Zeiten zusammen. Das zentrale Ereignis, um das herum dieses »Heldenepos« entstand, war zumindest für die Ägypter von untergeordneter Bedeutung. So versichert der Historiker Kenneth A. Kitchen[16] mit gutem Grund, »der biblische Exodus [habe] in den stolzen Inschriften des Ramses keinerlei Widerhall« gefunden. Er neigt eher dazu, den sogenannten Exodus unter Ramses II. als einen »Zwischenfall ohne Folgen« zu erklären, den die Israeliten später zu einem denkwürdigen Ereignis machten.

M. Bietak,[17] der sich seit Jahren mit der Hyksosstadt Auaris befaßt, vermutet, die Vorfahren der Israeliten hätten zu dem in ägyptischen Quellen erwähnten Stamm der Schasu gehört; der Exodus jedenfalls habe vor dem fünften Herrschaftsjahr des Pharaos Merenptah stattgefunden.

D. Redford[18] gelangt dagegen zu dem Schluß, die »biblischen Historiographen« hätten von der allgemeinen Geschichte und vor allem von der ägyptischen Herrschaft in Palästina wenig Ahnung gehabt. Nach seiner Vermutung spiegelt die Erzählung aus dem Buch Exodus die Situation Ägyptens nicht in der 18. oder 19. Dynastie, sondern in der 26. Dynastie wider, da der Verfasser mit der Topographie des Nildeltas während dieser Zeit und zu Anfang der Perserherrschaft vertraut gewesen sei. Diese Schilderung sei nur in den Grundzügen historisch verbürgt und die Niederschrift erst spät erfolgt.

Bei der Erörterung der Frage kann man sich folglich nur auf spärlich belegte Fakten stützen, und die sind nicht immer aussagekräftig. Joseph Mélèze-Modrzejewski,[19] der sich in jüngerer Zeit mit dem Problem befaßt hat, stimmt hierin mit den überzeugend dargelegten Ergebnissen von H. Cazelles[20] überein, zu denen wir bereits 1976 im Zuge der Vorbereitungen für die Ausstellung zu Ramses II. im Pariser Grand Palais gelangt waren.[21]

Der Exodus: Versuch einer Rekonstruktion

Genaue, sachliche Untersuchungen in dieser Frage legen folgenden Schluß nahe: Falls es tatsächlich zu Reibereien oder sogar zu einem Konflikt zwischen den ägyptischen Behörden und den Arbeitern semitischen Ursprungs (den künftigen Israeliten, möglicherweise Apiru) kam, die mit deren Flucht aus Ägypten endeten, so wurde dieser Auszug für sie zu einem Schlüsselereignis, das sie an den Anfang ihrer Geschichte setzten. Im folgenden wollen wir versuchen, die damaligen Geschehnisse zu rekonstruieren, die nach den vorigen knappen Überlegungen fraglos in die Ramessidenzeit fielen.

Für die Pharaonen der 19. Dynastie waren die Beziehungen zu den Nachbarstaaten von Anfang an besonders wichtig. Junge Semiten höherer Abstammung, die ägyptisch erzogen waren, wurden oft adoptiert und der Obhut von Prinzessinnen anvertraut, die ihnen im königlichen Harem eine Ausbildung zukommen ließen. Nach ihrer raschen Assimilation wurden sie im diplomatischen Dienst in fremden Ländern eingesetzt. Sicher hatte auch Moses einen solchen Werdegang hinter sich. Er genoß »in Ägypten bei den Dienern des Pharaos und beim Volk hohes Ansehen«.[22] Wie sind nun die biblischen Ereignisse um diese Gestalt einzuordnen? Moses wird Zeuge einer Szene, in der ein Vorarbeiter einen seiner Stammesbrüder niederschlägt (ein Hinweis darauf, daß die Israeliten in die ägyptische Gesellschaft nicht vollständig integriert waren, wie man es heute nennen würde). Dieses Ereignis findet zu einem Zeitpunkt statt, als Sethos I. mit dem Bau seiner Hauptstadt Piramesse beginnt.

Moses mischt sich in die Auseinandersetzung ein, erschlägt den Vorarbeiter und entzieht sich einer Gefangennahme durch die

Flucht. Nach einer Odyssee durch den Landstrich Midian, die ihn mit den Routen durch die Wüste vertraut macht, heiratet er die Tochter eines Hohenpriesters. In der berühmten Episode vom brennenden Dornbusch erteilt Gott ihm den Auftrag, die Israeliten (Apiru?) aus Ägypten zu führen (Ex 3,13–15).

Moses nutzt den Tod Sethos' I.[23] zur Rückkehr nach Ägypten, um die göttlichen Anweisungen auszuführen. Dabei kümmert er sich nicht um die möglichen Auswirkungen einer Massenflucht auf das Gastland. In Ägypten wird er von dem »neuen König, der Joseph nicht kennengelernt hatte«,[24] empfangen. Vermutlich wußte der neue Pharao Ramses II. nichts von dem Totschlag an einem seiner Vorarbeiter, oder er hatte ihm die Tat verziehen. Moses nimmt jedenfalls erneut eine herausragende Stellung ein und bittet den Pharao bald um Erlaubnis, sein Volk zu einer Opferzeremonie für drei Tage in die Wüste zu führen. Angesichts seiner Autorität, seiner Stellung im Palast und seines göttlichen Auftrags schien er nicht auf den Gedanken zu kommen, daß der Pharao ihm mit Recht einiges vorwerfen konnte: Mord an einem Ägypter, den Abzug von Arbeitskräften und die völlige Verkennung der Situation im Land nach dem Verlust Amurrus, mit den Feindseligkeiten an den Grenzen und den von den Hethitern angezettelten Verschwörungen.[25] Der Pharao hätte also allen Grund, erzürnt zu sein.

Obwohl Moses – im Gegensatz zu Josua – kein kriegerisch gesonnener Mensch ist, nutzt er verschiedene Naturkatastrophen (die »Plagen«) dazu, dem Pharao zu drohen, um ihn in die Knie zu zwingen. Mithin hätte er auch die Autorität und Entschlossenheit des Ramses verkannt, der mit seinem Sohn Amunherchepeschef gerade gewaltige Truppenbewegungen im Norden der Wüste Negev, in Kanaan, Moab und Edom vorbereitete.

Nach dem angeblichen Tod des Erstgeborenen des Pharaos – der zehnten Plage – brechen die Israeliten (Apiru?), die jetzt sogar aus dem Land getrieben werden,[26] schließlich auf. Nach der jahwistischen Überlieferung machen sie sich direkt aus Piramesse (der »Stadt Ramses«) auf den Weg, nachdem Moses sie unter anderem angehalten hatte, so viele Schätze wie möglich mitzunehmen. Die Israeliten ziehen über die »Straße der Philister« in Richtung Kadesch (im Süden des Negev, nicht am Orontes), erhalten dann aber den Befehl zur Umkehr[27] und marschieren in Richtung Baal-Zefon (Ras Kasrun) weiter. Diese Gegend war berüchtigt für ihre Sandstürme und Wanderdünen. Lag hier das »Schilfmeer«, dem die Streitwagen des Pharaos zum Opfer fielen? Anschließend dringen die »Vertriebenen« in die Wüste Schur vor.

Die elohistische Überlieferung vermutet beim Exodus dagegen eine reine Flucht aus Ägypten. Sie erscheint logischer, da die Apiru hier nicht die Küstenstraße am Mittelmeer entlang nehmen, die wegen der ägyptischen Festungen viel zu gefährlich gewesen wäre. Die Flüchtlinge wären in diesem Fall nach Süden in Richtung der Oase Ajun Mussa (Quelle des Moses) gezogen und dann weiter zur Oase Pharan[28] (Feïran), aus deren semitischen Siedlern die Ägypter Schürfer für ihre Türkisminen bei Serabit el-Chadim rekrutierten. Der Berg Horeb wäre weiter südlich gewesen. Noch heute findet man hier eine ergreifend schöne Gegend mit surreal anmutenden Bergen, wo der Geist zu wehen scheint. Dieser Ort ist für eine Offenbarung wie geschaffen. Allerdings ist in Sinai bis heute keine alte jüdische Pilgerstätte bekannt.

Für die Jahwisten liegt der Berg Horeb, auf dem Gott sich dem Moses offenbarte, nahe der Stadt Kadesch im Gebel Halal. Die Elohisten verlegen ihn dagegen in ein Gebiet südlich des befestigten Klosters, das unter Kaiser Justinian errichtet und schließlich im elften Jahrhundert der heiligen Katharina geweiht wurde, die 296 n. Chr. den Märtyrertod erlitt.

Ob vertrieben oder geflohen, nach Meinung von Pater de Vaux[29] sollen die Israeliten nach beiden Überlieferungen von Kadesch aus weiter nach Kanaan gezogen sein. Auf dem Weg dorthin mußten sie allerdings noch manche Gefahren bestehen: So verweigerte ihnen nach ihrem Sieg über die Amalekiter[30] im Süden der Wüste Negev der feindlich gesonnene König von Edom den Durchzug durch sein Gebiet, so daß sie Edom und Moab nördlich umgehen und die Amorriter besiegen mußten ... Nach vierzig Jahren Wanderschaft durch die Wüste mit Wundern und Prüfungen erblickte Moses unmittelbar vor seinem Tod vom Berg Nebo aus schließlich das Gelobte Land mit der Stadt Jerusalem.

Nach dem aktuellen Stand unserer Erkenntnisse kann man die einigermaßen gesicherte Chronologie der Herrschaft des Ramses nicht mit der des biblischen Berichts in Beziehung setzen, so daß eine präzise Datierung des biblischen Exodus sehr gewagt erscheint. Anhand der wenigen Hinweise könnte man ihn in die Anfangszeit der Herrschaft des Ramses legen, der Logik der Sache nach ins Jahr 7, als Ramses und Amunherchepeschef einen Feldzug in Edom und Moab durchführten.[31] Gleichwohl sind diese Anhaltspunkte sehr dürftig. Trotzdem ein Hinweis: Der Feldzug der Ägypter paßt gut zu den in der Bibel erwähnten Kämpfen der Israeliten in Edom und zu ihren Stationen in den verschiedenen Regionen.[32]

Problematisch erscheint jedenfalls eine Datierung des Exodus auf die folgenden Jahre. Denn zu der Zeit hatte Ramses bereits die Macht über die fragliche Region zurückgewonnen und alle Vorbereitungen für eine Rückeroberung Amurrus getroffen.

Die libyschen Nachbarn

In der Zeit nach der Schlacht bei Kadesch, als Ramses seine Armee neu organisierte, ließ er im Westen des Nildeltas, nahe der Küste, Militärbasen zur Ausbildung von Soldaten einrichten. In dieser Zone hatten halbnomadische libysche Stämme von jeher immer wieder die Grenzen verletzt, und auch jetzt mußte mit Übergriffen gerechnet werden. Folglich sicherte Ramses die Region wie in Nubien oder nach dem Vorbild der »Mauer des Fürsten« am Ostrand des Deltas mit einer mehrere hundert Kilometer langen Linie von Festungen, die bis hinter das heutige el-Alamein reichte. Bei Manövern und Operationen machten sich dort Soldaten und Offiziere, die in einer moderneren Taktik geschult worden waren, mit dem Gelände und dem Verhalten der Grenzgänger in der Region vertraut.

Zugleich wurden wichtigste strategische Punkte für den Bau neuer Festungen ausgemacht. Bei Grabungsarbeiten in der Region stieß der Ägyptologe Labib Habachi vor vierzig Jahren auf Reste von drei solcher Festungen, zu denen gewöhnlich Truppenquartiere, die Residenz des Kommandanten und ein Tempel gehört hatten.[33] Von der Festung, die bei Sawijet Um el-Racham, über dreihundert Kilometer vom westlichen Nilarm entfernt, ausgegraben wurde, kennt man sogar den Namen des Kommandanten: Nebre, königlicher Schreiber und Armeekommandeur.[34]

Ramses, die Arbeiter der Steinbrüche und die Künstler

Zwischen seiner Inspektionsreise an die libysche Grenze, den Vorbereitungen zur Rückeroberung der Städte in Galiläa und dem Feldzug in das abgefallene Amurru begab sich Ramses in die Steinbrüche: Hier wollte er seine Arbeiter bei der Gewinnung der wunderbaren Steine, die als Material für die berühmten Statuen seiner Tempel bestimmt waren, persönlich anleiten.

Dank seiner außerordentlichen Talente, die er auch hier wieder unter Beweis stellte, führte Ramses das Unternehmen zum Erfolg und pflegte zugleich die sozialen Neuerungen, die sein Vater eingeführt hatte. Inschriften zeigen, daß er sich aktiv um das Wohl seiner Handwerker kümmerte und sich bemühte, sie möglichst gerecht zu entlohnen. Ägypten offenbart sich als Land des beginnenden Humanismus.

So machte sich Ramses im Jahr 8, am achten Tag des zweiten Peret-Monats, auf den Weg zu den Steinbrüchen. Nachdem er dem göttlichen Wesen Harachte von Heliopolis und Hathor, der Mutter der Mineralien, gehuldigt hatte, begab er sich in die Wüste nahe dem Gebel Ahmar (Rotes Gebirge): »Da fand Seine Majestät einen gewaltigen Felsblock, wie man ihn seit der Herrschaft des Re noch nicht entdeckt hatte: Er war höher als ein granitener Obelisk!« Dieser Block sollte das Rohmaterial für einen weiteren Koloß liefern, dessen Name bereits feststand: »Ramses, der Gott, geliebt von Amun.« Weiterhin erwähnt Ramses, er habe die Ausführung »ausgesuchten Arbeitern mit besonderer Geschicklichkeit« übertragen. Zugleich wies er auf die erstaunlich kurze Zeit der Vollendung des Werkes hin: Bis zu seiner Fertigstellung im Jahr 9, dem neunzehnten Tag des dritten Peret-Monats, benötigten die Steinmetze gerade einmal ein Jahr und einen Monat.

In der Zeit, in der Ramses seine Grenzen befestigen und dafür sorgen wollte, daß Amurru als Pufferstaat neutral blieb, sollte dieser königliche Koloß mit seinen göttlichen Kräften das Land beschützen. Doch blieb er nicht die einzige Errungenschaft des Ramses. Er schürfte selbst wieder in den Quarzitminen und »entdeckte Steine wie Zedernholz, von roter Farbe, bestimmt für Statuen im Tempel des Ptah [von Memphis]. Sie erhielten Namen [nach] dem großen Namen Seiner Majestät: *Ramses, geliebt von Amun, Sohn des Ptah.* Weitere Statuen [entstanden] für den Tempel Amun des Ramses, geliebt von Amun, und den Tempel Ptah des Ramses, geliebt von Amun in Piramesse, groß an Siegen.«

Und Ramses präzisiert: »Ich füllte den Tempel des Re mit zahlreichen Sphingen, Statuen, Statuetten des Pharaos, der in gebeugter Haltung ein Opfergefäß darbietet, oder des Pharaos, der eine Tafel mit Opfergaben in den Händen hält.« Da es um den Götterkult ging, sind die Details höchstwahrscheinlich wahrheitsgemäß dargestellt.

Vom Delta aus fuhr Ramses zunächst den Nil bis zur Insel Elephantine hinauf und dann noch weiter in den Süden. Am Katarakt an der nubischen Grenze machte er verschiedene Granitvorkommen aus und gab ihnen Namen: »Steinbruch des Ramses, geliebt von Amun, geliebt wie Ptah«, »Steinbruch des Usermaatre-Setepenre, Herrscher beider Länder« oder »Steinbruch des Ramessu,[35] geliebt von Amun, geliebt wie Re«. Der schwarze Granit von dem zuletzt genannten Ort lieferte das Material für »Sitzkolosse«. Die Doppelkronen der Figuren wurden dagegen aus Quarzit gehauen.

Zum Abschluß dieses Berichts, in dem das väterliche Bemühen um das Wohl der Bewohner seines Landes zum Ausdruck kommt, verspricht Ramses seinen Handwerkern beste Arbeitsbedingungen und gerechte Bezahlung: Für heutige Verhältnisse mögen diese Worte banal und belanglos anmuten, doch darf man nicht vergessen, daß sie 1272/71 v. Chr., also vor über dreitausend Jahren, in den Stein gehauen wurden: »Ich verpflichte mich, für alle eure Bedürfnisse zu sorgen … Die Speicher quellen über vor Getreide, damit ihr keinen Tag ohne Nahrung seid … Ich habe euch die Vorratshäuser mit allem Notwendigen gefüllt: mit Brot, Fleisch, Kuchen, Gerät, Sandalen, Kleidern und reichlich Ölen, damit ihr euch an jedem Ruhetag[36] die Köpfe salben könnt. Ich habe Leute bestellt, um euch vor Hunger zu bewahren: Fischer, die euch die Schätze des Nils und vieles andere reichen, Gärtner für Gemüse und Töpfer, die an der

Scheibe Gefäße fertigen, die in der Hitzezeit euer Wasser kühlen... und in den Hundstagen!«[37]

Für die Zeit der Abwesenheit des Ramses lag den zahlreichen Handwerkern folglich ein genaues Arbeitsprogramm vor: Für gute Arbeitsbedingungen und reiche Bezahlung war ja gesorgt.

Die Rückeroberung Syriens

Der vorausgegangene Feldzug im südlichen Palästina trug Früchte: Ramses hatte in Galiläa und in Kanaan Entschlossenheit demonstriert, so daß er bei seiner jetzigen Ankunft kaum auf Widerstand stieß. Am Ende seines achten und während seines neunten Regierungsjahres, um 1271 v. Chr., konnte er bequem an der Küste entlang die zurückeroberten Häfen Akko, Tyrus, Sidon, Beirut, Byblos und Irkata passieren und bis nach Simyra vorstoßen. Hier, im Süden Phöniziens, leisteten die Hethiter offenbar keinen Widerstand.

Im Norden von Gaza eroberte Ramses Askalon (Ramses III. sollte die Stadt später dem Erdboden gleichmachen) und einige andere Städte wie Bethanat, Merem und Scherem zurück, die sich offenbar alle gegen Ägypten aufgelehnt hatten. Beim Weitermarsch in den Norden Amurrus umging er das unbesiegte Kadesch, das für ihn trotz des damaligen Wunders eine offene Wunde war, da er es nicht hatte einnehmen können. Sicher litt er auch darunter, daß er nicht wußte, was mit der Siegesstele, die sein Vater Sethos I. anläßlich der Eroberung der Stadt hatte errichten lassen, geschehen war. So entstand der feste Plan, nördlich von Kadesch, jenseits des Euphrats, eine eigene Stele zu errichten: in einem Gebiet, das die Hethiter besetzt hielten und in das die ägyptische Armee seit hundertzwanzig Jahren nicht mehr vorgestoßen war!

Die erste Eroberung Dapurs

Bis zum Ende des Jahres 8 konnte Ramses eine Reihe von Siegen verbuchen, die allerdings von recht kurzer Dauer waren. Der schönste Erfolg war die – wenngleich ebenfalls nur vorübergehende – Einnahme der Stadt Dapur südlich von Aleppo auf dem Gebiet des Stadtstaates Tunip.[38] Auf dem Weg dorthin hatte Ramses eine Unzahl kleinerer befestigter Städte erobert: Von den achtzehn, die einst auf der Westfassade des ersten Pylonen des Ramesseums (auf der Nordseite) dargestellt waren, sind vierzehn heute noch zu sehen.[39]

Die wichtigste dieser befestigten Städte, die von den Hethitern zum Aufstand angestachelt worden waren, war Dapur.[40] Nordwestlich von Kadesch gelegen, bildete sie in der hethitischen Einflußsphäre den nördlichsten Punkt, den Ramses zurückerobern konnte: So ließ er diesen Sieg gleich zweimal in einer glorreichen Szene festhalten: im Tempel von Luxor an der Westwand des ersten Säulenhofs[41] und interessanterweise auch in der Säulenhalle seines Jubiläumstempels, im Ramesseum, dessen Wandflächen (abgesehen von den Reihen seiner Kinder) gewöhnlich für Darstellungen von Kulthandlungen reserviert waren. Die äußerst lebhafte Schlachtenszene zeigt den König während der verschiedenen Etappen des Angriffs auf die Festung bis zu deren Übergabe durch die Herren der Stadt.[42]

Die Szenerie beginnt an der Südostmauer der Säulenhalle. Links lenkt Ramses, in der monumentalen Größe des Kriegshelden auf seinem Streitwagen stehend und seine Pfeile abschießend, seine Pferde auf die Menge der Feinde zu, die auf der Flucht in Richtung Zitadelle von ihren Wagen gestürzt sind. Auf der rechten Seite ist die Festung dargestellt. Ein Soldat auf der Flucht erklimmt im Kampfgetümmel ein Pferd aus dem Gespann seines zerbrochenen Streitwagens. Nahe dem Wagen des Ramses ist ein weiteres beschädigtes Gefährt des Feindes mit sterbenden Insassen abgebildet. An ihrem langen, engen Gewand, dem fliehenden Kinn und dem in den Nacken fallenden Haarschopf erkennt man, daß es sich bei den dargestellten Feinden durchweg um Hethiter handelt. Auch dieses Bild ist nicht ohne die Komik, die bereits in zahlreichen Darstellungen der Schlacht von Kadesch zum Ausdruck kam und dem tragischen Geschehen eine gewisse Ironie verleiht: Der Hintern eines auf seinem Wagen fliehenden Hethiters wird von einem Pfeil des Ramses durchbohrt.

Den rechten Bereich der Reliefszene beherrscht eine Darstellung der Festung, die deutliche Unterschiede zu ägyptischen und amorritischen Festungen (wie Kadesch) zeigt. Ägyptische Soldaten und Schardana greifen sie an. Vor dem Festungswall schützen

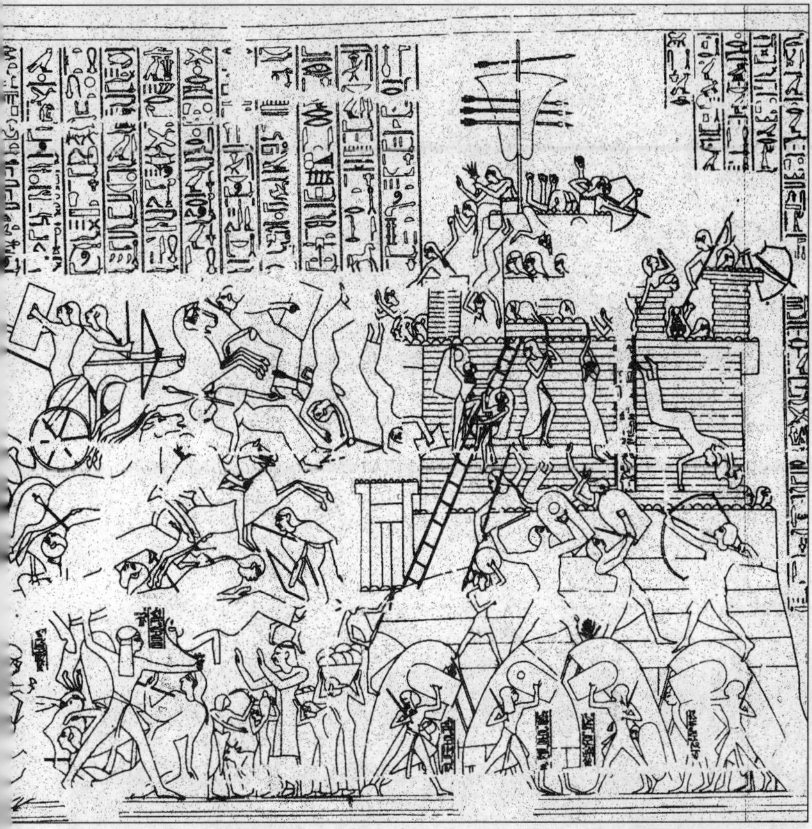

Abb. 178 Die erste Schlacht um Dapur. Darstellung im Ramesseum.
(Zeichnung: Sabri)

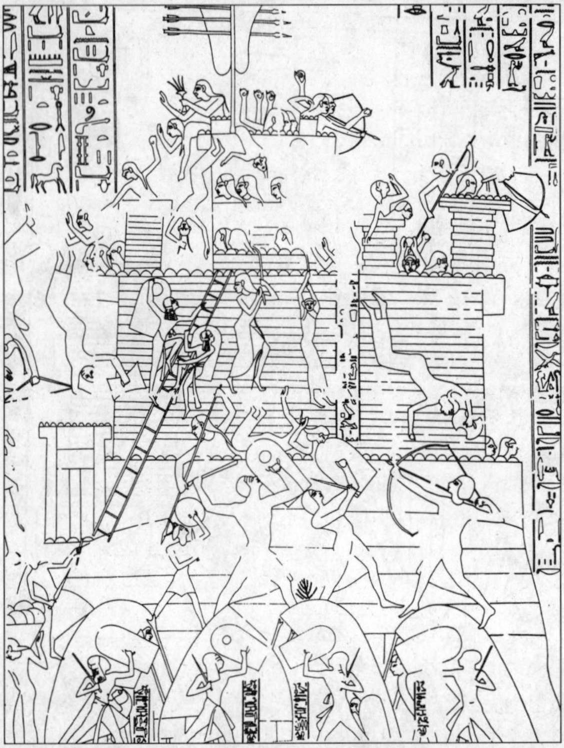

Abb. 179 Die Festung von Dapur. (Detail aus Abb. 178)

Abb. 180 Hethiter auf der Flucht vor Ramses.

vier konische, von Stützen getragene Schilde, ähnlich den Panzern von Schildkröten, vier Söhne des Ramses, die sich auf die Erstürmung der Festung vorbereiten: Meriamun, Amunmuia, Sethos und Setepenre. Zwei weitere Prinzen, deren Namen ungenannt bleiben, steigen mit einem Schild in der Hand über eine große Leiter zum zweiten Stockwerk der Festung empor. Ganz oben versuchen die letzten Verteidiger die Einnahme der Festung mit Pfeilen und Steinwürfen abzuwenden. Einige stürzen kopfüber von den Zinnen. Abseits des Kampfgeschehens signalisieren drei Belagerte, mit brennendem Weihrauch um Gnade flehend, Bereitschaft zur Übergabe.

In einer letzten Szene ist die Kapitulation festgehalten: Zwei ältere Söhne des Ramses, Chaemwese und Monthherchepeschef, machen Anstalten, die feindlichen Führer zu erdrosseln. Ein Greis, begleitet von Trägern mit Geschenken und Hornvieh, bittet die Prinzen würdevoll um Gnade. Die Standarte über der Festung ist von Pfeilen durchbohrt, ein Zeichen der bevorstehenden Eroberung (anders als die Darstellung der Schlacht von Kadesch, wo die Standarte unversehrt über den Zinnen flattert).

Diese Flachreliefs wurden mit einem ausgeprägten Sinn für Komposition und viel Liebe zum Detail von hervorragenden Künstlern geschaffen, die in ihrem Werk eine große Freiheit des Ausdrucks mit höchster Eleganz verbanden: Sicher war Ramses am Entwurf beteiligt gewesen und hatte die Ausführung nach der Rückkehr nach Ägypten persönlich überwacht. In der eroberten Festung wurde vor seinem Rückmarsch jedenfalls eine Statue von ihm errichtet, die er vorsorglich im Troß hatte mitführen lassen.

Fünf der sechs Prinzen, die in der Szene namentlich erwähnt werden, sind Söhne der Isisnofret, der sechste, Sethos, war dagegen der Sohn der Nefertari.[43]

Die Entlohnung der Krieger

Im achten Herrschaftsjahr hatten die ägyptischen Soldaten und ausländischen Söldner, darunter die Schardana, sich bei allen Kampfhandlungen in Galiläa und in Amurru tapfer geschlagen. Ramses hatte keinerlei Anlaß zu einer Strafpredigt, wie er sie seinen Offizieren und einfachen Soldaten nach Kadesch gehalten hatte. Er verfügte jetzt vielmehr über eine siegreiche und motivierte Armee, in der Ordnung und Disziplin herrschten. Wie er vormals die glanzvollen Leistungen der Handwerker und Künstler im Land vergütet hatte, mußte er jetzt die Offiziere und Soldaten belohnen und versorgen. Er wies ihnen Land zu, und vor allem ehrte er sie öffentlich nach seiner Rückkehr im Jahr 9. Zahlreiche Gedenkstelen wurden aus diesem Anlaß errichtet. Sie zeigen das Bildnis des Königs, der, auf den Knien eines seiner Kolosse – oft mit dem Namen *Re-en-hekau* (Sonne der Fürsten)[44] – stehend, unter der fröhlichen Schar seiner Soldaten Schalen, Ketten und anderes Gerät aus Gold verteilt.

Die Gegenoffensive der Verbündeten

Als Ramses seinen letzten Feldzug nach Nordsyrien unternahm, blickte der Hethiterkönig Muwatallis wahrscheinlich schon dem Tod ins Auge, so daß er wohl kaum eine weitere Koalition unter seiner Führung hätte zustande bringen können. Dagegen stand außer Frage, daß er den Verbündeten in Nordamurru und in Nahrina (Hanigalbat), vor allem den Fürsten von Aleppo und Karkemisch, Verstärkung schickte, wie die Darstellung typischer Hethiter in der Schlachtenszene von Dapur zeigt. Gleichwohl konnte eine Eroberung der Festung durch die Ägypter nicht abgewendet werden. Bei seinem Abmarsch ließ Ramses nur eine kleine Garnison zurück, so daß die Stadt bei einem Gegenangriff der verbündeten Nachbarstaaten von Chatti vom Feind zurückerobert wurde. Doch fiel ihm statt des Königs nur dessen Statue in die Hände.

Die Rückeroberung von Dapur

Ramses mußte mit seinen Truppen erneut nach Norden aufbrechen, um die ägyptische Position an diesem strategisch bedeutenden Punkt zu behaupten. Nach dem Tod des Muwatallis schien die Gelegenheit für eine Rückeroberung der Stadt besonders günstig: angesichts der veränderten Machtverhältnisse konnte Ramses annehmen, daß die Kampfkraft der syrischen Fürsten geschwächt war.

Abb. 181 Oberseite der Jahr-8-Stele. (Kairo, Ägyptisches Museum)

Abb. 182 Ramses, auf einem seiner Kolosse, verteilt kostbare Gegenstände an Offiziere. Unterseite der Kantir-Stele. (Hildesheim, Roemer- und Pelizaeus-Museum)

So zog der damals fünfunddreißigjährige Pharao um 1270/69 v. Chr. erneut in die Nähe des Nahr el-Kelb, wo er eine dritte Stele errichten ließ. Bei einem Überraschungsangriff stieg er von seinem Wagen und stürmte zu Fuß an der Spitze seiner Männer auf die Festung zu und beschoß sie wütend mit Pfeilen – so jedenfalls zeigt ihn eine Reliefdarstellung am Tempel von Luxor.

In seiner Kriegsbegeisterung, so heißt es in der begleitenden Inschrift, habe er während der ersten beiden Stunden vergessen, sein Kettenhemd anzulegen. Wieder präsentiert sich Ramses als unverwundbarer Kriegsheld und lebende Legende. Offenbar unversehrt drang er erneut in die Stadt ein. Man weiß nichts darüber, ob die Verteidiger der Stadt die Statue des Pharaos vorsichtshalber geschont hatten, um sie bei einer Rückeroberung gegebenenfalls, zum Zeichen der Unterwerfung und um Gnade zu erhalten, wieder aufrichten zu können.

Sicher ist indes, daß die syrischen Städte nach dem Abmarsch des Pharaos erneut unter den Einfluß ihres mächtigen Nachbarn gerieten. Der König von Karkemisch, der Vizekönig der Hethiter in Syrien, wurde damit zum ständigen Feind des Ramses.

Abb. 183 Aufständische Städte, die von den Asiaten zurückerobert wurden. (Ramesseum)

Der Tod des Muwatallis

Man kann sich durchaus vorstellen, daß Ramses es zu dieser Zeit bereute, auf das Friedensangebot des hethitischen Großkönigs unmittelbar nach der Schlacht bei Kadesch nur halbherzig eingegangen zu sein. Eine Umsetzung dieses Vorhabens schien jetzt nicht mehr so günstig: Nach dem Tod der »Sonne von Chatti« hatte – offenbar ohne Thronansprüche – der Sohn einer Nebenfrau des Muwatallis den Thron bestiegen. Dieser Prinz Urchiteschup, der unter dem Namen Mursilis III. an die Macht gelangte, war eine farblose Figur, die sich durch seinen Onkel Hattusilis, eine starke Persönlichkeit, in den Schatten gestellt fühlte. Mursilis verbannte ihn deshalb in den Norden seines Königreiches und regierte in einer Atmosphäre der Intrige und Niedertracht. Wenigstens beschränkte er seinen Ehrgeiz auf die Grenzen seines Königreiches.

Andererseits gelang es Ramses trotz seiner kühnen militärischen Unternehmen nicht, sich in dieser syrischen Region fernab von Ägypten eine sichere militärische Position aufzubauen. Zu groß waren hier die Widerstände. Sein Vorgänger Thutmosis III. hatte siebzehn Feldzüge unternehmen müssen, um zur Sicherung seiner Landesgrenzen diesen Raum unter Kontrolle zu bringen. Und da-

Abb. 184 Zweite Schlacht um Dapur. Luxor. (Nach Wreszinski)

mals waren die territorialen Ambitionen Chattis noch geringer gewesen.

So gelangte Ramses zu der Einsicht, daß in der augenblicklichen Lage mit Diplomatie mehr zu gewinnen war als mit kriegerischen Unternehmungen, die Menschenleben kosteten und das Glück und den Wohlstand seines Volkes aufs Spiel setzten. Klüger war es, die bereits erworbenen Positionen zu festigen und die Zerstrittenheit der Hethiter dazu zu nutzen, den Status quo in der Region zu sichern.

In den nächsten sechs Jahren ließ Ramses die Konflikte in der Region statt durch bewaffnete Angriffe durch ägyptische Statthalter lösen. Sie trugen maßgeblich dazu bei, in Kanaan und einem Teil Amurrus die Ordnung aufrechtzuerhalten.

KAPITEL 12
DER LANGE WEG ZUM FRIEDEN

Eine Zeit des Wohlergehens

Im zehnten Regierungsjahr stand Ramses in seinem fünfunddreißigsten Lebensjahr. Er hatte soeben einen neuerlichen Feldzug gegen Syrien geführt und hegte kaum noch Hoffnung, das Land Amurru jemals mit militärischen Mitteln wiedergewinnen zu können. So verlegte er sich nun ganz auf eine diplomatische Lösung, um jede künftige Bedrohung der ägyptischen Grenzen auszuschließen. Inzwischen hatte Urchiteschup als Mursilis III. den Hethiterthron bestiegen, und Ramses rechnete damit, daß es zwischen ihm und seinem Onkel Hattusilis, dem Bruder und würdigen Nachfolger des verstorbenen Königs, einen Kampf um die Thronfolge geben würde. Der interne Konflikt im Hethiterreich würde Ägypten eine Atempause bescheren, und diese gedachte Ramses zu nutzen, zumal ihn seine Spione in den angrenzenden Ländern, allen voran Amuneminet, über die expansionistischen Gelüste auf dem laufenden hielten, die Assyrien gegenüber den Vasallen des Reiches Chatti hegte, insbesondere gegenüber der Provinz Hanigalbat.

Die Steuern flossen reichlich und regelmäßig, im Land wie in die Kassen des Statthalters von Asien und des Vizekönigs von Nubien. Ägypten lebte im Wohlstand, und es war ruhig in beiden Teilen des »Schwarzen Landes«: in »Kemi«,[1] das die Asiaten bereits »Misr« nannten.

Im zwölften Regierungsjahr lief die Amtszeit von Nebwenenef aus, dem Hohenpriester (sein richtiger Titel war Erster Prophet) des Amun in Karnak. Ramses, der mittlerweile siebenunddreißig Jahre alt war, ernannte als Nachfolger Wennefer, den Vater seines treuen Freundes Amuneminet. Auf der Rückfahrt von der Zeremonie, die in Theben stattfand, besuchte er die Baustellen der zahlreichen Tempel, die er nach und nach im Land errichten ließ; besonders am

Herzen lag ihm der Bau von Achmim. Aus Achmim stammte die Familie von Teje, der Großen Königsgemahlin von Amenophis III. und Mutter von Amenophis IV. Ramses wußte um den großen Einfluß, den sie auf ihren Sohn ausgeübt hatte. Die Priestergelehrten des größten Tempels der Stadt bildeten zusammen mit der Priesterschaft von Hermopolis (*Schmunu*, die »Stadt der Acht«) immer noch ein Zentrum für astronomische Studien; Tejes Bruder Anen war dort in die Wissenschaft eingewiesen worden. Bevor Ramses mit den Arbeiten an seinen Tempeln beginnen ließ, insbesondere an Abu Simbel und am Ramesseum, hatte er diese unermüdlichen Forscher konsultiert.

Nun wollte er in der Stadt ein weiteres Heiligtum errichten lassen. Er besuchte persönlich neue Steinbrüche und ließ die Pylonen mit Kolossalstatuen schmücken, die ihn zusammen mit seinen ältesten Töchtern zeigten, vor allem mit Meritamun. Als Kinder waren die Töchter bereits auf der Fassade des Felsentempels von Meha dargestellt, aber wenn der neue Tempel fertig war, würden sie alt genug sein, um Große Königsgemahlinnen zu werden.[2]

Drei Jahre später, im fünfzehnten Regierungsjahr, begab sich Ramses wieder in den südlichen Teil seines Landes. Auf der Reise stromabwärts machte er in Abydos Station, wo der Hohepriester des Osiris, ebenfalls Wennefer mit Namen, ihm regelmäßig eine Statue aus Gold weihte, wie es Ramses einst für seinen Vater getan hatte.

Unruhen in Irem

Noch auf der Rückreise nach Piramesse erreichte den Pharao ein Bote des nubischen Vizekönigs Juni mit der Nachricht, daß im fernen Land Irem, in der Nähe des dritten Katarakts, Unruhen ausgebrochen seien. Seit Beginn von Ramses' Herrschaft war der Vizekönig dort noch nicht machtvoll – und auch nicht wohltätig – in Erscheinung getreten, die Menschen hatten die ägyptische Herrschaft lediglich in Gestalt von Steuereinnehmern kennengelernt. Wie üblich handelte Ramses sofort. Er entsandte unverzüglich Truppen aus der Garnison von Theben, die der Division Amun angehörten; den Feldzug leiteten zusammen mit dem Vizekönig vier von Ramses' Söhnen, die sich zur militärischen Ausbildung in Memphis aufhielten, darunter Sethmuia und Chaemwese.[3]

Zur Abschreckung für das Land Kusch ließ Ramses Kampfszenen der Schlacht auf den Tormauern der neuen Residenz des Vizekönigs in Amara-West darstellen: siebentausend Rebellen wurden innerhalb kürzester Zeit gefangengenommen. Seine Glückwünsche an den Vizekönig nach erfolgreichem Abschluß der Aktion fielen verhalten aus, sie waren verbunden mit der Mahnung, häufigere Kontrollreisen in die südliche Provinz zu unternehmen. In den späteren Regierungsjahren kam es zu keinen neuerlichen Zwischenfällen.

Die Auswahl der Königssöhne für den Krieg

Die Tatsache, daß Ramses' ältester Sohn Amunherchepeschef weder an der Belagerung und der Schlacht bei der Stadt Dapur noch an der Strafexpedition gegen Irem teilnahm, hat Anlaß zu der Vermutung gegeben, der Thronerbe könnte nach dem großen Feldzug nach Palästina im siebten und achten Regierungsjahr (1272–1271 v. Chr.) zumindest öffentlich nicht mehr in Erscheinung getreten sein. Man könnte daraus allerdings auch den umgekehrten Schluß ziehen, Ramses habe seine anderen Söhne stärker in den Vordergrund rücken wollen, und zwar insbesondere die Söhne der Isisnofret anläßlich der Einnahme von Dapur, nachdem die Söhne von Nefertari bereits in der Schlacht bei Kadesch Gelegenheit gehabt hatten, sich hervorzutun: Amunherchepeschef alarmierte das Lager beim Angriff der Hethiter, und Reherunemef (Nefertaris drittes Kind) preschte mit dem Wesir der Division Ptah entgegen, um die Verstärkung zu schnellerem Tempo anzutreiben. In Würdigung seiner Verdienste wurde Reherunemef zum »Ersten Tapferen der Armee« ernannt und erhielt wie der fünfte Königssohn Monthherchepeschef den Titel »Erster Streitwagenfahrer des Königs«.

Die Vorfälle in Irem waren nicht so schwerwiegend, daß sie die Präsenz des Königs vor Ort verlangt hätten. So entsandte Ramses seinen achten Sohn Sethmuia, dessen Mutter Nefertari war, und seinen dreizehnten Sohn Merenptah, geboren von Isisnofret. Beide Söhne fehlen auf der Liste der Kinder, die in Abu Simbel auf eine Mauer des Säulenhofs gemeißelt wurde.

Chaemwese, der wohl gebildetste Sohn des Pharaos, ein Kind der Isisnofret, hatte in jungen Jahren die Kämpfe in Nubien miterlebt und war bei der Einnahme von Dapur dabei. Er ist auf einer Mauer des Tempels von Bet el-Wali dargestellt. Schon früh trat er in die Dienste des Ptah in Memphis. Mit zwanzig Jahren war er bereits Sempriester, und der Hohepriester (der »Vorsteher der Künstler«) hielt große Stücke auf ihn. Im neunzehnten Regierungsjahr nahm er an der Seite des Wesirs Paser und des Generals Ramesse, seines Bruders, an der feierlichen Mumifizierung und Bestattung des ersten Apisstieres teil, der während der Herrschaft seines Vaters gestorben war.

Die Diplomatie des Ramses und die Konflikte im Nahen Osten

Ramses' Kundschafter beobachteten mit allergrößter Aufmerksamkeit den zunächst verdeckt, dann offen geführten Kampf zwischen

Abb. 185 Chaemwese, Hoherpriester des Ptah in Memphis, bei der Bestattung des Apisstieres; die Gegenstände für die Augen- und Mundöffnung liegen bereit.

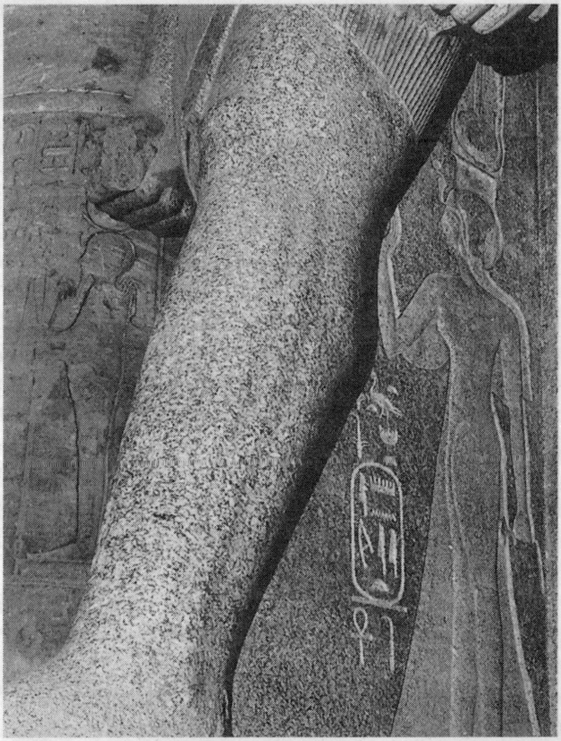

Abb. 186 Kolossalstatue von Ramses in Luxor. Dort, wo Nefertari dargestellt war, findet sich ein Bild der neuen Großen Königsgemahlin Meritamun.

a b

Abb. 187
a. Monumentalstatue von Meritamun aus buntbemaltem Kalkstein, die in jüngster Zeit in Achmim gefunden wurde.
b. Kolossalstatue von Ramses als Bannerträger im Wadi es-Sebua; an seiner Seite Bintanat, die Tochter der Isisnofret.

Mursilis III. und seinem Onkel Hattusilis um den Hethiterthron. Zum endgültigen Bruch kam es, als der Neffe in die Hauptstadt Hattusa einzog und versuchte, Hattusilis aus den letzten kleinen Stadtstaaten zu verdrängen, über die er noch herrschte. Fest in Hattusilis' Gewalt blieb einzig Hapkis. Hattusilis gab sich indes nicht geschlagen und beschloß, die Göttin Ischtar von Samuha und der Wettergott von Narik sollten ihr Urteil über das aggressive Verhalten seines Neffen sprechen. Gestärkt von seinen Anhängern, trat Hattusilis daraufhin den Angriffen von Mursilis III. (Urchiteschup) entgegen und ließ ihn in Samuha gefangennehmen. Dem rebellischen Neffen gegenüber zeigte er sich nachsichtig: Er verurteilte ihn nicht zum Tod, sondern schickte ihn lediglich ins Exil nach Nuhasse südlich von Aleppo in Nordsyrien. Ramses verfolgte mit Genugtuung den Konflikt, den der unnachgiebige Neffe angezettelt hatte und dessen Echo bis an den Hof des Königs von Babylon gedrungen war. Die Wogen schlugen so hoch, daß der Hethiterkönig seinen verräterischen Neffen schließlich noch weiter westlich an die Küste des Mittelmeers, nach Ugarit, verbannte: Großmut, die sich als leichtsinnig erweisen sollte …

Unterdessen schmiedete Ramses eine Allianz mit dem babylonischen König Kadaschmanturgu, und er versuchte zu einem Bündnis mit Salmanassar I., dem Herrscher über die Assyrer, zu kommen. Im Jahr 18 seiner Regierung bot sich ihm unerwartet eine Gelegenheit, aus der er Nutzen ziehen konnte: Er »willigte ein«, Mursilis III. aufzunehmen, der aus seinem Exil »entkommen« war und anscheinend den Pharao um Asyl gebeten hatte. Unbeantwortet muß die Frage bleiben, ob Ramses im Hintergrund die Fäden gezogen hatte, um eine solche Situation herbeizuführen. Hattusilis mußte nun fürchten, daß es einen neuerlichen Konflikt mit seinem Neffen geben könnte und daß sein Neffe diesmal einen mächtigen Verbündeten haben würde. Immerhin konnte er sich der Loyalität des babylonischen Königs Kadaschmanturgu gewiß sein: Kadaschmanturgu brach die diplomatischen Beziehungen zu Ägypten ab und schlug sogar vor, Ägypten zusammen mit den Hethitern für die Aufnahme des Verräters Urchiteschup zu bestrafen. Hattusilis lehnte dieses Angebot jedoch stolz ab – eine noble Geste.

Ramses besaß damit in seinem Land einen wichtigen Trumpf,

und er gedachte, ihn gegen den Hethiter auszuspielen. Er ahnte, daß die Stunde für den seit langem herbeigesehnten Gegenschlag gekommen war, und mobilisierte seine Truppen, die seine Vasallen nach Beth Schan und Megiddo in Kanaan führen sollten. In Beth Schan erwartete er den Angriff der neuen hethitischen Koalition, aber es geschah nichts dergleichen. Am ersten Tag des vierten Monats der Winterjahreszeit im Jahr 18 seiner Regierung ließ er als Zeichen seiner Anwesenheit außerhalb der Grenzen seines Landes in Beth Schan eine Stele errichten. Wie üblich wurden darauf die Leistungen des Pharaos über die Maßen gepriesen. Kenneth A. Kitchen hat ausgerechnet, daß dies im Februar des Jahres 1261 vor unserer Zeitrechnung geschah.[4]

Erzwungener Rückzug des Hethiterkönigs

Ramses blieb auf der Hut und rechnete weiterhin mit einem Vorstoß der Hethiter. Das achtzehnte Regierungsjahr hatte begonnen, und die Nachrichten, die seine eifrigen Spione übermittelten, erfüllten ihn mit Genugtuung. Ganz Kleinasien wurde von schweren Unruhen erschüttert. Den Aufruhr schürte in erster Linie Schattuara II., der Fürst von Mitanni (Hanigalbat). Er hatte Assyrien die Treue geschworen und dann den assyrischen Herrscher Salmanassar I. verraten, um eine Allianz zwischen dem Hethiter und seinem Verbündeten, dem König von Karkemisch, zu schmieden. Der Assyrerkönig griff die Verbündeten an, zerstörte die strahlende Stadt Karkemisch ebenso wie neun weitere strategisch wichtige Zitadellen und plünderte hundertachtzig Kolonien. Salmanassar I. machte vierzehn- bis fünfzehntausend Gefangene und unterwarf die Provinz Hanigalbat mit ihrer bedeutenden Kultur, aus der einst so viele strahlend schöne Prinzessinnen in den Harem von Amenophis III. gelangt waren, endgültig seiner Herrschaft.

Ohne daß Ramses mit Waffen hatte eingreifen müssen, entwickelten sich die Dinge an den Grenzen sehr vorteilhaft für Ägypten. Assyrien grenzte nunmehr nördlich des Euphrats an das Hethiterreich, die Hethiter hatten syrische Provinzen eingenommen. Ramses wußte, daß Hattusilis sich in der Defensive befand und ihn nicht angreifen konnte. Jetzt schlug erneut die Stunde der Diplomatie, zumal es Hinweise gab, daß Hattusilis bereit war, mit offiziellen Abgesandten des Pharaos Kontakt aufzunehmen, die ihn von den friedlichen Absichten ihres Herrschers überzeugen sollten.

Neue Grosse Königsgemahlinnen

Das Jahr 1260 vor unserer Zeitrechnung war Ramses' neunzehntes Regierungsjahr, sein vierundvierzigstes Lebensjahr. Er hatte eine eindrucksvolle Zahl von Nebenfrauen: einige Ägypterinnen, die meisten aber aus asiatischen Ländern, die nach Vertragsschlüssen mit asiatischen Vasallen an seinen Hof gelangt waren, und einige Töchter von Herrschern aus dem Lande Wawat. Alle waren sehr fruchtbar und schenkten ihm viele Kinder. Inzwischen hatte er es aufgegeben zu zählen, wie viele Frauen der Harem von Merwer am Rand des malerischen Sees im Faijum zählte. Geleitet wurde der Harem von der Königinmutter; besonders prunkvolle Gemächer waren darin den Großen Königsgemahlinnen vorbehalten, den kleinen Prinzen und den ältesten Prinzessinnen, die Töchter der Großen Königsgemahlinnen waren. In den Provinzen gab es weitere Harems, die der Pharao regelmäßig besuchte, dem von Memphis stand ein gewisser Amunmes vor.

Die beiden Großen Königsgemahlinnen Nefertari und Isisnofret hatten ihm bereits zahlreiche Söhne und Töchter geschenkt. Die Kinder der Nefertari waren zum Teil recht anfällig, was Rückschlüsse auf die zarte Konstitution der Mutter der Thronerben erlaubt. Die ältesten Kinder, deren Darstellungen die Fassaden der Felsentempel von Meha und Ibschek und den Säulenhof des Tempels von Meha schmückten, waren mittlerweile erwachsen.[5]

Die beiden ältesten Töchter würden eines Tages nach uralter, bis in die Zeit vor dem Bau der Pyramiden zurückreichender religiöser Tradition berufen werden, an der Seite des Pharaos die Rolle zu übernehmen, die einst die Tochter des Demiurgen an der Seite von Atum innegehabt hatte. Sie erhielten wie ihre Mütter den Titel Große Königsgemahlin, was freilich ganz und gar nicht bedeutete, daß ihre hochverehrten Mütter dadurch »entthront« worden wären. Bintanat, die älteste Tochter von Isisnofret, wurde als erste inthronisiert, und zwar in dem Jahr, als die heiligen Grotten von Meha und Ibschek im Lande Wawat vollendet waren. Das Dekorationsprogramm, in dem Ramses die großen Augenblicke seines Lebens verewigen wollte, war abgeschlossen bis auf eine Seite des dritten Pfeilers in südwestlicher Richtung, dort war noch Platz frei. Anläßlich der Inthronisierung der Prinzessin wurde an dieser Stelle eine Statue mit ihrem Bildnis errichtet, und ihrem Namen wurde der neue Titel Große Königsgemahlin beigegeben.

Die Inthronisierung von Meritamun, der ältesten Tochter von Nefertari, sollte wenig später erfolgen. Allerdings gab es ein Problem: Alle Mauern und Pfeiler in der Säulenhalle, die man für die »Familienchronik« reserviert hatte, waren bereits mit Bildnissen versehen. Der neue Vizekönig von Nubien, Hekanacht, ließ daraufhin auf einer Felswand die Szene darstellen, wie die Prinzessin zur

Abb. 188 Der große Felsentempel Ramses' II. in Meha.
(Abu Simbel, südlicher Teil)

Königsgemahlin an der Seite des Pharaos erhoben wurde, und da der Platz auf dem Felsen nicht begrenzt war, konnte auch noch ein Bild von Meritamun mit ihrer hochgeschätzten Mutter Nefertari untergebracht werden. Die direkt in den Felsen gehauene Stele[6] weist somit zwei Register übereinander auf.

Nach den für die Wandmalereien geltenden Regeln wird auf dem unteren Register immer das dargestellt, was dem Betrachter besonders ins Auge fallen soll. Auf der Felsenstele von Meha sieht der Betrachter Nefertari auf einem erhöhten Sessel sitzend, während sie die Huldigung des Vizekönigs entgegennimmt. Die Königin trägt den Kopfschmuck der Sothis: zwei gerade Federn, davor der Sonnenball zwischen dem Sothisgehörn. Der Schmuck zeichnet sie aus als Große Königsgemahlin in der Blüte der Fruchtbarkeit, wie Sothis ist sie in der Lage, die Inkarnation der Sonne zur Welt zu bringen. Im oberen Register sieht man Ramses, wie er der Dreiheit der Götter opfert, an seiner Seite die gerade zur Königsgemahlin erhobene Meritamun. Sie trägt als Kopfschmuck nur die hohen Federn und das Sonnensymbol, das Sothisgehörn, Zeichen der Fruchtbarkeit, gebührt ihr noch nicht.[7]

Die Einweihung der Heiligtümer von Meha und Ibschek

Die königliche Familie veränderte sich allmählich, und neben den beiden Großen Königsgemahlinnen stärkten nunmehr zwei direkte Abkömmlinge die männliche Kraft des göttlichen Gesandten auf Erden. Während Ramses genau darauf geachtet hatte, daß Nefertari und Isisnofret niemals gemeinsam dargestellt wurden, ließ er nun jeweils zwei Darstellungen von Bintanat und von Meritamun neben zwei Kolossalstatuen aufstellen.[8]

Die königliche Familie bestand somit aus vier Großen Königsgemahlinnen, der Königinwitwe, die eine herausragende Rolle spielte, und den Prinzen und Prinzessinnen, die Kinder der beiden ersten Königsgemahlinnen waren. Sie alle nahmen im neunzehnten Regierungsjahr an der festlichen Einweihung der beiden Felsentempel von Abu Simbel teil, dem Akt, der hieß: »das Haus seinem Herrn geben«. In Anbetracht der besonderen Natur der Heiligtümer und der

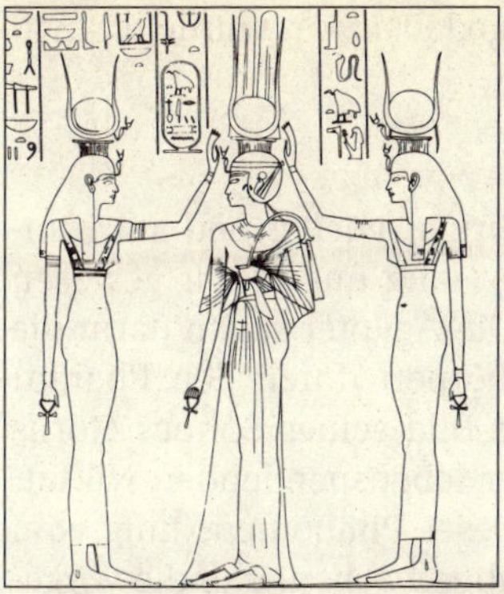

Abb. 189 Verwandlung der Nefertari in Sothis (Sirius) dank der Hilfe von Hathor und Isis. Darstellung im kleinen Felsentempel von Ibschek. (Abu Simbel, nördlicher Teil)

Abb. 190 Ramses und Nefertari opfern »der Großen« (Thoëris) für eine glückliche jährliche Erneuerung. (Abu Simbel, Ibschek)

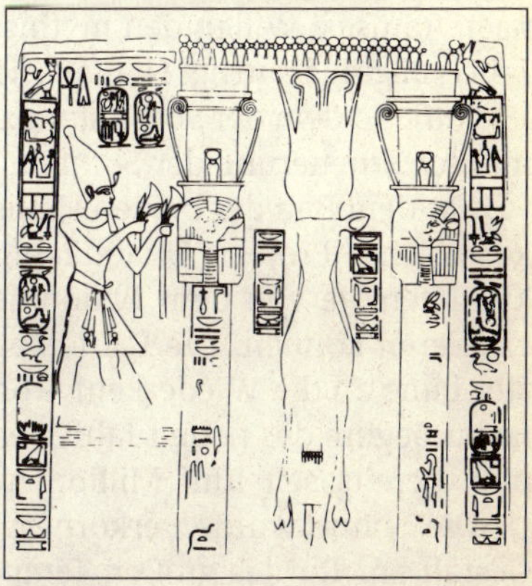

Abb. 191 Im Innern des Tempels von Ibschek: Zwischen zwei Hathorpfeilern läßt die Hathorkuh den erneuerten König erscheinen.

Abb. 192 Im Allerheiligsten: Rund um das Tor verlassen die Überflutungsgötter die Grotte von Ibschek nach der Begegnung von Isis-Sothis und Re-Harachte.

außergewöhnlichen Rolle, die ihnen zugedacht war, wurde es auch ein ganz besonderes Ereignis.

Die Botschaft der Tempel

Alljährlich, wenn der Sothisstern (Sirius) wieder neu am Himmel erstrahlte, nachdem er siebzig Tage lang unsichtbar gewesen war, erschien kurz danach die Sonne. Die Ägypter sahen darin die Erneuerung des Himmelsgestirns (verkörpert durch den Pharao) und die Wiederkehr des Osiris (der im Bild seines Sohnes Horus fortlebte), beides wurde offenbar in der lebenspendenden Nilflut. Das regelmäßige, zyklische Eintreten dieses Phänomens hing vom Handeln des Pharaos ab; er mußte darüber wachen, daß die vorgeschriebenen Rituale peinlich genau vollzogen wurden. Die beiden Felsenheiligtümer nördlich des zweiten Katarakts in der Nähe der Stelle, wo der Nil das nubische Ägypten erreichte, bezeichneten nach Ramses' Willen den mythischen Ort, wo sich das Wunder des Jahresbeginns zutrug. Neujahr fiel mit dem Tag zusammen (um den 18. Juli), an dem der Sothisstern zum erstenmal wieder sichtbar war, mit der Erneuerung der Sonne und dem Einsetzen der Nilflut.

Mit dem Bau der beiden Heiligtümer verfolgte Ramses somit ein kosmisches Projekt. Unabhängig von ihrer historischen Botschaft kündeten sie von dem Phänomen, ohne das Ägypten nicht hätte existieren können. Die Bauten an genau dieser Stelle sollten in erster Linie an die Wiederkehr – oder vielmehr die Geburt – der Sonne zu Beginn des neuen Jahres erinnern im Zeichen des Sterns, den man bereits seit fünf Millionen Jahren den Hundsstern nannte.[9]

Die Sonne wurde verkörpert von Ramses, der beherrschenden Gestalt am Tor des großen Tempels. Sie erscheint auch als jugendlich-kräftiger Mann mit dem Gesicht des Horusfalken, der sich auf zwei Hieroglyphenzeichen stützt: die (göttliche) Macht *user* und das Gleichgewicht *maat*. Über dem Kopf schwebt der Sonnenball *re*, und zusammen ergibt das Ramses' Thronnamen Usermaatre.

Den Sothisstern sollten Ramses' Untertanen in der Gestalt von Nefertari erkennen,[10] der Königsgemahlin, die den Thronerben Amunherchepeschef geboren hatte. Die beiden Göttinnen Hathor und Isis führen Nefertari in diese Rolle ein; die Szene ihrer Transformation ist in einer Bildersprache von seltener Klarheit, aber auch

Eleganz, Anmut und Schönheit im Heiligtum von Ibschek dargestellt.[11] Alles in dem Tempel Ibschek, in dem die heilige Verwandlung sich vollzog – die Personen, die Opfergaben und Blumen, das an Ta-Uret (die Große) gerichtete Gebet des königlichen Paares um dic glückliche Geburt (des neuen Jahres) –, atmet den Geist der Weiblichkeit.

Die Zeremonien

Zuerst fanden geheime Zeremonien im Allerheiligsten statt, dann stellten bei Anbruch des genau bezeichneten Tages Ramses und Nefertari vor den beiden Felsentempeln in Gegenwart der Nilpriester, der übrigen Mitglieder der königlichen Familie und der Großen des Hofs die zentralen Szenen des kosmischen Schauspiels dar. Der Strom war durch Zuflüsse aus Abessinien angeschwollen, die Nilflut kündigte sich an. Im Innern des Tempels der Königin wurde der Beginn der Überflutung dargestellt durch zwei Figuren, die aus den Eingeweiden des Felsens entsprangen und dem Ausgang des Heiligtums zustrebten; in den Händen hielten sie ein Opfertablett mit »allen Erzeugnissen Ägyptens«.[12]

An der Fassade des Tempels von Ibschek scheint die leuchtende Statue der Nefertari mit dem eindrucksvollen, ehrfurchtgebietenden Kopfschmuck der Sothis wie der Stern am Himmel aufzugehen, während die beherrschende Figur von Ramses in der Gestalt von Re-Harachte am Eingang zum Inneren des Heiligtums steht wie die Sonne am Firmament.

Als nächstes trug man den Barkenschrein des Thot, der in einer südlich des Tempels direkt in den Fels gehauenen Grotte aufbewahrt wurde, auf das königliche Schiff, das ihn nach Ägypten bringen sollte, als Symbol der Überflutung, deren Urheber der Pharao war. Der Pharao verschmolz mit seinen Vätern Amun und Re, gemeinsam mit diesen beiden saß er im Innersten des Heiligtums von Meha. In Theben feierte man die Ankunft der Barke als Beginn der Überflutung. Im Ramesseum holten die Priester die Barkenschreine der Götterfiguren heraus, die an der östlichen Wand des Saales mit der astronomischen Decke dargestellt waren, und trugen sie herum, um die verborgene Kraft zu begrüßen, die nun zurückkehrte.

Zum Abschluß der Zeremonie trat Ramses allein vor das Heilig-

Abb. 193 Darstellung der Nefertari-Sothis auf der Fassade von Ibschek.

Abb. 194 Ramses-Harachte beherrscht die Fassade des Felsentempels von Meha.

Abb. 195 Nordteil des großen Tempels: kleiner Pylon vor dem Sonnenaltar.

Abb. 196 Die beiden Obelisken und die vier Hundskopfaffen im Inneren des Altars. Rechts die Nische mit dem sitzenden Hundskopfaffen und dem Skarabäus.

tum von Ibschek und stand sinnend vor der südlichsten Kolossalstatue, die ihn darstellte. Dieser Koloß war ein wenig höher als die fünf anderen Statuen an der Fassade. Ramses hatte angeordnet, daß der Unterschied so deutlich gemacht wurde, daß ihn ein ungeschultes Auge erkennen konnte. Von den Fußsohlen bis zur Spitze der weißen *Hedjet*-Krone[13] maß die Statue genau sechzehn Ellen:[14] Das entsprach dem Wasserstand des Nils bei einer besonders großen Überschwemmung! Ramses war wahrhaftig der Bringer der Flut, er verschmolz mit der Flut. Die sechzehn Ellen hohe Königsstatue war damit die erste Darstellung der magischen Kraft der idealen Überflutung mit maximaler Wasserhöhe.

Als nächstes trat Ramses vor den Sonnenaltar nördlich des Heiligtums, der durch einen kleinen Pylonen ohne Tor vor den Blicken verborgen war. Der Durchgang zwischen den beiden Türmen öffnete sich im Innern zu einem großen Altar, den zwei kleine Obelisken einrahmten. Die Obelisken waren geschmückt mit vier Hundskopfaffen, die aufrecht stehend die Sonne anbeteten. In einer Kapelle an der Nordseite befanden sich die Statue eines riesigen Skarabäus mit einem Sonnenball – dem Bild des Harachte – und eine Statue des affenköpfigen Gottes Thot mit dem zunehmenden Mond als Kopfschmuck. Beide Statuen standen mit dem Rücken nach Norden, der affenköpfige Mondgott im Osten, dort, wo der Mond aufgeht, wenn er die Sonne (den Skarabäus) ablöst, die im Westen untergeht. Die Aufeinanderfolge von Sonne und Mond bildet einen geschlossenen Kreislauf: den Kreislauf der Ewigkeit. Als Ramses bei Sonnenaufgang an diesem Neujahrstag vor dem Heiligtum stand, bevor er in seine Hauptstadt zurückkehrte, schritt er die wenigen Stufen zu dem Altar hinauf, das Gesicht nach Osten gewandt, und ließ die Sonne zwischen den beiden Obelisken aufgehen; auf diese Weise garantierte er den ewigen Kreislauf der Zeit.[15]

Schließlich trat er aus dem Heiligtum heraus auf den großen Platz davor. Er war allein, alle, die an der Zeremonie teilgenommen hatten, durch welche das kosmische Wunder dargestellt wurde, hatten unterdessen den Platz verlassen. Ramses betrachtete die riesigen sitzenden Kolossalstatuen, die ihn darstellten, und dazwischen die Abbilder der wichtigen, noch lebenden Mitglieder seiner Familie: Die Statuen zeigten ihn als treusorgenden Vater einer großen Schar an Nachkommen, ein weiteres Symbol der göttlichen Überflutung, als deren Inkarnation zum Wohle Ägyptens er sich verstand. Die erhabenen Gesichter der riesenhaften Abbilder faszinierten ihn. Als er das Heiligtum zum letztenmal besucht hatte, waren die Steinblöcke erst grob behauen und hinter Gerüsten versteckt gewesen. Nun senkten die Statuen ihre Augen auf ihn herab, in der Gewißheit, daß er tatsächlich mit der göttlichen Kraft wirkte, die ihm innewohnte. Bei diesem erhabenen Anblick schwindelte ihm, und er fühlte sich unendlich verwundbar.

Zurück zu den Realitäten des irdischen Lebens

Bevor Ramses und die königliche Familie in die Hauptstadt im Delta zurückkehrten, unterbrachen sie die Reise noch einmal in Theben und besuchten den Tempel von Luxor. Dort überwachten die Architekten des Königs die Fertigstellung des großen Hofs. Zwischen den Säulen, die den Hof umgaben, hatte man Kolossalstatuen des Königs aufgestellt.[16] Stehend, das Haupt mit dem Nemeskopftuch bedeckt, auf dem oft auch noch die Doppelkrone *(Pschent)* saß, war die Gestalt des Königs im südlichen Teil des ersten Hofs von dreien seiner vier Königsgemahlinnen flankiert. Isisnofret fehlte hier wie in den übrigen Tempeln von Theben und in allen nubischen Tempeln. Statt dessen nahm das Bild ihrer ältesten Tochter Bintanat, die seit kurzem auch Große Königsgemahlin war, einen zentralen Platz ein, ebenso wie das Bild der jüngsten Königsgemahlin Meritamun, der Tochter von Nefertari. Meritamun ist noch einmal an der Seite einer Kolossalstatue vor dem westlichen Turm des Pylonen dargestellt. Die drei Großen Königsgemahlinnen durften auch die geheimen Hallen im Inneren des Tempels betreten, denn sie standen in enger Beziehung zum Ka des Königs, dem das Heiligtum geweiht war.[17]

Die Friedensverhandlungen

Zurück in Piramesse erfuhr der Pharao, daß edle Besucher aus dem Hethiterreich in der nördlichen Hauptstadt eingetroffen waren und mit dem »Außenministerium« Kontakt aufgenommen hatten. Seine Spione am Hof von Hattusilis sandten weiterhin ihre Berichte, und daraus ging hervor, daß Hattusilis sich gegen Vorstöße der Assyrer wappnete und zugleich bestrebt war, Konflikte mit den Ägyptern zu vermeiden.

Es war daher empfehlenswert, dem potentiellen Gegner Kompromißbereitschaft zu signalisieren. Die Ägypter, vom verräterischen Urchiteschup genauestens informiert, betrieben den üblichen diplomatischen Kuhhandel, Hattusilis prüfte ihre Forderungen gründlich und mit einer gewissen Würde. Schließlich fanden der Pharao und der Hethiterkönig eine allseits akzeptable Lösung, die beiden beträchtliche Vorteile versprach.

Für Ramses bedeutete der Kompromiß, daß er seinen Traum, über Kadesch und Amurru zu herrschen, endgültig begraben mußte. Im Gegenzug würde es für die Ägypter in Zukunft wieder möglich sein, ungehindert die Handelsstraße zu passieren, die längs der Küste nach Ugarit, gegenüber von Zypern, verlief. Die ägyptische Kontrolle über dieses Gebiet wurde verstärkt, und das Land »Kemi« erhielt alle Rechte über die phönizischen Häfen zurück. Über Amurru sollte künftig das Reich Chatti herrschen, Upe blieb neutral, und Ägypten behielt alle Rechte in Kanaan. Das war selbstverständlich, das Thema »Grenzen« wurde nicht einmal erwähnt. Schließlich sollten das Reich Chatti und Ägypten einen feierlichen Friedensvertrag unterzeichnen. Fast zwei Jahre lang reisten Abgesandte zwischen den beiden Ländern hin und her (die Reise dauerte mindestens einen Monat[18]), bis schließlich die Grundzüge eines solchen Vertrages verbindlich vereinbart waren.

Der Friedensvertrag

Übergabe und Beschreibung der Tafeln

Der Friedensvertrag – das erste bekannte Dokument dieser Art – wurde in babylonischer Sprache abgefaßt, der Diplomatensprache der damaligen Zeit. Bestimmte Formulierungen deuten darauf hin, daß er von den Rechtsgelehrten des Hethiterkönigs aufgesetzt wurde, denen die in ihrem Lande gebräuchlichen Wendungen vertraut waren und die Erfahrung mit Verträgen mitbrachten. An der endgültigen Fassung wirkten drei herausragende ägyptische Rechtsgelehrte mit, die der Pharao entsandt hatte. Die Mitglieder dieses gemischten Komitees machten sich schließlich mit Wagen durch Syrien auf den Weg nach Ägypten. Bewaffnete begleiteten sie, und sie rasteten in Städten und Festungen, die nur wenige Jahre zuvor von endlosen, fruchtlosen Kämpfen heimgesucht worden waren. Im einundzwanzigsten Regierungsjahr trafen sie in Piramesse ein, die Reise von der Hauptstadt Hattusa (Bogazköy) hatte ungefähr drei Dekaden, das heißt dreißig Tage, gedauert. Am einundzwanzigsten Tag im ersten Monat der Winterjahreszeit, also etwa Ende November/Anfang Dezember 1259 v. Chr., traten sie im Palast vor den König; er war damals sechsundvierzig Jahre alt.

An dem Tag weilte Seine Majestät in der Stadt Piramesse, beschäftigt mit Verrichtungen, die den Göttern wohlgefällig sind.

Es trafen die drei königlichen Abgesandten von Ägypten ein [...] und ebenso der erste und der zweite königliche Abgesandte des Reiches Chatti, Tiliteschup und Ramose, und der Abgesandte von Karkemisch, Japusili. Sie brachten die Silbertafel, welche der große Fürst des Reiches Chatti, Hattusilis, an Seine Majestät, den Pharao Ramses, von Amun geliebt, mit der Bitte um Frieden schickte.

Es handelte sich um eine große Tafel aus glänzendem Silber, in die auf beiden Seiten Text in Keilschrift eingeritzt war. In der Mitte der Tafel sah Ramses das Großsiegel des Hethiterreiches:

Was ist in der Mitte der Silbertafel? Auf der Vorderseite als Relief das Bildnis des Seth, umarmend ein Abbild des großen Fürsten des Reiches Chatti, umgeben von einer Inschrift, die besagt: »Das Siegel von Seth, dem Herrscher des Himmels, das Siegel des Vertrages, gemacht von Hattusilis, dem großen Fürsten von Chatti, dem mächtigen Sohn von Mursilis.« [...] Was ist auf der anderen Seite? Ein Relief mit dem Bild der Göttin des Reiches Chatti, umarmend eine weibliche Gestalt, das ist die große Fürstin des Landes, umgeben von einer Inschrift, die besagt: »Das Siegel der Sonnengöttin von Arinna, der Herrscherin über das Land, das Siegel von Puduchepa, der großen

Fürstin des Reiches Chatti, Tochter der Landes Kizzuwatna, Priesterin der Stadt Arinna.«

Majestätisch saß der Pharao auf seinem mit Gold beschlagenen, mit Halbedelsteinen besetzten und mit Glasfluß in den Farben Rot, Türkis und Lapislazuliblau verzierten Thron, angetan mit der Chepreschkrone, an seiner Seite Paser und seine wichtigsten Ratgeber. Er ließ einen sprachkundigen Schreiber kommen, der ihm unverzüglich den Wortlaut des Vertrages übersetzen sollte, damit er die Version des Hethiterkönigs mit dem ägyptischen Text vergleichen konnte, der ihm bereits vorlag.

Nach einigen kleineren Modifikationen des babylonischen Textes wurden Abschriften des Vertrages auf Papyrus im »Außenministerium« deponiert, und die endgültige Fassung wurde in babylonischer Sprache auf Tontafeln niedergelegt. Abgesandte des Pharaos sollten die Tafeln nach Hattusa in den Palast des Hethiterherrschers bringen. Hattusilis ließ den ägyptischen Text unter die Füße einer Statue des Gottes Teschup legen, umgekehrt ließ der Pharao den hethitischen Text unter den Füßen einer Statue von Re-Harachte deponieren.

Schließlich gab Ramses den Befehl, daß dieses wertvolle Dokument, der erste Staatsvertrag zwischen zwei Großmächten in der Geschichte der Menschheit, in Hieroglyphen auf den Mauern des Tempels von Karnak in Theben und auf den Mauern des Ramesseums in der Nähe der Darstellungen von der Schlacht bei Kadesch eingeritzt werde. Die Hieroglyphen von Karnak wurden erstmals von Champollion entziffert, bis dahin hatte er noch gar nichts von der Existenz des Reiches Chatti gewußt. Die Vermutung ist naheliegend, daß eine weitere Version auf den Mauern der Tempel von Piramesse festgehalten wurde, doch bislang haben die Grabungen auf dem im Laufe der Jahrhunderte vielfach verwüsteten und immer wieder neu bebauten Gelände noch keine entsprechenden Hinweise zutage gefördert.[19]

Der Inhalt des Vertrages

In dem Vertrag waren vor allem zwei Dinge verankert: »schöne Brüderlichkeit und Frieden«. Es handelt sich im Kern um einen bilateralen Friedensvertrag und Nichtangriffspakt. Die Vertragsparteien

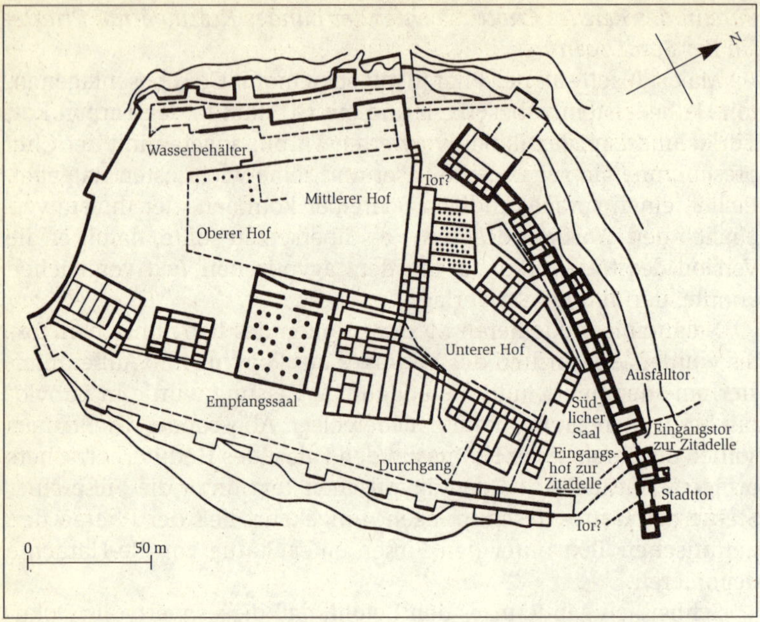

Abb. 197 Plan der Zitadelle und der Befestigungsanlagen von Hattusa. (Nach Kenneth A. Kitchen)

Abb. 198 Die hethitischen Siegel von Mursilis II. und Tuthalija IV. mit Darstellungen des Königs und der Königin.

vereinbaren die Auslieferung von Flüchtlingen und die menschliche Behandlung der Ausgelieferten und verpflichten sich zu gegenseitiger Waffenhilfe bei Angriffen von Dritten. Die beiden Herrscherfamilien versichern sich ihrer freundschaftlichen Verbundenheit und der wechselseitigen Respektierung des Legitimitätsprinzips.[20] Der Inhalt entspricht dem, was auch heute in völkerrechtlichen Verträgen geregelt wird! Auch auf die jeweiligen Empfindlichkeiten wird Rücksicht genommen, denn beide Herrscher betonen, daß der jeweils andere den ersten Schritt zum Vertragsschluß getan habe.

Die hethitische und die ägyptische Version des Vertrages unterscheiden sich in einigen Details, aber in den großen Linien stimmen sie völlig überein; zumindest läßt sich das für den Teil sagen, der in beiden Versionen erhalten geblieben ist. Die zentralen Punkte werden in rund zwanzig Abschnitten behandelt, mehrmals nimmt der Text Bezug auf das Abkommen zwischen dem Reich Chatti und Ägypten, das zur Amarnazeit, während der Herrschaft des Hethiterkönigs Suppiluliuma, geschlossen wurde. Dieses Abkommen

Abb. 199 Rekonstruktion der Akropolis von Hattusa.

Abb. 200 Der Friedensvertrag mit den Hethitern in Hieroglyphen. (Karnak)

wurde auf eine schwere Belastungsprobe gestellt, als Zannanza, der Sohn von Suppiluliuma, den die Witwe Tutanchamuns zu heiraten gedachte, auf dem Weg nach Ägypten ermordet wurde, höchstwahrscheinlich auf Befehl von Haremhab.[21]

Hier einige wichtige Passagen aus dem einleitenden Teil des Vertrages, die beiden Versionen sind einander gegenübergestellt:[22]

Der Vertragstext

Hethitische Version

Der Vertrag von Riamasea-mai-Amana [Ramses von Amun geliebt], dem Großkönig des Landes Ägypten, dem Helden, mit Hattusilis, dem Großkönig, König des Reiches Chatti, seinem Bruder, durch welchen schöner Frieden und schöne Brüderlichkeit in den Beziehungen der beiden Königreiche hergestellt werden sollen für alle Ewigkeit, besagt folgendes:

Riamasea-mai-Amana, der Großkönig von Ägypten, der Held, Enkel von Min-pahtaria [Menpehtire = Ramses I.], dem Großkönig, König des Landes Ägypten, dem Helden, [spricht] zu Hattusilis, dem Großkönig des Reiches Chatti, dem Helden, Sohn von Mursilis, dem Großkönig, König des Reiches Chatti, dem Helden, Enkel von Suppiluliuma, dem Großkönig, König des Reiches Chatti, dem Helden:

Siehe, ich habe schöne Brüderlichkeit und schönen Frieden

Ägyptische Übersetzung

Der Vertrag, den der große Fürst des Reiches Chatti, der Held, Sohn des Mursilis, des großen Fürsten des Reiches Chatti, des Helden, Enkel des Suppiluliuma, des großen Fürsten des Reiches Chatti, des Helden, auf einer Silbertafel niederschreiben ließ für Usermaatre-Setepenre, den Großkönig von Ägypten, den Helden, Sohn von Menmaatre [Sethos I.], dem Großkönig von Ägypten, dem Helden:

Dieser Vertrag über Frieden und aufrichtige Brüderlichkeit möge Frieden und Brüderlichkeit zwischen uns stiften durch die Bestimmungen des Vertrages zwischen dem Reich Chatti und Ägypten für alle Ewigkeit!

zwischen uns gestiftet, um schönen Frieden und schöne Brüderlichkeit in den Beziehungen zwischen dem Land Ägypten und dem Reich Chatti für alle Ewigkeit zu stiften.

Abkommen über einen neuen Vertrag

[Der hethitische Text ist unleserlich.]

Was Muwatallis betrifft, den großen Fürsten des Reiches Chatti, er kämpfte gegen den großen Herrscher von Ägypten. Nachdem sich sein Schicksal erfüllt hatte, folgte Hattusilis seinem Vater auf dem Thron [...] Heute gibt er sein Einverständnis zu einem Vertrag, um die Beziehung, welche Re geschaffen hat, zwischen Ägypten und dem Reich Chatti herzustellen, damit es niemals Feindseligkeiten zwischen beiden Ländern geben möge. [...] Die Kinder des großen Fürsten des Reiches Chatti sollen in Frieden und Brüderlichkeit sein mit den Kindeskindern von Ramses [...]

Der Nichtangriffspakt

Riamasea-mai-Amana, der Großkönig von Ägypten, darf das Reich Chatti in alle Ewigkeit nicht angreifen, um Sachen zu rauben. Hattusilis, der Großkönig des Reiches Chatti, darf in alle Ewigkeit das Land Ägypten nicht angreifen, um Sachen zu rauben [...]

[...] Der große Fürst des Reiches Chatti wird niemals auf ägyptisches Gebiet vordringen, um Sachen zu rauben. Usermaatre-Setepenre, der Großkönig von Ägypten, wird niemals in das Gebiet des Reiches Chatti vorstoßen, um Sachen zu rauben [...]

Erneuerung des alten Vertrages

Siehe die Vereinbarung, die Schamasch und Teschup für das Land Ägypten und das Reich Chatti getroffen haben, daß Frieden und Brüderlichkeit bewahrt bleiben, auf daß nie Feindseligkeit zwischen ihnen entstehe.

Siehe, Ramses, der Großkönig, der König des Landes Ägypten, setzt seinen Namen darunter, auf daß es [beiden Ländern] gutgehe von diesem Tage an. Siehe, das Land Ägypten und das Land Chatti sind in Frieden und Brüderlichkeit für alle Ewigkeit.

Was den alten Vertrag betrifft, der gültig war während der Herrschaft von Suppiluliuma, dem großen Fürsten des Reiches Chatti, und den ewig gültigen Vertrag aus der Zeit von Muwatallis, dem großen Fürsten des Reiches Chatti, meinem Vater, so setze ich hiermit meinen Namen darunter. Siehe, Ramses, der Großkönig von Ägypten, hält den Frieden ein, den er heute mit uns geschlossen hat […]

Wechselseitige Waffenhilfe

Wenn ein Feind ins Land Chatti kommt und wenn Hattusilis, der Großkönig, König des Landes Chatti, mir einen Boten schickt, um mir zu sagen »Komme mir gegen ihn [= den Feind] zu Hilfe«, dann möge der Großkönig Ramses, der König von Ägypten, seine Soldaten und seine Wagenlenker schicken, daß sie den Feind töten und Rache für das Land Chatti nehmen.

Wenn ein Feind, wer auch immer es sein mag, das Gebiet von Usermaatre-Setepenre angreift, dem Großkönig von Ägypten, und wenn jener einen Boten zu dem großen Fürsten von Chatti schickt, um ihm zu sagen »Komme mir zu Hilfe, damit wir gemeinsam gegen ihn ziehen«, dann wird der große Fürst des Reiches Chatti ihm zu Hilfe kommen und den Feind töten.

Aber wenn der große Herr des Reiches Chatti nicht selbst kommen und kämpfen will, dann soll er seine Truppen und seine Streitwagen schicken, damit sie die Feinde schlagen.

Die Nachfolge auf dem Hethiterthron

Die Königswürde im Reiche Chatti fällt an den Sohn von Hattusilis, dem König von Chatti, und er folgt seinem Vater auf dem Thron nach vielen Jahren Regierungszeit.

Wenn die Großen des Reiches etwas gegen ihn unternehmen, dann soll der König des Landes Ägypten seine Soldaten und seine Wagenlenker schikken, daß sie sie [die Großen] bestrafen.

[Text unleserlich]

(Ab hier wird nur die ägyptische Übersetzung zitiert, weil der hethitische Text entweder zu unleserlich oder lückenhaft ist.)

Ausweisung mächtiger Flüchtlinge

Wenn ein Großer aus dem Land Ägypten flieht und in das Land des großen Fürsten des Reiches Chatti gelangt oder in eine Stadt oder in eine Gegend, die zu den Ländern von Ramses, geliebt von Amun, gehört, dann wird der große Fürst von Chatti ihn nicht aufnehmen. Er wird veranlassen, daß er an Usermaatre-Setepenre ausgeliefert wird, den Großkönig von Ägypten, seinen Herrn.

Auslieferung einfacher Flüchtlinge

Wenn ein Mann oder zwei Männer, die unbekannt sind, fliehen und Zuflucht suchen im Reich Chatti, um einem anderen Herrn zu dienen, dann dürfen sie nicht im Reich Chatti bleiben, sondern man wird sie zu Ramses, geliebt von Amun, zurückbringen, dem Großkönig von Ägypten.

Amnestie für Flüchtlinge

Wenn ein Ägypter oder zwei oder drei fliehen und in das Land des großen Fürsten des Reiches Chatti gelangen [...], dann wird der große Fürst des Reiches Chatti sie festsetzen lassen und an Ramses ausliefern, den Großkönig von Ägypten: Ihm [dem Flüchtigen] wird sein Fehler nicht vorgeworfen, sein Haus wird nicht zerstört, seinen Frauen und Kindern wird nichts geschehen, und er wird nicht hingerichtet. Ihm wird keine Verletzung zugefügt, weder an den Augen noch an den Ohren, noch am Mund, noch an den Beinen. Er wird keines Verbrechens angeklagt. [Es folgt die entsprechende Klausel von hethitischer Seite in gleichem Wortlaut.]

Die Götter beider Länder, Zeugen des Vertrages
Was die Worte des Vertrages betrifft, die der große Fürst von Chatti mit dem Großkönig von Ägypten, Ramses, geliebt von Amun, ausgetauscht hat, sie sind auf dieser Tafel aus Silber niedergeschrieben. Tausend Götter und Göttinnen aus dem Reich Chatti und tausend männliche und weibliche Göttergestalten haben sie gehört und sind Zeugen: der männliche Sonnengott, der Herr des Himmels ist, und die Sonnengöttin der Stadt Arinna.

Seth aus dem Reich Chatti, Seth aus der Stadt Arinna, Seth aus der Stadt Zippalanda, Seth aus der Stadt Betiarik, Seth aus der Stadt Hissaspa, Seth aus der Stadt Saressa, Seth aus der Stadt Chalap [Aleppo], Seth aus der Stadt Lichzina, Seth aus der Stadt Nerik, Seth aus der Stadt Nuhasse, Seth aus der Stadt Schapina, Astarte aus dem Land von Chatti […]

[…] die Göttin von Karahna, die Göttin des Schlachtfeldes, die Göttin von Ninive […] die Himmelskönigin,

die beiden Herrn des Schwures

[…] die Herrscherin über die Berge und Flüsse im Reiche Chatti, die Götter von Kizzuwatna, Amun, Re und Seth, männliche und weibliche Göttergestalten, die Berge und Flüsse des Landes Ägypten; der Himmel, die Erde, das große Meer, der Wind, die Wolken, der Sturm.

Der Schutz des Vertrages
Was die Worte betrifft, die auf dieser Tafel aus Silber aus dem Lande Chatti und dem Lande Ägypten eingeritzt sind, tausend Götter des Landes Chatti und tausend Götter des Landes Ägypten werden das Haus, das Land und die Diener desjenigen vernichten, der sie nicht einhält.

Was denjenigen betrifft, der die Worte bewahrt, die auf dieser Silbertafel sind, ob Hethiter oder Ägypter, und der sie einhält, ihm werden tausend Götter des Landes Chatti und tausend Götter des Landes Ägypten Wohlstand und Leben schenken und ebenso seinem Haus, seinem Land und seinen Dienern.

Erste Ergebnisse

Das hethitische Siegel beeindruckte Ramses sehr, zeigte es doch Seth als Beschützer des Hethiterkönigs, Seth, der auch der Schutzgott seiner Familie war, der rote Haare hatte wie er und der so mächtig war im Hethiterland, mit dem er, Ramses, soeben ein Bündnis geschlossen hatte. Hattusilis erwähnte Seths Namen in dem Vertragstext nicht weniger als elfmal, während die übrigen Götterfiguren nur ein einziges Mal auftauchten. Neu an dem Siegel war auch, daß es auf einer Seite das Bild der Königin zeigte, die Hattusilis gleichgestellt war als »Fürstin des Landes«. Ramses wollte Hattusilis an »Offenheit« nicht nachstehen und betonte, daß die Frauen seiner Familie ebenfalls in den Staatsangelegenheiten eine Rolle spielten.[23] Tuja und Nefertari interessierten sich offensichtlich für den diplomatischen Verkehr zwischen den beiden Reichen und begannen ihrerseits eine Korrespondenz mit Königin Puduchepa.

Selbstverständlich nahm der Pharao diese Tafel aus Silber, einem am Ufer des Nil höchst seltenen Metall, mit großem Zeremoniell entgegen. Die respektvollen Attribute, mit denen die Namen der beiden Herrscher zitiert werden, sind Ausdruck der wechselseitigen Wertschätzung der beiden Männer, die sich als die beiden maßgeblichen Herrscher im Vorderen Orient verstanden und »ganz und gar von gleich zu gleich« miteinander verkehrten. Sie waren zwei wirklich große Staatsmänner, doch auch alte Gegner und in ihrer Denkweise immer noch so verschieden, daß eine persönliche Begegnung, sollte sie jemals stattgefunden haben, gewiß nicht einfach war, trotz der familiären Bindungen, die sich in den Jahren nach Abschluß des Friedensvertrages entwickelten.

Gleichwohl wurde der Vertrag in beiden Ländern groß gefeiert, wachsame Boten überbrachten höfliche Glückwünsche und die ersten Geschenke. Zu den ganz indoeuropäisch anmutenden modernen Gepflogenheiten im Hethiterreich gehörte es, daß Königin Puduchepa ihrem Gemahl staatsrechtlich gleichgestellt war, und parallel zum Briefwechsel von Hattusilis und Ramses begann sie eine Korrespondenz mit Nefertari (Naptera auf Babylonisch); von Isisnofret, der zweiten Großen Königsgemahlin, wußte sie offenbar nichts. In ihren Briefen drückte sie Genugtuung darüber aus, daß die beiden Länder künftig in brüderlichem Frieden vereint sein würden. Nefertari holte sich für ihre Erwiderung der herzlichen Worte einen Dolmetscher zu Hilfe, der ihre Antwort an Puduchepa in babylonische Keilschrift übersetzte:[24]

Und so spricht Naptera, die große Königin von Ägypten: »Zu Puduchepa, der großen Königin des Reiches Chatti, meiner Schwester, sage ich folgendes.

Mir geht es gut, meine Schwester, und meinem Land geht es gut. Möge es dir, meiner Schwester, ebenfalls gutgehen.

Wisse, daß es mich erfreut hat, daß du, meine Schwester, mir über das Verhältnis des guten Friedens und der guten Brüderlichkeit geschrieben hast, in welches der Großkönig, der König von Ägypten, und sein Bruder, der Großkönig, der König des Reiches Chatti, eingetreten sind.

Mögen der Sonnengott und der Wettergott [Seth] dir Freude schenken; möge der Wettergott den Frieden gedeihen lassen und den Großkönig, den König von Ägypten, für alle Zeit brüderlich verbinden mit seinem Bruder, dem Großkönig, dem König des Reiches Chatti.

Ich bin meiner Schwester, der großen Königin [des Reiches Chatti] freundschaftlich und schwesterlich verbunden von heute bis in alle Ewigkeit.«

Der Thronfolger ändert seinen Namen

Die Königinmutter Mut-Tuja richtete ihrerseits würdevolle Schreiben an das hethitische Herrscherpaar, ebenso der Wesir Paser,[25] der an der Ausarbeitung des Vertrages von der Festlegung der Grundzüge bis zur endgültigen Fassung beteiligt gewesen war. Wunderbarerweise fand sich im Archiv der hethitischen Hauptstadt auch ein Brief des ägyptischen Kronprinzen, aber sein Name auf dem Schreiben lautet nicht mehr Amunherchepeschef, sondern Sethherchepeschef. Manche Historiker dürften daraus wohl den Schluß gezogen haben, Amunherchepeschef sei gestorben. Doch für diese Annahme gibt es keinen dokumentarischen Beleg, überdies hatte Ramses' ältester Sohn schon einmal seinen Namen geändert.[26]

Als Amunherunemef war er, damals noch ein kleiner Junge, zum erstenmal mit seinem Vater in den Krieg gezogen; mit dem Namen stellte er sich unter den besonderen Schutz Amuns. Nach der Schlacht von Kadesch änderte er seinen Namen in Amunherchepeschef: »dem Amun die siegreiche Waffe gegeben hat«. Der Friedensvertrag brachte eine Annäherung zwischen dem Reich von Ramses und dem anderen großen Land, das Seth verehrte; Seth war der Schutzgott des Reiches Chatti und vieler seiner Städte. So lag es nahe, daß der Kronprinz den Namen des Gottes von Theben durch Seth ersetzte, den Ahnherrn der Ramessiden. Als Kronprinz fiel ihm die Aufgabe zu, vielfältige Beziehungen zu seinem hethitischen »Vater« zu pflegen. Er schrieb umgehend an den Hethiterkönig, drückte seine Freude über den Friedensschluß aus und teilte mit, er habe »Geschenke an meinen Vater gesandt durch den Königsboten Perechnua«.

Die Nachricht vom Abschluß des Friedensvertrages wurde von den Kanzleien beider Länder verbreitet, die Länder, mit denen das Reich Chatti und Ägypten diplomatische Beziehungen unterhielten, wurden durch offizielle Schreiben unterrichtet. Der Fall Urchiteschup hatte zum Bruch mit Babylon geführt, das an seinem Bündnis mit den Hethitern festhielt. Daher war es Hattusilis wichtig, den babylonischen König Kadaschmanturgu über sein neues Verhältnis zu Ägypten zu informieren:

Zu dem Abkommen mit dem König von Ägypten, worüber mir mein Bruder geschrieben hat, schreibe ich meinem Bruder folgendes: Der König von Ägypten und ich haben ein Bündnis geschlossen und sind Brüder geworden, und damit sind wir beide die Feinde eines jeden, der ein Feind eines von uns beiden ist, und wir sind die Freunde eines jeden, der ein Freund eines von uns beiden ist.

Der Friedensvertrag trug Früchte und hatte zur Folge, daß Ägypten und Babylon schon bald ihre Beziehungen wieder aufnahmen. Ramses empfing eine babylonische Prinzessin in seinem Harem, und Hattusilis söhnte sich schließlich mit Salmanassar I. von Assyrien aus. Aber es vergingen noch viele Jahre, bis der schwelende Konflikt zwischen Ramses und Hattusilis über Urchiteschup überwunden war. Ramses verärgerte Hattusilis, weil er eine Klausel des Vertrages ignorierte und sich weigerte, den ungehorsamen Neffen zu seinem Onkel zurückzuschicken.

KAPITEL 13
RAMSES AM WENDEPUNKT SEINES LEBENS

DER TOD DER KÖNIGINMUTTER

Nicht lange nach dem Friedensschluß der beiden Länder erfuhr Ramses großen Schmerz: Seine Mutter Mut-Tuja verfiel zusehends.

Mut-Tuja hatte ihrem Sohn zeit seines Lebens höchst kluge, umsichtige Ratschläge gegeben, gerade erst hatte sie ihn bei der Festlegung der Friedensbedingungen beraten. Sehr entschieden kritisierte sie gewisse stolze Anmaßungen ihres königlichen Nachkommen und setzte sich dafür ein, daß allzu verletzende Verfügungen, an denen die Vereinbarung hätte scheitern können, zurückgezogen wurden. Nur sie konnte bewirken, daß Ramses in diesen Punkten nachgab. Aber all das war zuviel für ihr Herz. Erst die Sorge, dann die Aufregung und schließlich die große Freude, daß nach einer so langen Zeit mit vielen Krisen doch noch eine Einigung zustande gekommen war – sie konnte es nicht verkraften.

Es war Ramses' dreiundzwanzigstes Regierungsjahr,[1] sein achtundvierzigstes Lebensjahr, und er stand auf dem Höhepunkt seiner Macht. Er hatte ein Ziel erreicht, das ihm seit der Schlacht von Kadesch am Herzen lag: Er hatte seinem Land Frieden gegeben, und – dies erhöhte das Ansehen Ägyptens in den Augen seiner Nachbarn ganz besonders – es war ihm gelungen, zu einer Einigung mit dem mächtigsten Feind der damaligen Zeit zu gelangen.

Doch nun war Ramses, »ruhmreiche Sonne Ägyptens, der die fremden Länder beugt, Auserwählter des Re in der Sonnenbarke, Himmelsstern, Sonne der Fürsten, Berg aus Gold und Elektron, groß an Siegen, vollkommenes Ebenbild des Re, mächtiger Stier, Kraftspeise Ägyptens…«, nur ein verlassener, verzweifelter, verwaister Mensch. Er hatte die Frau verloren, die er zutiefst verehrte, die große ehrwürdige Tuja, seine Mutter.

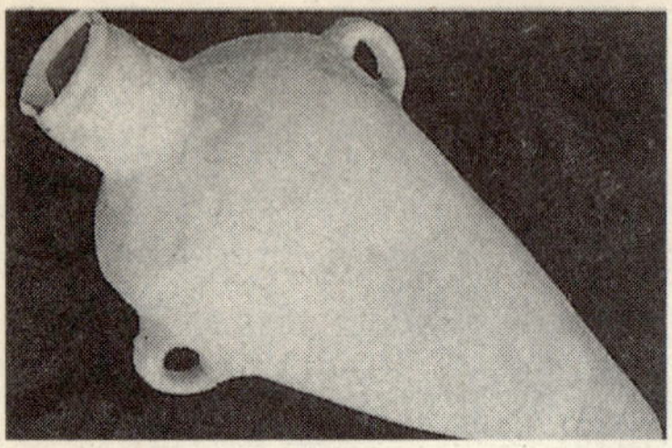

Abb. 202 Weinkrug aus dem Weinkeller Ramses' II. mit einer Inschrift, in der das zweiundzwanzigste Regierungsjahr erwähnt wird.

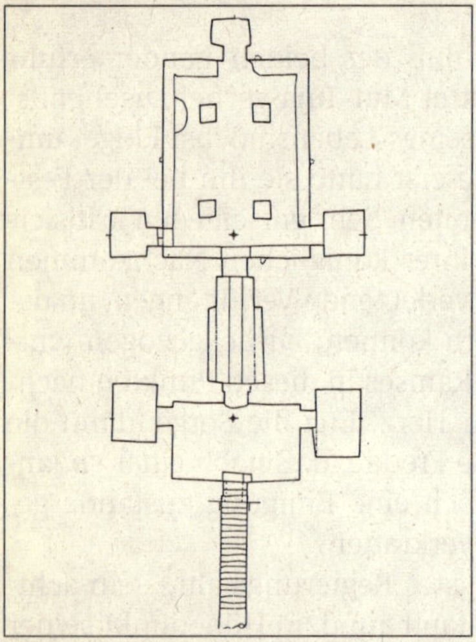

Abb. 203 Grundriß des Grabmals der Tuja.

Abb. 204 (links) Spuren über die Herkunft des Weines in hieratischer Schrift.

Abb. 205 (unten) Transkription in Hieroglyphen.

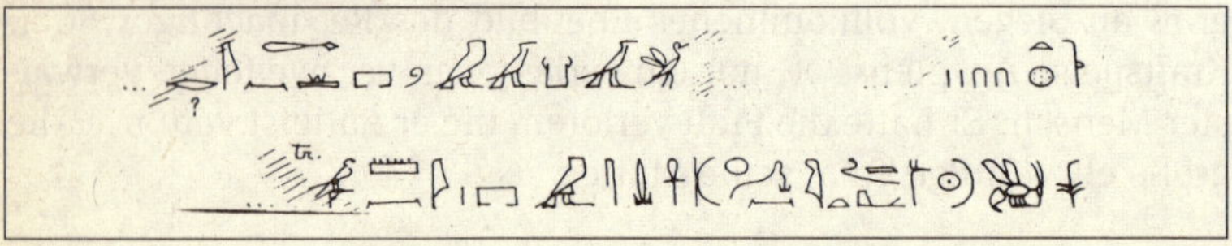

Abb. 201 Kopf der Königinmutter Tuja auf einem Kanopendeckel aus ihrem Grab. (Museum von Luxor)

Im Tal der Königinnen

Das Grab der Königinmutter wurde schon lange vor ihrem Tod in die Felsen im Tal der Königinnen[2] gehauen. Es war das erste einer Reihe von Felsengräbern am westlichen Hang des Wadi. Auf das am weitesten südlich gelegene Grab der Königinmutter folgten in nördlicher Richtung das Grab von Nefertari und die Gräber derjenigen Töchter des Ramses, die ihrerseits Große Königsgemahlinnen wurden (mit Ausnahme von Henuttaui, deren Mutter Nefertari war). Die Reihe endete mit dem Grab der nahezu unbekannten Hentmire, die der besondere Liebling ihrer Großmutter war.[3]

Das Grabmal der Tuja

Das Grabmal der Tuja war mit seinen harmonischen Proportionen ein Musterbeispiel der Ausgewogenheit. Es umfaßte zwei unterirdische Ebenen, die über zwei getrennte, gleichfalls in den Kalkstein gehauene Treppen zugänglich waren. Der erste »Gang in die Tiefe« führte in eine rechteckige Vorhalle mit rechts und links je einer kleinen Nebenkammer. Von dort führte eine zweite Treppe in der Fluchtlinie der ersten mit zwei in den Fels gehauenen Bänken in einen großen Saal. An allen vier Seiten war dieser von Bänken umgeben, und in der Mitte erhoben sich vier quadratische Säulen, die man bei der Anlage des Grabes hatte stehen lassen. Am Dekorationsprogramm von Tujas Grab orientierten sich die Künstler bei dem wenig später angelegten Grab der Nefertari.

Als ich das Glück hatte, im Tal der Königinnen dieses »verlorene« Grab wiederzuentdecken, war es fast vollständig von den Überresten späterer Grabstätten bedeckt, die in dem Felsengrab angelegt worden waren. Grabräuber hatten Tujas Grab noch vor dem Ende des Neuen Reiches zum erstenmal geplündert. Die übereinandergetürmten Schichten – eine Mischung aus Schutt und Asche, da die Anlage vor jeder neuen Benutzung niedergebrannt wurde – sprachen dafür, daß die Grabstätte bis in die römische Zeit hinein »wild« benutzt worden war. Allein einige wenige Reliefspuren an den Wänden kündeten als stumme Zeugen davon, wie prunkvoll das Grab der geliebten Mutter des Königs einst ausgesehen haben mußte.

Doch wenn man die spärlichen Überreste mit der den Archäologen eigenen Beharrlichkeit und Geduld befragt, geben sie eine Ahnung von dem vergessenen Glanz, der die Ruinen einst erfüllte. Nachdem sämtliche Schichten abgetragen worden waren, was mehrere Grabungsperioden in Anspruch nahm, wurde deutlich, daß das Grab der Tuja wie alle anderen Grabstätten im Tal der Königinnen in einem sehr schlechten Kalkboden angelegt worden war. Die Wände waren so brüchig, daß die Künstler sie nicht direkt mit Reliefs verzieren konnten. Sie mußten zuerst eine dünne Gipsschicht auftragen, auf der dann das Dekor modelliert und anschließend bemalt wurde.[4]

Der Zustand des Grabes

Die vielen Grabräuber, die im Laufe der Zeit die Grabstätte heimsuchten, zerstörten den Schmuck der Mauern, um die magische Wirkung aufzuheben. Nur einige wenige, besonders widerstandsfähige Reste blieben erhalten. An einer Mauer im ersten Saal sind noch die Spuren einer großen Wandmalerei zu erkennen, die von einer Darstellung des thebanischen Gebirges, des Gebel, beherrscht wird. Davor befindet sich übergroß das Zeichen für den Westen, ein Hinweis darauf, daß es sich um die Nekropole handelt, das Reich des Osiris. Hundskopfaffen schreiten, die Sonne verehrend, über die Höhen des Gebirgszuges und beten das Gestirn der Wiedergeburt an, zu dem sie sich erheben.

An anderen Stellen sind noch Bruchstücke von Umrissen göttlicher Gestalten sichtbar und vor allem das Bild der Königin, dargestellt als Sphinx,[5] wie sie gerade eine Salbe als Opfer darbringt. Eine der wichtigsten Entdeckungen in diesem Grab waren Name und Titel der Verstorbenen, die an einigen wenigen Stellen an den Wänden noch lesbar sind: »Königliche Mutter Tuja«. Nirgendwo findet sich der Titel Mut-Tuja, den Ramses seiner Mutter während ihrer irdischen Lebenszeit gegeben hatte und der auch die Decke und alle Wände ihres Mammisi, der Geburtshalle, schmückte. Ramses war unaufhörlich bestrebt gewesen, das außergewöhnliche Wesen seiner Mutter hervorzuheben, dem sie es verdankte, daß Amun sie dazu ausersehen hatte, »für ihn« seinen irdischen Erben zur Welt zu bringen. Er war noch weiter gegangen und hatte sie bei manchen Darstellungen in verwandtschaftliche Nähe zu Mut, der Gemahlin des Amun, gerückt oder sogar mit ihr gleichgesetzt.[6] Daher rührte auch die Bezeichnung Mut-Tuja, ein höchst geschicktes Wortspiel, denn Mut bedeutete auch Mutter.

Doch das göttliche Reich, in das die Verstorbenen eingehen, läßt sich mit Wortspielen nicht täuschen. Die ehrwürdige Tuja, die Königinmutter, wurde für den, vor dem sich nichts verbergen ließ, wieder ganz einfach Tuja.

Der schlichte Name zusammen mit ihren Titeln fand sich auch auf allen Gegenständen in ihrem Grab.

Nachdem die Überreste einer mehr als tausendjährigen Benutzung als Grabstätte abgetragen waren, wurde das ursprüngliche Niveau rund dreißig Zentimeter tiefer erreicht. Zwischen allem möglichen Schutt lagen jene Bruchstücke der Grabbeigaben für die Königinmutter, die die ersten Grabräuber verschmäht hatten. Dank dieser Funde war es möglich, in groben Zügen zu rekonstruieren, welchen Zwecken die einzelnen Grabkammern gedient hatten.

Vorhalle, Nebenhallen

Auf der ersten Ebene dienten die Vorhalle und die linke Nebenkammer wohl zur Aufnahme der Kanopen mit den mumifizierten Eingeweiden und der Grabfiguren oder Uschebtis[7] in Gestalt des Osiris, der mit der lebenspendenden Nilflut gleichgesetzt wurde, so daß er noch nach seinem Tod das Land fruchtbar machte.[8] Dank großer Fundstücke war es mir möglich, drei wundervolle Kanopen aus allerfeinstem Alabaster zu rekonstruieren mit der lapislazuliblauen Inschrift »Königinmutter Tuja«. Zu unserem Glück war einer der vier Verschlußdeckel in Kopfform erhalten geblieben, der die überaus feinen Gesichtszüge der Königinmutter zeigte.[9] Von vorn betrachtet, fällt der anmutige, sehr jugendliche Ausdruck auf. Im Profil werden dann allerdings auch die Spuren des Alters erkennbar, und zwar in erster Linie an einer gewissen Erschlaffung der unteren Gesichtspartien.

Zwei Uschebtis sind erhalten geblieben, wenngleich in mehrere Stücke zerbrochen. Aus gebranntem, hellblau glasiertem Ton, sind sie ganz einfach gearbeitet. Alle Figuren trugen lediglich den Namen Tuja, und aus schwarzen Inschriften auf der Unterseite der Füße geht hervor, daß sie numeriert waren.

In der kleinen rechten Kammer auf der ersten Ebene befanden

sich allem Anschein nach große, elegante Weinkrüge. Es wurden wichtige Bruchstücke mit einer Herkunftsbezeichnung gefunden, die eine Datierung auf das zweiundzwanzigste Regierungsjahr des Ramses ermöglichten.

Die Grabkammer

Das Grabmal der Tuja war mindestens so reich geschmückt und mit Grabbeigaben ausgestattet wie das Grab des Tutanchamun. Grabbeigaben waren in allen Kammern auf dem Boden ausgebreitet und auf den Bänken entlang der Wände. Auf der zweiten Ebene befand sich die Grabkammer mit vier Säulen als Symbole der vier Himmelsrichtungen. Der große Sarkophag aus Rosengranit in der Mitte der Grabkammer hatte einst die Mumie in ihren verschiedenen Umhüllungen aus vergoldetem Tuch und aus reinem Gold enthalten. Zwischen die Leinenbinden hatte man schützende Amulette geschoben, Fingerspitzen und Zehen waren mit Goldhülsen besetzt gewesen. Von all dem, was man der Verstorbenen für den Weg ins Jenseits mitgegeben hatte, ist nichts erhalten geblieben, nur Reste des aus feinstem Rosengranit aus Assuan gearbeiteten Sarkophags sind noch vorhanden. Der Sarkophag war mit Inschriften und Darstellungen von Götterwesen aus der Osirisfamilie bedeckt, mit Intarsien geschmückt und in den traditionellen Farben Gelb, Rot, Grün und Blau bemalt.

Ringsherum wurden die kostbaren Gegenstände ausgebreitet, die für die letzte Verwandlung der Verstorbenen erforderlich waren. Davon zeugen heute noch die Scherben von Alabastergefäßen, die teils mit Blumen, teils mit dem Namen ihres verstorbenen Gemahls Sethos I., teils mit den Namen des Sohnes und der Lieblingsschwiegertochter geschmückt waren: Ramses und Nefertari. Töpfe und Tiegel enthielten die begehrtesten Salben und die berühmtesten Duftwässer des Landes. Bei manchen Gefäßen gaben Inschriften die Ingredienzen an. Auch kleine »Schminklöffel« hatten zu den Grabbeigaben gehört. Ein Löffel aus Alabaster in Form einer Ente mit hohlem Körper ist unversehrt erhalten geblieben. Ein unerwarteter Fund waren drei Scherben eines Parfümbehälters aus völlig durchsichtigem[10] Glas. Andere Überreste von Parfümgefäßen bestanden aus undurchsichtigem Glas, bei dem

man mehrere farbige Glasschichten vermittels eines Ziehdorns miteinander vermischt hatte.

Zwischen all diesen bewegenden, ausdrucksstarken Überresten von Grabbeigaben fanden sich auch die Scherben einer etwa fünfzig Zentimeter hohen Phiole aus gebranntem Ton, die ursprünglich die Form eines Herzens gehabt hatte. Ihre Glasur war von einem männlichen (= dunklen) Blaugrün. Sie trug eine Inschrift, die es erlaubte, ein bis dahin – mangels Anhaltspunkten – nicht lösbares Problem zu klären: In schwarzer Schrift stand auf einer Seite »Große Königsgemahlin Bintanat«. Diese Tochter des Ramses und der Isisnofret war somit bereits in den Regierungsjahren 22 oder 23 in die Stellung einer Großen Königsgemahlin erhoben worden; bislang hatte man angenommen, dies sei erst um das achtunddreißigste Regierungsjahr herum geschehen. Schließlich enthielt die Grabkammer noch Scherben großer bauchiger Gefäße aus feinem, rosa schimmerndem Ton mit weiten, von einem breiten, wulstigen Rand umgebenen Öffnungen. Dies waren die Überreste der Wäschebehälter der Königinmutter.

Somit lieferte die letzte irdische Heimstatt der Tuja, obgleich über Jahrhunderte hinweg wiederholt geplündert, verunstaltet und entweiht, dennoch eine Vielzahl kleinster Spuren, die wichtige Einblicke in die Vergangenheit gewähren.

Überfluss in Ägypten

Wie bereits erwähnt, stand Ramses in dem Jahr, als Tuja zu Grabe getragen wurde, in seinem achtundvierzigsten Lebensjahr und etwa im dreiundzwanzigsten Regierungsjahr. Er hatte bereits mehrere Dutzend Kinder, die meisten von Nebenfrauen und Konkubinen. Etliche Kinder waren bereits gestorben, und ein Sohn der Nefertari, Reherunemef, Gesandter des Pharaos in Kadesch, ging um das zwanzigste Regierungsjahr in das Reich von Osiris ein.

Wenig später informierte sich Ramses über den Fortgang der Arbeiten an seinem Tempel in ed-Derr im Lande Wawat, der dem

Abb. 206 Tempel von ed-Derr: Ramses vor dem Ischedbaum.

Re-Harachte geweiht war. Die Dekoration dieser jüngsten Tempelgründung war noch nicht abgeschlossen.

Über das, was zwischen den Regierungsjahren 23 und 26 im Leben der königlichen Familie geschah, wissen wir nicht viel, aber wir besitzen zahlreiche Berichte über den großen Reichtum im Land, ganz zu schweigen von den Reichtümern, die im Tempel des Amun in Theben[11] zusammengetragen wurden. Die beiden bedeutendsten Vorsteher des Schatzhauses Seiner Majestät, denen es oblag, die Steuern einzuziehen, aber auch die zahllosen Beamten gerecht zu entlohnen, waren während der Herrschaft des großen Pharaos Panehesi und dann Suti.

Als ein Beispiel für den Überfluß sei an dieser Stelle der Brief zitiert, den Panehesi im Jahr 1256 vor unserer Zeitrechnung an Hori sandte, den Priester des Amun zu Theben, um ihn über den Zustand des Pachtlandes seines Gottes »im einzigen Delta« des Landes[12] zu unterrichten.

Der königliche Schreiber und Vorsteher des Schatzhauses … im nördlichen Teil des Landes, Panehesi, grüßt Hori, den Priester des Amun in der Stadt des Südens. Mit diesem Brief berichte ich dir über den Zustand der Ländereien des Amun, die mir im nördlichen Land … bis an die Grenzen des Deltas unterstehen, über das Land an den drei Armen des Flusses: dem Großen Fluß (mittlerer Arm), *dem west-*

Abb. 207 Tempel von ed-Derr. Rechts ist Ramses als Rebus, das seinen Thronnamen Usermaatre ergibt, dargestellt.

Abb. 208 Thot-Kapelle in Abu Simbel: die Göttin Maat vor der Götterbarke. Ein weiteres Rebus des Usermaatre.

lichen Fluß und dem Wasser von Auaris (oder *Wasser des Re* im äußersten Osten des Deltas).

Ich schicke dir mit diesem Schreiben die Liste aller Männer, die hier arbeiten, und ihrer Frauen und Kinder… Ich habe ihre Steuern festgelegt… im Jahr 24 der Herrschaft unseres Königs, am einundzwanzigsten Tag des Sommers.

Dem Priester Hori sei folgendes über jeden Mann und die Art seiner Tätigkeit kund und zu wissen getan:

Ackerbauern: 8760 Männer, ein jeder erzeugt 200 Säcke Gerste. Kuhhirten: jeder Mann kümmert sich um 500 Tiere. Ziegenhirten: 13080 Männer… Zuständig für Federvieh: 22430 Männer, ein jeder versorgt 34230 Stück Federvieh. Fischer:… ihr Fang entspricht jährlich drei Debens[13] *Silber. Eselhirten: 3920 Männer, ein jeder (?) hütet 2870 Tiere. Eseljäger: 13227, ein jeder jagt (ungefähr) 550 Wildesel…*

Kenneth A. Kitchen hat ausgerechnet, daß die in der Sumpflandschaft des Deltas erwirtschafteten Erträge sich pro Jahr auf eindreiviertel Millionen Sack Gerste, ungefähr sechs Millionen Rinder und ebenso viele Ziegen sowie mehrere Millionen Stück Federvieh beliefen. Hinzu kamen noch elfeinviertel Millionen Esel und mehr als sieben Millionen gefangene Wildesel. Vergleicht man diese Zahlen mit anderen Angaben, so erscheinen sie durchaus realistisch. Dabei dürfen wir nicht vergessen, daß diese Auflistung einen Teil der Einkünfte des Amuntempels darstellt, die täglich an die unzähligen abhängigen Bediensteten verteilt wurden. Hinzugefügt werden muß noch die Ausbeute der Goldminen und der reichen Vorkommen an natürlichem Elektron im Lande Punt; Elektron konnten allerdings die ägyptischen Metallfachleute inzwischen herstellen. Dies und viele andere exotische Waren, allesamt großzügige Gaben des Pharaos, wurden in den Tempel gebracht und zur Verzierung von Kultgegenständen verwendet, für Verblendungen und Intarsien an den heiligen Barken, den Toren zu den Heiligtümern und so weiter.

Zwei Söhne des Ramses

Um das fünfundzwanzigste Regierungsjahr herum wurde Ramses' ältester Sohn zum Befehlshaber der Armee ernannt; dieses Amt hatte er bis zum fünfzigsten Regierungsjahr seines Vaters (von 1254 bis 1229 vor unserer Zeitrechnung) inne. Die Chroniken berichten indes nicht viel über ihn. Ähnliches Schweigen umgibt Prinz Meriatum, den sechzehnten Sohn des Königs, dessen Mutter Nefertari war. Er wird im achten Regierungsjahr einmal erwähnt, als er den ersten Mundschenk des Königs, Ramses-Aschahebsed,[14] auf einer Inspektionsreise zu den Türkisminen auf dem Sinai begleitete. Da war er gerade zum Hohenpriester des Amun in Heliopolis ernannt worden; dieses Amt bekleidete er zwanzig Jahre lang.

Ein neuer Vizekönig in Nubien

Am Anfang des sechsundzwanzigsten Regierungsjahres wurde ein neuer Vizekönig von Nubien, der Nachfolger von Hekanacht, ernannt. Ramses' Wahl fiel auf einen gewissen Paser, den ihm sein getreuer Freund und Vertrauter Amuneminet, ein Vetter Pasers, empfohlen hatte. Paser hatte mehrfach seinen Onkel, den Oberbefehlshaber der Truppen in Nubien, Pennesuttaui, und dessen Sohn und Nachfolger, Nachtim, in Wawat und im Land Kusch besucht. Durch den Kontakt zu diesen beiden war er stets bestens informiert, und das war für Ramses ein sehr wichtiger Punkt. Der neue »Statthalter« in Nubien übte diese Funktion bis ins Regierungsjahr 38 aus.

Der Tod der Grossen Königsgemahlin Nefertari

Um diese Zeit erlebte Ramses einen weiteren Schicksalsschlag. Seit dem Tod der Königinmutter Tuja machte er sich große Sorgen um die Gesundheit der schönen Nefertari. Die Königin wurde immer schwächer, und selbst die berühmtesten Ärzte,[15] deren Ruf weit über die Grenzen hinaus reichte und die schon viele Ausländer aufgesucht hatten, waren ratlos. Auch der Hofarzt der Residenz der Königin, Chai, der Sohn des Hui, dessen sämtliche Brüder ebenfalls herausragende Ärzte waren, konnte sie nicht retten.

Nefertari-meri-Mut starb höchstwahrscheinlich in Ramses' sechsundzwanzigstem Regierungsjahr im Alter von einundfünfzig Jahren. Der Tod von zwei geliebten Menschen innerhalb von drei Jahren führte Ramses grausam vor Augen, daß er, obgleich Sohn des inkarnierten Gottes auf Erden, auch nur ein Mensch aus Fleisch und Blut war, ein leidender Mensch in der glanzvollen Einsamkeit des Herrschers, mächtig, mit einer großen Familie. Viele Male hatte er sich im Tal der Königinnen vor den Bergrücken von Meha und Ibschek persönlich vom Fortgang der Arbeiten an dem Felsengrab überzeugt, das für seine geliebte Ehefrau als Inkarnation der Sothis bestimmt war, »um derentwillen die Sonne erscheint«.[16] Die Totenklage wurde von den Töchtern der Königin angeführt, Meritamun, Henuttaui, Baketmut und Nefertari II. Es wurde verkündet, Nefertari werde in den Sternenhimmel eingehen, und keine andere werde sie auf Erden jemals ersetzen. Während der gesamten Vorbereitung der Mumie ließ sich Ramses als Zeichen seiner großen Trauer den Bart wachsen, Nefertaris Söhne, Sethherchepeschef der Älteste, Sethmuia, der achte, Sethos, der neunte, Meriere, der elfte, und Meriatum, der sechzehnte Sohn, taten es ihm gleich.

Das Grabmal der Königin

Als Königin und Herrscherin würde sich Nefertari, das wußten alle, allein, ohne Hilfe ihrem Schicksal stellen, nur begleitet von den Göttergestalten, die sie aufnehmen und über sie richten würden.

Der Stil des Grabes

Nefertaris Felsengrab glich von der Anlage her dem ihrer Schwiegermutter Tuja, in deren Nähe sie zu ruhen gehofft hatte. Wie das Grab der Tuja wurde auch das Nefertaris aufgebrochen und geplündert; auf der Suche nach Gold und wertvollen Essenzen zerstörten Grabräuber die Mumie. Italienische Forscher entdeckten die Grabstätte zu Beginn unseres Jahrhunderts, und die wenigen Überreste, die sie aus dem Schutt retten konnten, befinden sich heute im Ägyptischen Museum von Turin.[17] Zwar wurden die Grabbeigaben geraubt, wie nicht anders zu erwarten, und es ist heute nicht mehr zu rekonstruieren, was man Nefertari für ihre Jenseitsreise mitgegeben hatte. Doch wie durch ein des Ramses würdiges Wunder sind die großartigen Ausmalungen erhalten geblieben. Insofern ist das

Grab seiner innig geliebten Ehefrau Nefertari das schönste und eindrucksvollste im Tal der Königinnen, und die Wandbemalungen stellen einen Höhepunkt der künstlerischen Leistungen der damaligen Zeit dar.

Ramses wollte, daß die sterbliche Hülle seiner Königin in der anderen Welt ebenfalls unter Sternen ruhen sollte, während ihre »Seele« in ihre himmlische Heimat eingehen würde: Die Decke des Grabes, als Sternenhimmel gestaltet, ist ein Abbild der jenseitigen Welt, eine Darstellung der Reise in die Ewigkeit. Überall wird die Königin von anmutigen Göttergestalten empfangen, die in ihrer edlen Erscheinung mit dem Bildnis Nefertaris wetteifern. Doch ihre statische Darstellung mit den kräftigen Farben ohne Schattierungen bildet einen Gegensatz zu der Gestalt der Königin, die fast lebendig wirkt. Für einen kurzen Augenblick verselbständigt sich die Dekorationsmalerei zu eigenständiger Kunst: Auf der Gestalt der Königin zeichnen sich Licht und Schatten ab, ihre Wangen sind leicht geschminkt, das lange, hauchdünne Plisseegewand aus weißem Leinen verhüllt eine strahlend schöne, jugendliche Gestalt. Ein Bild in der Vorhalle zeigt sie beim Brettspiel *Senet* (Übergangsspiel). Ihr Spielpartner ist unsichtbar, denn er verkörpert in dem »Fegefeuer«, das Nefertari zu durchschreiten hat, die Prüfungen und all die bösen Mächte, gegen die sie kämpfen und bestehen muß, bevor sie zur Glückseligkeit gelangt.

Der »Gang in die Tiefe«

Die Treppe, die hinab in die Grabkammer führt, verläuft nicht wie beim Grabmal der Tuja in gerader Verlängerung der Achse der Vorhalle, sondern abgeknickt. Die Wände neben der Treppe sind mit Bildern der schönen Königin geschmückt, die sie zeigen, wie sie den Wein der göttlichen Trunkenheit der Göttin Hathor als Opfer darbringt, während Hathor sich anschickt, sie in ihren Schoß aufzunehmen, damit sie für das ewige Leben wiedergeboren werden kann. Nefertari zur Seite steht der Gott Anubis, dargestellt als schwarzer Hund. Er ist ihr Führer auf den verschlungenen Wegen der Unterwelt und ein Abbild der Verstorbenen in ihrem Verwandlungsprozeß.

a

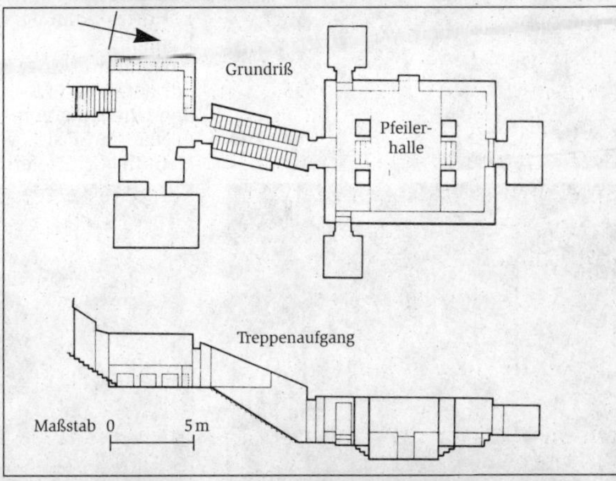

b

c

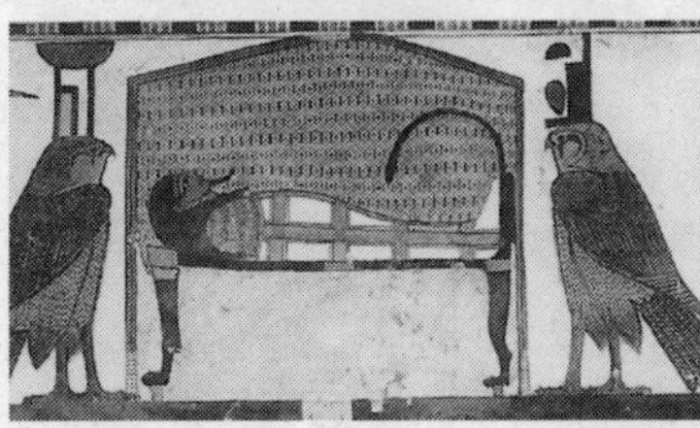

d

Abb. 209
a. Die Königin beim Senet-Spiel während der Prüfungen auf ihrer Reise ins Jenseits.
b. Grundriß und Aufriß der Sargkammer im Grabmal der Nefertari.
c. Der Phönix der ewigen Wiederkehr.
d. Die Mumie der Königin während der Prüfungen auf der Reise ins Jenseits; sie wird von Isis und Nephthys beschützt.

a

Abb. 210
a. Horus, Sohn der Isis, geleitet die Königin.
b. Nefertari bringt Hathor den Wein der göttlichen Ekstase dar. Symbol für den Übergang vom Tod zur Liebe.
c. Nefertari-Osiris wird durch Isis und Nephthys zu Nefertari-Re verklärt.

b

c

Die Grabkammer

Der aus Rosengranit gefertigte Sarkophag befindet sich in dem von vier Pfeilern gestützten Hauptraum des Grabes auf der zweiten, unteren Ebene. Beim Betreten des Saales fällt der Blick zunächst auf die Bilder auf den Vorderseiten der beiden ersten Pfeiler. Sie zeigen zwei königliche Priester in Kultgewändern, die aber an der Seite die Haarlocke der königlichen Prinzen tragen und in Gepardenfelle gekleidet sind. Sie stehen bereit für den Empfang der königlichen Mumie. Zweifellos übernahmen beim Begräbnis Nefertaris ältere Söhne diese Aufgabe, der Kronprinz, Sethherchepeschef, und Meriatum, der Hohepriester des Re in Heliopolis.

Nachdem die verschiedenen Mumiensärge geschlossen waren und der große Granitsarkophag an seinem Platz stand, wurde das Schicksal der Verstorbenen den vier großen Djedzeichen auf den dem Sarkophag zugewandten Innenseiten der Pfeiler anvertraut. Die Priester stiegen die erste Treppe wieder hinauf und betraten die

Abb. 211 Blick in die Grabkammer. Im Vordergrund vollziehen Priester heilige Rituale; im Hintergrund zwei der vier Djedpfeiler, die Mumie und Grabausrüstung bewachen.

einzige Nebenkammer auf dieser Ebene, zu beiden Seiten des Eingangs geschmückt mit einer Darstellung Nefertaris als Osiris, grün wie die keimende Saat. Es ist ein ganz besonderer Osiris, in seiner Gestalt erkennt der Betrachter die in der Verwandlung begriffene Königin, denn wie immer trägt sie über dem Leinengewand eine breite rote Schärpe. Von dieser Kammer gingen die Priester weiter in die große Vorhalle, die ebenfalls mit Bildern der Königin in ihren prachtvollsten Gewändern geschmückt war. Göttergestalten geleiten sie in den Saal ihrer Wiedergeburt, und an der Decke führen sie fünfzackige Sterne.

Die Rückkehr ans Licht

Diese Kammer erinnert an die letzte Etappe der Reise, die Nefertari zurücklegen muß, bevor sie sich aus dem Zustand des Osiris in die Sonne verwandelt. Sie zeigt Ptah, dem Schutzgott der Jubiläen und Wiedererscheinungen, die Leinenbinden, mit denen die Mumie umwickelt war. Dann opfert sie dem ibisköpfigen Thot und hebt die Tafel des Schreibers hoch, um die Beherrschung der heiligen Texte zu erlangen; das Bildnis des Heket-Frosches sichert ihr die ewige Wiederkehr.

Auf dem nächsten Bild erlangt Nefertari Macht über die sieben »fetten Jahre«,[18] die sieben Jahre mit großen Überschwemmungen: Auf diese Weise wirkt sie als Wohltäterin für die Erhaltung ihres Landes. Schließlich ist sie auf einem besonders eindrucksvollen Bild in Mumiengestalt mit einem grünen Stierkopf dargestellt, über ihrem Kopf schwebt eine leuchtende rote Scheibe, Symbol der untergehenden, aber immer wiederkehrenden Sonne.[19] Diese Allegorie evoziert zugleich Osiris als die verschwundene Sonne und die künftige Sonne, die sich anschickt, ihren Lauf neu zu beginnen. Dieses Bild ist die malerische Umsetzung des berühmten Satzes aus Kapitel 17 des »Totenbuches«: »Osiris ist gestern, Re ist morgen.«

Nach dieser letzten Etappe in der Übergangswelt des Todes ist Nefertari nun bereit, in der Kraft der Sonne wiederzukehren, im Sonnenaufgang ihrer Ewigkeit.

Isisnofret erscheint

In der Zeit zwischen dem vierundzwanzigsten und dem dreißigsten Regierungsjahr tauchen erstmals in Oberägypten – nach unserer Kenntnis zum erstenmal überhaupt – Bild und Name der Isisnofret sowie Bilder ihrer engsten Familienmitglieder auf. Wir wissen nicht, ob sich Zufall oder Absicht dahinter verbirgt. Eine große Felsenstele auf einer Granitwand in der Gegend von Assuan zeigt Ramses vor Chnum, dem Herrn über den Wasserfall, und an Ramses' Seite Isisnofret, die bis dahin ganz im dunkeln geblieben war, sowie Chaemwese, seine älteste Tochter Bintanat, den General Ramesse und Merenptah, Isisnofrets ältesten Sohn: in der Liste der Prinzen an zweiter Stelle, dreizehnter Sohn des Königs und später sein Nachfolger.[20] Es ist denkbar, daß Bilder der Isisnofret bereits vor diesem Zeitpunkt eine wichtige Rolle im offiziellen Dekorationsprogramm der Paläste und Tempel von Memphis und dem fern von Theben gelegenen Piramesse spielten, doch in den Ruinen der stark zerstörten einstigen Hauptstadt hat man noch keine entsprechenden Spuren gefunden.

Alles in allem hat es den Anschein, als wäre mit dem Tod von Nefertari ein Tabu aufgehoben worden. Wenig später zeigen Darstellungen den König und Isisnofret im Kreise einer anderen familiären Gruppe: Auf einer Darstellung in Gebel es-Silsile bringt der Pharao dem Ptah Maat dar. Vor ihm steht der Hohepriester Chaemwese, ihm folgen Isisnofret und Bintanat. Auf der unteren Ebene sieht der Betrachter den königlichen Schreiber, den General Ramesse und den dreizehnten Sohn des Pharaos, Merenptah.[21] Solche Darstellungen tauchen allerdings nur selten auf. Die von Isisnofret geborenen Kinder standen treu zu ihr, vor allem Chaemwese, der zu ihren Ehren zahlreiche Denkmäler und Votivstelen errichten ließ. Jüngst in Sakkara und in der Umgebung des Serapeums aufgefundene Überreste von Bauwerken[22] führten zu der Annahme, daß Chaemwese, der Hohepriester des Ptah, seiner verehrten Mutter Isisnofret an dieser Stelle ein Denkmal gewidmet hatte.

Ein Rätsel

Die abwesende Königin taucht somit auf Darstellungen unmittelbar nach dem Tod von Nefertari auf und verschwindet wieder nach dem Tod von Nefertaris ältestem Sohn. Wie ist das zu erklären? Es ist kaum vorstellbar, daß Ramses sich von einer möglicherweise vorhandenen, nur allzu verständlichen Rivalität der beiden Großen Königsgemahlinnen hätte beeinflussen lassen. Schließlich hatte jedes öffentliche Auftreten, jedes seiner Bauwerke den Stellenwert einer wichtigen Botschaft.

Mangels einer anderen Erklärung müssen wir annehmen, daß bis zu ihrem Tod Nefertari im Mittelpunkt stand, sie, die Mutter des ersten Sohnes, und nicht der erste Sohn und damals noch voraussichtliche Thronerbe. Im übrigen lassen die Titel, die Ramses seinen ersten Söhnen gab, keinen eindeutigen Schluß zu, wer tatsächlich als der Thronerbe galt. Sicher ist nur, daß Ramses, anders als sein Vater Sethos, niemals einen Mitregenten einsetzte.

Eine entsprechende Rangfolge war offensichtlich nicht für die beiden weiteren Königsgemahlinnen, Bintanat und Meritamun, beide Töchter von Ramses, vorgesehen: Auf zwei Kolossalstatuen aus dem Tempel von Herakleopolis sind sie absolut gleichrangig dargestellt.[23] Falls Isisnofret zu der Zeit noch am Leben war, hatte sie den Rang der Königinwitwe.

Ein neuer Hoherpriester des Amun

Im Verlauf der Jahre wurden dem hervorragenden Wesir Paser immer mehr aufreibende Aufgaben übertragen. Er teilte seine Arbeitskraft zwischen der luxuriösen Residenz Piramesse und seinen Amtsräumen in Theben. Außerdem führte er immer noch die Aufsicht über die Baustellen am linken Nilufer, wo berühmte Künstler die königlichen Grabmäler vollendeten. Paser kümmerte sich ganz besonders um die königlichen Kolossalstatuen, göttliche Abbilder des Pharaos.

Paser mußte entlastet werden, zumal er älter war und von schwächerer Konstitution als der inzwischen zweiundfünfzigjährige König. Nach dem Tod des Hohenpriesters des Amun, des ersten Propheten Wennefer, des Vaters von Amuneminet, ergab sich die Gelegenheit, dieses Amt dem besten Wesir anzutragen. Bevor Paser im siebenundzwanzigsten Regierungsjahr seine Aufgaben nieder-

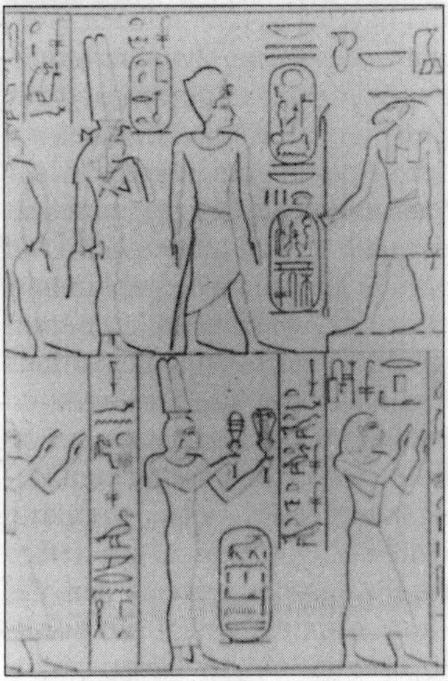

Abb. 212 Auf einem Felsen bei Assuan. Oberes Bildfeld: Ramses, Isisnofret, Chaemwese. Unteres Bildfeld: General Ramesse, Prinzessin Bintanat und Prinz Merenptah huldigen Chons, dem Herrn des Katarakts.

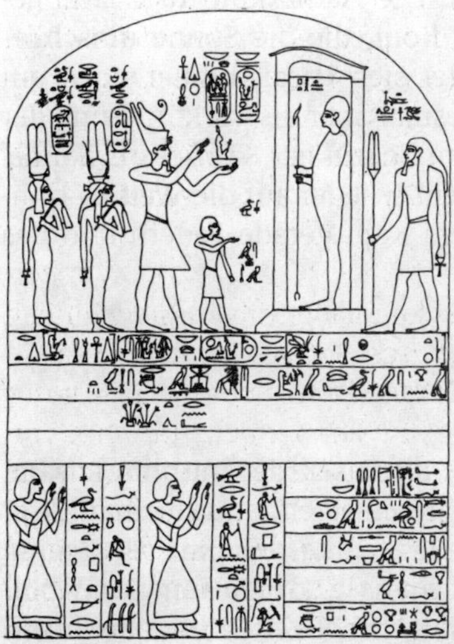

Abb. 213 Felsengrotte am Gebel es-Silsile. Oberes Bildfeld: Ramses bringt Maat dem Gott Ptah dar. Vor ihm steht Chaemwese, hinter ihm schreiten die Große Königsgemahlin Isisnofret und Prinzessin Bintanat. Unteres Bildfeld: General Ramesse und Merenptah.

legte, machte er sich noch einmal vor Ort ein Bild über den Fortgang der Arbeiten an den königlichen Grabmälern.[24] Im zweiten Monat des Sommers beging er mit den Arbeitern das »schöne Talfest« (zur Feier der Wiederauferstehung der Toten). Andächtig begleitete er die Götterbarke bei der Prozession ins Ramesseum, wo sie in der Säulenhalle abgestellt wurde. Dort nahm Ramses sie persönlich in Empfang. Seine Aufgabe war es, die heilige Barke des Amun bei ihrer Ankunft im Jubiläumstempel mit Weihrauch zu begrüßen.[25]

Paser machte sich auf den Weg von der westlichen Ebene am Fuße des Gebel durch ein ausgetrocknetes Wadi ins Tal der Könige. An der Stelle, wo ein weiteres Wadi abzweigte, das Tal der Affen (Gabbanat el-Gonsud), auch Tal des Westens genannt, wählte er an der Flanke eines Kalksteinberges, direkt neben dem Weg, einen Felsen aus, dessen Aussehen an altes, poliertes Elfenbein erinnerte, und ließ zwei Wandbilder einritzen, die der Wohnstatt seines Herrn im ewigen Leben nach dem Tode, für die Paser so unermüdlich gearbeitet hatte, Schutz gewähren sollten. Auf dem einen Bild wandte er sich mit seiner Bitte an die heilige Hathorkuh, die Schutzgöttin der Nekropole, die Große Mutter, die den Toten in ihrem Schoß, symbolisiert durch die in den Fels gehauene Grabkammer, aufnimmt und eine neue Sonne hervorbringt. Die Hathorkuh trägt zwei gekrümmte Straußenfedern auf dem Kopf, die die Sonne umschließen. Auf dem anderen Bild wendet sich Paser, immer noch auf Knien betend, an dasselbe Tier, diesmal aber als Verkörperung der Göttin in dem Augenblick, als sie im Begriff ist, Ramses als Sonne, die am Horizont über Theben aufgeht, wieder auf die Welt zu bringen. Diesmal trägt die Kuh auf dem Kopf gerade Federn und das Sothisgehörn.[26]

Innere Angelegenheiten: Ramses verschafft der Maat Geltung

Ramses blieb nichts anderes übrig, als Paser, der mit ihm zusammen sein Königreich gestaltet hatte, zu ersetzen, und so ernannte er Chai zum Wesir des Nordens und des Südens. Es war der Beginn einer langen Zeit des äußeren Friedens und des inneren Wohlstandes, und das weckte gewisse Begehrlichkeiten bei den hohen

Abb. 214 Während des »schönen Talfestes« segnet Ramses die Barke des Amun mit Weihrauch, gefolgt vom Wesir Paser.

Abb. 215 Der Wesir Paser begleitet die Barke des Amun.

Abb. 216
a. Paser ruft die Hathor des Westens an, Ramses aufzunehmen.
b. Paser ruft die Hathor von Theben (Sothis) an, Ramses neues Leben zu spenden. (Felszeichnungen in Theben-West)

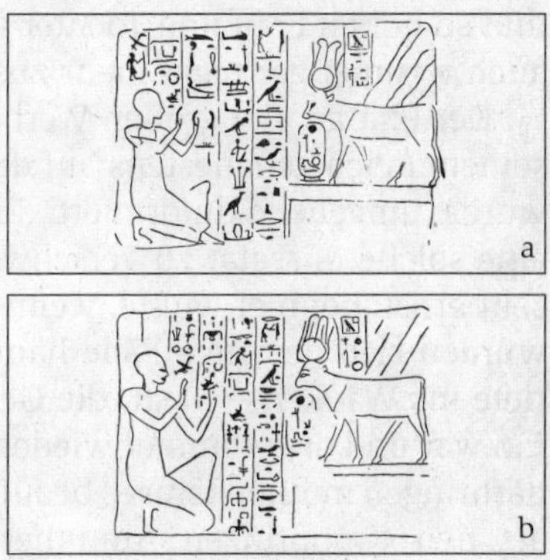

Beamten des Reiches, die für die Schatzhäuser der Tempel und die königlichen Magazine zuständig waren. In den Regierungsjahren 28 und 29 ereignete sich ein regelrechter Skandal[27] im westlichen Bezirk von Theben; aufgedeckt wurde er von dem sehr gewissenhaften Schreiber Hatjai.

Hatjai hatte geduldig die Tricks der Ehefrau eines sehr einflußreichen Mannes beobachtet, die sich ohne überzeugenden Grund Zutritt zu einem königlichen Lagerhaus am linken Nilufer verschafft und alles mögliche mitgenommen hatte.

Der gewissenhafte Hatjai beschloß, die Sache vor Gericht zu bringen. »Warum«, so fragte er, »besucht sie so häufig das Lagerhaus des Pharaos, ohne daß die Aufseher davon unterrichtet werden?«

Das Gericht führte zunächst eine Voruntersuchung durch, und dabei stellte sich heraus, daß der Ehemann der Dame überaus reich war und daß ihm die Lagerhäuser unterstanden hatten, in denen die Gaben aus mehreren Jubiläumstempeln am linken Nilufer gesammelt wurden. Die Vermutung bestätigte sich, daß der Ehemann der Versuchung nicht widerstanden hatte, regelmäßig »Proben« des ihm anvertrauten Überflusses mitzunehmen. Weil er das uneingeschränkte Vertrauen des neuen Wesirs besaß, wurde ihm die Verantwortung für die Herden im Norden des Deltas übertragen; diese Tiere waren wegen der besonders saftigen Weiden sehr begehrt. Der Mann wollte indes auf die hübsche Einnahmequelle nicht verzichten, die ihm die Verantwortung für die Lagerhäuser eröffnet hatte, und so holten Frau und Tochter weiter »Proben« in seinem Namen, auch wenn er gar nicht mehr zuständig war.

Der Pharao, der großen Wert darauf legte, über alle Vorgänge in seinem Reich genauestens auf dem laufenden gehalten zu werden, wurde umgehend informiert: Es wäre undenkbar gewesen, ihm eine solche Missetat zu verschweigen. Er nahm die Angelegenheit sehr ernst, denn er wußte, wenn er nicht rasch und hart durchgriff, würden sich derartige Fälle häufen und die Ordnung im Land geriete ins Wanken,[28] Maat, die Gerechtigkeit, deren Garant der Pharao war und die er immer wieder aufs neue dem Schöpfer als Opfer darbringen mußte. Ramses beauftragte daraufhin keinen geringeren als den Kronprinzen Amunherchepeschef, inzwischen Sethherchepeschef, zusammen mit den hohen Würdenträgern des Reiches über die unehrliche Matrone zu Gericht zu sitzen.

Und so begann der Prozeß: »Nenne uns den Grund, warum du zwei Kammern des königlichen Lagerhauses geöffnet hast, ohne daß der Aufseher davon unterrichtet wurde?« Darauf antwortete sie: »Jenes Lagerhaus unterstand der Aufsicht meines Ehemannes!« Die Richter entgegneten: »Dein Ehemann war früher für die Verwaltung zuständig. Inzwischen erfüllt er diese Aufgabe nicht mehr, ihm wurde ein anderes Amt übertragen: die Aufsicht über das Vieh im Norden des Landes. Du hast eine Missetat begangen.«

Und so wurde dann auch entschieden.

Im weiteren Verlauf der Untersuchung kam zutage, daß sich die beiden Frauen und auch der Ehemann vor seiner Beförderung in erheblichem Umfang bereichert hatten: Es fehlten zwanzigtausend Scheffel Getreide, dreißig Stiere, zehn Ziegen, dreißig Gänse und weitere Tiere, dreißig Wagen samt Ausrüstung, tausenddreihundert Brocken Kupfererz, vierhundertvierundzwanzig Leinengewänder, vierhundertvierzig lederne Sandalen sowie Krüge mit Wein aus unterschiedlichen Anbaugebieten (darunter ohne Zweifel etliche elegante Weinflaschen aus Zypern).

Zu diesen Diebstählen kamen noch andere hinzu, die dem neuen Aufseher über das Vieh im Norden zur Last gelegt wurden, als er seinerseits vor Gericht gestellt wurde:

Und siehe, Pharao selbst schickte einen Beamten … und zwei Männer, um deine Frau und deine Tochter festzunehmen. Sie wurden von einem Stallobersten vor dem Jubiläum verhaftet, und es wurde ihnen zur Kenntnis gebracht, welche Vorwürfe man vor dem Pharao gegen sie erhoben hatte. So höre: Deine Frau hat das Lager des Tempels des verstorbenen Thutmosis [des ersten] geöffnet. Sie hat zweihundert Debens *Kupfer gestohlen, dreihundert Ballen Wolle,*[29] *fünf Krüge Granatapfelwein, zehn kupferne Phiolen, vier Hacken und drei Kessel [gleichfalls] aus Kupfer, und sie hat all das in dein Lagerhaus getragen.*

[Zur Strafe] wurde sie festgenommen, und sie wird nie wieder in die Freiheit gelangen …

Unehrlichkeit und Zynismus gehörten damals wie heute zur menschlichen Natur: Der Mann bestritt die gegen ihn erhobenen

Vorwürfe vehement und ging zu einem hochmütigen Gegenangriff über, der auch in einem modernen Gerichtsverfahren noch Eindruck machen würde. Er leistete vor den Beisitzern und Geschworenen ohne Zögern einen Eid und beschuldigte statt dessen die Wachen, behauptete, sie hätten die Diebstähle begangen, die ihm zur Last gelegt wurden. Dann beteuerte er im Brustton der Überzeugung seine Unschuld:

Er schwor beim Herrn vor den Beamten und sagte: »Wenn man [bei den Vorbereitungen für] das Fest[30] *irgend etwas im Lagerhaus meines Vaters findet, werde ich es doppelt zurückgeben! Kann man beweisen, daß etwas, das fehlt, sich in meinem Besitz befindet, so möge man diese Gegenstände noch heute in die vier großen Säle [des Gerichts?] bringen.*

Doch in Wahrheit haben die Wächter über die Güter des Pharaos, die einen wie die anderen, die Gegenstände an sich gebracht! Ich werde dem Pharao – meinem guten Herrn! – über sie berichten, wenn er beim Jubiläumsfest erscheint, denn auch im letzten Jahr haben sie mich schon angeklagt.«

Die Richter nahmen die Erklärung entgegen und schickten sich an, nun die Wachen zu befragen.

Leider ist der Ausgang des Verfahrens nicht überliefert. Allerdings ist es sehr wahrscheinlich, daß der Prozeß zügig abgewickelt wurde, denn der Pharao legte großen Wert darauf, daß entschieden und rasch[31] durchgegriffen wurde, wenn es im Getriebe einer der wichtigen Institutionen seines Reiches knirschte. Mit Sicherheit wurden zahlreiche Personen verhaftet, denn man kann nicht ohne Zeugen und ohne Komplizen Wagen, eine ungeheure Zahl Getreidesäcke, tausenddreihundert Kupfererzklumpen, Stiere und andere Tiere beiseite schaffen. Ganz gewiß wurden nicht nur die drei genannten Familienmitglieder bestraft.

Auswärtige Angelegenheiten: der Beginn einer Freundschaft

Das Bündnis mit dem Reich Chatti verlieh Ägypten innere Stabilität und eine außerordentlich sichere Position im Verhältnis zu den anderen Ländern, und Ramses bemühte sich sehr, diese Position mit Umsicht und Stärke zu behaupten. Ägyptens Nachbarn war klar, daß sie es, wenn sie sich mit Ägypten anlegten, auch mit dem Reich Chatti zu tun bekommen würden, das darauf bedacht war, den Vertrag und das gegebene Wort zu halten. War nun die Beziehung zwischen den beiden Großen von ungetrübter Harmonie? Unmittelbar nach Abschluß der Verträge gewiß noch nicht, die Beziehungen mußten sich erst entwickeln, und dies begann auf der wirtschaftlichen Ebene. Nachdem die Verbindung geknüpft war, wandten sich die Hethiter bald auch in anderen Angelegenheiten an die Ägypter mit ihrem überlegenen Wissen. Vor allem die Ärzte und Kräuterkundigen, die sich auf die Verwendung der unzähligen Heilpflanzen vom Nilufer verstanden, genossen im Reich Chatti hohes Ansehen. Außerdem wurde in keinem anderen Land ein so hauchzartes Leinen hergestellt wie in Ägypten, und nirgendwo sonst fertigten die Goldschmiede so herrliche, unvergleichlich elegante Schmuckstücke. Umgekehrt waren die ägyptischen Eisenminen wenig ertragreich, aber die Bergwerke in der Provinz Kizzuwatna, der Heimat der Königin Puduchepa, förderten sehr viel Eisenerz. Der Pharao brauchte Eisen zur Modernisierung seiner Streitkräfte, die er in kluger Voraussicht mit soliden Rapieren, metallenen Helmen und Brustpanzern ausrüsten wollte, damit sie in der Lage wären, den Armeen feindlicher Völker – den künftigen »Eindringlingen über das Meer« – entgegenzutreten, vor denen Ägypten zunächst noch durch die Hethiter geschützt war. Auch Assyrien mußte weiterhin von der Macht des Pharaos überzeugt sein.

Aus den erhalten gebliebenen Dokumenten geht hervor, daß Ramses im Umgang mit dem Hethiterkönig nicht ganz die Herablassung ablegen konnte, mit der er häufig die kleineren Staaten im Nahen Osten behandelte. Er mußte allmählich einsehen, daß sein neuer Verbündeter ein edler Weiser war und daß es unklug war, den Überlegenen zu spielen. Die Königinmutter, die einen so segensreichen Einfluß auf ihn ausgeübt hatte, stand ihm nicht mehr zur Seite, um seinen Hochmut zu dämpfen, ebensowenig die sanfte Nefertari, die seine Ausbrüche so gut zu zügeln gewußt hatte. Nun mußte Hattusilis – und seine Gemahlin Puduchepa – allein einen Weg finden, mit dem aufbrausenden Pharao zurechtzukommen, und bisweilen mußten sie ihn deutlich darauf hinweisen, daß er sich in ihrem Bündnis angemessen zu verhalten habe.

Der Ton mancher Botschaften, die zwischen den beiden Reichen hin- und hergingen, läßt darauf schließen, daß Hattusilis sich immer wieder einmal wehren mußte, sodann antwortete Ramses mit Schmeicheleien und Versicherungen seiner Treue,[32] um seine Fehler herunterzuspielen, die offensichtlich das gute Einvernehmen zu trüben drohten. Das hörte sich dann so an:

Ich habe soeben erfahren, daß mein Vater mir folgendes schreibt: »Warum, mein Bruder, schreibst du an mich, als wäre ich einer deiner Untertanen?« Du beleidigst mich, mein Bruder, wenn du schreibst, »als wäre ich einer deiner Untertanen«. Wir wissen, daß du überall Großes vollbracht hast: Du bist natürlich der große König des Reiches Chatti! Der Sonnengott und der Wettergott haben eingewilligt, daß du den Thron deines Großvaters besteigst.

Warum sollte ich an dich wie an einen Untertanen schreiben? Erinnere dich, daß ich dein Bruder bin, du solltest in herzlichen Worten zu mir sprechen! Etwa »möge es dir gutgehen jeden Tag«! Warum sprichst du statt dessen unbedachte Worte, die einer Botschaft unwürdig sind?[33]

Die gesamte Korrespondenz zeigt, daß die beiden Herrscher sehr verschiedene Charaktere waren: auf der einen Seite der kluge, geduldige, umsichtige Hattusilis, auf der anderen Seite der aufbrausende, heftige, aber auch gottesfürchtige und geschickte Ramses. Doch im Laufe der Zeit und mit zunehmender Vertrautheit gaben sie schließlich ein Bild des guten Einvernehmens und Friedens ab.

KAPITEL 14
JUBILÄEN UND WUNDER

Das erste Regierungsjubiläum

Im neunundzwanzigsten Regierungsjahr des Pharaos bereitete sich ganz Ägypten darauf vor, das Jubiläum im nächsten Jahr zu feiern. Ramses war nun sechsundfünfzig Jahre alt, und es gab noch keine Anzeichen, daß er einer Erneuerung seiner physischen Kraft bedurfte. Doch das Sedfest mußte im dreißigsten Regierungsjahr unbedingt begangen werden. Nicht alle Pharaonen erlebten dieses traditionsreiche Fest, durch das die mit zunehmendem Alter schwindenden Kräfte des Herrschers rituell erneuert werden sollten, und manche Herrscher feierten es aus Gründen, die heute immer noch im dunkeln liegen, bereits vor dem dreißigsten Regierungsjahr. Im Laufe der Zeit erhielt das Neujahrsfest eine ähnliche Funktion. Es trug alljährlich dazu bei, dem Pharao die von den Göttern verliehene Kraft zu erhalten, die seine königliche Macht stärkte.

Als die Zeit für das Fest zum dreißigsten Regierungsjubiläum gekommen war, das danach alle drei Jahre wiederholt wurde, gelangte der Pharao im Verlauf der Prüfungen zur völligen Verschmelzung mit dem Herrn des Lebens (Osiris) und gewann so neue Kraft, um auf dem Thron der Lebenden zu herrschen.[1] Wie bei allen Ritualen, zu denen Geheimzeremonien gehörten, enthalten die Dokumente nur Andeutungen, die schwer zu interpretieren sind. Bis heute ist es nicht gelungen, den Ablauf des Festes zu rekonstruieren. Wir müssen uns darauf beschränken, die wenigen Darstellungen zu analysieren, die das Schweigen der Priester durchbrechen, freilich nur einen blassen Eindruck von den Vorgängen vermitteln können. Eine der besten Beschreibungen des Festes und der Mysterien findet sich auf einer Mauer des Grabmals von Cheriuf, einem Zeitgenossen von Amenophis III.[2] (18. Dynastie). Eine weitere, spätere Darstellung stammt aus dem neunten Jahrhundert vor unserer Zeitrechnung, der Herrschaftszeit von Osorkon II. (22. Dynastie): Malereien am Tempel von Bubastis[3] zeigen Szenen, ähnlich denen am Grabmal des Cheriuf. Offensichtlich blieben bestimmte Elemente des Sedrituals über den Zeitraum von fünf Jahrhunderten hinweg unverändert.

Ramses ließ für sein erstes Sedfest in Piramesse eine riesige Halle bauen und prunkvoll dekorieren. Die Wandreliefs in den angrenzenden Nebenhallen bezogen sich wahrscheinlich auf das Mysterium, aber sie wurden bis heute nicht gefunden. Sicher wissen wir, daß die Vorbereitungen ein Jahr vor dem Fest begannen und einen gesamten Nilzyklus dauerten. Das Sedfest wurde von den höchsten mit den Zeremonien befaßten Priestern des Landes und dem obersten Verwaltungsbeamten offiziell »verkündet«. Höchster priesterlicher Würdenträger war Prinz Chaemwese, Hoherpriester des Ptah, höchster Verwaltungsbeamter war der neue Wesir Chai. Das gesamte Land nahm Anteil, die wichtigsten religiösen Zeremonien fanden zwar in Piramesse und Memphis statt, aber bis nach Nubien wurden in den Tempeln von Abu Simbel und Akscha Feierlichkeiten abgehalten.

»Wunder«, die für Ramses' Lebensweg so charakteristisch sind und die er so geschickt zu seinem Vorteil zu nutzen wußte, begleiteten auch das erste Regierungsjubiläum: Durch wundersame Fügung war es ein »Jahr der fetten Kühe«.[4] Einer der königlichen Schreiber notierte:

Große Überschwemmung zum ersten Jubiläum des Ramses, geliebt von Amun, die die Elle erreicht [das heißt ein Sechzehntel]. *Kein Deich widersteht, die bis zum Gebel angeschwollenen Flüsse sind übervoll von Fischen und Wildvögeln.*

Szenen in Piramesse

Aus allen Darstellungen wird deutlich, wie wichtig die Göttin Hathor, die große Herrin, durch deren Schoß die Wiedergeburt erfolgt, für Ramses und die Königsgemahlin an seiner Seite war. In diesem Zusammenhang stellt sich eine Frage: Übernahm, nachdem Nefertari nicht mehr lebte, Isisnofret, die Mutter von Chaemwese, dem die Organisation der Festlichkeiten oblag, neben Ramses die Rolle von Hathor und Bintanat die Rolle von Sothis? Oder vertraten die beiden Königsgemahlinnen Bintanat und Meritamun die beiden Göttinnen bei Ramses, wenn er bei den Festlichkeiten auf dem Thron saß?

Ramses erschien am Tor seines Palastes, begleitet von einem Gefolge illustrer Würdenträger, darunter auch die »Mannschaft der Barke«, denn ein Teil der Zeremonien fand auf dem »See der Residenz« statt, und zwar hauptsächlich in der Nacht. Von Beginn der Feiern an wurden Geschenke mit besonderer symbolischer Bedeutung verteilt: Enten und Fische aus Gold und Silber sowie grüne Bänder. Alle an dem Ritual in irgendeiner Weise Beteiligten wurden vom König verpflegt; einige waren dazu ausersehen, am Abend und am Morgen die Barke zu ziehen, und sie wurden ganz nah an die Stufen des Thrones herangeführt. Dann begann vor dem königlichen Baldachin das Gelage, »damit der Herrscher weiterlebe«. Ausgeschenkt wurden die Getränke von den Töchtern der »Mentiu«; das waren wahrscheinlich Töchter von Beduinenfürsten und asiatischen Herrschern; sie gingen mit Krügen aus Gold und Elektron herum.

Abb. 217 Der Pharao im Hebsedgewand anläßlich des Jubiläumsfestes; neben ihm Hathor und die Königin als Sothis.

Abb. 218 Oberes Bildfeld: Der König und die Königin treten aus dem Palast und begeben sich an den Ort der Jubiläumsfeierlichkeiten. Unteres Bildfeld: Die Töchter der »Mentiu« (fremder Fürsten) bringen Trankopfer dar.

Anschließend führten Musiker und Tänzer ein rhythmisches Konzert mit getanzten Pantomimen und akrobatischen Einlagen auf. Die Gesänge erklangen, »um zu preisen, was gepriesen werden muß«, die Sängerinnen stimmten eine Hymne auf Hathor an:

Komm, ich werde für dich frohlocken am Morgen und musizieren am Abend! O Hathor, du bist geschmückt mit dem Haarschmuck des Re,[5] *denn der Himmel hat dir die tiefe Nacht gegeben und die Sterne. Groß ist seine Herrlichkeit, wenn sie besänftigt ist! Verehrung der Goldenen, wenn sie am Himmel leuchtet… O Majestät, komme, komme und beschütze den König… Erhalte ihn gesund auf der linken Seite des Himmels! Damit er glücklich, siegreich und gesund am Horizont stehe.*

In Begleitung der Königin trat der König aus dem Palast, angetan mit dem Festgewand, einem kurzen Mantel, der oberhalb der Knie endete. Nach dem zeremoniellen »Vertäuen der Nachtbarke« nahm der Herrscher an der Prozession auf dem Wasser teil, einer rituellen Schiffahrt. Dann kamen die Prinzessinnen der könig-

Abb. 219 Oberes Bildfeld: Das Herrscherpaar fährt mit der Nachtbarke hinaus. Unteres Bildfeld: rituelle Tänze der Frauen aus den Oasen.

lichen Familie, »die geliebten Töchter des Königs«, und begleiteten die Sängerinnen des Amun mit dem Sistrum. Die Sistren, die sie in den Händen hielten, waren mit dem Abbild eines Tempeltores geschmückt, einem Symbol, das besser als alle Worte den Sinn des Rituals ausdrückte: den Übergang in einen neuen Zustand.[6]

Alle Priester waren dabei, als das königliche Paar in der Barke Platz nahm und zu seiner symbolischen nächtlichen Reise aufbrach. Die Prozession per Schiff mußte gleichzeitig mit der Ankunft des »Großen Nils«, der Nilflut, stattfinden. In der Sonnenbarke wurden Götterfiguren mitgenommen, und bei Tagesanbruch wurde an Bord an ihnen die Zeremonie der Augen- und Mundöffnung[7] vollzogen, zusammen mit der Opferung großer und kleiner Tiere.

Die Hauptzeremonie in Memphis

Ein wesentlicher Schlußakt der Sedzeremonie bestand allem Anschein nach darin, daß der Pharao den Djedpfeiler aufrichtete, das zentrale Symbol des Osiris im Augenblick seiner Auferstehung. Die Szene spielte sich südlich von Gize ab, im Heiligtum (der *Schetit*) des Gottes Sokaris.[8] Begleitet von der Großen Königsgemahlin, den Prinzessinnen, dem geheimnisvollen Setempriester und dem Vor-

Abb. 220 Der Pharao, begleitet von der Großen Königsgemahlin, richtet den Djedpfeiler auf. Die königlichen Prinzessinnen spielen Sistren.

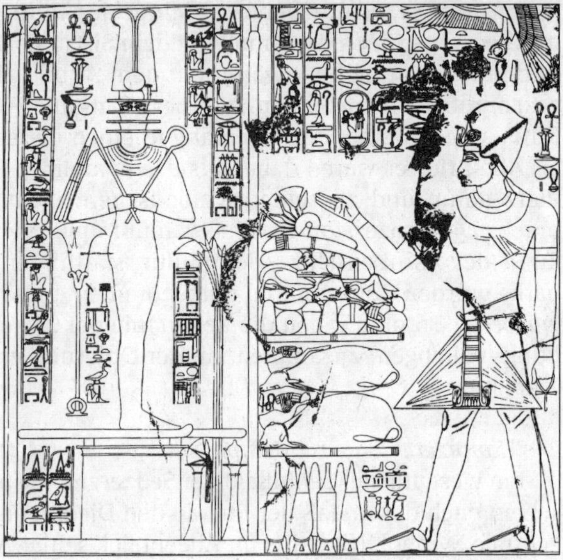

Abb. 221
Der Pharao vor dem Djedpfeiler des Osiris.

Abb. 222 Das königliche Paar empfängt den rituellen Becher.

steher des Hauses der Handwerker, schritt der Pharao bei Tagesanbruch zur Errichtung des Djedpfeilers: Der Pfeiler symbolisierte den Ka (das Reservoir der schöpferischen Lebenskräfte); dementsprechend brachten die Prinzessinnen heilige Gegenstände dar, die der Erneuerung durch das Wirken der schönen Hathor dienten:[9]

Für dich, Ka, (hier) das (dunkle) Sistrum für dein süßes Gesicht und der Menathalsschmuck, dann das Pfortensistrum, wenn du dich erhebst, o erhabener Djedpfeiler, Osiris-Sokaris, Herr der Schetit, Djedpfeiler des Osiris, des Großen, der in der Schetit wohnt.

Die männlichen Sänger gaben den Rhythmus vor für die rituellen Bewegungen der Tänzer, während Ramses die an einem großen Djedpfeiler befestigten Taue in die Hand nahm und diesen langsam aufrichtete, das Symbol eines vollständig durchlaufenen Kreises durch die vier Himmelsrichtungen der bekannten Welt. Nun waren die »doppelten Tore zur Unterwelt« für Osiris-Sokaris geöffnet.

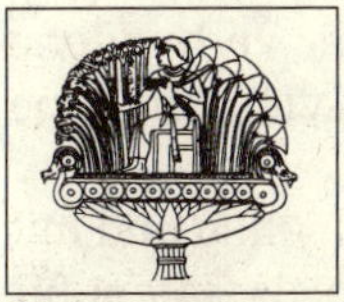

Abb. 223 (links) Der rituelle Becher, der das Bildnis des Herrschers zeigt, der durch die beiden heiligen Pflanzen »erneuert« wurde.

Abb. 224 (unten) Symbolische Kampfszene und ritueller Zug von Ochsen und Eseln.

Aufs neue hob der Gesang an:

Während Re verjüngt am Himmel steht, erscheint Atum im Glanze und grüßt dich, der du mit der Welt wiedervereint worden bist wie der Sonnenball mit dem Himmel.

Das Bild des erhabenen Djedpfeilers, des Ka im Hause von Sokaris, war auch Ptah-Sokaris und wurde gleichgesetzt mit der erneuerten männlichen Kraft des Pharaos: Die Dunkelheit des Alterns war vertrieben und ersetzt durch strahlendes Licht. Männer mit langen Papyrusstengeln in der Hand – die aus uralten Ritualen in den Städten Dep und Pe stammten – mußten im Augenblick der Errichtung des symbolischen Pfeilers die Stengel wie Waffen kreuzen: Symbol für den Kampf der widerstreitenden Kräfte. Der Kampf war hart, aber er endete mit der endgültigen Wiederherstellung der Ordnung, und das wurde so bekannt gegeben:

Der erscheinende Horus hat gesiegt.

Nun erhielten die Göttlichen Väter in der Barke erneut Nahrung, und die letzte mit der Errichtung des Djedpfeilers verbundene Zeremonie wurde vollzogen: Ein Priester trieb Großvieh und eine Eselherde viermal um die Mauern des Heiligtums.

Der Djedpfeiler wurde an der Spitze mit Augen versehen und mit der Sonne und den Osirisfedern geschmückt: Er blieb als Garant für den Erfolg der Zeremonie im Haus des Sokaris und wurde bis zum nächsten Jubiläum regelmäßig mit Opfergaben und Schmuck geehrt.

O Osiris im Hause des Sokaris ... O Wennefer, Sohn der Nut, der sich unverletzt in seiner Wohnung in der Unterwelt erhebt.

Der König und die »Urmutter«

Mit einer letzten symbolischen Opfergabe, die wahrscheinlich dem königlichen Paar dargebracht wurde, endete die Zeremonie in Piramesse. Möglicherweise vollzog auch Chaemwese selbst dieses letzte Ritual für seinen Vater im großen Tempel des Ptah in Memphis, zu dem ebenfalls ein weitläufiges Jubiläumsbauwerk gehörte und dessen Säulenhalle eine Nachbildung des »Tempels der Millionen Jahre« im Ramesseum war. Bei dieser Zeremonie saß Ramses neben der Großen Königsgemahlin unter dem doppelten Baldachin der Wiedergeburt, getragen von Säulen mit drei Pflanzenkapitellen:

Der Papyrus und die unechte »Lilie« erinnerten an das Wasser, in dem der göttliche Keim, umgeben von den beiden »Urmüttern«,[10] zu neuem Leben erwacht; die »Lilie«, aus der die Lotosblüte hervorbricht, stand für die Geburt allen Lebens.[11]

Die Verehrung für den Herrscher wurde symbolisch mit der Darbietung kostbarer goldener Gefäße ausgedrückt. Wichtigster Gegenstand war ein Kelch in Form einer voll erblühten Lotosblume mit zwei Henkeln in Form eines Steinbockkopfes. Geschmückt war das Gefäß mit einer bukolischen Szene, in deren Mitte sich ein kleines Bild des Ramses gegen ein Dickicht von »Lilien« und Papyrus abhob. Mit der einen Hand drückte er drei Papyrusstengel an seine Brust, mit der anderen hielt er drei »Lilien«-Stengel vor sich. Diese überaus originelle Darstellung verweist auf das Becken mit dem Wasser als Quelle allen Lebens. Sie steht in Zusammenhang mit einer im Inneren des Gefäßes eingeritzten Szene, die zeigt, wie nach Abschluß der Jubiläumsrituale das königliche Sonnenkind zu einem neuen Zyklus irdischen Lebens geboren wird.

Im Mittelpunkt des Mysteriums, bei dem das Wasser eine große Rolle spielt, wie es allein schon durch die nächtliche Barke symbolisiert wird, steht die Allgegenwart Hathors, des Mutterschoßes. In den Ablauf bestimmter öffentlicher Szenen des Rituals wurde das gesamte ägyptische Volk mit einbezogen. Beim Mysterium innerhalb der Mauern der Hauptstadt Piramesse waren Vertreter der verbündeten Vasallenländer zugegen, darunter die Töchter der »Mentiu« und der Provinzen, sogar Tänzerinnen aus den Oasen.

Die neue Kraft des Pharaos

Nach dem Fest floß neue jugendliche Kraft in den Adern des Pharaos, und gestärkt begann er die nächste Etappe seines bemerkenswerten Lebens. Inzwischen herrschte im Nahen Osten Friede, das Bündnis zwischen den beiden großen Reichen trug erste Früchte. Doch Ramses' Pläne reichten noch weiter: Er träumte von einer unmittelbaren Verbindung mit der hethitischen Königsfamilie, durch die er seine Macht als Herrscher erweitern würde. Doch die Erbin von Hattusilis und Puduchepa war nicht mit den kleinen Prinzessinnen aus dem Nahen Osten zu vergleichen, die sich geschmeichelt fühlten, wenn sie als Pfand der Unterwerfung in den Harem des Pharaos kamen. Einen solchen Handel hatte der stolze und edle Hattusilis dem Pharao niemals vorgeschlagen.

Ramses informierte sich regelmäßig über den Fortgang der Arbeiten im Tal der Könige, die er spätestens in seinem neunzehnten Regierungsjahr hatte wiederaufnehmen lassen. Er hatte beschlossen, daß gegenüber dem Eingang zu seinem Felsengrab eine riesige unterirdische Grabanlage mit Dutzenden von Kammern für seine unzähligen Kinder und Enkelkinder in den Fels gehauen werden sollte. Am Ende des ersten Mittelganges hatte er direkt an der Wand die große Statue eines stehenden Osiris errichten lassen, des Herrn jenes Ortes.[12] Das Pendant dazu sollte später in Ramses' eigenem Grab, in einer der geheimen Seitenkammern neben der Goldenen Kammer, stehen, wo der wunderbare Alabastersarkophag für die Mumie des Pharaos bereitstand.

Wie üblich wollte Ramses über alles, was in seinem Reich geschah, in allen Einzelheiten unterrichtet werden, auch über die Entlohnung der Arbeiter und Künstler auf den Baustellen der königlichen Nekropolen. So ließ ihm um die Zeit seines Regierungsjubiläums (im Regierungsjahr 30 oder 31) der königliche Schreiber Suti, Vorsteher des Schatzhauses, durch den Wesir Chai detaillierte Informationen über Menge und Qualität der an die Arbeiter auf den Baustellen ausgegebenen Nahrungsmittel zukommen.[13]

Der Felsentempel von Meha, durch ein Erdbeben beschädigt

Um das einunddreißigste Regierungsjahr wurde der Pharao davon in Kenntnis gesetzt, daß man in der Gegend von Theben Erdstöße verspürt hatte. Wenig später eröffneten der Wesir Chai sowie Paser, der Vizekönig von Nubien, dem Pharao so schonend wie möglich, daß seine liebste Tempelanlage, Abu Simbel, durch die Erdstöße in Mitleidenschaft gezogen worden sei. Ramses begab sich unverzüglich auf den Weg nach Süden, um sich selbst ein Bild von den Zerstörungen zu machen. Gleich neben dem Eingangstor fand er die erste Kolossalstatue auf der Südseite schwer beschädigt: Kopf und Rumpf lagen zerschmettert auf der Erde. Von der ersten Statue in nördlicher Richtung drohte der rechte Arm abzufallen. Im Säulenhof war der zweite nördlich ausgerichtete Osirispfeiler von Rissen durchzogen, und die beiden südlichen Pfeiler befanden sich kurz vor dem Einsturz.[14]

Der für die Arbeiten verantwortliche Vizekönig Paser erhielt den Befehl, unverzüglich Gerüste im Säulenhof aufstellen zu lassen.[15] Die Schäden, vor allem an dem zweiten nördlichen Osirispfeiler und an den beiden südlichen Pfeilern, wurden so gut es ging repariert, als Vorsichtsmaßnahme und zu ihrer Verstärkung errichtete man eine Mauer aus Sandsteinblöcken. Am schlimmsten war der große sitzende Koloß an der Vorderseite betroffen. Teile waren heruntergebrochen, und weil der Sandstein so porös war, konnte man dieses Abbild der vergöttlichten Macht des Königs nicht wieder zusammensetzen. Man mußte die Teile liegen lassen.

Angesichts der zerstörten Harmonie jener einzigartigen majestätischen Fassade erinnerte sich Ramses wohl an die Freude und Begeisterung bei der Einweihung des Bauwerks. Die Verletzung des Berges mußte etwas zu bedeuten haben: Wies sie darauf hin, daß Seth, der Gott der Sturmgewitter, zürnte? Wie lautete seine Botschaft genau? Das Geschehene mußte so schnell wie möglich gedeutet werden, und zwar mit einem für ihn günstigen Ergebnis. Nein, es konnte nicht Seth sein! Die Erde hatte gebebt, und die Erdstöße, die den Eingang des Felsentempels beschädigt hatten, waren gewiß das Werk von Ptah, dem Schutzgott der Jubiläen, in seiner Eigenschaft als Tatenen: »die Erde, die sich erhebt«. Und so gelobte Ramses auf der Stelle, dem Herrn von Memphis einen langen Text zu widmen, darin auch seine eigenen Leistungen zu würdigen und vor allem aus der Katastrophe möglichst viele gute Omen herauszulesen. Der Text sollte als Inschrift auf der Stützmauer zwischen den beiden südlichen Osirispfeilern im Säulenhof festgehalten werden. Die richtigen Worte würden ihm gewiß bald einfallen.

Als Ramses den Felsentempel wieder verließ, war der rechte Arm des Kolosses auf der Nordseite mit einer Stützmauer stabilisiert, auf der man die Kartuschen des Königs eingeritzt hatte. Die allzu hastig durchgeführte Reparatur wurde unter Sethos II. noch einmal ausgebessert und dann mit dessen Kartuschen markiert.

Abb. 225 Fassade des großen Tempels von Abu Simbel nach dem Erdbeben.

Die Ränke des Ramses

Am Hof von Hattusilis hatten die Abgesandten von Ramses unterdessen heimlich und erfolgreich ihre Fäden gezogen. Die Umstände waren ihnen günstig, denn das Reich Chatti erlebte etliche schwere Prüfungen, so eine ungewöhnlich lange, sehr beunruhigende Dürreperiode. Nach der Rückkehr in die nördliche Hauptstadt wurden dem Pharao höchst erfreuliche Nachrichten von seinen Informanten überbracht. Es zeichnete sich ab, daß ein Plan, der ihm sehr am Herzen lag, zu verwirklichen sein würde: Er wollte Hattusilis' älteste Tochter heiraten – die, wie man ihm gesagt hatte, sehr schön war – und sie ausnahmsweise zur Großen Königsgemahlin machen. Aber der Vorschlag mußte von Hattusilis kommen. Er, Ramses, Herrscher über das große Land To-meri, Sohn des Sethos, den dank des Wirkens der beiden Schutzgöttinnen neue Kraft durchströmte, würde nichts fordern. Im übrigen bereitete sich ganz Ägypten bereits darauf vor, prunkvoll das zweite Regierungsjubiläum zu begehen. Die Feiern würden das gesamte dreiunddreißigste Regierungsjahr ausfüllen.

Verlobungsverhandlungen

Wieder verkündeten Chaemwese und der Wesir Chai das Jubiläum. Gegen Ende der Nilflut im Jubiläumsjahr erfolgte endlich der so lange erwartete Schritt: Hattusilis schickte Ramses Botschaften des Inhalts, daß er eine Verbindung mit seiner Tochter vorschlage, um das Bündnis beider Länder zu festigen.

Nachdem die üblichen Freudenbekundungen und Glückwünsche ausgetauscht waren, erörterte man im Briefwechsel die praktischen Fragen. Wir wissen nicht, ob Ramses sich zu der Mitteilung herabließ, daß er bereit sei, eine seiner Größe angemessene Mitgift anzunehmen, oder ob der Hethiterkönig von sich aus dieses Thema ansprach, um Ramses zu locken, von dem er Unterstützung zu bekommen schien. Ein Brief von Hattusilis an Ramses ist erhalten geblieben, in dem es um die Frage der Mitgift geht:

Die Mitgift wird herrlicher sein als die des Königs von Babylon und die der Tochter des Königs von B...[?] Ich werde noch dieses Jahr meine Tochter schicken; Leibeigene, Rinder, Schafe und Ziegen werden mit ihr kommen; mein Bruder muß dafür [eine Eskorte] ins Land Aja schicken, um sie zu empfangen.

Das Land Aja lag an der südlichen Grenze des Hethiterreiches in der Nähe der Provinz Upe. Ramses antwortete umgehend:

Ich habe an den Statthalter von Suta geschrieben in der Stadt Ramses [Kumidi], *die in der Provinz Upe liegt, daß er die Herden – das Großvieh und die kleineren Tiere – in Empfang nimmt, die sie mitbringt, und er wird sie begleiten, bis [meine] zukünftige Ehefrau ägyptischen Boden betritt.*

Ramses informierte auch den Statthalter der dritten Stadt Piramesse (in Gaza), die noch näher an der ägyptischen Grenze, in Kanaan, lag, und wies ihn an, sich gut um die Eskorte zu kümmern, denn die kalte Jahreszeit stand bevor.

Isisnofret und das zweite Jubiläum

Vor der Nilflut und dem zweiten Regierungsjubiläum bat man mit Inschriften am Gebel es-Silsile um eine reichliche Überschwemmung. Der Gebel galt den Ägyptern als die Stelle, an welcher die Wasser des Nils ihr Land erreichten. Wieder erscheint die Große Königsgemahlin Isisnofret auf einer Felsenstele an der Seite des Pharaos, begleitet von ihren drei ältesten Kindern, darunter Bintanat, die ihrer Mutter als Große Königsgemahlin nachgefolgt war. Die andere Große Königsgemahlin, die schöne Meritamun, Nefertaris Tochter, nahm an der Zeremonie nicht teil. Sie hatte zwar allem Anschein nach ein besonders enges Verhältnis zum König, aber am Gebel es-Silsile, an der Stelle, wo der Nil nach einer Engstelle Ägypten erreichte, standen Isisnofret und ihre Kinder im Mittelpunkt, obgleich der Thronerbe Amunherchepeschef, inzwischen Sethherchepeschef, der Sohn Nefertaris, zu dem Zeitpunkt noch am Leben war.

Der Gebel es-Silsile war nicht zufällig gewählt worden. Dies wird deutlich, wenn man sich bewußt macht, daß Ramses zunächst einen anderen Ort dafür ausersehen hatte, um die Nilflut und den

Aufgang des Sothissterns zu feiern: Meha und Ibschek. Damals war Nefertari an seiner Seite gewesen.

Der Gebel es-Silsile, wo die Ufer des Nils eng aneinanderrücken, galt als ein heiliger Ort: Dort herrschte Ta-Uret, die »Große Mutter«, bei den Griechen »Thoëris« genannt, die Ägypten die Fruchtbarkeit brachte.[16] Schon Hatschepsut hatte an diesem Ort Grabstätten für die Menschen errichten lassen, die ihr am nächsten standen, so für den Architekten Senenmut. Dort fanden wichtige Zeremonien statt, wenn der Fluß den niedrigsten Wasserstand erreichte. Die Ramessiden ließen Hymnen auf den Nil in die Felsen ritzen, um das reine Wasser zu beschwören, die lebenspendenden Fluten: Schon Nefertari hatte dem Fluß dort die Ehre erwiesen. Isisnofret war bei dem großen nubischen Mysterium nicht zugegen. Nach dem Tod der Nefertari wäre es eigentlich der anderen Großen Königsgemahlin zugekommen, bei den Riten zur Begrüßung des Nils auf ägyptischem Boden an der Seite des Königs zu sein.

Die Felsinschriften am Gebel es-Silsile[17] und bei Assuan[18], die in enger Beziehung zu dem Fluß und der Überschwemmung stehen, waren nur eine schwache Entschädigung von Ramses und Chaemwese für die »abwesende Königin«, die in den großen Augenblicken des Herrschers Ramses ungenannt blieb. Keines der bis heute aufgefundenen offiziellen Dokumente erwähnt die Königin, auch in dem Briefwechsel über den Friedensvertrag ist von ihr nicht die Rede, nirgendwo taucht der Name Isisnofret auf. Erst später errichteten ihre beiden ältesten Söhne, Chaemwese und der General Ramesse, ihr Denkmäler in Memphis.[19]

Unmässige Forderungen des Pharaos

Die Nachrichten aus dem Reich Chatti trafen spärlicher ein, und auf einmal erwähnte Hattusilis die versprochene Mitgift überhaupt nicht mehr. Wie es Ramses' Natur entsprach, reagierte er ungeduldig und sehr direkt. Er drückte seine Verwunderung darüber aus, daß Verzögerungen in den »Verhandlungen« eingetreten seien, und pochte darauf, daß Hattusilis eine ansehnliche Mitgift versprochen habe. Um die Gemüter zu beruhigen und zu verhindern, daß die Situation sich zuspitzte – schließlich waren sie beide überaus mächtige Herrscher –, antwortete für den Hethiterkönig dessen Gemahlin Puduchepa. Sie mußte wohl weniger diplomatische Rücksichten nehmen als Hattusilis. Aus ihrem Brief können wir Rückschlüsse auf Ramses' vorausgegangenen Brief ziehen. Offensichtlich hatte er geschrieben, er brauche die Mitgift, um seine Aufwendungen zu bestreiten.

Der Tonfall der Königin war schneidend. Sie nahm kein Blatt vor den Mund und hielt Ramses entgegen, die Hethiter seien keine »Orientalen«:

Du, mein Bruder, schreibst mir: »Meine Schwester hat mir geschrieben: Ich werde dir [meine] Tochter schicken. Aber du bist unfreundlich und hältst sie fern von mir, warum hast du sie mir noch nicht gegeben?«

Du solltest keinen Argwohn hegen, sondern vertrauen! Ich hätte dir meine Tochter schon vor langer Zeit geschickt, aber [es hat Unfälle gegeben …] … verbrannt im Palast. Was übrig blieb, gab Urchiteschup den großen Göttern. Da Urchiteschup dort ist [bei dir], frage ihn, ob das stimmt oder nicht. Welche irdische oder himmlische Tochter könnte ich meinem Bruder geben? …

Soll ich ihn denn mit einer Tochter Babylons, Zulabis oder Assurs verheiraten?

Mein Bruder soll nichts besitzen? [Nur] wenn der Sohn der Sonnenkönigin oder der Sohn des Wettergottes nichts haben …, würde ich glauben, daß du ebenso nichts besitzt! …

Daß du, mein Bruder, dich auf meine Kosten zu bereichern gedenkst …, ist weder brüderlich, noch gereicht es dir zur Ehre!

Puduchepa liest Ramses in diesem Brief regelrecht die Leviten. Sie ergreift die Gelegenheit, um ihm vorzuhalten, daß er gegen die Vereinbarungen des Friedensvertrages verstoßen habe, weil er den flüchtigen Urchiteschup nicht, wie von dessen Onkel Hattusilis gefordert, nach Hause zurückgeschickt habe. Dieser Vorwurf war Ramses zweifellos sehr unangenehm. Um das Maß voll zu machen, streute sie in ihren Brief auch noch Andeutungen ein, daß am Hof von Babylon Gerüchte über das wenig loyale Verhalten des Pharaos in Umlauf seien.

So werden solide Familienbande geknüpft!

Die Verstimmung löste sich indes schnell und allem Anschein nach überraschend wieder auf, denn Ramses konnte Puduchepa mit allergrößter Liebenswürdigkeit antworten:

Ich habe die Tafel gesehen, die meine Schwester mir geschickt hat, und ich habe mir alle Dinge eingeprägt, über welche die große Königin des Reiches Chatti mir so freundlich geschrieben hat… Der große König, der König des Reiches Chatti, mein Bruder, hat mir geschrieben: »Es mögen Männer kommen, feines Salböl auf das Haupt der Jungfrau gießen, und sie möge in das Haus des großen Königs, des Königs von Ägypten, geführt werden.«

Wunderbar, ganz wunderbar ist diese Entscheidung, von welcher mein Bruder mich unterrichtet hat… Die beiden großen Reiche werden ein [einziges] Land sein, für immer!

Ramses wollte nicht noch weitere Zeit verlieren und schickte unverzüglich seine Delegation ins Reich Chatti, damit sie die Prinzessin mit den kostbaren, bei Ägyptens Nachbarn so begehrten Ölen salbten. Dies geschah wahrscheinlich zu Beginn der heißen Jahreszeit (Schemu) im Jahr 1246 vor unserer Zeitrechnung. Puduchepa schrieb darüber:

Feines Salböl wurde auf das Haupt [meiner] Tochter gegossen, (und so) wurden die Dämonen der Hölle vertrieben. An jenem Tag wurden die beiden großen Reiche ein (einziges) Land, und ihr, die beiden großen Könige, seid nun wahrhaft Brüder.

Ramses und seine Hauptstadt erwarten die Prinzessin

Die herrliche Stadt Piramesse bereitete sich darauf vor, die wunderschöne Prinzessin zu empfangen – Ramses' Sondergesandter am Hof von Hattusilis, Hui, der Vorsteher der Wagenlenker und Kommandant der Festung Sile (Zaru), hatte ihm noch einmal ausdrücklich bestätigt, daß die Prinzessin tatsächlich außergewöhnlich schön sei.

In Piramesse ruhte die Bautätigkeit niemals. Nach einem sorgfältig ausgearbeiteten Plan wurden rund um den königlichen Palast Gebäude für die zivile und militärische Verwaltung errichtet.

Natürlich blieb Memphis mit den Arsenalen, Kasernen und

Hafenanlagen weiterhin die militärische Hauptstadt, aber Piramesse mit dem Palast und den Tempeln in allen vier Himmelsrichtungen wuchs immer weiter. Kasernen umgaben die Stadt. Nicht weit entfernt von den Heiligtümern des Ptah und der Sachmet im Norden befanden sich Häuser von Beamtenfamilien und die fürstliche Residenz von Paser. Ganz in der Nähe lag der große Platz, der anläßlich des ersten Jubiläums im dreißigsten Regierungsjahr angelegt worden war, geschmückt mit sechs granitenen Obelisken. Die große Halle mit den sechs Meter hohen Mittelsäulen war ein verkleinertes Abbild der großen Säulenhalle von Karnak. Inzwischen waren gewiß noch weitere Kolossalstatuen des Pharaos aufgestellt worden, die in ihrer Größe die vergöttlichte Stellung des Königs widerspiegelten, und bei seinen Steinmetzen und Bildhauern hatte Ramses bereits eine neue gewaltige Statue in Auftrag gegeben, die ihn stehend zeigen sollte, und daneben, an seinem linken Bein, die Statue einer Frau, zu Ehren der Tochter Hattusilis'. Bei dieser Statue blieb nur noch der Name einzumeißeln, der dem Pharao bei ihrer ersten Begegnung für sie einfallen würde.

Eifrig wurde auch an den Gemächern für die künftige Große Königsgemahlin und ihr Gefolge gearbeitet.

Die Räume im Palast der Prinzessin wurden kostbar ausgestattet, die Wände mit Naturmotiven bemalt. Die Bodenfliesen bildeten Blumenbeete ab sowie Bassins, in denen Lotosblumen die stille Bahn glitzernder Fische umgaben. Von Terrassen, die mit eleganten Loggien versehen waren, reichte der Blick weit über den »See der Residenz«, eine Verbreiterung des »Wassers von Auaris«, die die Stadt umgaben und sich aus einem Nilarm, des »Wassers des Re«, herleiteten. Gärtner bepflanzten eilends den Garten, damit die Prinzessin sich an der Blütenpracht des Frühlings erfreuen konnte. Rosa Malven, weiße Büsche aus Kamille, roter Klatschmohn und blaue Kornblumen aus Kanaan und Amurru, aber auch typisch ägyptische Pflanzen wie Papyrus und Lotos säumten bereits die Alleen und den Teich; unweit davon rankten Weinreben an Lauben empor, waren Sykomoren, Dattelpalmen und Perseabäume in den fetten Humusboden gepflanzt.

Eine solche Ästhetik, die bunten Wasserbecken, diese Volieren mit Turteltauben umgaben die Wohnsitze im Hethiterreich keines-

Abb. 226 Gebrannte und glasierte Tonkacheln aus Piramesse.

Abb. 227 Malerei aus der Zeit des Neuen Reiches: Darstellung eines typisch ägyptischen Gartens.

wegs, und als die Prinzessin ihre Gemächer bezog, verstand sie, warum Piramesse, wo Fenster und Türen zum Schutz vor bösen Einflüssen mit buntbemalten Kacheln umrahmt waren, die »türkisfarbene Stadt« hieß.

Die Fassaden und die Umfassungsmauern rund um die Häuser wurden geweißelt, die Alleen mit Platten belegt, die Straßen gereinigt, die Blumengärten rund um die Tempel (aus denen viele »Gestecke« für das Fest kamen) frisch bepflanzt; die Gärtner widmeten sich mit besonderer Sorgfalt den Obstplantagen mit Feigen, Granatapfelbäumen, Birn- und Apfelbäumen und den Weinstöcken. Die Gemüsegärtner und Bienenzüchter des königlichen Haushalts bereiteten sich darauf vor, die Prinzessin mit der ganzen Fülle ihrer Erzeugnisse zu empfangen.

Die Phantasie reicht kaum aus, um sich auszumalen, wie die Lagerhäuser von Luxusgütern förmlich überquollen. Die besten Tischler aus Nubien lieferten ihre schönsten Stücke – Sessel, Stühle und Kleidertruhen –, die Goldschmiede brachten erlesene Schmuckstücke, die Glasbläsereien nahe dem Palast fertigten Vasen sowie durchscheinende und buntschillernde Tiegel und Glasgefäße für kostbare Salböle, Parfüms und Augenschminke.

Die königlichen Gemächer wurden mit Erzeugnissen aus dem Land Punt geschmückt, die Sitzgelegenheiten in den Empfangsräumen mit »Aufsätzen« aus Gold und Silber. Auf dem Hochzeitsbett der Prinzessin lagen parfümierte Decken aus allerfeinstem Leinen, darüber spannte sich zwischen schlanken Pfosten aus Holz, das aus dem Land Kusch stammte und mit Einlegearbeiten aus Elfenbein verziert oder mit Gold beschlagen war, ein riesiges Moskitonetz. Die Matratze war nicht wie sonst üblich mit Hanf gefüllt, sondern mit den Federn von Turteltauben.

Schließlich gehörte zu den Räumen der Prinzessin noch ein Ankleidezimmer, in dem hauchdünnes, fast durchsichtiges Leinen[20] für sie bereitlag, daneben fanden sich plissierte Kleider mit Ärmeln in Form von Vogelschwingen, dazu bunte gewebte Gürtel, manche mit winzigen Perlen durchwirkt. Die Aussteuer sollte die Prinzessin an die ägyptische Mode gewöhnen, die viel eleganter und vor allem sehr viel leichter war als die Anatoliens, wo ein rauhes Klima herrschte. Hohe hölzerne Schachteln mit einem pilzförmigen Deckel enthielten eine große Zahl unterschiedlicher Perücken, passend zu den verschiedenen Anlässen, komplizierte Frisuren, die aus echten Haaren geknüpft waren.

Zur Kühlung wurden in dem Saal, wo die Salbung stattfinden sollte, große mit Blumenessenzen gefüllte Alabastergefäße aufgestellt. Direkt daneben befand sich ein Raum, wo die Prinzessin in parfümiertem Wasser baden konnte, ausgerüstet mit einem ähnlichen Wasserablaufsystem wie die angrenzende Toilette. Die Stadt, die anläßlich des Vertragsschlusses im einundzwanzigsten Regierungsjahr bereits feierliche, bewegende Augenblicke erlebt hatte, erwartete nun die Prinzessin nach ihrer langen Reise. Ramses war unterdessen in den syrischen Teil seines Landes aufgebrochen. Die Schreiber berichteten:

Seine Majestät… hat einen großen Palast errichten lassen, Groß an Siegen *heißt er. Zwischen* Djahi *[Syrien] und* To-meri *[Ägypten] liegt er…*

Es ist eine herrliche Gegend, die nicht ihresgleichen hat, und nach dem Grundriß von Theben gegründet.[21]

In der Residenzstadt lebt es sich sehr angenehm… Die Sonne geht in ihrem Umkreis auf und unter…

Jedermann verläßt seine Stadt und will in der Nähe der Residenz leben…

Auf den angrenzenden Feldern gedeihen reichlich gute Dinge, und sie spenden täglich Nahrung und sonstiges Lebensnotwendiges. Die Teiche sind voller Fische und die Wasserläufe voller Vögel. Die Wiesen sind grün von Kräutern und Pflanzen, die eineinhalb Ellen hoch werden, und die Früchte des Johannisbrotbaumes, der auf feuchtem Boden gedeiht, schmecken wie Honig. Die Speicher der Hauptstadt quellen über von Hafer und Gerste, bis zum Himmel wachsen sie hinauf. Zwiebeln und Lauch…, Lattich…, Granatäpfel, Äpfel und Oliven, Feigen in den Obstgärten und der süffige Wein von Kankeme sind süßer als Honig.

Die Uzfische im See der Hauptstadt leben zwischen Lotosblumen; und ganz andere Fische… an der Flußmündung.

Die Wasser des Horus sind salzig, und die Wasser des Paher enthalten Natron, täglich fahren Boote hinaus und kehren mit reichlichem Fang zurück.

Das Glück ist dort zu Hause, und niemand sagt: »Ach, wenn ich nur etwas besäße!« Die Kleinen leben dort wie die Großen.

Die jungen Leute in der Stadt Groß an Siegen *gehen jeden Tag in Festgewändern, mit kunstvoll geflochtenen Haaren, das Haupt mit Moringaöl gesalbt. Sie stehen an ihren Türen, Zweige in den Händen… Flachsstengel von den Wassern des Horus, wenn Ramses, Herrscher beider Länder, einzieht am Morgen des Choiakfestes.*

Eine aussergewöhnliche Hochzeit

Ramses ließ den Bericht über die Reise der Prinzessin von der Hauptstadt Hattusa in Chatti bis zur Ankunft in Piramesse, wo sie von ihrem künftigen Gemahl in den Palast geleitet wurde, in Abu Simbel auf einer eigens dafür reservierten Felsenstele aufzeichnen, und zwar im Süden auf der Terrasse vor dem Tempel, denn im Inneren des Heiligtums, wo die wichtigsten Ereignisse seiner Herrschaftszeit festgehalten wurden, war kein Platz mehr. Die ferne Erinnerung an die Schlacht bei Kadesch, die das Verhalten des Königs so nachhaltig beeinflußte, sein gesamtes kriegerisches und diplomatisches Wirken in der jüngsten Zeit, all dies fand einen vielversprechenden Abschluß in der Heirat mit der Tochter seines alten mächtigen Gegners und markierte zweifellos einen Höhepunkt seiner Regierungszeit.

In leicht gekürzter Form ließ der Pharao den gleichen Bericht auch im Tempel von Karnak, in Elephantine und in Obernubien in den Tempeln von Akscha und Amara-West aufzeichnen.

Die Hochzeitsstele

Der Text auf der Stele[22] beginnt selbstverständlich mit überschwenglichen Lobpreisungen des großen Pharaos:

Im Jahr 34… [desjenigen] von dessen Siegen in den entlegensten Landstrichen gesprochen wird… Mauer aus Silex rund um Ägypten … Anführer seiner Fußtruppen, Verteidiger seiner Wagenlenker… Gemahl Ägyptens…

Hier beginnt dieses unvergängliche Monument, das bestimmt ist, die Kraft des Meisters des Armes zu rühmen, seinen Mut zu preisen, seine Macht zu verherrlichen: das Monument, [das erinnert an] die großen geheimnisvollen Wunder, welche dem Herrn beider Länder widerfahren sind... ihm, der Re ist, mehr als jede Götterfigur, und der, kaum daß er geboren war, sich durch Tapferkeit hervortat, Ramses!... Er ist der göttliche Samen jeden Gottes [= jeder Göttergestalt], *und er wurde von jeder Göttin geboren, er wurde erzogen zum Widder, Herrn von Mendes, in der großen Wohnstatt Heliopolis, Ramses! Bildnis des Re, Abbild desjenigen, der in Heliopolis wohnt. Er, dessen Fleisch aus Gold ist, die Gebeine aus Silber, die Glieder aus Lapislazuli, Sohn von Seth, gesäugt von Anat* [syrische Göttin]... *Hilfreich in Oberägypten, geliebt im Delta, er, bei dessen Anblick alle Menschen in Jubel ausbrechen; seine Kraft ist für sie wie das Wasser und die Luft, seine Liebe wie das Brot und das Gewand, er, die Sonne Ägyptens... Die beiden Länder stehen zusammen wie ein Mann und sagen zu Re, wenn er sich erhebt: »Laß ihn ewig herrschen, damit er uns jeden Tag leuchte so wie du; gebe, daß er sich unaufhörlich für uns erneuere, wie der Mond, und daß er gedeihe wie der Himmel!«*

Die Mutter des Kaisers Napoleon, Laetitia, hätte das prosaischer ausgedrückt: »Hoffen wir, daß es so bleibt!«

Wurde Hattusilis zur Einwilligung gezwungen?

Es folgen Passagen, die schwierig zu entziffern und zu verstehen sind. Daraus scheint hervorzugehen, daß der Hethiterkönig unter dem Eindruck einer Katastrophe (die Puduchepa in ihrem Brief an Ramses erwähnt) und auf Drängen seiner Offiziere schließlich einwilligte, Ramses seine Tochter und reiche Geschenke zu senden. Als Ramses die Entscheidung erfuhr, konnte er seine Freude nicht verbergen, daß seine Ränke die erwünschten Früchte getragen hatten:

Daraufhin wurde Seine Majestät sogleich von großer Freude ergriffen, und der ganze Palast freute sich, als diese einzigartige Neuigkeit bekannt wurde, denn in ganz Ägypten hatte es so etwas noch nie gegeben[23]*... Und so ließ Hattusilis seine älteste Tochter und wunderbare Gaben aus Gold, aus Silber, aus Bronze, Leibeigene, Pferdegeschirre, Rinder, Ziegen und Widder zu Tausenden dem Pharao als Tribut überbringen.*

Und über die Genugtuung des Pharaos wird berichtet:

Abb. 228 (links) Die sogenannte Hochzeitsstele an der Außenseite des großen Tempels von Abu Simbel.

Abb. 229 (unten) Giebelfeld der Stele.

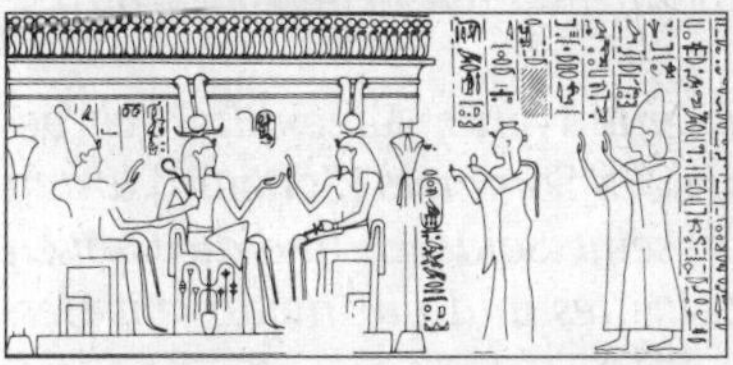

Abb. 230 (oben) Darstellung der Hochzeitsszene. Die Prinzessin und Hattusilis schreiten auf den Thronsaal zu. Dort erwartet sie Ramses in Begleitung von Seth und Ptah-Tatenen.

Abb. 231 (rechts) Die Prinzessin.

Höchst zufrieden hörte seine Majestät, daß gesagt wurde: »Siehe, der große Herrscher über das Reich Chatti hat seine älteste Tochter und reichen Tribut gesandt, die Prinzessin und die Großen des Reiches haben einen langen Weg bis nach Ägypten zurückgelegt. Sie haben ferne Berge überquert und gefährliche Pfade überwunden, und nun haben sie das Grenzland Deiner Majestät [zwischen Amurru und Kanaan] erreicht. Mögest du eilends Soldaten und die Großen schicken, o Ramses!«

Und so begann Seine Majestät darüber nachzudenken, wen er [dem Zug] entgegenschicken sollte.

Über den Empfang der Prinzessin:

Wie wird es jenen ergehen, die ich nun bei Regen und Schnee nach Syrien schicke? Also brachte er seinem Vater [Seth] ein reiches Opfer dar und sprach: »Der Himmel liegt in deinen Händen, die Erde unter deinen Füßen, alles, was geschieht, hast du befohlen, auch daß es keinen Regen, keine Kälte und keinen Schnee gibt, damit mir das Wunder zuteil wird, welches du mir für meinen Lebensweg mitgegeben hast.«[24]

Und sein Vater Seth achtete auf seine Worte: Augenblicklich beruhigte sich der Himmel, und die Tage des Sommers [Schemu] *lösten den winterlichen Frühling* [Peret] *ab; seine Soldaten und die Großen des Reiches machten sich leichten Schrittes und mit freudigem Herzen auf den Weg.*

Seht, als die Tochter des großen Herrschers des Reiches Chatti ägyptischen Boden betrat, begleiteten sie die Fußsoldaten, die Wagenlenker und die Abgesandten Seiner Majestät und mischten sich unter die Fußsoldaten, die Wagenlenker und die Großen aus dem Reich Chatti… Sie aßen und tranken gemeinsam, brüderlich vereint. Niemand behandelte seinen Begleiter herablassend, Frieden und Brüderlichkeit herrschte zwischen ihnen, wie sie auch dem Gott selbst innewohnte, Ramses!

Und so verneigten sich die Herrscher jener Länder, die [von dem Zug] durchquert wurden, überwältigt vom Anblick, wie sich die Menschen aus Chatti mit den Soldaten des Königs von Ägypten mischten … Selbst der Himmel untersteht seinem Befehl und läßt seine Wünsche wahr werden…

Über die erste Begegnung mit dem Pharao:

Seine Majestät sah, daß sie schön war, die erste unter den Frauen, und die Großen [betrachteten sie als] eine wahre Göttin.

Seht, es war ein großes, ganz außerordentliches Ereignis, ein einzigartiges Wunder, wie man es noch nicht erlebt, wie man noch nie von einem berichten gehört hatte und wie auch in den Schriften seit den Zeiten der Götter keines verzeichnet war:[25] *Die Tochter des großen Herrschers des Reiches Chatti zog nach Ägypten ein und Ramses, von Amun geliebt, entgegen! Sie war dem Herzen Seiner Majestät wohlgefällig, und er liebte sie über alles. Sie war für ihn von ganz besonderer Wichtigkeit, ein Sieg, den ihm sein Vater Ptah-Tatenen geschenkt hatte!*

Ihr Name[26] *wurde verkündet: »Große Königsgemahlin Maathorneferure, sie lebe hoch! Tochter des großen Herrschers des Reiches Chatti und Tochter der großen Königin des Reiches Chatti…«*

Sie wurde in den königlichen Palast geführt und ging jeden Tag an der Seite des Herrschers, und ihr Name strahlte auf der Erde…

Und so konnte nach diesem Wunder ein Mann oder eine Frau auf dem Weg nach Syrien ohne Furcht im Herzen das Reich Chatti betreten dank der Siege Seiner Majestät.

Der Weg der Prinzessin

Die Heirat erleichterte die Kontakte zwischen beiden Ländern. Der Weg, den die Prinzessin nach Ägypten nahm, wurde ohne Zweifel zunächst von Kundschaftern geprüft, manche Bergübergänge und schmalen Pfade wurden von Pionieren vorbereitet, und entlang der Strecke richtete man Militärposten ein. Die künftige Maathorneferure verließ mit ihrem prunkvollen Gefolge Hattusa und wandte sich dann nach Kanis im Südosten, von dort direkt weiter in südlicher Richtung über das Taurusgebirge nach Adana nahe dem Mittelmeer, durch das Kizzuwatna nach Aleppo und schließlich nach Kadesch am Orontes. Königin Puduchepa begleitete ihre Tochter bis an die südliche Grenze des Landes Amurru und verabschiedete sich von ihr in der Nähe der Stadt Piramesse in Kanaan, an der Grenze zu Temesk (Damaskus).

Erklärung des zweiten Wunders

Bis in allerjüngste Zeit hinein blieb an dieser phantastischen Schilderung manches im dunkeln. Klar war, daß an einem bestimmten Punkt der Reise Seth, der Ahnherr der Dynastie, auf Bitten von Ramses mit einem jener »Wunder« geholfen hatte, die Ramses so geschickt zu nutzen wußte, so daß die schöne Prinzessin und vor allem die Abgesandten aus Ägypten nicht unter den Widrigkeiten der Witterung – Regen, Kälte und Schnee – zu leiden hatten: In einem plötzlichen Wetterumschwung lösten sommerliche Temperaturen den syrischen Winter ab. Ramses, der kluge Politiker, der immer wieder Ereignisse propagandistisch zu seinem Vorteil umzudeuten wußte, kannte durch seine Astronomen und Geographen vermutlich das Phänomen des sogenannten »Martinssommers«, einer überraschenden Erwärmung im November, und hatte daraus ein weiteres Wunder abgeleitet.[27]

Das erste Wunder

Dagegen ergibt ein weiteres Studium des Textes, daß von zwei »Wundern« die Rede ist, die Ramses bewirkt haben soll. Das erste Wunder wird im Zusammenhang mit Hattusilis unerwartetem Gesinnungswandel erwähnt.[28] Das Reich Chatti erlebte, wie bereits erwähnt, eine ungewöhnlich lange Dürreperiode, weil die sommerliche Hitze länger als üblich anhielt, und es drohte, nach Jahren der Feindseligkeit, aus Not in Abhängigkeit von Ägypten zu geraten. Auf der Hochzeitsstele sind folgende Worte aus dem Mund von Hattusilis zu lesen:[29]

Wir werden die Tribute... zu deinem erhabenen Palast bringen. Wir werfen uns zu deinen Füßen, o mächtiger König, verfahre mit uns, wie es dir beliebt, o Ramses!

Der große Herr von Chatti schickte von Jahr zu Jahr Abgesandte, um seine Majestät, Ramses, zu besänftigen. Aber kein einziges Mal hörte er sie an. Als sie ihr Land in dieser unglücklichen Lage sahen, unter der Herrschaft der großen Seelen des Herrn der beiden Länder, Ramses, sagte der Herrscher über das Reich Chatti zu seinen Soldaten und seinen Befehlshabern:

»Wie steht es nun? Unser Land ist verwüstet, unser Herr Sutech (Seth) *zürnt uns, der Himmel gibt uns kein Wasser mehr*[30] ... *Geben wir all unsere Güter her, allem voran meine älteste Tochter, und bringen wir sie als ehrenvolle Geschenke dem lebenden Gott, damit er uns Frieden schenke und wir leben können, o Ramses!«*

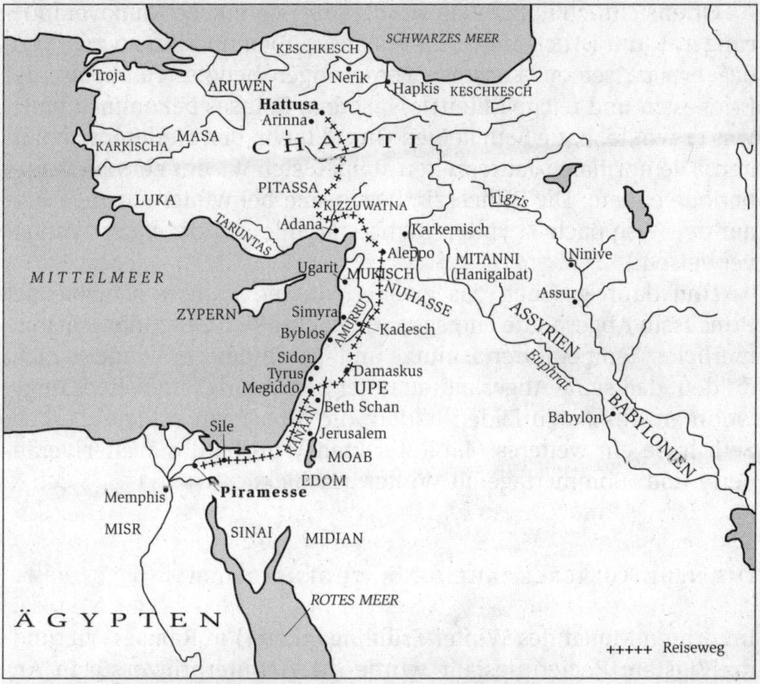

Abb. 232 Der Reiseweg der Hethiterprinzessin von Hattusa nach Piramesse.

Abb. 233 Im Inneren des großen Tempels von Abu Simbel das »Dekret des Ptah« zwischen den beiden südlichen Osirispfeilern.

Offensichtlich nutzte Ramses die ungewöhnliche Klimaveränderung aus, um Druck auf Hattusilis auszuüben und ihn zu zwingen, daß er sich seinen, Ramses', Forderungen beugte (Heirat mit der Prinzessin und reiche Mitgift). Nachdem Ramses bekommen hatte, was er wollte, hatte Seth keinen Grund mehr, den Hethitern zu zürnen. Die normalen Jahreszeiten stellten sich wieder ein, die Dürreperiode endete: Die Prinzessin begab sich bei winterlichem Wetter auf den Weg nach Ägypten. Ramses konnte auf ein erstes Wunder verweisen.

Und dann geschah das zweite Wunder. Ramses schickte der Prinzessin Abgesandte entgegen: Er machte sich den Einbruch sommerlicher Temperaturen zunutze und verkündete, er könne es nicht dulden, daß seine Abgesandten unter den Widrigkeiten eines ungewohnten Klimas zu leiden hätten; die Menschen sollten glauben, Seth habe ein weiteres Mal auf seinen Wunsch das Wetter verändert[31] und »Sommertage im Winter geschickt«.

Die neue Königsgemahlin Maathorneferure

Im dritten Monat des Winter-Frühlings (Peret) in Ramses' vierunddreißigstem Regierungsjahr wurde die Hethiterprinzessin in Anwesenheit fremdländischer Herrscher und Vasallenkönige mit einer prunkvollen Zeremonie in den Palast ihres außergewöhnlichen Bräutigams geführt. Sie erhielt einen ägyptischen Namen, der unverzüglich auf allen bereits vorbereiteten Monumenten eingraviert wurde. Der Name lautete: »Die Horus sieht als Verkörperung von Re«, Maat-Hor-Neferu-Re, in Erinnerung an ihre erste Begegnung mit dem Herrscher auf dem Thron des großen Gottes. Zweifellos wurde sie bei den Festlichkeiten zu diesem Anlaß von allen Seiten hoch gepriesen.

Ganz oben auf der großen Hochzeitsstele in Abu Simbel ist trotz der fortgeschrittenen Verwitterung noch eine Darstellung des Pharaos zu erkennen, wie er unter seinem Baldachin im großen Empfangssaal des Palastes sitzt, eingerahmt von den Gestalten der beiden Götter, die für ihn Wunder wirkten: Seth und Ptah. Die Prinzessin schreitet auf ihn zu, gefolgt von ihrem Vater Hattusilis, dessen Kopfbedeckung die erste Darstellung einer phrygischen Mütze ist. Die Inschrift besagt, daß sie die Tochter des großen Königs des Reiches Chatti ist. Es gibt allerdings kein schriftliches Zeugnis, daß Hattusilis seine Tochter tatsächlich selbst dem Pharao zuführte; in den Texten wird lediglich berichtet, daß Puduchepa die Prinzessin bis an die Grenze der beiden Reiche begleitete.

Skarabäen wurden mit dem Namen Maathorneferure graviert; die Dichter widmeten ihr nach der Mode der Zeit Lobpreisungen in Form von plastischen Bilderrätseln, und es gab Amulette mit Kryptogrammen,[32] die ihren ägyptischen Namen darstellten. Doch alles in allem sind die Zeugnisse über sie spärlich, auch ihr hethitischer Name ist nicht bekannt. Immerhin ist in Hattusa (Bogazköy) ein Brief ihres Vaters Hattusilis an Ramses aufgetaucht, in dem er auf die Mitteilung antwortet, daß Maathorneferure eine kleine Tochter zur Welt gebracht habe. Hattusilis' Kommentar ist aufschlußreich: »Leider ist es kein Sohn geworden, dem ich hätte meinen Thron übertragen können.«[33]

Die Segnung des Ptah

Die Vereinigung von Ramses und Maathorneferure wurde somit von Seth gesegnet, aber auch von Ptah-Tatenen. War dies ein Grund dafür, daß Ramses in Abu Simbel die große Inschrift, die bis heute unter der Bezeichnung »Segnung des Ptah« bekannt ist, eingravieren ließ?

Zentraler Punkt in jenem Text ist der Hinweis auf ein weiteres großes Wunder,[34] das drei Jahre zuvor verkündet worden sei: Die Ankunft von Maathorneferure in Piramesse im Februar des vierunddreißigsten Regierungsjahres. Ziemlich genau neun Monate nach der Hochzeit, am dreizehnten Tag im ersten Monat der zweiten Jahreszeit des fünfunddreißigsten Regierungsjahres, wurde das ägyptische Enkelkind des großen Hethiterkönigs geboren, ein Ereignis von zweifellos allerhöchster Bedeutung. Der Name der kleinen Prinzessin wurde wahrscheinlich nach altem ägyptischem Brauch von dem ihrer Mutter abgeleitet: Sie hieß Neferure.[35]

Ein verheißungsvolles Erdbeben

All dies sollte in einem früheren Wunder seinen Ursprung haben. Ramses nutzte das Erdbeben, das im einunddreißigsten Regierungsjahr den vorderen Teil des Felsentempels von Meha schwer beschädigt hatte, als einen weiteren Schritt auf dem Weg zu seiner völligen Vergöttlichung. Mit seinem einzigartigen Gespür für die richtige Gelegenheit und einem geradezu grenzenlosen Glauben an die Kraft von Symbolen deutete er die Katastrophe in Segen und Verheißung um. Er habe sich zu gegebener Zeit an Seth gewandt mit der Bitte, den Hethitern eine bedrohliche Dürre zu schicken, und nachdem Hattusilis sich seinen Forderungen gebeugt habe, den Einbruch des Winters im Hethiterland bewirkt. Ramses mußte das Geschehen als Wirken von Ptah-Tatenen deuten, »die Erde, die sich erhebt«, des Gottes, der über die Kräfte der Erde gebietet, dessen Statue tief im Innern des Heiligtums aufgestellt war, wo sie niemals ein Sonnenstrahl traf.

Noch ein Wunder

Ramses unterstellte sich künftig dem Schutzgott des Sedfestes, indem er seinen Horusnamen ergänzte durch »Herr der Sedfeste wie sein Vater Ptah-Tatenen«. Daß ein Erdbeben seinen Lieblingstempel in Mitleidenschaft gezogen, vor allem eine der Kolossalfiguren der Fassade schwer beschädigt hatte, hätte als ein schlechtes Omen, womöglich sogar als ein Fluch gedeutet werden können. Doch ganz im Gegenteil! Das Erdbeben war vielmehr ein Zeichen der göttlichen Gnade gewesen und hatte ein Wunder angekündigt, das sich wenig später ereignen sollte: Ramses' Verbindung mit der Tochter seines alten, mächtigen Widersachers ... Er gewann schließlich »seine« Schlacht von Kadesch! Dieser verdiente, aber zunächst unerreichbare Lohn konnte ihm nur von einem Vater zuteil werden, der ihm seine Huld gewährte, und zwar nach seinen ersten beiden Sedfesten. Ramses griff somit ein Thema wieder auf, das bereits auf der Hochzeitsstele abgehandelt worden war. Aber diesmal gestaltete er daraus ein regelrechtes Zwiegespräch mit dem Gott, der künftig sein Vater sein sollte: Ptah-Tatenen,[36] der damit Amun in der Rolle des göttlichen Vaters ablöste.

Die nach dem Erdbeben im großen Tempel von Meha errichtete

Stützmauer zwischen den beiden südlichen Osirispfeilern im Säulenhof erhielt eine lange Hieroglypheninschrift, eine Abschrift davon fand man im Tempel von Akscha; vielleicht wird man den gleichen Text auch noch in Memphis und Piramesse finden. Von Anfang an wird die göttliche Abstammung des Königs festgestellt: In dieser neuen Epoche ist Ptah-Tatenen an die Stelle von Amun getreten.[37] Ptah hat ihn zum rechtmäßigen Herrscher eingesetzt, Tuja tritt ganz in den Hintergrund, statt dessen wird Sachmet, die Gemahlin des Ptah, des Schutzgottes, als seine Mutter genannt.

Ramses in der göttlichen Familie

Ich bin dein Vater unter den Göttern, so daß dein Fleisch Fleisch der Götter ist. Ich habe meine Verwandlung in den »Widder von Mendes« vollzogen. Ich habe dich in deiner edlen Mutter gezeugt, denn ich wußte, daß du ein Beschützer sein würdest und für meinen Ka Gutes vollbringen würdest. Als du geboren wurdest beim Aufgang von Re, habe ich dich zu den Göttern erhoben.

Die Inschrift zählt alles auf, was Ramses und dem gesamten Land zuteil werden wird: Glück, Klugheit, Macht, reiche Erträge aus Landwirtschaft, Bergbau und Handwerk. Aber der entscheidende Sinn des Textes lag darin zu betonen, daß die Verbindung mit der hethitischen Prinzessin nur mit Hilfe des Gottes zustande kommen konnte und daß der göttliche Vater seinem Sohn dies zuvor angekündigt hatte:

Ich habe Erdstöße [Menmen] *geschickt, um dir das große heilige Wunder anzukündigen* [Ser]; *der Himmel hat gebebt* [Ketket], *und all jene, die es miterlebten, freuten sich über das, was dir widerfuhr. Die Berge, die Wasser und die Mauern auf der Erde wurden erschüttert* [Menmen], *denn sie kannten den Beschluß, den ich für dich gefaßt hatte… Die Menschen von Chatti werden Leibeigene in deinem Palast sein… Ich habe das in ihre Herzen geschrieben, damit sie gebeugt vor deinen Ka treten und deiner Majestät die Tributzahlungen ihres Herrschers und ihre Geschenke bringen und allen voran seine [älteste] Tochter.*

Diese Gunstbezeugungen markierten den Höhepunkt von Ramses' Herrschaft, und fortan war er bestrebt, sich als zutiefst ergebener Sohn seines Vaters Ptah-Tatenen zu erweisen; davon zeugen zahlreiche Inschriften in Memphis, der Stadt mit den weißen Mauern. Von dem großen Ptah-Tempel in Memphis sind heute nur noch Ruinen übrig, aber wir können ahnen, wie gewaltig er war mit allen Nebenhallen und Kapellen für verwandte Götterfiguren wie »Hathor von der südlichen Sykomore«. Die Überreste der Pylonen und der Monumentalstatuen lassen noch den Verlauf der Prozessionsstraßen erkennen.[38] Mehrere Statuen des Königs wurden im Palmenhain von Memphis ausgegraben, darunter ein liegender Koloß, der wie die berühmte Statue des Ramses, die sich heute im Ägyptologischen Museum von Turin befindet, einen Höhepunkt der ramessidischen Bildhauerei darstellt.

Zum Abschluß faßt Ramses noch einmal zusammen, was er geschaffen hat, nämlich

den Tempel des Ptah in Hetkaptah [Memphis], *erbaut aus Stoffen für die Ewigkeit, mit wunderbaren Steinmetzarbeiten, geschmückt mit Gold und echten Edelsteinen*[39] … *Ich habe ihm Priester und Propheten gegeben, Leibeigene, Felder, Vieh, ich habe ihn errichtet, daß dort Feierlichkeiten stattfinden mit heiligen Opfergaben und Myriaden von Dingen …*

KAPITEL 15
DIE GROSSE FRIEDENSZEIT UND DER GOTTKÖNIG

Die königlichen Frauen

Wir wissen nicht genau, welche Rollen den beiden anderen Großen Königsgemahlinnen und Meritamun übertragen wurden. Sie hatten bereits vor dem Tod der Königinmutter Tuja (um das 22./23. Regierungsjahr) eine wichtige Stellung an der Seite des Pharaos inne. Zwölf Jahre später (um das 34./35. Regierungsjahr) trat Maathorneferure in den Vordergrund und an ihrer Seite eine weitere Tochter von Ramses, Nebettaui: Sie erhielt den Titel Große Königsgemahlin, und man begann mit der Arbeit an ihrem Felsengrab im Tal der Königinnen (Grab Nr. 60).

Bintanat war in ihrer Position an der Seite des Pharaos offenbar hoch geachtet. In ihrem Grab im Tal der Königinnen (Grab Nr. 71) zeigt sie eine Wandmalerei, wie sie Maat darbringt, das heißt, sie übernimmt die Aufgabe, das Gleichgewicht im Reich zu bewahren, und trägt damit zur universellen Harmonie bei: eine königliche Aufgabe. Überdies gebar sie dem Pharao eine Tochter, deren Bildnis wir an zwei Stellen im Grab ihrer Mutter finden.[1] Bezeichnet wird sie als »Tochter des Königs, von seinem Fleisch«.

Ist der Name Bintanat (Tochter der Göttin Anat) ein weiteres Indiz, daß ihre Mutter syrischer Abstammung war? Leider verfügen wir bis heute über keinerlei schriftlichen Hinweis auf die Herkunft der beiden Königsgemahlinnen Isisnofret und Nefertari.

Beide wurden von Sethos und wahrscheinlich auch von Tuja ausgewählt, als sie den Harem für den jungen Mitregenten Ramses zusammenstellten. Wir können annehmen, daß die beiden ihre Wahl sehr sorgfältig trafen und daß nur die Töchter der vornehmsten Familien als Große Königsgemahlinnen in Frage kamen. Mehr wissen wir nicht, ihre Abstammung wird nirgends erwähnt.

Wenn wir dennoch Vermutungen anstellen, könnten wir uns

a

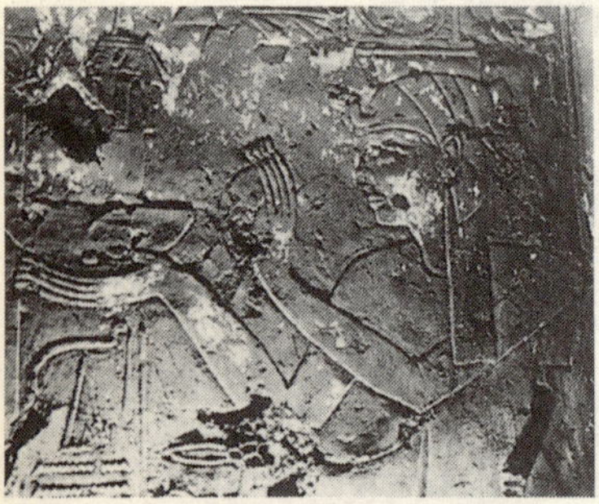

b

Abb. 234 (oben) Das Grab der Bintanat im Tal der Königinnen
a. Die Große Königsgemahlin Bintanat und die Tochter, die sie Ramses gebar.
b. Bintanat bringt Maat dar und erfüllt damit eine königliche Aufgabe.

Abb. 235 (rechts) Buntbemalte Büste der Meritamun. (Kairo, Ägyptisches Museum)

vorstellen, daß Nefertari von den Pharaonen der 18. Dynastie abstammte. Isisnofret könnte eine Nachfahrin der großen Ahnen gewesen sein, die auf der 400-Jahr-Stele aufgeführt wurden, die Ramses im Sethtempel aufrichten lassen wollte.

Immerhin wissen wir, daß Ramses mehr als sechs Jahre nach seiner Verbindung mit der Hethiterprinzessin eine Statue der Bintanat neben einer Kolossalstatue, die ihn als »Bannerträger« zeigt, im Eingang des nubischen Tempels aufstellen ließ, der zwischen dem achtunddreißigsten und dem vierundvierzigsten Regierungsjahr gebaut wurde und dem Amun der Wege gewidmet war (im heutigen Wadi es-Sebua). Dies zeigt, daß die älteste der damaligen Großen Königsgemahlinnen neben Meritamun, Nebettaui und Maathorneferure eine herausragende Stellung einnahm.

Ramses und Prinz Chaemwese[2]

Von allen Söhnen des Ramses ist Chaemwese, den Isisnofret geboren hatte, bis heute der berühmteste, und er war wohl auch der begabteste. Die ältesten Söhne der ersten beiden Großen Königsgemahlinnen schlugen entweder die Militärlaufbahn ein – sie werden bis ins fünfzehnte Regierungsjahr immer wieder im Zusammenhang mit Schlachten erwähnt – oder wurden Priester ... Säbel oder Weihwasserwedel! Wir haben keinen Anhaltspunkt, daß einer der ersten fünfzehn uns bekannten Söhne eine bedeutende Persönlichkeit war – mit Ausnahme von Chaemwese, dem vierten Sohn des Pharaos.

Man könnte ihn mit einer gewissen Vertraulichkeit als »den Intellektuellen« in der Familie bezeichnen. Er trieb intensive Studien in den heiligen Archiven und kümmerte sich um die von den Vorfahren errichteten Monumente (wie einstmals auch sein Vater Ramses). In seinem zwanzigsten Lebensjahr trat er in den Dienst des Gottes Ptah in Memphis ein, und er spielte eine wichtige Rolle bei der Bestattung des heiligen Apisstieres[3] im sechzehnten Regierungsjahr. Im dreißigsten Regierungsjahr besorgte er, inzwischen Hoherpriester, erneut die Grablegung eines Apisstieres. Die Mumie des neuen Stieres wurde in derselben Grabkammer bestattet wie bereits die vorhergehende, so daß man auf diese Weise aus einer gemeinsamen Kapelle Nutzen ziehen konnte. Bei dieser Gelegenheit ließ Chaemwese, der sich auch in Architekturfragen bestens auskannte, bauliche Veränderungen an der Grabanlage vornehmen und neue unterirdische Galerien mit zusätzlichen Grabkammern errichten, die nach dem Tod die weiteren Hypostasen des Gottes Ptah-Sokaris-Osiris aufnehmen sollten. Diesem baulichen Beispiel folgte man noch bis in die Spätzeit bei der Anlage von Tierfriedhöfen. Der berühmteste ist die Nekropole von Tuna el-Gebel in der Nähe von Hermopolis, wo Ibisse und Paviane des Thot in einem System von Galerien beigesetzt sind. Wurde Chaemwese nicht von Ramses' Plänen für ein ausgedehntes unterirdisches Pantheon (eher als ein *campo santo*) in bezug auf sein eigenes Grab in der »großen westlichen Wüste« beeinflußt?

Über der heiligen Begräbnisstätte ließ Chaemwese einen Tempel für den Kult der Apisstiere errichten, wo auch die Einbalsamierungszeremonien vollzogen wurden.

Chaemwese war in seinem Herzen Archäologe, und die prächtigen Monumente aus vergangenen Zeiten in der Wüste von Sakkara und Gize bedeuteten ihm sehr viel. Er kümmerte sich um ihre Instandsetzung. Gewiß dachte er daran zurück, daß sein Vater vor langer Zeit, bei seiner Thronbesteigung, das gleiche getan hatte und die Tempel der ersten Pharaonen in Abydos restaurieren ließ. Angeregt und zweifellos auch ermutigt von Ramses, ließ nun Chaemwese im Namen seines Vaters und in seinem eigenen Namen etliche Monumente restaurieren: die Stufenmastaba des Königs Djoser (3. Dynastie), die Pyramiden von Schepseskaf (4. Dynastie), von Unas und Sahure (5. Dynastie) und den Sonnentempel von Neuserre (5. Dynastie). Inschriften dokumentierten die Restaurationen. Sie nannten den Namen des Herrschers, der das Monument ursprünglich errichtet hatte, ebenso die Namen der an der Restauration Beteiligten, und es wurde vermerkt, wie der Tempeldienst geregelt war.[4]

Chaemwese beauftragte Steinmetze damit, die beschädigten Teile der großen Umfassungsmauer aus Kalksteinblöcken rund um das Grabmal des Djoser in Sakkara auszubessern: Die Restaurationsinschrift besagt, daß die Arbeiten am zehnten Tag des dritten Sommermonats (Schemu) im sechsunddreißigsten Regierungsjahr (1243 vor unserer Zeitrechnung) begannen.[5] Ramses stand damals im einundsechzigsten Lebensjahr.

Der Prinz hatte offensichtlich großen Einfluß auf einige junge Schreiber, die ungefähr im gleichen Alter waren wie er und begeistert die Forschungen ihres gelehrten Herrn verfolgten. Er erläuterte ihnen, welche Leistungen Djoser, der erste Pharao des Alten Reiches, und sein Architekt Imhotep vollbracht hatten: Sie waren die ersten, die nicht mehr mit Holz bauten, sondern Grabmäler aus Schlammziegeln errichteten. Seit Ramses' Zeiten wurde Djoser in den Schriften bezeichnet als »der, welcher den Stein einführte«.

Das Selbstbewusstsein der Gebildeten

Doch wenn die Gebildeten und die Weisen die Verwüstungen betrachteten, die trotz aller Bemühungen des Pharaos und des Hohenpriesters (des Herrn der Künste) die Zeit und die Menschen anrichteten, kamen sie nicht umhin, über die Nichtigkeit aller materiellen Zeugnisse nachzudenken. Angesichts der Ewigkeit des schöpferischen Geistes war alles andere vergänglich:

Die gelehrten Schreiber… haben ihr Leben vollendet,
all ihre Zeitgenossen sind in Vergessenheit geraten,
sie haben sich keine ehernen Pyramiden errichtet
mit Stelen aus Erz,
sie haben keine Erben hinterlassen, die aus ihrem Fleisch hervorgegangen sind
und die ihren Namen verkünden könnten,
aber sie haben als Erben
kluge Bücher von ihrer Hand hinterlassen.
Ihren Werken haben sie die Aufgabe übertragen,
sie zum Grabmal zu geleiten,
und ihre Schreibtafeln sind ihre »geliebten Söhne« geworden;
ihre Werke sind ihre Pyramiden,
ihre Schreibbinse ist ihre Nachkommenschaft, und der Stein mit der eingravierten Schrift ihre Gemahlin.

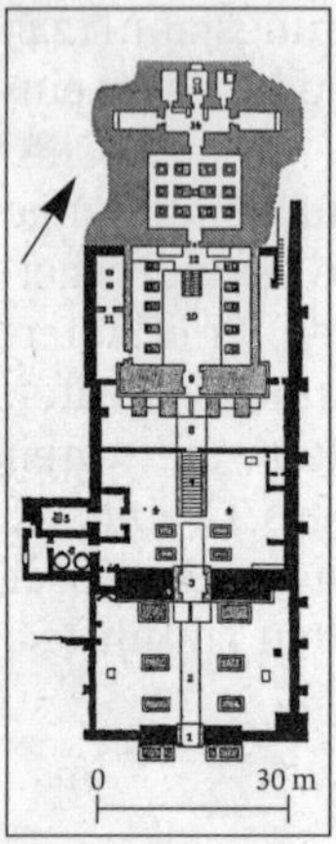

Abb. 236 (oben) Grundriß des Tempels von Wadi es-Sebua.

Abb. 237 (rechts) Detail des südlichen Teils des Dromos.

Abb. 238 Gesamtansicht des Dromos und des Pylonen.

Abb. 239 Im Tempel von Wadi es-Sebua: Ramses im Kreis der Götterfiguren.

Abb. 240 Veränderungen an den ersten Reliefs in Abu Simbel. Das Bild der Mut rückt in den Hintergrund; neben ihr wird eine Darstellung des Ramses in Gestalt des Göttersohnes Chons eingefügt.

Die Mächtigen und die Niedrigen sind ihre Kinder geworden.
Denn ihrer aller Herr ist der Schreiber.
Man hatte ihnen Tore und Schlösser errichtet,
doch Tore und Schlösser sind vernichtet.
Ihre »Priester des Doppelten« sind verschwunden,
ihre Stelen mit Staub bedeckt,
ihre Gräber vergessen.
Und dennoch wird immer noch ihr Name genannt,
weil ihre Werke so hervorragend sind,
und ihr Andenken besteht bis in alle Ewigkeit.
Sei ein Schreiber, und halte dies fest in deinem Herzen,
damit es deinem Namen ebenso ergehe:
Ein Buch ist nützlicher als eine Stele mit Inschrift
oder eine feste Mauer.
Es ersetzt einen Tempel oder eine Pyramide,
damit der Name nicht in Vergessenheit gerät.
… Der Mensch vergeht, sein Körper wird wieder zu Staub,
alle Menschen um ihn herum kehren zur Erde zurück;
doch das Buch wird bewirken, daß sein Andenken
von Mund zu Mund weitergegeben wird.
Ein Buch ist mehr wert als ein festes Haus
oder auch als ein Tempel im Okzident,
mehr als eine Festung
oder eine Stele in einem Heiligtum.
… Die gelehrten Propheten sind nicht mehr da,
und ihre Namen wären vergessen,
wenn nicht ihre Schriften ihr Andenken bewahrten.
(Auszug aus dem Papyrus Chester Beatty IV., Verso, Neues Reich)

Chaemweses Ruf setzte sich wie der seines Vaters Ramses über viele Jahrhunderte in der Nachwelt fort. In der Literatur der Spätzeit erscheint er als bedeutender Gelehrter und Zauberer. Herodot berichtet von seiner Reise nach Ägypten, er wisse von einer Inschrift, die besage, daß der Prinz sich um die Erhaltung der Cheopspyramide gekümmert habe. In der Tat war Chaemwese der erste Ägyptologe; er ließ die Statue von Cheops' ältestem Sohn Kawab in Gize ausgraben und in den Tempel von Memphis bringen.

Als Hoherpriester des Ptah war Chaemwese für die Verwaltung sämtlicher Güter des Gottes zuständig. Unterstützt wurde er dabei vor allem von seinem ältesten Sohn, einem weiteren Ramses. Sein zweiter Sohn Hori wurde später selbst Hoherpriester des Ptah, sein Enkel Wesir des Nordens. Chaemwese stand Ramses II. sehr nahe, und in seiner Funktion als Hoherpriester des Ptah in Memphis war er prädestiniert, die Sedfeste des Pharaos zu verkünden und zu organisieren. Unter Beistand des Wesirs Chai widmete er sich mit großem Geschick fünfmal dieser Aufgabe, bis ins zweiundvierzigste Regierungsjahr.

Vom dritten zum vierten Jubiläum

Das dritte Jubiläum

Das dritte Jubiläum wurde dank der Vorbereitung und Leitung von Chaemwese genauso prunkvoll gefeiert wie die beiden vorangegangenen. Wiederum nahmen ausländische Fürsten an den Feierlichkeiten zunächst in Piramesse und dann in Memphis teil. Das alles fand zwischen den Regierungsjahren 36 und 37 statt. Ramses Meriamun stand in seinem zweiundsechzigsten Lebensjahr. Da er nunmehr von der Kraft seines göttlichen Vaters Ptah-Tatenen erfüllt war, mußten die alten Darstellungen in den ersten Heiligtümern verändert werden: Von nun an gehörte der König zur göttlichen Familie!

Ein neues Bild von Ramses

Der Pharao betraute Hui, den einstigen Gesandten am Hethiterhof und späteren Vizekönig von Nubien, als Nachfolger von Paser mit der Aufgabe, alle Darstellungen in Abu Simbel, die ihn bei einer Zeremonie vor zwei Götterbildnissen zeigten, korrigieren zu lassen: In fehlerloser Arbeit mußte die Gestalt des Pharaos zwischen die Götter gestellt werden. Hui ließ bei jeder Gruppe von Göttergestalten eine Figur abdecken und, ein wenig in den Hintergrund versetzt, erneut einmeißeln. In den so gewonnenen freien Raum ließ er eine Darstellung des Königs einfügen, der auf diese Weise mit dem Götterpaar eine Dreiheit bildete und als ihr Erbe erschien. Heute ist der Gips abgefallen, der die Retuschierungen abdeckte, und so erkennen wir in der Säulenhalle von Abu Simbel die Spuren der ursprünglichen Darstellung.

Die Integration ins Pantheon war Teil einer seit langem verfolgten Strategie. Da die Arbeiten an dem Re gewidmeten Tempel im nubischen ed-Derr noch nicht abgeschlossen waren, konnte dort die neue Stellung des Königs von vornherein berücksichtigt werden. Sein Bild als Göttergestalt erscheint als rebusartige Darstellung seines heiligen Namens: eine menschliche Gestalt, darüber der Sonnenball *re*, in der einen Hand das Zepter *user*, in der anderen die Feder *maat*: Usermaatre, der Thronname des Ramses. In den südlichen Nebenhallen des Schatzhauses von Abu Simbel wurden die Wandreliefs ergänzt, die an die kostbaren Kultfiguren auf den in den Fels gehauenen Bänken erinnerten: Zwischen den Götterbildern erscheint Ramses, entweder mit Menschenantlitz und Göttergehörn über dem Ohr oder mit einem Falkenkopf. Dort heißt er ganz einfach *pa-netjer*, »der Gott«!

Herzliche Beziehungen zum Reich Chatti

In seinen Beziehungen zur hethitischen Königsfamilie verzichtete Ramses gänzlich auf den Anspruch, Gott auf Erden zu sein. Das Verhältnis der beiden Herrscher war von Jahr zu Jahr besser geworden. Aus der Korrespondenz geht hervor, daß der hethitische Kronprinz Hischimi-Scharma in den Wintermonaten nach Ägypten reiste. Kenneth A. Kitchen[6] vermutet, daß er seinen Besuch dazu nutzte, sich mit den großen Errungenschaften der ägyptischen Kultur vertraut zu machen. Er bewunderte den Reliefschmuck der religiösen Gebäude, die monumentalen Hieroglypheninschriften und die steinernen Heiligtümer. Der große Tempel im anatolischen Yazilikaya nahe Bogazköy wurde ohne Zweifel unter dem Eindruck der ägyptischen Bauweise errichtet und dekoriert.

Der hethitische Thronerbe knüpfte Kontakte zu Ramses' Söhnen Sethherchepeschef, Chaemwese und wohl auch zu Merenptah. Es ist allerdings erstaunlich, daß in Anbetracht der herzlichen Beziehungen und der Verbindung von Ramses mit Maathorneferure nicht eine Eheschließung des Hethiterprinzen mit einer Tochter des Pharaos in Erwägung gezogen wurde. Eine königliche Prinzessin durfte zwar keinen Ausländer heiraten, aber Hischimi-Scharma hätte eine Tochter von einer Nebenfrau zur Gemahlin nehmen können. Zumindest besitzen wir keinen Hinweis darauf, daß eine solche Verbindung geplant war.

Wie es seine Art war, gab sich Ramses mit dem Besuch des Prinzen nicht zufrieden: Er wollte, daß Hattusilis selbst nach Ägypten reiste. Mehrfach schlug er das seinem hethitischen »Bruder« vor, aber er erhielt keine positive Antwort. Einmal reagierte Hattusilis nur mit dem lapidaren Satz: »Mein Bruder möge mir schreiben und mir sagen, was wir dort unten tun sollen.« Ramses versuchte, ihn zu überzeugen:

Der Sonnengott Ägyptens und der Wettergott des Reiches Chatti mögen gemeinsam bewirken, daß mein Bruder seinen Bruder besucht. Mein Bruder möge diesen guten Vorschlag doch annehmen und zu mir reisen! Dann würden wir beide den Ort kennen, an welchem der König [Ramses] auf dem Thron sitzt. Ich will selbst nach Kanaan reisen, um meinen Bruder zu treffen und ihn von Angesicht zu Angesicht zu sehen und in meinem Land zu empfangen.

Die guten Beziehungen zwischen den beiden Königshöfen hatten einen regen Austausch zwischen den Kanzleien zur Folge, und den Pharao erreichten viele Bitten, vor allem um Medikamente und die Entsendung von Ärzten, denn der Ruf der ägyptischen Ärzte reichte schon seit Jahrhunderten weit über die Grenzen des Landes hinaus.

Ein Vizekönig als Baumeister

Unterdessen wollte Ramses das Bauprogramm für den ägyptischen Teil von Nubien – das Land Wawat – wiederaufnehmen, das mit dem Bau der Felsentempel von Meha und Ibschek begonnen hatte. Anstelle seines alten, treuen Dieners Hui betraute er einen jungen, agilen und überaus tatkräftigen hohen Beamten namens Setau, der »Mündel« und dann erster Schreiber des Palastes gewesen war, mit der Verantwortung für die Bauten. Ramses berief ihn an die Spitze der Verwaltung der großen südlichen Provinz. Ab dem achtunddreißigsten Regierungsjahr war Setau als neuer Vizekönig für Wawat zuständig, aber auch für das Land Kusch, und ihm oblagen vor allem neue Gründungen. Außerdem sollte er sich um die

Fertigstellung des Retempels von ed-Derr und den Fortgang der Arbeiten an dem großen Amuntempel kümmern an der Stelle, wo die Karawanen aus der riesigen Libyschen Wüste kamen, in unmittelbarer Nähe einer kleinen Kapelle, die Amenophis III. derselben Göttergestalt gewidmet hatte.

In dem neuen Tempel sollte die heilige Barke untergebracht werden, die auf den Wogen der Nilflut dahinglitt: Die Barke begann ihren Weg in Abu Simbel und wurde in ed-Derr empfangen. Von dort fuhr sie weiter in das Reich Amuns, das heutige Wadi es-Sebua (auch »Tal der Löwen« genannt nach einer Allee von Sphingen mit Menschen- und Löwenköpfen, die zu dem Eingangspylonen führt). Bei der Arbeit an diesem neuen Bauwerk wurde Wert darauf gelegt, auf allen Darstellungen Ramses in den Kreis der Götter mit aufzunehmen. Auf den Wandmalereien im Innern sehen wir Seine Majestät, mittlerweile im dreiundsechzigsten Lebensjahr, Seite an Seite mit unterschiedlichen Götterfiguren. Er ließ sich zwar als einer der Götter darstellen, erwies ihnen aber weiterhin seine Verehrung.

Bekenchons, der Erste Prophet des Amun

Im neununddreißigsten Regierungsjahr, nachdem der brillante Paser das Amt des Hohenpriesters des Amun aufgegeben hatte oder gestorben war (im Regierungsjahr 38), ernannte Ramses Bekenchons[7] zum neuen Hohenpriester, einen herausragenden Angehörigen der Priesterschaft, dessen gesamter Werdegang mit dem Tempel verbunden war. Bekenchons war der Sohn des Zweiten Amunpropheten Rama. Die ersten vier Lebensjahre blieb er bei seiner Familie, dann kam er für insgesamt zwölf Jahre zuerst an die Schule im Tempel der Mut in Karnak und dann zur militärischen Ausbildung an den Rekrutenstall von Sethos I. Vom siebzehnten bis zum zwanzigsten Lebensjahr war er einfacher Reinigungspriester. Vom einundzwanzigsten bis zum zweiunddreißigsten Lebensjahr, das heißt zwölf Jahre lang, führte er den Titel »Göttlicher Vater«. Danach bekleidete er fünfzehn Jahre, bis zu seinem achtundvierzigsten Lebensjahr, das Amt des Dritten Propheten des Amun und rückte dann zum Zweiten Propheten auf. Mit sechzig Jahren wurde er verdientermaßen Hoherpriester des Amun und blieb es sechsundzwanzig Jahre lang, bis in sein sechsundachtzigstes Lebensjahr.

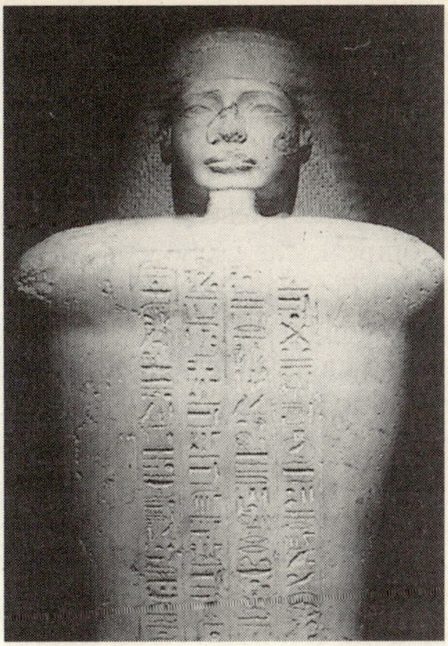

Abb. 241 Bekenchons, der Hohepriester des Amun. (Kairo, Ägyptisches Museum)

Abb. 242 Tempel von ed-Derr. Der König begleitet die heilige Barke auf dem Weg nach Ägypten.

Abb. 243 Giebelfeld der »Bachtan-Stele«, auf der die zweite Hethiterprinzessin erwähnt ist.

Bekenchons war ungefähr so alt wie der Pharao, sicher wenige Jahre jünger; und aller Wahrscheinlichkeit nach geleitete er den Herrscher, dem er so lange in unbedingter Treue gedient hatte, zu seiner Wohnung für die Ewigkeit. Gefördert von Ramses und beseelt von dem Wunsch, jeden Tag seines Lebens frommen Werken zu widmen, ging Bekenchons ganz in seinem Priesteramt auf. Sein Lebenswerk war der »Tempel aller Tempel«, das große Gotteshaus in Karnak: Er ließ Obelisken aufstellen und den Tempel in vielfältiger Weise verschönern. Dazu holte er kompetente Architekten und Handwerker, so den Enkel des Generals und Polizeivorstehers Urchia, Hatjai, der unter anderem »die großen Flaggenmasten im Tempel von Amun aufstellen« ließ, und schließlich Nachtdjehuti, den Aufseher der Zimmerleute und Vorsteher der Goldarbeiter. Nachtdjehuti wurde dafür berühmt, daß er etliche Tore im Heiligtum mit Blättern aus Gold und Elektron beschlagen ließ und anscheinend auch nicht weniger als sechsundzwanzig tragbare heilige Barken: Offensichtlich war der nubische Vizekönig Setau fest entschlossen, wieder Gold nach Nubien zurückzuholen!

Ein Gott für das Volk

In dieser Zeit des Friedens und des Wohlstands kümmerte sich Ramses nicht nur um den Ausbau von Heiligtümern wie Karnak. Vielmehr war ihm in erster Linie daran gelegen, die durch Kriege und diplomatische Aufgaben unterbrochene Reform des religiösen Kults weiter voranzutreiben. Er hatte sich mit einem gewissen Erfolg bemüht, das Verständnis des Göttlichen zu erweitern. Nun wollte er versuchen, das Haus des Gottes für die gemeinen Sterblichen zu öffnen, ebenso wie er das Reich der Schrift für seine Handwerker geöffnet hatte.

Ein erstes Ergebnis seiner Bemühungen waren bereits die demütigen Gebete einfacher Menschen aus dem Volk, die man als eine Art »Religion der armen Leute«[8] bezeichnen könnte. Zur Verwirklichung seines neuen Vorhabens wählte Ramses einen Ort östlich von Karnak in Richtung der Bauten von Amenophis IV. Dort hatte bereits Hatschepsut zwei Obelisken aufrichten lassen und eine Statue, die sie an der Seite Amuns sitzend zeigte. Ganz in der Nähe hatten überdies die Vorgänger von Amenophis III. den »einzelnen Obelisken«[9] aufstellen lassen, ein unstrittiges Zeichen dafür, daß es im Reich Amuns einen Sonnenkult gab.

Ramses' neuer Tempel wurde in Verlängerung der Achse des Obelisken erbaut und enthielt eine monumentale Statue des Pharaos. Durch eine Art großes Fenster nach Osten hin konnten sich die Untertanen mit ihren Bitten direkt an den Gott-Pharao wenden, daß er bei den Göttern, denen er gleichgestellt war, für sie Fürsprache einlegen möge.

Bekenchons diente seinem Pharao unermüdlich und mit unverbrüchlicher Treue: Gewissenhaft übte er sein Priesteramt aus, er erwies sich als ein talentierter Baumeister, zeigte Sinn für die Dekorationen und wirkte gelegentlich auch als Richter. Mit seinen Leistungen hatte er sich das Recht erworben, seine eigene Statue im Tempel aufstellen zu lassen. In den Inschriften erklärte er:

Ich war denen, die mir unterstanden, ein guter Vater, habe junge Leute herangezogen, den Notleidenden die Hand gereicht, den Armen das Leben gesichert und als Aufseher über die Arbeiten meines Herrn nützliche Dinge im Tempel vollendet. Ich erbaute für ihn einen Tempel, der heißt Ramses, geliebt von Amun, der die Bitten erhört [Ramses-meri-amun-sedjem-nehet]. *Ich habe Obelisken aus Granit errichtet, deren Schönheit dem Himmel gleichkommt. Gegenüber von Theben erhebt sich ein Pylon. Er wird bewässert, und in den Gärten ringsherum wachsen Bäume. Ich habe sehr große Tore errichtet, [beschlagen] mit Elektron, die bis zum Himmel reichen. Ich [ließ] sehr große Masten hauen und in dem erhabenen Hof vor seinem Tempel aufrichten. Ich erbaute große Flußbarken für Amun, Mut und Chons…*

Und so fleht Bekenchons Amun an, daß der Gott in seiner Güte ihm »ein Leben von einhundertzehn Jahren« gewähren möge.

In seiner Glanzzeit muß der Tempel des »Ramses, geliebt von Amun, der die Bitten erhört« eines der schönsten Bauwerke gewesen sein, die unter der Leitung von Bekenchons entstanden. Er verewigte sich mit einer Inschrift auf der Fassade, die zu seinen Lebzeiten als »Tor von Beki«[10] bezeichnet wurde.

Die Zeit des vierten Jubiläums

Unmittelbar vor dem vierten Jubiläum, im neununddreißigsten Regierungsjahr, wenige Wochen vor dem fünfundsechzigsten Geburtstag des Königs, erhielt sein zweiter Sohn, der General Ramesse, den Titel »Erbe«. Wir wissen allerdings nicht genau, was dieser Titel bedeutete.

Zu Beginn des vierzigsten Regierungsjahres wurde das vierte Sedfest im ganzen Land verkündet. Verkündung und Organisation oblagen ein weiteres Mal dem Hohenpriester des Ptah, Chaemwese, und dem Wesir Chai. Der Name »Ramses, geliebt von Amun« wurde von nun an ergänzt durch den Titel »Gott, Herrscher von Heliopolis«. Die Zeiten, als die wunderschöne Hauptstadt des Kriegerkönigs noch *Groß an Siegen* hieß, waren lange vorbei. Nunmehr strahlte die große Bedeutung der Spiritualität auf die Stadt aus, und sie wurde »die große Seele (Ka) von Re-Harachte«.

Ägypten gewöhnte sich allmählich an die feierlichen Zeremonien aus Anlaß der Sedfeste, die nun regelmäßig zu den traditionellen Feiern und Pilgerzügen hinzukamen. Zu dem neuen Sedfest gab der Hohepriester des Osiris in Abydos zu Ehren des Königs weitere Statuen aus edlen Metallen in Auftrag.

Überfluß verdirbt den Charakter

Die fremdländischen Provinzen schickten weiter ihre Tribute, Nubien lieferte Gold, und Ägypten lebte im Überfluß. Die Zeit kriegerischer Auseinandersetzungen lag weit zurück, schon lange hatte es keine Truppenbewegungen mehr gegeben. Nur für die großen Bauprojekte wurden noch Männer dienstverpflichtet, üblicherweise in den Zeiten der Nilflut. Die Verwaltung funktionierte reibungslos, sofern die für die verschiedenen Bereiche verantwortlichen Beamten sich nichts zuschulden kommen ließen. Über die Handwerker und Künstler der »Stätte der Wahrheit« *(Set-Maat)* konnte man das nicht sagen. Nach dem Ausscheiden von Ramose, dem Schreiber des königlichen Grabes, übernahm sein Adoptivsohn Kenherchepeschef dessen Aufgaben, und bald schon kamen Betrügereien ans Tageslicht, die so alt sind wie die Menschheit: Arbeiter und Künstler wurden für Privatbauten eingesetzt und ähnliches mehr.

Überdies kümmerte sich der Wesir Chai nicht so aufmerksam wie sein Vorgänger Paser um die ihm unterstellten Handwerker, die am linken Nilufer von Theben arbeiteten. Chai hatte alle Hände voll zu tun mit der Vorbereitung des vierten Sedfestes und darüber die Belange der Arbeiter vernachlässigt, es gab Klagen, vor allem über Unterschiede in der Entlohnung. Und die Arbeitsmoral sank. Immer mehr Arbeiter erschienen nicht auf der Baustelle, die Schreiber notierten oft dreiste Entschuldigungen: Trunkenheit, vorgetäuschte Krankheiten, auffallend häufige Familienfeste, dringende Arbeiten zu Hause … oder für den Schreiber des königlichen Grabes – das schlechte Vorbild wirkte sich aus.

Ein Besuch von Hattusilis?

Die Verjüngung des Königs durch das Jubiläumsfest war mittlerweile dringend notwendig. Ramses war nun fünfundsechzig Jahre alt und litt unter einer beginnenden Arthrose der Halswirbelsäule.[11] Er war immer noch eine stolze Erscheinung, aber das Gehen bereitete ihm Mühe, und er hielt den Kopf etwas zur Seite geneigt.

Seine Hauptsorge galt dem Fortgang der Arbeiten in Karnak, der Erhaltung der harmonischen Anlage von Abydos und vor allem den nubischen Bauten mit ihrer wichtigen Botschaft. Mehr als alles andere wünschte er sich einen Besuch Hattusilis' in Piramesse. Dieses Vorhaben hatte er auch nach mehreren gescheiterten Anläufen noch nicht aufgegeben, aber wieder stellten sich Hindernisse in den Weg: Diesmal ließ der Gesundheitszustand des Hethiterkönigs die Reise nicht zu. Dem Pharao wurde mitgeteilt, Hattusilis habe sich eine Erkrankung zugezogen, die mit einer Entzündung der Füße einhergehe. Allem Anschein nach war das keine Ausrede. Es wurde berichtet, Königin Puduchepa sei sehr besorgt und habe einen Traum gehabt, in dessen Verlauf ein höheres Wesen geraten habe, sie solle für Hattusilis' Genesung

der Göttin Ningal folgendes Gelübde ablegen: Wenn die Krankheit Seiner Majestät, die brennenden Füße, rasch heilt, werde ich zehn Fläschchen aus Lapislazuli, gefaßt in Gold, für die Göttin Ningal fertigen lassen.

Die Göttin mußte wohl nicht lange auf das Geschenk warten, denn etliche Hinweise – Anspielungen in der ägyptischen Literatur,

Austausch zwischen den Herrschern benachbarter Länder und vor allem ein Brief, in dem erwähnt wird, daß der Hethiterkönig die Hauptstadt verlassen und sich auf den Weg nach Ägypten gemacht habe – deuten darauf hin, daß die lange angestrebte Begegnung zwischen den beiden Unterzeichnern des Friedensvertrages endlich doch zustande kam. Gab es auch ein Wiedersehen zwischen dem Onkel und dem reuigen Neffen Urchiteschup? Dazu schweigen die Chroniken.

Von diesem Punkt einmal abgesehen, war das Verhältnis der beiden Herrscher ungetrübt. Die Beziehungen zwischen ihren Ländern wurden sogar noch enger, denn beide waren bestrebt, den Frieden zu bewahren, den sie geschaffen hatten. Außerdem bewunderten die Menschen im rauhen Reich Chatti die hochentwickelte ägyptische Wissenschaft.

Der Besuch von Hattusilis bei der »großen Sonne« Ägyptens war ein herausragendes Ereignis und sollte darum auch greifbare Folgen hinterlassen: Es war die Rede davon, daß eine weitere Hethiterprinzessin dem Pharao neue jugendliche Kraft schenken könnte, wozu die Jubiläumsfeste offensichtlich nicht mehr ausreichten. Hattusilis stimmte dem Vorschlag zu, und nach seiner Rückkehr in die Hauptstadt des Reiches Chatti informierte er die große, verehrungswürdige Puduchepa.

Ärztlicher Rat

Die aus dem Hethiterreich an den Pharao gerichteten Bitten betrafen häufig medizinische Fragen. Die ägyptischen Ärzte waren berühmt dafür, daß sie dank ihres umfassenden Wissens über Heilpflanzen und deren Zubereitung und ihrer genauen Kenntnis des menschlichen Körpers spektakuläre Heilerfolge erzielten.[12] Um das vierte Jubiläum herum entspann sich ein Briefwechsel zwischen den beiden Höfen, aus dem hervorgeht, daß einige Vasallen des Hethiterkönigs um den Rat ägyptischer Ärzte nachsuchten. Hattusilis übermittelte Ramses die Bitte des Duodezfürsten Kurunta, und Ramses erwiderte mit der Geste des großzügigen Herrn, er werde seinen besten Spezialisten schicken, den er schon oft ins Ausland gesandt habe:

Und so habe ich den königlichen Schreiber und den Oberarzt ge-

rufen: Der [Arzt] Pariamachu wird geschickt werden, um Heilkräuter zuzubereiten für Kurunta, den König des Landes Taruntas. Er hat alle Kräuter gesammelt entsprechend den Symptomen, die du mir beschrieben hast.

Eine amüsante Anekdote zeigt, daß die ägyptischen Ärzte als geradezu allwissend galten und daß der König trotz der Beschwerden durch die Arthrose seinen Sinn für bissigen Humor nicht verloren hatte. Hattusilis hatte sich mit einer persönlichen Bitte an Ramses gewandt: Bei seiner Schwester wollte sich kein Nachwuchs einstellen. Ramses antwortete:

Nun zu Marazzani, der Schwester meines Bruders.

Ich, dein Bruder, kenne sie [gut]. Sie soll [nicht älter als] fünfzig sein?... Niemals! Eine Sechzigjährige ist sie!

Niemand kann für sie eine Arznei bereiten, daß sie [in diesem Alter] noch Kinder gebiert!

Doch für den Fall, daß der Sonnengott und der Wettergott es so wünschen sollten, werde ich dir einen guten Magier und einen guten Arzt schicken, die ihr eine Arznei bereiten, daß sie gebären kann...

Eine weitere Hochzeit des Pharaos

Am Ende des vierzigsten Regierungsjahres, in seinem sechsundsechzigsten Lebensjahr, bereitete sich der Pharao, der inzwischen den Titel »Gott, Herrscher von Heliopolis«[13] trug, auf den Empfang einer weiteren Hethiterprinzessin vor. Wir wissen nicht, ob Maathorneferure, die im Palast in Piramesse lebte, sich auf das Wiedersehen mit ihrer Schwester freute. Der Kontakt zu ihrem Land war niemals abgerissen. Viele Boten aus dem Reich Chatti waren in den Palast gekommen, mit großem Zeremoniell war ihr Bruder, mit noch größerem der »lebende Wettergott« begrüßt worden. Doch konnte sie nach der neuen Heirat weiter im Palast bleiben, oder würde der Pharao sie in den Großen Harem von Merwer oder von Memphis schicken, während ihre Schwester ihren Platz an seiner Seite einnahm? Die Forscher neigen letzterer Annahme zu, aber eindeutig läßt sich die Frage bis heute nicht beantworten.

Dagegen wissen wir, daß die Prinzessin eine beträchtliche Mitgift aus dem Reich Chatti mitbrachte, da die Vasallen über die Gaben von Hattusilis und Puduchepa hinaus einen großen Beitrag geleistet hatten. Dieser neuerliche Beweis des guten Einvernehmens zwischen den beiden Großen der damaligen Zeit machte Eindruck und war Stoff für eine Legendenbildung, die über die Jahrhunderte Bestand hatte. In Ägypten besangen die Dichter das Ereignis, und in vielen Tempeln wurden Stelen aufgestellt, aus deren Inschriften wir erfahren, daß die Schätze der Mitgift auf wundersame Weise nicht mit der Hilfe und unter dem Schutz von Menschen ins Land gebracht wurden, sondern – wie es dem Sohn von Ptah-Tatenen gebührte! – mit Hilfe von Göttern.

Nicht Truppen und nicht Wagen begleiteten sie, sondern die Macht der Götter von Ägypten und der Götter eines jeden Landes... Die Kinder großer Herrscher aus dem Reich Chatti überbrachten ihren Tribut... keine Truppen begleiteten sie, keine Wagen, keine Träger.

Es war Ptah-Tatenen, der Vater der Götter, der all die Länder und Gebiete jenes schönen Gottes [Ramses] für alle Zeit beherrschte!

In den vielen Berichten über die Vorbereitung der Hochzeit wird der Name von Ramses' zweiter hethitischer Gemahlin nicht erwähnt. Wir wissen auch nicht, ob sie den Titel einer Großen Königsgemahlin erhielt und, wenn ja, ob sie mit einer königlichen Prinzessin (selbst Tochter einer Großen Königsgemahlin) zusammen ein »Tandem« bildete, möglicherweise mit Hentmire, an deren Grab im Tal der Königinnen um diese Zeit gearbeitet wurde.[14] Wir verfügen über keine Quellen, die über diesen Abschnitt im Leben des großen Herrschers berichten.

Hattusilis' Tod

Im zweiundvierzigsten Regierungsjahr überbrachten zunächst Brieftauben, dann Boten die Nachricht, daß der Hethiterkönig in das große, furchterregende Reich des Wettergottes eingegangen war. Prinz Hischimi-Scharma folgte ihm als Tuthalija IV. auf dem Thron. Die guten Beziehungen zwischen den beiden Ländern blieben offensichtlich bestehen und lockerten sich erst allmählich nach dem Tod von Ramses.

Das fünfte Jubiläum

Das fünfte Regierungsjubiläum war das letzte, das Chaemwese vorbereitete und leitete; wie auch bei den früheren Jubiläen unterstützte ihn der Wesir Chai. Ramses stand nun im siebenundsechzigsten Lebensjahr. Wenige Monate zuvor hatte er die Hochzeit seines dreiundzwanzigsten Sohnes Samontu,[15] sehr wahrscheinlich der Sohn einer Nebenfrau, mit der jungen Irjet, der Tochter eines reichen syrischen Kapitäns, gefeiert. Die familiären Verbindungen des Pharaos breiteten sich wie ein Netz über das ganze Land aus. Und er plante, im politischen wie im religiösen Bereich die Grenzen weiter hinauszuschieben.

Die Vollendung des Amuntempels

Nach wie vor lagen Ramses die Bauwerke in Nubien besonders am Herzen. Die Arbeiten an dem Amuntempel am Ausgangspunkt der Karawanenstraßen (Wadi es-Sebua) schienen sich zu verzögern. Im vierundvierzigsten Regierungsjahr wies Ramses seinen Vizekönig Setau an, den Abschluß der Arbeiten an dem Felsentempel voranzutreiben, und ermächtigte ihn, Arbeitskräfte in den angrenzenden Gebieten zu verpflichten. Das würde überdies das Problem der Beduinen lösen, die durch den Warentransport auf den Karawanenstraßen angezogen wurden. Setau war gewiß kein Mann, der von Skrupeln geplagt wurde, und da er freie Hand hatte, befahl er Ramose,[16] der Kommandant der örtlichen Garnison von Ramses II. war und den Titel »Amun schützt seinen Sohn« trug, Razzien in den Oasen im südlichen Libyen, im Land Irem, wahrscheinlich auch in Dungul und Kurkur durchzuführen, und so kam es, daß Arbeiter, die aus der Gegend südlich des Marmarameeres stammten, an dem großen Amuntempel in Nubien mitbauten.

Der Felsentempel von Gerf Hussein[17]

Nachdem die Anlage von Wadi es-Sebua mit einem imposanten Dromos zwischen Wüste und Fluß vollendet war, mußte sich Setau, entsprechend dem dringenden Befehl des Pharaos, um den Felsentempel für Ptah-Tatenen kümmern, den Schutzgott der Jubiläumsfeiern. Das neue Gotteshaus sollte am westlichen Nilufer in den Felsen gehauen werden, jedoch weiter nördlich von Kuban und dem Wadi Allaki. Wie der zuvor errichtete Tempel sollte auch dieser Felsentempel einen Vorbau erhalten mit einer Allee von Sphingen, die zu einem offenen Hof mit einem Säulenumgang führte, dessen Pfeiler mit Osirisstatuen geschmückt waren. Von dort gelangte man in das Allerheiligste, das in den Fels gehauen war.

Setau war mit der Aufgabe möglicherweise überfordert. Die Arbeiten begannen im fünfundvierzigsten Regierungsjahr und sollten so rasch wie möglich abgeschlossen werden. Einige Künstler wurden aus der Hauptstadt direkt auf die Baustelle geholt, damit sie »Modell«-Reliefs anfertigten. In dem Tempel, der dem lokalen Amun (»der Wege«) geweiht war, erkennt man deutlich den Unterschied zwischen ihren Arbeiten und dem üblichen Dekor, das von lokalen Künstlern mit sehr bescheidenen Fähigkeiten stammt. Besonders kraß treten die Unterschiede an den Sphingen und den Osirisstatuen hervor, vor allem bei den Gesichtern. Viele sind einfach abstoßend! Die Figuren im Felsentempel des Ptah waren noch nicht einmal mittelmäßig. Die Statuen in den verschiedenen Kammern, insbesondere die in der hintersten Kammer, wurden mehrfach überarbeitet, und die Osirisstatuen im Säulenhof waren kaum anzusehen. Nur der erste Koloß in der südlichen Reihe, offensichtlich das Werk eines Künstlers, der seine Arbeit verstand, besaß ein mit einem gewissen Sinn für Ästhetik gestaltetes Gesicht,[18] alle anderen Osirisdarstellungen wirkten schwerfällig und trugen dazu bei, daß der Felsentempel von Ptah-Tatenen den Eindruck einer traurigen Parodie des berühmten Felsentempels von Abu Simbel bot. Hatte man den chthonischen (unterirdischen) Charakter des Heiligtums unterstreichen wollen?

Jedenfalls wollte Ramses nach seiner Erhebung zum Sohn des Ptah ein viertes Heiligtum in Nubien gründen. Jeder der vier Tempel sollte die heilige Barke auf ihrem Weg von Abu Simbel und Ibschek aufnehmen, so daß sie die lebenspendenden Wasser der Nilflut, die in Nubien Ägypten erreichten (dem Land Wawat), von Station zu Station bis To-meri leiten konnte.

Auch das neue Heiligtum war bereit für den Empfang der heiligen Barke. Tief im Innern des Allerheiligsten blieb eine Nische ausgespart mit einer Bank für vier Götterbilder, nicht für drei. Von

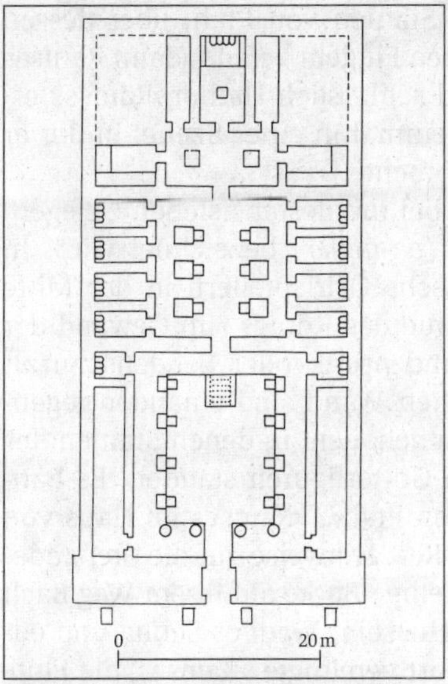

Abb. 244 (links) Grundriß des Tempels von Gerf Hussein.

Abb. 245 (oben) Blick auf den Nil von der Terrasse vor dem Tempel.

Abb. 246 (links) Säulenhof mit Osirispfeilern im Felsentempel.

Abb. 247 (oben) Detail des »Modell«-Pfeilers.

Süden nach Norden standen dort Statuen von Ptah, über dessen Kopf sich ein Falke mit ausgebreiteten Flügeln befand, dann Ramses an der Seite von Ptah-Tatenen und schließlich Hathor. Ramses erschien oberhalb der Nische noch einmal in einer Szene, in der er der göttlichen Barke ein Opfer darbrachte.

Neu ist, daß Ramses nunmehr bei mindestens sieben Gelegenheiten mit dem Titel »der Gott«[19] *(pa-netjer)* bezeichnet wird. In dem großen Säulenhof mit den sechs Osirispfeilern in der Mitte steht neben jedem Pfeiler eine Statue des Königs »im Gewand der Lebenden« (nackter Oberkörper und prunkvoller Lendenschurz). An der südlichen und der nördlichen Wand sind einander gegenüber acht Nischen in den Kalkstein gehauen, in denen Statuen des Ramses mit jeweils verschiedenen Götterfiguren standen. Es handelte sich um »Ramses im Haus von Ptah«, »Ramses im Haus von Amun« und »Ramses im Haus von Re«, Hinweise auf die drei anderen Heiligtümer, die ebenfalls die heilige Barke auf ihrem Weg nach Ägypten aufnehmen sollten: Gerf Hussein, Wadi es-Sebua und ed-Derr. Ausgangspunkt war Meha: Dort vereinigte »Ramses, die Flut« den ganzen göttlichen »Ramses *pa-netjer*« (die vierte durch Ramses verkörperte Wesenheit, das heißt Seth) in sich.

In diesem letzten Felsentempel wird Ramses' Göttlichkeit somit bekräftigt im Heiligtum desjenigen, der ihm durch das »Dekret des Ptah« im Tempel von Miam all seine Rechte übertragen hatte.

Ramses war nun eng mit der Rückkehr der Flutwelle, die an den drei Heiligtümern vorbeiging, verbunden und so als »Kind der Sonne« mit der alljährlichen Erneuerung des Lebens: Darum ist er neben den Osirispfeilern in den vier großen nubischen Heiligtümern als Lebender dargestellt, mit nacktem Oberkörper, nackten Beinen und dem kurzen königlichen Lendenschurz, nicht im Totengewand.

Zu dieser letzten Tempelgründung ist noch eine Anmerkung zu machen. Der Pharao hatte die Tempel den drei großen Göttergestalten gewidmet: Re (ed-Derr), Amun (Wadi es-Sebua) und Ptah (Gerf Hussein), alle drei Schutzgötter großer Divisionen seiner Armee und außerdem ein Abbild der Dreieinigkeit. Man könnte sich fragen, ob Ramses in dem gewaltigen Felsentempel von Meha, wo er, der »Rothaarige«, der Nachkomme von Sethos, im Allerheiligsten von den drei Göttergestalten eingerahmt wird, nicht als eine Inkarnation von Seth erscheint, dem vierten Schutzpatron seiner Armee, in diesem Tempel, in dem die Darstellungen seiner Familie und seiner denkwürdigen Taten das Buch seines Lebens bildeten.

Die vier nubischen Heiligtümer des Ramses am Weg der alljährlichen wundersamen Flut waren seine unbesiegbaren Wächter.

Das sechste Jubiläum

Am Ende des fünfundvierzigsten Regierungsjahres war die Zeit für das sechste Jubiläum gekommen. Die regelmäßigen Sedfeste waren mittlerweile eine feste Gewohnheit im Land.

Ramses spürte zusehends die Last des Alters. Doch auch die Kräfte seines Sohnes Chaemwese schwanden, und er übertrug die Organisation des Jubiläums diesmal ganz dem Wesir Chai.

Die Regierungsjahre 46 und 47

Ramses war nunmehr siebzig Jahre alt. Er ging gebeugt[20] und stützte sich auf einen Stock: ein Abbild des Aton.

Bekenchons war in Theben mit einem Gerichtsverfahren beschäftigt. Das Gericht bestand aus dem Zweiten und dem Dritten Propheten, dem Ersten Propheten der Mut und dem Ersten Propheten von Chons, vier weiteren Priestern und einem königlichen Schreiber. In dem Verfahren ging es um den Streit zweier Erben, ein Teil des strittigen Gutes sollte dem Tempel der Mut zufallen. Früher hätte Ramses allergrößten Wert darauf gelegt, über solche Vorgänge genauestens informiert zu werden, und hätte einen Mann seines Vertrauens entsandt. Doch diese Zeiten waren endgültig vorüber.

Während der Pharao in seinem prunkvollen Palast immer hinfälliger wurde, blieb es seine wichtigste Sorge, die Grundlage seiner Dynastie zu festigen und sein Friedenswerk für die Zukunft zu sichern.

Die 400-Jahr-Stele

So entschloß er sich, im Tempel des Seth (dem frühesten Tempelbau südlich seiner späteren Hauptstadt) eine Stele für den Gott

Abb. 248 Giebelfeld der 400-Jahr-Stele.

Abb. 249 Ramses huldigt Seth-Baal. Im Hintergrund der erste Sethos der Familie.

a

b

Abb. 250
a. Horus-Hauron beschützt Ramessu (Ramses I.), dessen Name als Rebus dargestellt ist.
b. Der Rebus: Ra = der Sonnenball, mes = königliches Kind, su = die Pflanze in seiner Hand.

zu errichten, den er als Ahnherrn seiner Dynastie darstellte, um so seine Geschichte zu dokumentieren. Diese Stele ist unter der Bezeichnung 400-Jahr-Stele bekannt, Auguste Mariette hat sie 1863 in Tanis entdeckt.[21] Sie stellt ein außerordentlich wichtiges historisches Dokument dar, wenngleich manche Unsicherheit in ihrer Deutung bis heute nicht ausgeräumt werden konnte.

Der Betrachter begreift auf den ersten Blick, daß Ramses nicht den geringsten Zweifel an seiner Abstammung von Seth hegte. Das Giebelfeld der Stele zeigt den Pharao in der Mitte, wie er Seth Wein opfert. Seth ist dargestellt im Gewand und mit der Kappe des asiatischen Baal, hält aber in der einen Hand das ägyptische Zepter *(Was)* und in der anderen das *Anch*-Zeichen. Die Gestalt hinter Ramses scheint, aus der Aufzählung seiner Titel zu schließen, sein Vater Sethos zu sein, dargestellt zu einem Zeitpunkt vor seiner Thronbesteigung. Zweifellos um anzuzeigen, daß er dazu bestimmt ist, König zu werden,[22] geht hinten von seinem Lendenschurz, der dem von Ramses gleicht, der lange Tierschwanz aus.

Die Inschrift der Stele, die stellenweise unklar ist, läßt erkennen, daß Ramses sie habe errichten lassen zu Ehren »des großen Namens seiner Väter« (seiner Vorfahren), um den Namen des »Vaters seiner Väter« (Seth) zu würdigen und auch den Namen des verstorbenen Sethos, seines leiblichen Vaters. Es folgt die Datierung: »im Jahr 400«. Zum erstenmal in der Geschichte Ägyptens wird eine zusammenhängende Ära angenommen; bislang wurde seit der 1. Dynastie mit jedem neuen Herrscher neu mit der Zählung der Jahre begonnen.

Ramses teilt uns mit: Vierhundert Jahre zuvor wurde an dieser Stelle sein großer Vorfahre Seth-Nubti, Sohn des Re, verehrt (das Datum könnte nach Ansicht mancher Forscher mit dem Beginn der Besetzung durch die Hyksos zusammenfallen).[23] *Und nun, vierhundert Jahre später,* so heißt es weiter, *am vierten Tag im vierten Monat des Sommers, wird der verstorbene Sethos hier verehrt.*

Es folgt eine Aufzählung aller Titel, die er vor der Thronbesteigung führte, darunter auch der Titel des Wesirs: »Sohn des Thronerben, Bürgermeister der Stadt, Wesir, Vorsteher der Bogenschützen, Statthalter der fremden Länder, Herr der Festung Zaru [Sile],

Königsschreiber, Kommandant der Streitwagentruppe, Paramessu, verstorben, zur Welt gebracht von der Herrin der Hauses, der Sängerin im Dienste von Re, der verstorbenen Tiu.«

Damit beschrieb Ramses seine Ahnen als Nachfahren von Seth, verwurzelt in diesem Landstrich, aus dem Paramessu und Sethos stammten, beide zu Würden und Ansehen gekommen in der Verwaltung und im Militär, bevor sie die 19. Dynastie gründeten. Der erste Sproß dieser Dynastie wurde wie sein Vorläufer in der 5. Dynastie von einer Sängerin im Tempel des Re geboren: ein Hinweis auf die erste bekannte Theogamie.

Ohne Zweifel vererbte Seth, der Schutzgott aller Rothaarigen, seinen Nachkommen – auch Ramses, seinem berühmtesten Nachfahren – die flammende Haarfarbe. Die vom Bezug auf den Sonnengott und auf Sethos bestimmte Aura der Dynastie wird noch durch die auffallende, gewiß nicht zufällige häufige Erwähnung der Zahl Vier unterstrichen. E. Hornung stellt die Frage, ob die Theologen mit Hilfe dieser fiktiven Datierung (das Jahr 400) zum Ausdruck bringen wollten, daß Seth »der vierte Gott war und auf einer Stufe stand mit den drei Schutzgöttern des Staates«.[24] Finden wir Seth, den Ramses in Abu Simbel, im Allerheiligsten von Meha, besonders hervorhebt, hier umgeben von den drei Staatsgöttern?

Mit der Stele des Jahres 400 wollte Ramses am Ende seines Lebens[25] offensichtlich festhalten, was er war und was er sein wollte. Er, der Abkömmling von Seth, wollte ein letztes Mal seine Abkunft und damit seine Legitimität bekräftigen. Aber er war auch der Abkömmling von Seth-Baal, und diese Mischgottheit – man könnte auch sagen, diese ökumenische Gottesvorstellung – brachte die Identität aller göttlichen Erscheinungsformen zum Ausdruck, eine Voraussetzung für den Frieden zwischen den Ländern.

Der Tod von Meriatum

Prinz Meriatum,[26] der sechzehnte Sohn des Pharaos, geboren von Nefertari, war inzwischen Hoherpriester in Heliopolis. Er starb im siebenundvierzigsten Regierungsjahr, dem einundsiebzigsten Lebensjahr seines Vaters. Bei seiner Bestattung waren neben den unzähligen Familienmitgliedern auch seine drei älteren Brüder zugegen: der Thronerbe Sethherchepeschef, der älteste Sohn von Nefertari, und die beiden Söhne von Isisnofret, der General Ramesse und Chaemwese, der Hohepriester des Ptah.

Das siebte Jubiläum

Im achtundvierzigsten Regierungsjahr wurde ein weiteres Sedfest gefeiert. Die erhoffte verjüngende Wirkung, die Ramses mittlerweile dringend brauchte, stellte sich jedoch nicht ein. Sein treuer Freund Wennefer, der Hohepriester des Osiris, widmete ihm eine neue Statue in Abydos.

Zwei weitere Todesfälle

Im fünfzigsten Regierungsjahr starb Wennefer und ging in das Reich von Osiris ein. Das Amt des Hohenpriesters wurde auf seinen Sohn Hori übertragen, ihm folgte später Wennefers Enkel Juju. Die Trauer wich nicht mehr aus dem Palast. Kurz nach Wennefer starb der älteste Sohn von Isisnofret, der General Ramesse.

Das achte Jubiläum

Die ältesten Söhne der ersten beiden Großen Königsgemahlinnen waren nun tot. Ramses stand in seinem sechsundsiebzigsten Lebensjahr, alle Kraft hatte ihn verlassen. An den Jubiläumszeremonien nahm er allem Anschein nach nur noch von Ferne Anteil, er war ihrer überdrüssig.

Die letzte Rebusdarstellung von Ramses

Doch er verfolgte weiter sein Anliegen, unterschiedliche Glaubensvorstellungen und Kulte zu harmonisieren, eine Konsequenz aus dem Vertrag mit dem Reich Chatti. In diesem Bereich konnte er noch wirken. So gab er eine große Figurengruppe aus grauem Granit in Auftrag: Sie zeigte einen herrlichen, monumentalen Falken, das Gesicht aus Kalkstein, der mit seinen Fängen ein königliches Kind in hockender Stellung schützt. Über dem Kopf des Kindes steht der Sonnenball: *ra*, einen Finger hat es an den Mund geführt: *mes*, eine Hand hält einen Pflanzenstengel: *su*. Die Darstellung ergibt den Geburtsnamen des Pharaos: »Ramessu«. Welche göttliche Gestalt auch dargestellt sein mag, das Kind ist auf jeden Fall ein Sohn der Sonnenkraft. Da der Falke die Figurengruppe beherrscht, würden wir eigentlich erwarten, auf dem Sockel den Namen Horus zu finden. Doch statt dessen lesen wir, der Herrscher sei »geliebt von Hauron«, einer Erscheinungsform des Göttlichen, die vor allem in den semitischen Gebieten von Syrien und Palästina[27] verehrt wurde und zunehmend auch im Hethiterreich.[28] Die asiatischen Kolonien in der östlichen Region des Deltas dürften mit Genugtuung einen Aspekt von Haurun in dem mächtigen Horus wiedererkannt haben. Im übrigen hatte der Gott aus Kanaan seit der 18. Dynastie und den Ostkriegen von Amenophis II. im Delta Zuflucht gefunden.

Der Tod von Sethherchepeschef

In Inschriften aus dem zweiundfünfzigsten Regierungsjahr wird Prinz Chaemwese, der Hohepriester des Ptah, als Thronerbe erwähnt (aber nicht als Mitregent). Diese Veränderung steht zweifellos in Zusammenhang damit, daß wenig später, im dreiundfünfzigsten Regierungsjahr, Prinz Sethherchepeschef starb.

Das neunte Regierungsjubiläum

Das neunte Regierungsjubiläum wurde im vierundfünfzigsten Regierungsjahr gefeiert. Prinz Merenptah, der eine immer bedeutendere Rolle spielte, beauftragte Jupa, den Sohn von Urchia, dem großen Verwalter des Amuntempels und des Ramesseums, mit der Verkündung des Festes (1226–1225 vor unserer Zeitrechnung). Um dieselbe Zeit mußte sich Ramses an das Lager seines todkranken Sohnes Chaemwese tragen lassen.

Der Tod von Chaemwese

Im fünfundfünfzigsten Regierungsjahr seines Vaters verstarb Chaemwese. Ramses war nunmehr achtzig Jahre alt und trauerte um den Sohn, der ihm besonders nahegestanden hatte, der mit ihm zusammen so viele Heiligtümer errichtet und unermüdlich danach gestrebt hatte, tiefer in die Geheimnisse des Göttlichen einzudringen.

Chaemwese, der Hohepriester des Ptah und erste Archäologe der Welt, hatte vierzig Jahre im Dienst des Gottes Ptah-Tatenen gestanden. Allem Anschein nach wollte er in einer der unterirdischen Galerien des von ihm erbauten Serapeums in Memphis bestattet werden. Auguste Mariette, der Gründer und erste Direktor der ägyptischen Altertümerverwaltung,[29] fand im Jahr 1853 im Serapeum Gegenstände, die offensichtlich zur Grabausstattung des Prinzen gehört hatten: seine goldene Maske und prachtvolle Schmuckstücke mit dem Namen des Pharaos, sehr wahrscheinlich Geschenke seines Vaters.[30]

Das zehnte Regierungsjubiläum

Das zehnte Sedfest wurde im siebenundfünfzigsten Regierungsjahr gefeiert; der Pharao war mittlerweile zweiundachtzig Jahre alt. Die Organisation lag in den Händen des neuen Wesirs des Südens, Neferrenpet.

Zu Beginn des sechzigsten Regierungsjahres war der Thron praktisch vakant. Sehr wahrscheinlich wurde Prinz Merenptah, der einzige noch verbliebene Sohn einer Großen Königsgemahlin, als Regent eingesetzt. Vermutlich hatte er seine Schwester Isisnofret II.[31] geheiratet, möglicherweise auch Bintanat II., die Tochter seiner älteren Schwester Bintanat I.[32] und damit zugleich seine Nichte und jüngere Schwester, denn sie war die Frucht der Verbindung seines Vaters Ramses mit Bintanat I., die er zur Großen Königlichen Gemahlin gemacht hatte.

Das elfte Regierungsjubiläum

Die Sedfeste wurden trotz allem weiterhin regelmäßig gefeiert. In den Regierungsjahren 60/61 verkündete wiederum Neferrenpet, der Wesir des Südens und Bürgermeister von Theben, das elfte Jubiläum. Der Pharao konnte seinen Palast inzwischen nicht mehr verlassen: Als Folge einer fortschreitenden Arteriosklerose war die

Durchblutung des Gehirns stark beeinträchtigt.[33] Er dämmerte dahin, aber die Hofbeamten achteten weiter peinlich darauf, daß die protokollarischen Regeln eingehalten wurden. Er war immer noch der Gott auf Erden, und jeder Augenblick seines Tagesablaufs folgte der entsprechenden Etikette.[34] Von morgens bis abends kümmerten sich die Beamten um seine Körperpflege, die rituellen Reinigungen und das Ankleiden des Gottes, wobei ihm jedes Kleidungs- und Schmuckstück auf zeremonielle Weise angelegt wurde. Die Friseure, Hand- und Fußpfleger, Zahnärzte und Barbiere bemühten sich um ein Wesen, das gleichsam nicht mehr anwesend war. Der Mundschenk sorgte für die Ernährung. Feierlich wurden dem Pharao die Speisen dargebracht, wie man sie den Götterstatuen in den Tempeln darbrachte.

Die Ärzte Ägyptens, darunter auch die Priester der Sachmet, die so viele Krankheiten zu lindern wußten und deren Rat im Ausland so begehrt war, erklärten sich außerstande, seine Krankheit zu heilen. Ein Trank aus heilkräftigen Pflanzen half lediglich, die Schmerzen des Pharaos ein wenig zu lindern. Man flößte ihm die Medizin oft gemischt mit Kyphi ein, seinem einstigen Lieblingsgetränk, und danach schlummerte er meist ein.

Das zwölfte, dreizehnte und vierzehnte Jubiläum

Die letzten Sedfeste fanden in immer kürzeren Abständen statt, denn man hoffte, ihre geheimnisvolle Kraft werde doch noch ein Wunder bewirken:

Das zwölfte Jubiläum wurde in den Regierungsjahren 61 und 62 gefeiert.

Das dreizehnte Jubiläum in den Regierungsjahren 63 und 64.

Das vierzehnte Jubiläum wurde im Laufe der Regierungsjahre 65 und 66 begangen.

Das siebenundsechzigste Regierungsjahr brach an.[35] Nach zweiundneunzig Jahren hörte das Herz des Pharaos auf zu schlagen, der Große Führer, der treue, hundsköpfige Anubis, nahm ihn an die Hand. Es war der Beginn der Nilflut im Jahr 1213 vor unserer Zeitrechnung.

NACHWORT
RAMSES – SONNE ÄGYPTENS

So lebte Ramses II.

Kein Pharao hatte mit mehr Inschriften Zeugnis von seinem Selbstverständnis und seinen Leistungen abgelegt. Keiner hatte sich mit der Errichtung so vieler Bauten selbst ein Denkmal gesetzt.

Muß man alle Berichte seiner Glanzleistungen ganz wörtlich nehmen, oder handelt es sich um Übertreibungen?

War Ramses wirklich ein Wunderkind, das seinem Vater schon im zarten Knabenalter als Mitregent gedient hat?

Hatte er mit dem Denken und der Kultur der Amarnazeit, von der er sich so demonstrativ distanzierte, wirklich nichts zu schaffen?

Hat er in seinem Leben wirklich so viele Glanzleistungen und Heldentaten vollbracht, wie er uns in den Inschriften weismachen will?

Alles an diesem Pharao erscheint uns Heutigen in der westlichen Welt als maßlos übertrieben, von seinem biblischen Lebensalter, seiner langen Regierungszeit bis hin zu seinen zahllosen Nachkommen, auf die er stets mit Stolz verwies und denen seine Fürsorge galt.

Sicher ist, daß Ramses über fünfzig Söhne und mindestens ebenso viele Töchter zeugte. Mehr als andere Pharaonen pflegte er die Sitte, zur Mehrung seiner Nachkommenschaft neben adeligen Ägypterinnen auch ausländische Prinzessinnen in seinen Harem aufzunehmen. Doch blieb der Anspruch auf die Thronfolge den Söhnen seiner beiden ersten Großen Königsgemahlinnen Nefertari und Isisnofret vorbehalten. Dieser Kinderreichtum scheint übrigens weniger unglaubhaft angesichts der Nachkommenschaft des ersten saudischen Königs Abdul Asis Ibn Saud, der es in unserem Jahrhundert auf dreiundvierzig Kinder gebracht hat!

Manche stören sich heute an den großsprecherischen Titeln und

Lobeshymnen, mit denen Ramses II. sich selbst gehuldigt hat und die nach C. Vandersleyen geradezu von Größenwahn zeugen. Um einer möglichst effizienten Regierung willen hielt es dieser Pharao offenbar für notwendig, sich dem Volk, anders als andere Pharaonen, nicht nur als Abkömmling der Götter, sondern auch als deren Verkörperung zu präsentieren.

Dennoch steckt in den Inschriften, die er in Auftrag gab, sicher auch Wahres: Fraglos war er der hochbegabte Knabe, der vom Vater schon früh zum Mitregenten berufen wurde. Dies ist durch die Kartusche mit dem Thronnamen belegt, die ihm in der Kindheit verliehen worden war.

War die berühmte Schlacht bei Kadesch in Wahrheit eine Niederlage? Auf den ersten Blick endete sie in einem militärischen Patt, nachdem Ramses mit knapper Not einer Katastrophe entgangen war. Sicher war es leichtsinnig gewesen, unverbürgten Informationen zu glauben und in der Hoffnung auf einen raschen Sieg nur mit der Division des Amun im Eilmarsch nach Kadesch zu ziehen. Doch wird diese Unbesonnenheit durch zweierlei wieder ausgeglichen: Ramses hatte den Einsatz seiner Eliteeinheit, der Naruna-Truppe, präzise vorausgeplant, so daß er dank seines Weitblicks das Ruder in einer aussichtslosen Situation doch noch herumreißen konnte. Zudem machte er seinen Fehler im Kampfgetümmel durch seine Todesverachtung und seine besondere Geistesgegenwart wieder wett. Und er hat auch nicht gelogen, als es um den Ausgang der Schlacht ging. Auf den Reliefs zum »Bericht« zu Kadesch erkennt man deutlich, daß die Ägypter die feindliche Festung nicht eingenommen haben.

Sicher blieb für Ramses die Erinnerung an diese Schlacht, die der Hethiter Muwatallis hatte beenden wollen, für lange Jahre ein Trauma: Er wollte die verlorenen Stellungen in Kanaan und Amurru zurückerobern, ein Ziel, dem er mit der vorübergehenden Einnahme von Dapur ein Stück näher zu kommen schien. Allmählich aber stellte sich heraus, daß dieser ungleiche Kampf nicht zu gewinnen war. Der mächtige hethitische Gegner wurde von Stadt-

Abb. 251 Ramses II. vor der Darstellung seiner Vergöttlichung in Abu Simbel, bereit, nach siebenundsechzig Regierungsjahren die Reise ins Jenseits anzutreten.

staaten unterstützt, die stets bereit waren, sich gegen den Pharao aufzulehnen. Folglich versuchte es Ramses mit Diplomatie.

Als er mit dem Gegner schließlich Vorgespräche für einen Friedensschluß aufnahm, schien er bereits weitergehende Ziele zu verfolgen. Um die schmerzliche Erfahrung von Kadesch (und den Verlust Amurrus) endgültig zu überwinden, zeigte er seine Überlegenheit gleichsam dadurch, daß er die Tochter des einstigen Gegners ehelichte. Dieser Augenblick war der Höhepunkt seiner Herrschaft. Sein großes Glück war freilich, daß der Hethiter ein zuverlässiger, vertrauenswürdiger und friedlich gesonnener Verhandlungspartner war. In seiner Korrespondenz mit Hattusilis und Königin Puduchepa offenbart sich der wahre Ramses, ein direkter, scharfblickender Mann mit bissigem Humor, der überzogene Forderungen stellen, dem Verhandlungspartner gegebenenfalls aber auch geschickt und ohne Furcht vor einem Gesichtsverlust entgegenkommen konnte. Und auch diese Ereignisse, die am Ende einer langen kriegerischen Periode standen, wußte er vor einem Hintergrund zahlreicher Wunder geschickt in Szene zu setzen.

Listige Einfälle kennzeichnen sein Leben und prägen seine Persönlichkeit. Ramses war ein Glückspilz, der sich als Wundertäter zu präsentieren verstand. Dabei nutzte er alles: seine herausragenden Fähigkeiten als Knabe, die wundersame Bohrung eines Brunnens im Wadi Allaki, die angebliche Rettung durch Amun bei Kadesch, die Dürre in Anatolien, den sogenannten »Martinssommer«, das Erdbeben, bei dem einer seiner Kolosse zerbrach, und die Rekordüberschwemmung während seines dreißigjährigen Jubiläums...

Sicher betrachtete er seine nichtkönigliche Herkunft, die ihm stets bewußt blieb, und seine rote Haarfarbe, die ihn und seine Dynastie zu »Seth-Menschen« stempelte, als Handicaps für sein persönliches Ansehen, die es zu beseitigen galt. So mußte er sich mehr als andere Pharaonen als Ausnahmewesen profilieren, das denkwürdige Taten vollbrachte. Dabei bediente sich Ramses II. als erster Politiker des Mittels der Kommunikation. Er redete, erläuterte, ließ für sich schreiben und achtete bei den entstehenden religiösen und historischen Berichten auf farbige Details und praktische Erklärungen... mit einem Wort, er verbreitete Information und hinterließ geschriebene Geschichte.

Auch wenn man einen anderen Eindruck gewinnen könnte: Sein langes Leben war keineswegs nur dem Krieg gewidmet. Seine Kriegszüge und sporadischen, aber hartnäckigen Kämpfe mit den Nachbarstaaten fanden in den ersten fünfzehn – von insgesamt sechsundsechzig! – Regierungsjahren statt. In der zweiten Phase seiner Herrschaftszeit bemühte er sich um den Friedensvertrag, dessen Früchte er und sein Land in der dritten Phase genossen: Lange Jahre der Stabilität im Nahen Osten bescherten Ägypten eine Ära des Wohlstands und des Glücks.

Als »aufgeklärter« Geist umgab er sich mit einem Kreis hoher Regierungsbeamter, zu denen neben Ägyptern auch Männer aus den östlichen Nachbarstaaten wie Kanaanäer, Amorriter und Churriter gehörten. Zudem erschien Ramses als heimlicher Fortführer der kulturellen und religiösen Neuerungen des Pharaos Echnaton. In seinem Auftrag griffen die Künstler stilistische Elemente aus der Amarnazeit auf, und er selbst erkannte die Notwendigkeit, in die ägyptische Religion eine weiter gefaßte und »gereinigte« Vorstellung des Göttlichen einzubringen. Um sein Anliegen zu kaschieren und sich vor Angriffen der konservativen Priesterschaft zu schützen, mußte er sich freilich von den heimlichen Vorbildern demonstrativ distanzieren: So beteiligte er sich als Renegat maßgeblich an jenem Zerstörungswerk, dem zahlreiche Baudenkmäler der Vorgänger zum Opfer fielen: der Terrassentempel der Hatschepsut in Der el-Bahari, die Kenotaphe ihrer Angehörigen im Gebel es-Silsile, die Hauptstadt Echnatons und schließlich sämtliche Zeugnisse der Amarnazeit des Landes. Und er sorgte dafür, daß Darstellungen und Namen der Hatschepsut und der Ketzer aus der Amarnazeit auf den Königslisten ausgemeißelt wurden.

In seinen Bedürfnissen und Bestrebungen volksnäher als seine Vorgänger, zeigte Ramses ein soziales Engagement, das ein Bemühen um Ökumene mit einschloß. Unterstützt durch die Lage seiner Hauptstadt Piramesse nahe der östlichen Landesgrenze, strebte er danach, die theologischen Vorstellungen seines Landes mit denen der semitischen Nachbarvölker in Einklang zu bringen. So entstanden unter ihm Tempel für den Seth-Baal, den Horus-Hauron und die Hathor-Astarte. Überall am Nil, wo ausländische

Soldaten und Handwerker lebten, hatten deren Götter Gastrecht: In Heiligtümern wurden unter anderem Kadesch, Anat, Astarte und Reschep verehrt.

Auch die Naturphänomene wußte sich Ramses zur Sicherung seiner Herrschaft nutzbar zu machen, so den Beginn einer neuen Sothisperiode, der ungefähr mit den Anfängen der Herrschaft seiner Dynastie zusammengefallen war. Er beanspruchte für sich den Frühaufgang des Sothissterns und das Eintreffen der Nilflut am Neujahrstag, ein Naturereignis, das er als seine persönliche Leistung und die der schönen Nefertari, »um derentwillen die Sonne aufgeht«, wiedergab. Als Herr der Überflutung, als der sich bereits Echnaton darzustellen versucht hatte, regierte Ramses über den Wechsel der Jahreszeiten, der den Lebensrhythmus seines Landes bestimmte. Diesen Anspruch spiegelt einer seiner vielen Bauten wider, das Ramesseum, dessen zahlensymbolische Anlage als Abbild der kosmischen Wirklichkeit konzipiert war.

Die einzige Frage, auf die bis heute kein Forscher eine Antwort geben kann, ist das Problem der Beziehung des Ramses zu seiner zweiten Großen Königsgemahlin Isisnofret.

Das einzige Unglück dieses Wundertäters und unangefochtenen Potentaten bestand darin, daß er in seiner scheinbar endlos langen Regierungszeit die meisten seiner älteren Söhne zu Grabe tragen mußte.

So war sein Sohn Merenptah, der dreizehnte Kronprinz, beim Antritt seiner Nachfolge im Jahr 1213 v. Chr. bereits ein alternder Mann.

Bei seinem Tod hinterließ Ramses zahlreiche Quellen, die seinen Mythos begründeten. Während von seinen zahllosen Nachkommen nur Chaemwese als renommierter Gelehrter und Magier in die Literatur der Spätzeit einging, sollten die Heldentaten des Vaters die Jahrhunderte überdauern. Noch im vierten Jahrhundert v. Chr. erinnerte im Tempel des Chons in Karnak eine Darstellung an die prunkvolle Hochzeit des Ramses mit seiner hethitischen Prinzessin. Allerdings dichteten ihr die Priester eine Krankheit an, die durch die wundertätige Statue des Gottes geheilt werden sollte. Diese Episode taucht in der Inschrift einer Stele auf, die die Geschichte der Prinzessin aus Bachtan erzählt: Sie steht im Pariser Musée du Louvre und gab den Anstoß zu den »Poèmes barbares« des französischen Dichters Leconte de Lisle.

Ägypten und die Hauptstadt des Ramses werden mehrfach von den Verfassern der Bibel erwähnt. Und als der griechische Geschichtsschreiber Herodot das Land Mitte des fünften Jahrhunderts v. Chr. besuchte, wurde ihm von einem »Rhampsinitos« und dessen Tempel in Memphis berichtet. Bis in diese Zeit hinein erstrahlte der Ruhm des Ramses, dessen Name mit dem des vormaligen Pharaos Sesostris verschmolzen war. So berichtet Herodot, die Priester des Ptah hätten es Darius verwehrt, vor ihrem Tempel einen »Koloß von dreißig Ellen Höhe zu errichten, vergleichbar dem des Ägypters Sesostris«, der zwischen Frau und Kindern dargestellt worden sei. Der persische Großkönig habe zugeben müssen: Da er die Skythen nicht besiegt habe, seien seine Heldentaten mit denen des Pharaos nicht vergleichbar. (Herodot, *Historien*, II, CX)

In späterer Zeit erinnerte Diodorus von Sizilien (I, 54 und 73) an die wundersame Geburt des Königs, des »Sohnes von Ptah-Hephaistos«. Auf einen Hinweis der Hekate besuchte und beschrieb er das Ramesseum, das er (nach Usermaatre) das »Grab des Osymandias« nannte. Er bewunderte den berühmten umgestürzten Koloß im ersten Hof und erwähnte den glänzenden »goldenen Kreis« auf der Dachterrasse des Tempels; und er kommentierte sogar die Schlacht bei Kadesch gegen die Hethiter, die er »Baktria« nannte.

Der Name Ramses hat bis in unsere Tage seinen Glanz bewahrt und ist zum Inbegriff des Ruhms der Pharaonen geworden. Vielleicht hält dieser König mit der Entdeckung eines weiteren »Wunders« noch so manche Überraschung für uns bereit!

ANMERKUNGEN UND BIBLIOGRAPHISCHE HINWEISE

Vorwort

1 N. Grimal, *Histoire de l'Égypte ancienne*, Paris 1988, S. 298–329.
2 C. Vandersleyen, *L'Égypte et la Vallée du Nil*. Bd. 2: *De la fin de l'Ancien Empire à la fin du Nouvel Empire*, Paris 1995, S. 513–556.
3 Kenneth A. Kitchen, *Pharaoh Triumphant. The Life and Time of Ramesses II, King of Egypt*, Warminster 1983.
4 Kenneth A. Kitchen, *Ramesside Inscriptions. Historical and Biographical*, 8 Bde., Oxford 1972–1990.
5 CNRS: Centre National de la Recherche Scientifique.
6 CEDAE: Centre d'Étude et de Documentation sur l'Ancienne Égypte.
7 Mein früheres Team führt dort seit zwei Jahren Grabungs- und Forschungsarbeiten durch.

Kapitel 1

1 Zu den fünf Epagomenen siehe die neuere Untersuchung von A. Spalinger, »Some Remarks on the Epagomenal Days in Ancient Egypt«. In: JNES 54, Nr. 1 (1995), S. 33–47.
2 Zu den Nilfesten, vor allem nach Angaben von Autoren des griechisch-römischen Zeitalters, siehe D. Bonneaus nützliches Werk *La Crue du Nil, divinité égyptienne, à travers mille ans d'histoire (332 av.–641 ap. J.–C.)*, Paris 1964.
3 Siehe den Papyrus Anastasi I., Taf. XII, 3; Taf. XVIII; Bd. II, Taf. V. Abb. 5. K. Sethe, »Der Name Sesostris, der Kurzname Ramses' II.«. In: ZÄS XLI (1904), S. 53–57. W. Hayes, *The Scepter of Egypt*, I, New York 1959, S. 345. Bei der Legendenbildung am Ende des Zeitalters der Pharaonen brachte man Sesostris III. und Ramses II. durcheinander, weil man »Sesu«, die Verkleinerungsform aus der Endsilbe von »Ramesse«, dem Namen von »Sesoosis«, einer Deformation von »Sesostris«, zuschrieb.
4 Zum Totenkult allgemein siehe die interessante Untersuchung von I. Franco, *Rites et croyances d'éternité*, Paris 1993.
5 Anubis, der schwarze Hund der Finsternis, begleitete den Verstorbenen auf der gesamten Reise durch die Unterwelt. Nach dessen Eintritt ins Jenseits geleitete er ihn schützend zum Totengericht. Als eine Art vorchristlicher Christophorus war Anubis eine vielgestaltige Figur. Während seiner Verwandlung vom Vater Osiris in den Sohn Horus verschmilzt er offenbar mit dem Tod. Er stellt den Übergang zwischen Leben und Tod dar und erscheint daher zuweilen mit Widderkopf als Symbolgestalt der sich wandelnden Sonne. Zum Anubismond siehe R. R. Ritner, »Anubis and the Lunar Disc«. In: JEA 71 (1985), S. 149–155, und die ergänzenden Hinweise von Dom Bede Millard. In: JEA 73 (1987), S. 238.
6 Die Wesen tauchen stets in der gleichen Reihenfolge auf. In Grabdarstellungen erscheinen sie als kleine stehende Mumien auf einer Lotosblüte vor dem thronenden Osiris. Es handelt sich generell um Schutzgottheiten für die Leber (Amset), die Milz (Hapi), die Lunge (Duamutef) und das Gedärm (Kebehsenuef): S. Aufrère, RdE 36 (1985), S. 23. Doch gibt es auch andere Zuständigkeiten: Amset für den Magen, Hapi für das Gedärm. Sie spielen eine wesentliche Rolle bei der Wiederzusammensetzung

des zukünftigen Horus und bilden die »Götterzunft, die Anubis zum Schutz des Sarkophags berufen hat«. Ihren Sitz sollen sie in der nördlichen Himmelsregion, »hinter dem Rinderschenkel« (dem Großen Bären) haben: B. Barguet, *Le Livre des Morts des anciens Égyptiens*, Paris 1967, S. 60. Durch die Wiedervereinigung von Herz und Nieren, die in die Mumie zurückgelegt wurden, geben die Götter dem Körper seine Lebenskraft zurück.

7 Umfassende Beschreibungen zu den Prozeduren bei der Mumifizierung sind nur durch die griechisch-römischen Autoren überliefert, die Ägypten bereist haben: Herodot, *Historien*, Buch II, hrsg. v. H. Färber/M. Faltner, Bd. I, München 1963, S. 269 ff., und Diodorus von Sizilien, *Historische Begebenheiten*, Stuttgart 1827, I, Kap. 91–93 (Leichengebräuche).

8 Die Pfefferkörner in den Nasenlöchern von Ramses' Mumie wurden bei den Voruntersuchungen zu den Konservierungsmaßnahmen in Paris entdeckt, ebenso der Goldring, mit dem das Herz befestigt wurde, und die Paste aus dem Kraut von Wildtabak an den Innenwänden der Bauchhöhle.

9 Eine Besonderheit an den Mumien Ramses' II. und seines Vaters Sethos' I. ist die Kreuzung der Arme über der Brust. Entgegen früheren Gepflogenheiten legten die Priester den linken über den rechten Arm. Siehe hierzu G. Elliot Smith, *The Royal Mummies* (Katalog des Ägyptischen Museums von Kairo), Kairo 1912, S. 61 und 64.

10 Zur Darstellung beider Tiergestalten an der Stirnseite der Särge des Pharaos und zum Symbolgehalt siehe C. Desroches Noblecourt, *Lointaine*, S. 93–117.

11 Der Verstorbene wurde in der unterirdischen Welt der Grabkammer symbolträchtig so gebettet, daß die Totenmaske nach Osten, ihre linke Seite nach Norden und die rechte nach Süden zeigte. Entsprechend wurde die Kobra am linken, der Geier am rechten Bein befestigt; das zeigt jedenfalls die unversehrt gebliebene Mumie Tutanchamuns.

12 Der Vergleich mit der *Krone* (oder dem *»Kranz«*) *der Gerechtigkeit*, die in den Evangelien mehrfach auftaucht, ist von N. de Garis Davies/A. H. Gardiner, *The Tomb of Amenemhet*, London 1915, S. 111, Nr. 3, angestellt worden. Zur *Krone der Gerechtigkeit* siehe die Untersuchung von Ph. Derchain, »Essai d'analyse d'un rite ptolémaïque«. In: CdE XXX, Nr. 60 (Juli 1955), S. 225–287.

13 Außer dem Grab des Tutanchamun wurden bekanntlich alle Pharaonengräber aus dem Neuen Reich (18.–20. Dynastie) bereits im Altertum geplündert. In meiner Beschreibung zur prunkvollen Grabausstattung Ramses' II. stütze ich mich deshalb auf die Funde aus dem Grab des unbedeutenden Tutanchamun. Die wenigen Relikte in den ausgeraubten Gräbern deuten indes darauf hin, daß der Totenkult bei den anderen Pharaonen genauso ausgesehen hat. Näheres hierzu siehe C. Desroches Noblecourt, *Toutankhamon, vie et mort d'un pharaon*, Paris 1977.

14 Zur Bestätigung der königlichen Macht am Neujahrstag siehe J.-C. Goyon, *Confirmation du pouvoir royal au nouvel an* [Brooklyn Museum papyrus 47.218.50], IFAO (*Bibliothèque d'étude* 52), Kairo 1972.

15 Nach den »Gütesiegeln« auf den Scherben von Krügen aus dem Ramesseum stammten die Weine des Ramses aus mindestens vierunddreißig Anbaugebieten.

16 Siehe C. Maystre, »Le Tombeau de Ramsès II«. In: BIFAO XXXVIII (1939), S. 183–190. Das Grab Ramses' II. (Nr. 7 im Tal der Könige), das durch Plünderungen im Altertum und durch Felsstürze schon vor dreitausend Jahren stark zerstört wurde, ist nie systematisch ausgegraben worden, so daß über die Anlage recht wenig bekannt wurde. Eine erste Untersuchung führten vor fünfzig Jahren C. Maystre und A. Piankoff durch, die dann eine Abschrift der »Sonnenlitaneien« anfertigten und veröffentlichten. Ich selbst habe die Grabanlage im Rahmen eines Forschungsprogramms untersucht, das hauptsächlich vom französischen CNRS und vom ägyptischen CEDAE in Theben-West an den Denk-

mälern des Ramses durchgeführt wurde. Meine Nachfolger führen seit zwei Jahren weitere Untersuchungen durch, die sicher Bedeutendes zutage fördern werden. Gegenüber dem Eingang seines Felsengrabes hatte der Pharao eine weitere gewaltige unterirdische Grabanlage für seine Söhne anlegen lassen. Sie wird augenblicklich von amerikanischen und ägyptischen Archäologen erforscht.

17 Dieser Ausspruch des Weltenschöpfers begegnet einem erstmals in den *Sargtexten*, 464 a–b, Kap. 1130.

18 Zu diesem Ritual siehe die neuere Studie von A. M. Roth, »Fingers, Stars and the Opening of the Mouth. The Nature and Dormation of the *Ntrwy*-blades«. In: JEA 79 (1993), S. 57–59.

Kapitel 2

1 Da die gesamte Grabausstattung von Ramses II. im Altertum geplündert wurde, beruht die vorliegende Beschreibung auf dem vollständig aufgefundenen Grabschatz Tutanchamuns, der ungefähr hundertzwanzig Jahre zuvor beigesetzt worden war. Besonders kritischen Geistern, die die Möglichkeit eines Wandels im Totenkult innerhalb dieser Periode nicht ausschließen wollen, kann man an eine Darstellung auf Kalkstein (Ostrakon) der Grabanlage Ramses' IV., der fünfundsechzig Jahre nach Ramses II. starb, verweisen: Die teilweise erhaltene Zeichnung, auf der die vier vergoldeten Kapellen in der Sargkammer erkennbar sind, gibt die Stellen der vier Pflöcke für das Tuch aus Leinen an.

2 Zu Tutanchamuns vier Kapellen aus vergoldetem Holz, die heute im Ägyptischen Museum in Kairo stehen, siehe die umfassende Untersuchung von A. Piankoff, *The Shrines of Tut-Ankh-Amon*, 2 Bde., New York 1954–1955.

3 *Cher-en-Ahau:* Dieser bislang nur einmal aufgetauchte Begriff, der über den Papyrus Abbott V, 3 überliefert ist, bezeichnet die große unterirdische Grabanlage, die erst kürzlich im Tal der Könige freigelegt wurde und deren Ausgrabung jetzt in Angriff genommen wurde: Sie hält sicher viele Überraschungen bereit. Der amerikanische Ausgräber K. Weeks hat auf ihren Wänden die Namen dreier Söhne Ramses' II. entdeckt: Amunherchepeschef, Ramesse und Sethos. Die Wiederaufnahme der Ausgrabungsarbeiten war für Juni 1996 vorgesehen.

4 Zur Geschichte des letzten großen Königs des Neuen Reiches siehe die recht umfassende Darstellung von P. Grandet, *Ramsès III, histoire d'un règne*, Paris 1993.

5 Dies geht aus dem Papyrus Mayer (Free Public Library Museum) in Liverpool hervor. In diesem Zusammenhang besonders interessant ist die Arbeit zu den spektakulären Prozessen um die Ausplünderung der Königsgräber und zur Geschichte der Grabräuber, die sich auf erhaltene Dokumente aus den Grabkammern stützt: P. Vernus, *Affaires et scandales sous les Ramsès, la crise des valeurs dans l'Égypte du Nouvel Empire*, Paris 1993.

6 Im Grab Sethos' I. wurden außer ihm selbst unter anderem die Mumien Amenophis' I., Thutmosis' I., Thutmosis' III., Ramses' I., Ramses' II. und Ramses' IX. beigesetzt, im Grab Amenophis' II. die Mumien Thutmosis' IV., Amenophis' III., Merenptahs, Siptahs, Ramses' IV. und Ramses' VI. Auffälligerweise fehlen gerade die Herrscher, die Ramses in den Königslisten in seinen Tempeln nicht mit aufnahm oder die er auf den Wänden der Kapellen seiner Zeitgenossen ausmeißeln ließ. Deren Mumien wurden in den beiden Verstecken nicht beigesetzt. Der Zufall (oder das Schicksal) hatte sich einmal mehr den Wünschen des Ramses gebeugt.

7 Kap. 166 des *Totenbuchs*, das dem Toten mit einem magischen Spruch unter das Haupt geschoben wurde, geht auf diesen Zeitabschnitt in der 21. Dynastie zurück. Der Text endet mit einem Hinweis der Priester, wonach das Buch »am Hals des Königs Usermaatre« (Ramses' II.) in der Nekropole gefunden worden sei. Die Entdeckung wurde wahrschein-

lich bei einer Bestandsaufnahme der Plünderung von Ramses' Grabanlage gemacht. Wie man unter anderem erfährt, sei dem König in der 21. Dynastie auf Papyrus eine schützende Beschwörungsformel unter den Nacken geschoben worden. Für eine Übersetzung des Wortlauts siehe J. Černý, BIFAO XLI (1942), S. 118 f.

8 Siehe G. Maspero, *Les momies royales de Der el-Bahari*, Kairo 1889, S. 511–526.

9 Zum Leben dieser außergewöhnlichen Persönlichkeit siehe die interessante Darstellung von É. David, *Mariette Pacha, 1821–1881*, Paris 1994.

10 Das älteste bekannte Uschebti aus Bronze mit dem Namen Ramses' II. (Berlin Nr. 2502, P. A. Clayton, »Royal Bronze Shawabti Figures«. In: JEA 58 [1972], S. 167–175) stammt wahrscheinlich aus der Plünderung des versteckten Königsgrabes von Der el-Bahari; ebenso die beiden schönen zylinderförmigen Kultgefäße aus türkisblau emaillierter Fritte mit schwarzem Dekor (fälschlich als Kanopen bezeichnet), die heute im Louvre stehen.

11 H. Burton, der im Dezember 1913 in das stark zerstörte Grab Ramses' II. einstieg, entdeckte dort im Schutt Scherben der gleichen Gefäße. Siehe N. Reeves, *Valley of the Kings, a Decline of a Royal Necropolis*, New York 1990, S. 321. Zu den schwierigen Umständen, unter denen der Louvre die Gefäße erworben hat, siehe M. Kanawaty, »Les vases bleus de Ramses II.«. In: *Memnonia*, VI (1995), S. 175–191.

12 Die Geschichte der abenteuerlichen Entdeckung wurde 1969 in romanhafter Form von Chadi Abdel Salam in dem hervorragenden ägyptischen Film *La Momie* nachgezeichnet.

13 Dieses kleine ägyptische Museum in einem Kairoer Vorort war das zweite seiner Art nach der Gründung durch Napoleon 1798 in Kairo. Dort wurde auch der Stein von Rosette nach seiner Entdeckung im Nildelta aufbewahrt.

14 Pierre Loti, *La mort de Philae*, Paris o. J.; Kap. IV, »Le Cénacle des momies«, S. 47–66 und vor allem S. 59 f.

15 Ramses' gesamte abenteuerliche Reise, von der Abfahrt in Kairo bis zur Rückkehr, sowie eine Beschreibung der verschiedenen Eingriffe an der Mumie finden sich in: L. Balout u.a., *La momie de Ramsès, contribution scientifique à l'égyptologie* (Einführung und Schlußwort von C. Desroches Noblecourt), Paris 1985.

Kapitel 3

1 Dieses prachtvolle Schmuckstück, das in den Überresten der Grabausstattung der Königin in Theben-West gefunden wurde, besteht aus einer schweren goldenen Halskette mit drei Goldanhängern in Form stilisierter großer Fliegen. Das Stück gehört heute zum Schatz des Ägyptischen Museums in Kairo.

2 Siehe den Ausstellungskatalog *Amenophis III., le pharaon soleil*, Paris 1993.

3 Siehe C. Desroches Noblecourt, *Toutankhamon, vie et mort d'un pharaon*, Paris 1977.

4 R. Hari, *Horemheb et la Reine Moutnedjemet ou la fin d'une dynastie*, Genf 1965. Zum Grabmal Haremhabs siehe E. Hornung, *Das Grab des Haremhab im Tal der Könige*, Bern 1971.

5 J.-M. Kruchten, *Le Décret d'Horemheb*, Brüssel 1981.

6 Zu Paramessus' Vater siehe E. Cruz-Uribe, »The Father of Ramses I.«. In: JNES 37, Nr. 3 (Juli 1978), S. 237–244; zur Stele 0.1.11456, die der Befehlshaber von Sethos' Truppen errichten ließ. Der Name »Sethos« taucht übrigens erst seit der Amarnazeit auf. (W. F. Albright, »Cuneiform Materials«. In: JNES 5 [1946], S. XI.) Zu den Ursprüngen der Familie siehe die 400-Jahr-Stele (an späterer Stelle). Siehe dazu auch den guten Beitrag von R. Stadelmann, »Die 400-Jahr-Stele«. In: CdE XL Nr. 79 (Januar 1965), S. 46–60.

7 Zur Lage der »Horuswege« siehe D. Valbelle, »La (les) route(s) d'Horus«. In: IFAO, Kairo 1994, S. 379–386. Nach Valbelle handelt es sich um den Ausgangspunkt der Route nach Gaza, nicht um die Straße selbst. Der gleichen Mei-

nung ist auch Redford. A. H. Gardiner schreibt die Bezeichnung dagegen der Küstenstraße nach Tyrus zu: »The Ancient Military Road between Egypt and Palestine«. In: JEA 6 (1920), S. 99–116.
8 Zur Festung Tjaru siehe A. H. Gardiner, *Ancient Egyptian Onomastica*, II, London 1947, S. 202 ff., und A. R. Schulman, JARCE IV (1965), S. 66.
9 Zu dieser Zeit müßte der Pharao eigentlich zwei Wesire gehabt haben. Ob Paramessu Wesir des Nordens oder des Südens war und ob unter Haremhab tatsächlich zwei Wesire dienten, ist leider nicht bekannt. Man hat oft auf den Prinzen Sethos verwiesen, der auf der 400-Jahr-Stele als Wesir genannt wird.
10 Die Lagen dieser Mauern bestanden aus kleinen Sandsteinblöcken. Drei Lagen waren so hoch wie einer der früher verbauten Blöcke, daher ihr Name *talatates* aus *talata*, arabisch: »drei«.
11 W. Helck, *Zur Verwaltung des Mittleren und Neuen Reichs*, Leiden 1958, S. 310 f. und S. 447.
12 Einige Autoren, darunter Kenneth A. Kitchen, vermuten, Paramessus Sohn Sethos sei zu dieser Zeit ungefähr zwanzig Jahre alt gewesen. Siehe hierzu Kenneth A. Kitchen, *Ramsès II*, S. 39.
13 Siehe den Abschnitt zur Krönung des Ramses, Kap. IV, S. 96 ff.
14 Diese Handwerker waren unter dem Gründer der 18. Dynastie organisiert worden. Siehe hierzu auch Kap. IV, Anm. 17.
15 Wir müssen unser modernes Verständnis von einer »Usurpation« folglich revidieren. Es ist davon auszugehen, daß Ramses Haremhabs Andenken durchaus in Ehren hielt: Sonst hätte sich der ehemalige Wesir auf abscheuliche Weise undankbar gezeigt.
16 Kenneth A. Kitchen, *op. cit.*, S. 41. Die Inschrift findet sich auf dem Sockel einer Statue Ramses' I. aus dem Tempel von Medamud, im Süden von Luxor.
17 Während der 20. Dynastie, als in Ägypten wieder Überfluß herrschte, besaß der Amuntempel von Karnak beispielsweise sechsundfünfzig, der des Re hundertdrei kanaanäische Städte! Siehe hierzu A. H. Gardiner, JEA 27 (1941), S. 23 f., und B. Menu, *Le régime juridique des terres et du personnel attaché à la terre dans le Papyrus Wilbour*, Lille 1970, S. 92 f.
18 Entdeckt wurden die Stelen 1829 während der berühmten Expedition von Franzosen und Toskanern unter Leitung Champollions. Die eine, die er nach Frankreich schaffen ließ, steht heute im Pariser Louvre (C 59).
19 L. A. Christophe, »Les dernières années des rois Ramsès Ier et Ramsès II«. In: ASAE LI 2e fascicule (1951), S. 352.

Kapitel 4

1 Siehe hierzu C. Desroches Noblecourt, *Lointaine*, S. 41 ff., und C. Desroches Noblecourt / C. Kuentz, *Le petit temple d'Abou Simbel*, I, CEDAE, Kairo 1968, S. 118 f. R. Parker, *The Calendars of Ancient Egypt* (*Studies in Ancient Oriental Civilization*, Bd. 26), Chicago 1950, S. 30–51. Der »Frühaufgang des Sothissterns« markiert somit den Segenstag, an dem beide Kalender (der bäuerlich-religiöse und der bürgerliche) zusammenfielen, ein Ereignis, das mit dem Eintreffen der Nilflut auf ägyptischem Boden um den 18. Juli herum stattfand. Als »Sothisdatum« fungiert in Altägypten der Neujahrstag des bürgerlichen Kalenders, an dem der Sothisstern nach siebzigtägiger Unsichtbarkeit erstmals wieder am Morgenhimmel erscheint. Da dem Jahr des bürgerlichen Kalenders alle vier Jahre ein Tag fehlte, verschoben sich nach diesem Kalender die Jahreszeiten. Der Papyrus Ebers (*Urk.* IV, S. 44, 5–6) gibt beispielsweise das Wiedererscheinen des Sothissterns (Sirius) an, das im neunten Regierungsjahr Seiner Majestät des Königs von Ober- und Unterägypten, Djoserkare (Amenophis I.), beobachtet wurde: Der Neujahrstag fiel auf den neunten Tag des dritten Schemu-Monats. Dagegen fanden für die Bauern die Überschwemmung (ihr eigentliches Neujahr) und der Frühaufgang des Sirius (der fast gleichzeitige Aufgang von Sothis und

Sonne) stets am ersten Tag des ersten Achet-Monats statt.

2 Diesen »Tempel der Millionen Jahre«, den sich Ramses II. für die Feierlichkeiten zur jährlichen Erneuerung als Pharao hatte errichten lassen (das heutige »Ramesseum«), hat einst der englische Dichter Percy Bysshe Shelly als das »Grab des Osymandias« (eine Abwandlung von Ramses' Thronnamen Usermaatre) besungen.

3 Das Gemeinschaftsgrab von Tia und Tia (vgl. den männlichen und weiblichen Namen Uli und Uli im Deutschen) hat G. T. Martin wiederentdeckt: JEA 69 (1983), S. 5–12, und JEA 70 (1984), S. 25–29. Die lebensechten Motive der Ausschmückungen sind ein Erbe der Amarnazeit: Sie zeigten die Eheleute auf der Pilgerfahrt nach Abydos. An Bord des Bootes, das ihre Lustbarke zieht, befinden sich die beiden Pferde der Prinzen.

4 Große Weiheinschrift von Abydos, Zeilen 43–48.

5 Die Frage der Mitregentschaft war merkwürdigerweise lange Zeit strittig. Heute gilt sie allgemein als Tatsache. Die Diskussion dreht sich nur noch um die Dauer. Zum Fall Ramses als Mitregent seines Vaters siehe K. C. Seele, *The Coregency of Ramses II with Sethy I and the Date of the Great Hypostyle Hall at Karnak*, Chicago 1940; zu den Krönungen siehe S. 23–49. Siehe ebenso W. J. Murnane, »The Earlier Reign of Ramesses II and his Coregency with Seti I«. In: JNES 35 (1976), S. 153–190; ders., »The Early Reign of Ramesses II«. In: GM 19 (1976), S. 41 ff.; ders., *Ancient Egyptian Coregencies*, Chicago 1977, S. 60 ff. Siehe ebenso A. Spalinger, »Traces of the early Career of Ramesses II«. In: JNES 38, Nr. 4 (Januar-Oktober 1979), S. 271–286: Spalinger weist bei der Gelegenheit darauf hin, daß die steinernen Inschriften, die im Auftrag des Sethos entstanden, den Prinzen Ramses und nicht etwa einen verstorbenen älteren Bruder erwähnen (S. 274). Kenneth A. Kitchen, JNES 39 (1980), S. 169 ff.

6 Trotz aller Übertreibungen in den Details muß davon ausgegangen werden, daß die Inschrift auf ein reales Ereignis zurückgeht. Ein feierlicher, in der Götterschrift der Hieroglyphen verfaßter Text in einem Heiligtum bezog sich sicher nicht auf ein fiktives Ereignis.

7 Diese Rolle übernahm wahrscheinlich Paser, damals Vorsteher der Geheimnisse beider Göttinnen und der Wächter der Doppelkrone *Pschent*.

8 J. H. Breasted, *Ancient Records of Egypt III*, Chicago 1906, S. 95: »It is clear that this entire coronation of Hatchepsout, like the supernatural birth, is an artificial creation, a fiction of the later origin, prompted by political necessity. As such it is closely paralleled by the similar representation of Ramses II in his great Abydos inscription, with the sole difference that his father is stated to have remained as coregent on the throne.«

9 Siehe J. H. Breasted, »Ramses II and the Princes in the Karnak Reliefs of Seti I«. In: ZÄS 37 (1899), S. 130–139, und *Ancient Records of Egypt*, III, S. 59–67 und Abb. 3–6.

10 Man hat den Namen dieser unbekannten Person, deren Darstellung Ramses durch seine eigene ersetzen ließ, entziffern können: Es handelte sich um einen gewissen Mehi. Das Geheimnis ist damit keineswegs gelüftet. Handelte es sich um einen Thronanwärter? Oder um einen Ratgeber des Königs, der ausnahmsweise das Privileg genoß, unmittelbar hinter seinem Dienstherrn zu figurieren? Siehe hierzu W. J. Murnane, *The Road to Kadesh*, Chicago 1985, S. 163–175.

11 Kurz nach seiner Thronbesteigung setzte Ramses hinter seinen Thronnamen »Usermaatre« den Beinamen »Setepenre«, »erwählt von der Sonne«.

12 A. H. Gardiner / T. E. Peet / J. Černý, *Inscriptions of Sinai*, II, London 1955, S. 176 f.

13 Das Musée du Louvre besitzt eine prachtvolle Stele (C 213), die den Vorsteher des Harems von Memphis darstellt; sie zeigt diesen Hormin bei der Entlohnung durch König Sethos, der ihm vom »Fenster der Erscheinung« des Palastes Goldketten überreichen läßt.

14 Zum späteren Wesir Paser siehe J. Yoyotte, *Annuaire* EPHE 74 (1966), S. 87 f., und V. A. Donohue, »The Vizier Paser«. In: JEA 74 (1988), S. 103–123.
15 Nicht zu verwechseln mit Amunemipet, dem damaligen Vizekönig von Nubien, der auf einer Mauer des Tempels von Bet el-Wali dargestellt ist.
16 Auf einer prachtvollen Stele des Didia aus schwarzem Granit taucht dessen gesamter Stammbaum auf. Sie ist mit erhabenen Reliefdarstellungen von Göttern geschmückt und steht heute im Musée du Louvre (C 50).
17 J. Černý, *A Community of Workmen at Thebes in the Ramesside Period*, IFAO (*Bibliothèque d'Étude*, Bd. 50), Kairo 1973, ist ein Standardwerk zum Thema. Siehe ebenso D. Valbelle, *Les ouvriers de la tombe. Deir el Medineh à l'époque ramesside*, IFAO *(Bibliothèque d'Étude*, Bd. 96), Kairo 1985, M. L. Bierbrier, *The Tomb-Builders of the Pharaohs*, o. O. 1986.
18 E. Hornung, *Das Grab Sethos' I.*, Zürich 1991.
19 Der *Kadja* benutzt *kedj*, ein Wort, aus dem sich »gesso« (Gips) herleitet.
20 Bilderschreiber: *Sesch-ked*.
21 Bildhauer: *Tja-medjat*.
22 N. De Garis Davies, *The Tomb of Ramose*, The Egypt Exploration Society, London 1941, Taf. XXXVII.
23 Das Grab Sethos' I. scheint erstaunlicherweise in nur zehn Jahren in den Fels getrieben und ausgeschmückt worden zu sein. Die fast ebenso bedeutenden Felsengräber Ramses' IV. und Ramses' VI. dürften in ungefähr der gleichen Zeit entstanden sein. Zu diesem Schluß kam ich bei der Auswertung von Inschriften, die die Arbeiter an den Felsen in den königlichen Totentälern hinterlassen haben. Siehe hierzu J. Černý/C. Desroches Noblecourt, *Les Graffiti de la montagne thébaine*, I, CEDAE, Kairo 1970, S. XVIf.
24 Eine zerbrochene Stele im Oriental Institute in Chicago (O. I. 11456) zeigt Suty (= Sethos), den Vater Paramessus (Ramses' I.), zwischen seinem Sohn und seinem Bruder Chaemwese, alle natürlich als Militärs. Siehe E. Cruz-Uribe, »The Father of Ramses I«. In: JNES 37, Nr. 3 (Juli 1978), S. 239 f.
25 Siehe Nicolas Grimal, *Histoire de l'Égypte ancienne*, Paris 1988, S. 300.
26 W. C. Hayes, *Glazed Tiles from a Palace of Ramesses II at Kantir*, The Metropolitan Museum of Art (Papers 3), New York 1934.
27 Der Felsentempel von Bet el-Wali wurde mit seiner Vorhalle bei der Rettungsaktion für die nubischen Tempel in den Süden des Nasserstausees verlegt; der neue Standort liegt nordwestlich des Tempels von Kalabscha, der ebenfalls versetzt werden mußte. Der hintere Teil des Tempels wurde natürlich in die Felsen integriert. In christlicher Zeit war das kleine Heiligtum zur Kirche umgebaut worden. Eine Besonderheit sind teils versenkte Reliefs, wie sie in der Amarnazeit üblich waren.
28 In diesem Fall würde es sich bei den beiden Flächen nur um begleitende Ausschmückungen zu den traditionellen Szenen auf den Pylonen handeln: Die Szenen zeigen den Pharao, wie er sich im Süden und Norden symbolisch Angreifern seines Landes entgegenstellt. Das Motiv taucht bereits auf der Schminkpalette des Narmer (Kairo, Ägyptisches Museum) auf.

Kapitel 5

1 Die Daten der Ramessidenzeit sind nicht mit letzter Sicherheit geklärt und variieren um einen Zeitraum von ungefähr zehn Jahren. Nach einigen Forschern begann diese Ära um 1304, nach anderen im Jahr 1290 v. Chr. Wir folgen hier Kitchens Chronologie, die Datierungen aus Nachbarländern berücksichtigt und deshalb stichhaltiger erscheint. Siehe M. L. Bierbrier, JEA 66 (1980), S. 177 f., zur Studie von E. Wente/C. van Siclen zur Chronologie des Neuen Reiches, und die Diskussionen um die Thronbesteigung Ramses' II. Siehe auch R. Redford, »The Earliest Years of Ramesses II, and the Building of the Ramesside Court at Luxor«. In: JEA 57 (1971), S. 110–119; Kenneth A. Kitchen zu den Studien von J. D. Schmidt/F. Gomaà zur Herrschaft Ramses' II. In: JEA 61 (1975), S. 269, und R. Krauss, »Zur historischen Einordnung Amenmesses und zur Chronologie der 19./20. Dynastie«. In: GM 45 (1981), S. 30. Nach der Beisetzung seines Vaters Sethos fand Ramses' Krönung unter den besten Vorzeichen statt: während der Überschwemmungszeit. Siehe hierzu *Urk.* IV, 262, 7 f.

2 Zu Ramses' Bemühen, sich als rechtmäßiger Erbprinz zu präsentieren, siehe C. Desroches Noblecourt, »Une coutume égyptienne méconnue«. In: BIFAO 45 (1947), S. 185–232, vor allem S. 209.

3 W. F. Albright, »Cuneiforme Materials«. In: JNES 5 (1946), S. 21.

4 Erinnert sei an Hor und Suti, die berühmten Baumeister des Tempels von Luxor unter Amenophis III.

5 E. Cruz-Uribe, »The Father of Ramses I.«. In: JNES 37, Nr. 3 (Juli 1978), S. 237–244.

6 N. de Garis Davies/A. H. Gardiner, *The Tomb of Houy Viceroy of Nubia in the Reign of Tutankhamun*, Anm. 40.

7 Das Verfahren diente bei der Ausschmückung des Südflügels der großen Säulenhalle von Karnak. Den Nordflügel, der auf die Zeit der Mitregentschaft zurückgeht, schmücken dagegen traditionelle Flachreliefs.

8 Siehe R. Parker, *The Calendars of Ancient Egypt* (*Studies in Ancient Oriental Civilization*, Bd. 26), Chicago 1950, S. 39, § 198.

9 Oder »Wiederholung der Geburten«, Voraussetzung für den Eintritt in die Ewigkeit. Amenemhet I., Hatschepsut, Tutanchamun und Haremhab benutzten den Ausdruck auch für weniger »kosmische« Zeitabschnitte. Siehe E. Blumental, *Untersuchungen zum ägyptischen Königtum des Mittleren Reiches*, Berlin 1978.

10 Die Sothisperiode hat frühestens 1318 und spätestens 1312 begonnen. Siehe R. Parker, *op. cit.*, S. 38 und 59, der sich genau festlegt: am 5. Juli 1313 in Memphis-Heliopolis. L. A. Christophe, »Les fêtes agraires du calendrier d'Hathor«. In: *Cahiers d'Histoire Égyptienne*, VII (Februar 1955), S. 44 und Anm. 43. Diese neue Ära der »Erneuerung der Geburten« *(Uhem mesut)* müßte mit der von Theon von Alexandria beschriebenen »Ära des Menophris« zusammenfallen, die mit diesem letzten Sothiszyklus v. Chr. und der Thronbesteigung Sethos' I. gleichgesetzt wird. Siehe J. von Beckerath, *Tanis und Theben, historische Grundlagen der Ramessidenzeit in Ägypten, ägyptologische Forschungen*, 16, München 1951, S. 105 ff. Zur Wiederkehr der Sothisperiode nach der Nauri-Stele (Nubien) siehe F. L. Griffith, »The Abydos Decree of Seti I at Abydos«. In: JEA 13 (1927), S. 193–208, und K. Sethe, »Sethos I. und die Erneuerung der Hundssternperiode«. In: ZÄS 66 (1930), S. 1–7.

11 Oder *Scha-ra-d-ny*. Siehe die Stele aus Tanis, J. Yoyotte, »Les stèles de Ramses II à Tanis (Ier partie)«. In: *Kêmi* 10 (1949), S. 66–69.

12 J.-C. Goyon, *Confirmation du pouvoir royal au Nouvel An [Brooklyn Museum papyrus No 47.218.50]*, IFAO (*Bibliothèque d'Étude*, Bd. 52), Kairo 1972.

13 P. Barguet, *Le temple d'Amun-Rê à Karnak, essai d'exégèse*, IFAO (RAPH 21), Kairo 1962, S. 314.

14 Nach D. Meeks/C. Favard-Meeks, *La vie quotidienne des dieux égyptiens*, Paris 1993, S. 276 ff.

15 S. Aufrère, *L'univers minéral dans la pensée égyptienne*, IFAO (*Bibliothèque d'Étude*, Bd. 105/1 und 2), Kairo 1991.

16 C. Desroches Noblecourt, *Lointaine*, S. 24, 99–106 und 115 ff.

17 Zu Beginn der Herrschaft des Echnaton tauchen auf Darstellungen diese Zeichen an den kleinen Händen am Ende der Sonnenstrahlen auf. Sie flößen dem Königspaar durch die Nasenlöcher Lebenskraft ein. Siehe hierzu die Szene im Thebaner Grab des Ramose, die das Königspaar im Fenster der Erscheinung beim Verteilen von Belohnungen zeigt; siehe ebenso C. Desroches Noblecourt, *op. cit.*, S. 106.

18 Siehe C. Desroches Noblecourt, *Vie et mort d'un pharaon, Toutankhamon*, Paris 1977, S. 82, Abb. XVIII. Die Stöcke

sind der Form nach möglicherweise denen der Hethiter nachempfunden.

19 Siehe die berühmte Schminkpalette des Narmer, die im Ägyptischen Museum in Kairo verwahrt wird, C. Desroches Noblecourt, *Lointaine*, S. 20 und 22.

20 Ebenda, S. 47–50.

21 Zu dieser Szene gibt es Varianten: In Karnak und Abydos erscheint Ramses zwischen ebenfalls sitzend dargestellten Urmüttern. In Abu Simbel taucht er stehend nur zwischen Horus und Seth auf. Beide Urmütter fehlen, aber der König trägt die Doppelkrone auf dem Haupt. Diese besonders knappe Darstellung spielt zugleich auf die Übergabe der straußenledernen Chepreschkrone an, die der Pharao bei seinen alltäglichen Beschäftigungen trug. Die Inschrift über der Szene erwähnt jedenfalls, daß sie dem Pharao mit der Doppelkrone übergeben wird. (C. Desroches Noblecourt/ C. Kuentz, *Le petit temple d'Abou Simbel*, Kairo 1968, Bd. II., Taf. XLI–XLII, Bd. I, S. 55 und Anm. 230, S. 186.)

22 Pe = Buto, die heilige Stadt im Delta, die tiefstgelegene auf ägyptischem Boden.

23 Nechen = Hieraconpolis, die heilige Stadt in Oberägypten, die auf dem höchsten Punkt des Gebietes gelegene.

24 Fand die Zeremonie zum Abschluß ebenfalls im Tempel von Karnak statt? Reliefs in Tempeln und in Heiligtümern, die in den Fels gehauen sind, zeigen den Pharao bei der Krönung durch eine Lokalgottheit. Die gelungenste dieser Darstellungen ist die Szene auf der Spitze des zusammengestürzten Obelisken der Königin Hatschepsut am großen heiligen See neben dem Amuntempel in Karnak.

25 Samut, wie später sein Sohn und seine beiden Enkel Schreiber des Lebenshauses, ließ die Titulatur im Ramesseum in Stein hauen: »Zeichner des Herrn beider Länder in allen seinen Bauwerken in Karnak *[Ipet-Sut]*. Der im Ramesseum, im Hause des Amun in Theben-West, den großen Namen des lebendigen Gottes schrieb.« Siehe A. H. Gardiner, »The Coronation of King Haremhab«. In: JEA 39 (1953), S. 28, und JEA 24, S. 160 f. Zur Proklamierung der Titulatur des Königs in allen Provinzen siehe *Urk.* IV, S. 80 f.

26 Der Beiname taucht offenbar erstmals gegen Ende des Jahres 2, am sechsundzwanzigsten Tag des dritten Schemu-Monats auf.

27 Papyrus im Brooklyn Museum, XVI, 6–7.

28 C. Desroches Noblecourt, *Lointaine*, S. 85–89.

29 Der Erdgott Geb, Gemahl der Himmelswölbung Nut, verkörpert alle Kräfte der Erde.

30 Als eine der wenigen weiblichen Gottheiten gilt Neith als Weltenschöpferin. Zu ihrer reichhaltigen Theologie, die auf den Mauern ihres Tempels im oberägyptischen Esna illustriert ist, siehe die meisterhafte Darstellung von S. Sauneron, *Les fêtes religieuses d'Esna aux derniers siècles du paganisme*, IFAO (*Esna* V), Kairo 1962.

31 Obwohl der Ischedbaum der Baum par excellence des Gottes Re ist, wohnt auch die Seele des Osiris in ihm. Siehe hierzu S. Sauneron, *Le rituel de l'embaumement, papyrus Boulaq III et papyrus Louvre 5.158*, Kairo 1952, S. 29, 13–15.

32 Die Schreibbinse *(Aref)* wurde vorn zugespitzt und zu einem Pinsel zerkaut.

33 C. Desroches Noblecourt, *Lointaine*, S. 130–135.

34 Daß dem Thronnamen der Beiname Setepenre hinzugefügt wurde, deutet darauf hin, daß diese Darstellung im Ramesseum an die Wiederholung der Krönung ein oder zwei Jahre nach dem ursprünglichen Akt erinnert. Ein perspektivischer Eindruck entsteht dadurch, daß die Akteure der Zeremonie auf verschiedenen Ebenen erscheinen. In der Jubiläumszeit der Wiederkehr der Überflutung verkörpert Atum zugleich Amun.

35 Eine kostbare Statuette aus grünem Schiefer im Ägyptischen Museum in Kairo zeigt Ramses, mit unbekleidetem Oberkörper und nur mit dem kurzen plissierten Schurz bekleidet, in kriechender Haltung auf einem großen Ast des Perseabaumes. Die Früchte tragen seinen Namen Usermaatre: offensichtlich handelte es sich um eine Opfergabe zur Krönung, denn schon im zweiten Jahr seiner Herrschaft setzte Ramses den Beinamen Setepenre, »auserwählt von der Sonne«, hinter seinen Thronnamen. Siehe W. J. Murnane, *Ancient Egyptian Coregencies*, Chicago 1977, S. 63 ff. (Kairo Nr. 31.423, aus der sogenannten »Cachette von Karnak«).

36 Die Prozession begann am neunzehnten Tag des zweiten Achet-Monats.

37 Diese Feste hatten eine so große Bedeutung, daß sie sich über Jahrhunderte hielten. Die Bevölkerung von Theben führt die Prozession zwischen den beiden Tempeln während eines muslimischen Festes, das den altägyptischen Brauch überlagert, bis in unsere Tage fort. Dabei wird alljährlich eine mit Banderolen geschmückte Barke gezogen, die eine Kavalkade mit Musik und Tanz auf ihrer Fahrt begleitet. Das Fest ist dem wundertätigen Lokalheiligen Abu el-Haggag geweiht, der in der Moschee vor der Südfassade des ersten Pylonen des Luxor-Tempels bestattet ist.

38 Die Kapellen lagen am Ende der großen Kolonnade vor dem Pylonen Amenophis' III. Die Seitenwände dieser imposanten Kolonnade, die unter Tutanchamun begonnen und unter Haremhab vollendet worden war, sind mit Darstellungen der einzelnen Etappen des Festes geschmückt. Siehe W. Wolf, *Das schöne Fest von Opet*, Leipzig 1931.

39 Gustave Lefebvre, *Histoire des grands prêtres d'Amon de Karnak jusqu'à la XXIe dynastie*, Paris 1929, S. 117 f.

40 Zum Amuntempel von Karnak siehe die hervorragende Studie von Paul Barguet, *Le temple d'Amun-Rê à Karnak, essai d'exégèse*, IFAO (RAPH 21), Kairo 1962. Der eigentliche Tempel trägt den Namen *Ipet-sut*, S. 307.

41 Siehe C. Kuentz, *La face sud du massif est du pylône de Ramsès II à Louxor*, CEDAE *(Collection Scientifique)*, Kairo 1971. Die große Gedenkschrift, wo vom Besuch des Ramses im Lebenshaus die Rede ist, ist auf den Tafeln XXI bis XXV abgebildet.

42 Ebenda, Tafel XXI, auf der die geplante Fassade des Pylonen abgebildet ist. Sie besteht aus drei trapezförmigen Türmen, vor denen zwei kolossale Sitzfiguren und zwei Obelisken erkennbar sind. Bei der Fertigstellung des großen Hofs wurde die Tempelfassade an der Südmauer reproduziert. Ramses ließ gleichzeitig die Fundamente verschönern: Je zwei vor dem Ost- und dem Westturm errichtete stehende Kolosse befinden sich noch heute vor dem Tempel.

43 Nach der schriftlichen Überlieferung wurden diese Arbeiten im Jahr 3 der Herrschaft, am zehnten Tag des vierten Überschwemmungsmonats abgeschlossen.

44 Nebnetjeru war der Vater Pasers, des Wesirs von Oberägypten.

45 Die Beziehungen zu den kleinasiatischen Nachbarvölkern und ihren Religionen waren so gut, daß Ramses' Vater Sethos seinen Eid sogar auf Baal abgelegt hatte.

Kapitel 6

1 G. Lefebvre, *Histoire des grands prêtres d'Amun de Karnak jusqu'à la XXIe dynastie*, Paris 1929, S. 119–123.

2 Sein Sohn trug den Namen Hori.

3 Wegen seiner Loyalität war Nebwenenef bei Ramses so hoch geschätzt, daß er sich in der königlichen Nekropole in Theben-West einen Totentempel errichten lassen durfte. Siehe hierzu B. Porter/R. Moss, *Topographical Bibliography of Ancient Egyptian Hieroglyphic Texts, Reliefs, and Paintings II. Theban Temples*, Oxford 1972, S. 421.

4 Die Inschrift ist auf das erste Regierungsjahr, den dreiundzwanzigsten Tag des dritten Achet-Monats (Athyr) datiert. Die erste gute Edition dieses Textes geht zurück auf H. Gauthier, *La grande inscription dédicatoire d'Abydos*, (mit Anmerkungen und Glossar), IFAO *(Bibliothèque d'Étude)*, Kairo 1912.

5 R. A. Parker, *The Calendars of Ancient Egypt* (*Studies in Ancient Oriental Civilization*, Bd. 26), Chicago 1950, S. 30–51 und § 197.

6 H. Gauthier, *Le Livre des rois d'Égypte*, III-1, IFAO (MIFAO 19), Kairo 1913, S. 33 f.
7 C. Desroches Noblecourt, *Lointaine*, S. 171–175.
8 C. Vandersleyen, *L'Égypte et la vallée du Nil. Vol.2: De la fin de l'Ancien Empire à la fin du Nouvel Empire*, Paris 1995, S. 515 f., nach einem Ostrakon aus dem Ramesseum. (E. Wente, »The Gurob Letter to Amenhotep IV«. In: *Mélanges Nims*, 1980, S. 209.)
9 Nach einer Hypothese G. Lefebvres war der Hohepriester Bekenchons für die Errichtung der beiden Obelisken von Luxor verantwortlich. Ebensogut können sie aus der Zeit seines Vorgängers Nebwenenef stammen.
10 Drei Jahre später konnte Ramses den Bildhauern befehlen, die Wände mit Szenen aus der Schlacht von Kadesch auszuschmücken. Im übrigen entfaltete er überall im Land eine fieberhafte Bautätigkeit. Neben Neubauten ließ er die Bauten von Vorgängern vergrößern oder an deren Wänden seine Namenskartuschen einmeißeln. Die Forscher haben ihm deshalb oft vorgeworfen, er habe sich zahlreiche Heiligtümer von Vorgängern angeeignet. Allerdings kann man dies nicht allein Ramses zum Vorwurf machen, denn auch andere Pharaonen ersetzten die Kartuschen der Vorgänger durch die eigenen. Oft geschah dies aus religiösen Gründen, weil sie sich in die Tradition der Vorgänger einreihen wollten. Ramses begnügte sich zudem häufig damit, seine Titulatur neben die früherer Pharaonen zu setzen. Das Ägyptische Museum von Kairo bewahrt beispielsweise eine Säulentrommel von der Insel Elephantine, die den Namen Thutmosis' IV. trägt und die unter Ramses nachträglich mit einem Relief ausgeschmückt wurde. Es zeigt ihn mit Chepreschkrone beim Opfern von Papyri. Unter dem Bildnis des Schutzgottes Horus erscheinen seine beiden Kartuschen (Kairo Nr. 41.560). Siehe hierzu den Katalog zur Ausstellung *Ramsès le Grand*, Paris 1976, Nr. X, S. 57.
11 Der Unterbau kam bei der Versetzung des Felsentempels von ed-Dakka im Zuge der Rettungsaktion zugunsten der nubischen Baudenkmäler zum Vorschein. Dieser Tempel, der am Ende der Spätzeit dem Thot als Gott der Überflutung errichtet worden war, stand an der Grenze des nubischen Territoriums der Römer (Dodekaschoinos, »Zwölfmeilenland«). Der Unterbau bestand aus Steinblöcken des Tempels, den Thutmosis dem Horus von Baki errichtet hatte. Dieses Heiligtum war mit prachtvollen Reliefs ausgeschmückt. Obwohl es nach dem Bau des ersten Nilstaudamms acht Monate im Jahr überflutet gewesen war, blieben Reste der bunten Bemalung erhalten. Leider konnten nicht alle Blöcke gerettet werden.
12 Horus tauchte hier wahrscheinlich in der Erscheinungsform des Seth auf.
13 Die Elle der Pharaonen maß 52,3 cm. Siehe H. Carter/A. H. Gardiner, »The Tomb of Ramesses IV and the Turin Plan of Royal Tombs«. In: JEA 4 (1917), S. 136.
14 Die Kuban-Stele steht heute in Grenoble. Prisse d'Avennes entdeckte sie 1843 in den Ruinen der Festung von Kuban. Sie wurde vom Comte Louis de Saint-Ferriol erworben, der sie in seinem Schloß Uriage-les-Bains aufstellte. Über seinen Sohn Gabriel gelangte sie 1916 ins Musée de Grenoble. Eine vollständige Edition der Inschrift besorgte P. Tresson: *La Stèle de Kouban*, IFAO (*Bibliothèque d'Étude*, Bd. 9), Kairo 1922. Die Übersetzung stammt von J. H. Breasted, *Ancient Records of Egypt*, IV, § 282–293, S. 117 ff.
15 Miam oder Aniba war bis zum Ende der 18. Dynastie Hauptstadt des ägyptischen Nubien. Anfang der 19. Dynastie wurde es abgelöst durch Amara und wurde die neue Residenz des Vizekönigs von Nubien.
16 Buhen lag auf der Höhe des zweiten Katarakts, nahe dem heutigen Wadi Halfa an der Grenze zum Land Kusch (Obernubien).
17 Thot ist für die Prüfung der Waage zuständig, mit der beim Totengericht das Herz des Verstorbenen gewogen wird (eine Szene, zu der es in der grie-

chisch-römischen Mythologie übrigens eine Entsprechung gibt).
18 Zum Zeitpunkt, von dem in der Passage die Rede ist, hatte Sethos I. die Nachfolge seines Vaters Ramses I. noch nicht angetreten.
19 Gemeint ist der dicke, auf der Seite getragene Zopf, die Insignie junger Prinzen.
20 Tatsächlich belegten dies später Felsenzeichnungen in Unternubien aus der Zeit der ersten Dynastien.
21 Etwas über zweiundsechzig Meter.
22 Ungefähr sechs Meter und fünfzig Zentimeter.
23 Für diese Information danke ich J. Piotrowskij, dem Leiter der archäologischen Expedition der UdSSR im Wadi Allaki.
24 Der Entdecker der hethitischen Hauptstadt Hattusa (Bogazköy) ist Charles Texier, der bei der Erforschung der hethitischen Kultur Bahnbrechendes geleistet hat. Als herausragender Spezialist für das Hethitische wirkte bis vor wenigen Jahren Emmanuel Laroche. Die *Dossiers de l'Archeologie*, Nr. 193 (Mai 1994), geben einen guten Überblick über die Baudenkmäler des Landes (der gegenwärtigen Türkei).
25 Die Garnisonen hatten immer wieder mit den örtlichen Aufständen zu kämpfen, die von den Hethitern organisiert wurden.
26 Zum Aufbau der ägyptischen Armee siehe R. O. Faulkner, »Egyptian Military Organization«. In: JEA 39 (1953), S. 32–47. L. A. Christophe, »L'organisation de l'armée égyptienne à l'époque de Ramsès II«. In: *La Revue du Caire*, 1957, S. 387–405. A. R. Schulman, *Military Rank, Title and Organization in the Egyptian New Kingdom*, Berlin 1964. J. Yoyotte/J. Lopez, »L'organisation de l'armée et les titulaires des soldats au Nouvel Empire égyptien«. In: BiOR XXVI Nr. 1/2 (Januar–März 1969), S. 14 ff. D. Redford, *Egypt, Canaan and Israel in Ancient Times*, Kairo 1992, S. 214–221.
27 D. Redford, *op. cit.*, S. 217.
28 Siehe *Urk.* IV, 1659, und D. Redford, *op. cit.*, S. 218.
29 Zu den Standarten, die vor den marschierenden Truppen hergetragen wurden, siehe R. O. Faulkner, »Egyptian Military Standards«. In: JEA 27 (1941), S. 17 und Taf. VI.
30 Siehe den Papyrus Harris I, 57, 8–9.
31 L. A. Christophe, »L'organisation de l'armée égyptienne à l'époque de Ramsès II«. In: *La Revue du Caire*, 1957, S. 300.
32 Die Schardana, ursprünglich in Kleinasien ansässig, versuchten nach Ägypten einzufallen. Die Gefangenen wurden ins ägyptische Heer eingegliedert und dienten dort als tapfere Soldaten. Als die Schardana später von der Streitmacht Ramses' III. vertrieben wurden, zogen sie sich auf eine westliche Mittelmeerinsel zurück, die später nach ihnen benannt wurde: Sardinien.
33 Die Kehek stammten aus der westlichen Wüste.
34 Die Meschwesch waren Bewohner der Libyschen Wüste.
35 D. Redford, *Egypt, Canaan and Israel in Ancient Times*, Kairo 1992, S. 219, und A. R. Schulman, JARCE 2 (1963), S. 75–98.
36 Siehe S. Sauneron, »La manufacture d'armes de Memphis«. In: BIFAO 54 (1954) S. 7–12.
37 Dieser Posten genoß in der Armee besonderes Ansehen. Siehe hierzu Kenneth A. Kitchen, *Ramsès*, S. 197.
38 D. Redford, *op. cit.*, S. 203.
39 Die Polizei, die sich aus den aus Nubien stammenden Madjai rekrutierte, arbeitete effizient. Zur Umsiedlung der aufständischen Volksgruppen von Kanaan und zur Aktion der Bürgermeister in dieser Region siehe D. Redford, *op. cit.*, S. 207 f., und vor allem W. Helck, *Die Beziehungen Ägyptens zu Vorderasien im 3. und 2. Jahrtausend v. Chr.*, (ÄA 5) Wiesbaden 1971, S. 342 f.
40 Die triumphale Gedenkstele, die Thutmosis zu diesem Anlaß im Amuntempel von Karnak errichten ließ, steht heute im Ägyptischen Museum in Kairo (*Urk.* IV, 662, 5). Eine klare und scharfsinnige Untersuchung zu dieser Schlacht ist die nach den Inschriften entstandene Studie von L. A. Christophe, »Notes géographiques. A propos

des campagnes de Thoutmosis III«. In: RdE 6 (1950), S. 97–106. Unter Thutmosis III. hat es eine Schlacht bei Megiddo nicht gegeben. Siehe hierzu W. Helck, *Der Einfluß der Militärführer in der 18. ägyptischen Dynastie* (*Untersuchungen zur Geschichte und Altertumskunde Ägyptens*, Bd. 14), Leipzig 1939, S. 14; ebenso R. O. Faulkner, »The Battle of Megiddo«. In: JEA 28 (1942), S. 2–15.

Kapitel 7

1 Mitanni oder Hanigalbat lag im Nordwesten des Euphrat.
2 P. Grandet, *Ramses III, histoire d'un règne*, Paris 1993, S. 30.
3 A. H. Gardiner, »The Ancient Military Road between Egypt and Palestine«. In: JEA 6 (1920), S. 99–116.
4 Siehe hierzu Kap. III, S. 80 ff.
5 Das heutige Ras Schamra an der Mittelmeerküste vor Zypern. Zu den Beziehungen von König Nikmadu I. zum Ende der Amarnazeit siehe C. Desroches Noblecourt, »Interprétation et datation d'une scène gravée sur deux fragments de récipient en albâtre provenant des fouilles du palais d'Ugarit«. In: C. Schaeffer, *Ugaritica*, III, S. 179–230.
6 Ihr Gebiet lag zwischen Beth Schan und Jenoam.
7 A. H. Gardiner, *The Kadesh Inscription of Ramesses*, II, Oxford 1960, S. 4.
8 Neben diesem Brief, der die Schlacht erwähnt, gibt es noch vereinzelt Hinweise in hethitischen Quellen. Die allgemeinen Einzelheiten decken sich im großen und ganzen mit denen der ägyptischen Dokumente.
9 Im Felsentempel von ed-Derr waren diese Kampfszenen im Eingangsbereich eingemeißelt. Sie sind leider fast völlig zerstört.
10 Zum »Bericht« der Schlacht bei Kadesch gibt es viel Literatur. Wichtig ist vor allem die meisterhafte vergleichende Ausgabe der verschiedenen Textfassungen von C. Kuentz, *La bataille de Qadesh*, IFAO (MIFAO 55), Kairo 1928. Die besten Übersetzungen sind J. H. Breasted, *Ancient Records of Egypt*, III, 1906, § 306 ff., S. 134 ff.; ders., *The Battle of Kadesh, a Study in the Earliest Known Strategy*, Chicago 1903; A. M. Blackman, *The Literature of the Ancient Egyptians*, o. O. 1927, S. 261 ff. (Übersetzung nach A. Erman, *Die Literatur der Ägypter*, Leipzig 1923, S. 325 ff.); J. Wilson, »The Texts of the Battle of Kadesh«. In: AJSL 43 (1927), S. 266; R. O. Faulkner, »The Battle of Kadesh«. In: MDAIK 16 (Mélanges Junker, 1958), S. 93–111.; A. H. Gardiner, *The Kadesh Inscriptions of Ramesses*, II. (Übersetzung des »Berichts« und des »Gedichts« mit textkritischen Anmerkungen), Oxford 1960. Zu den verschiedenen Illustrationen des »Berichts« siehe das Album von W. Wreszinski, *Atlas zur altägyptischen Kulturgeschichte,* II (fotografische Reproduktionen und ergänzende Zeichnungen), Leipzig 1935, Taf. 63–95. Als umfassende Untersuchung zum Bericht der Schlacht im großen Tempel von Abu Simbel, mit Zeichnung des gesamten Flachreliefs auf einem Faltplan von 2,70 Meter Länge, siehe C. Desroches Noblecourt, S. Donadoni, E. Edel u. a., *Grand temple d'Abou Simbel: la bataille de Qadesh*, CEDAE *(Collection scientifique)*, Kairo 1971, Taf. IV.
11 Siehe den Artikel von C. Kuentz, »Épopées et tableaux historiques«, in der Sonderausgabe von *L'Amour de l'Art*, die Ägypten gewidmet ist (Nr. III, série 34, 35, 36), S. 230–234.
12 Der Papyrus Sallier III aus dem British Museum in London, eine Seite des Papyrus Raïfé aus dem Musée du Louvre und das schlecht erhaltene Fragment eines weiteren Textes, der Papyrus Chester Beatty III, Verso. Siehe hierzu A. H. Gardiner (Hg.), *Hieratic Papyri in the British Museum*, III, London 1935, Taf. 9 und 10. In allen vier Tempeln finden sich das »Gedicht« und der »Bericht« an verschiedenen Wänden.
13 Die erste endete mit dem Sieg Thutmosis' III., die zweite mit der Eroberung durch Sethos I., die allerdings keinen Bestand hatte.
14 Chatti ist das Hethiterreich in Kleinasien. Die Hauptstadt Hattusa (Bogaz-

köy) lag auf einer Hochebene östlich des Flusses Halis.
15 Nahrina lag an der Stelle des untergegangenen Königreiches Mitanni im Osten des Euphrat. Zur Zeit Ramses' II. erstreckte es sich bis nach Aleppo westlich des Stromes.
16 Arzawa (Irthu) lag südwestlich von Chatti am Mittelmeer.
17 Pitassa lag südwestlich von Hattusa und im Norden des Landes Arzawa.
18 Dardanoi, das in der *Ilias* erwähnt wird, lag im Westen Kleinasiens.
19 Keschkesch zog sich wahrscheinlich nordwestlich von Hattusa an der Schwarzmeerküste entlang.
20 Masa lag im Südwesten Kleinasiens in der Nähe von Kardischa.
21 Kardischa lag an der kleinasiatischen Westküste südlich von Macander.
22 Luka an der Südküste Kleinasiens.
23 Karkemisch am Oberlauf des Euphrat nordöstlich von Aleppo.
24 Kedi in Nordsyrien.
25 Nuchaschesche vermutlich zwischen Homs und Aleppo.
26 Kadesch am Orontes, heute Tell Nebi Mend.
27 Ugarit, das heutige Ras Schamra an der Küste, elf Kilometer von Lattakie (Laodikeia) entfernt.
28 Muschanet konnte bislang nicht identifiziert werden.
29 Aleppo (Chalap), das in der Aufzählung vergessen wurde, gehörte der Koalition ebenfalls an. Diese umfaßte somit fast ganz Kleinasien, dessen Staaten teilweise ebenfalls in der *Ilias* genannt werden. Die heutige Großstadt Aleppo liegt zweihundert Kilometer nördlich von Kadesch.
30 Die Behauptungen des Ramses wirkten offenbar schon damals etwas unglaubhaft.
31 Bei einem Ort südlich der Stadt Schabtuna mit der Konsonantenfolge I-r-n-t: der heutige Nahr el-Asi durchfließt die Senke zwischen Libanon und Antilibanon und mündet ins Mittelmeer.
32 Kizzuwatna lag in einer Region im Südosten Kleinasiens, dem späteren Kilikien.
33 Schabtuna, das heutige Dorf Riblah, wird mehrfach im Alten Testament erwähnt.
34 Ein *Iter* entsprach ungefähr 10,5 Kilometer.
35 Diese »Force de frappe« bestand aus den Naruna-Soldaten, die auf den Reliefbildern zum Bericht der Schlacht von Kadesch dargestellt sind. Sie stießen aus dem Osten ins Lager der Division des Amun vor, um eine militärische Katastrophe zu verhindern.
36 Die ägyptischen Streitwagen waren dagegen mit zwei Mann besetzt: dem Besitzer des Wagens (meistens ein Offizier) und seinem Wagenlenker. Auf Schlacht- oder Paradeszenen wird Ramses zumeist allein auf seinem Wagen überproportional groß in Heldenpose dargestellt. Sein Schildträger, der treue Menna, der ihn in die Schlachten begleitete, fehlt dagegen.
37 Damals üblich war ein Hemd aus Stoff oder Leder, das mit Schuppen aus Bronze besetzt war.
38 Der Name eines seiner beiden Lieblingspferde. Das zweite, »Mut-ist-zufrieden«, wird an späterer Stelle genannt.
39 Die Behauptung deckt sich freilich nicht mit den bildlichen Darstellungen des »Berichts«, die auch ägyptische Soldaten in der Schlacht zeigen.
40 Im Originaltext ist vom »großen Grün« die Rede, die damals übliche Umschreibung für das Meer. Der Ausdruck bezeichnete zugleich auch das große Sumpfland *Sudd* im Süden des Sudan. Siehe hierzu C. Desroches Noblecourt, *Lointaine*, S. 132 ff.
41 Gemeint ist Hermonthis, heute Erment, und die ganze Thebaner Region.
42 Gemeint ist der weibliche Uräus, die Tochter der Sonne, die »Ferne«, die auszog und nach der Rückkehr ihren Platz an der Stirn des Schöpfergottes und des Pharaos fand. Uräus leitet sich von »Uraios«, der gräzisierten Form des altägyptischen »Iaret« her, und meint eine feuerspeiende, ebenso gefährliche wie nützliche Schlange, um die sich zahlreiche Legenden ranken und die eine Beschützerin des Pharaos ist. Siehe hierzu C. Desroches Noblecourt, *Lointaine*, S. 1–45.

43 Gemeint sind natürlich die Soldaten des Muwatallis.
44 Dies entspricht nicht ganz den Tatsachen. Muwatallis blieb noch ein Sohn, der ihm später auf den Thron folgte. Gesichert ist dagegen, daß seine beiden Brüder Sapather und Chemeterem in der Schlacht fielen.
45 Dies hebt völlig zu Recht auch J. H. Breasted, *Ancient Records of Egypt*, III, S. 126, hervor.
46 »Naruna«, ein Wort semitischen Ursprungs aus Kleinasien, bedeutet »junge Soldaten«, aber auch »Veteranen«. Die Naruna stammten möglicherweise aus einer Provinz in der Gegend zwischen Tachesi und Nahrina. Sie waren wohl auch gemeint mit der Beschreibung: die »erste Kampftruppe aus einer Elite der Armee [des Pharaos], die an der Küste des Landes Amurru stationiert war«.
47 Etwas abweichend beschreiben andere Forscher diese Route: Ramses soll demnach Galiläa durchquert und bis an die Jordanquellen vorgestoßen sein. Die im Text beschriebenen Etappen sind folglich mit Vorsicht zu behandeln. Als überholt kann eine weitere Hypothese gelten: Danach soll Ramses eine Bestätigung erhalten haben, daß die Hethiter sich bei Aleppo aufhielten. Beim Versuch, von Osten her auf den Feind vorzurücken, soll er das Gebirge in einer Höhe von zweitausend Metern durchquert haben. Diese Hypothese stützt sich auf ein Dokument mit unpräzisen Angaben, auf den Brief eines hethitischen Generals. Siehe hierzu É. de Vaumas, »Sur le mouvement tournant effectué par Ramsès II à la veille de la bataille de Qadesh«. In: *Mélanges de l'Université Saint-Joseph* 46 (*Mélanges offerts à Maurice Dunand*, Bd. II), 1970/71, S. 53–67.

Kapitel 8

1 Das heutige Städtchen Riblah.
2 Eine Erzählung zu dieser Begebenheit erfreute sich in der 18. Dynastie besonderer Beliebtheit. Siehe G. Lefebvre, *Romans et contes égyptiens de l'époque pharaonique*, Paris 1949, S. 125–130.
3 Der Löwe, das klassische Symbol des Königtums, erscheint auch als Türhüter. Siehe hierzu beispielsweise C. Desroches Noblecourt, *Lointaine*, S. 139.
4 Der Löwe erscheint an Ramses' Seite in einer Darstellung im Felsentempel von Bet el-Wali, die eine militärische Begegnung mit den Asiaten zeigt. In einer anderen Szene im Tempel von Abu Simbel springt er neben dem königlichen Streitwagen her, der den Zug der Gefangenen aus Kusch vor den Thron des Amun führt.
5 D. Redford, *Egypt, Canaan and Israel in Ancient Times*, Kairo 1992, S. 184.
6 Allerdings bedeckten die Schilde, anders als bei den Römern, nur die Körper, nicht aber die Köpfe der Soldaten.
7 Andere Soldaten trugen kleinere rechteckige Schilde.
8 Wenn hochrangige Offiziere im Kampf fielen, wurden sie wahrscheinlich notdürftig für die spätere Mumifizierung und Beisetzung in Ägypten vorbereitet, eine Bestattungsform, die sich jeder Ägypter wünschte. Was aber geschah mit gefallenen einfachen Soldaten? Wurden sie als Anklang an die Bestattung des ertrunkenen Osiris in Schafhäute gehüllt und in den Fluß geworfen? Diese Frage wurde bislang nicht aufgeworfen.
9 Siehe hierzu E. Edel, ZDPV 69, S. 164, und A. H. Gardiner, *The Kadesh Inscriptions of Ramesses*, II, Oxford 1960, S. 44.
10 Der älteste Sohn Nefertaris hieß in seiner Kindheit und Jugend Amunherunemef (»Amun ist zu seiner Rechten«), ein Name, mit dem man ihn unter den Schutz des Amun gestellt hatte. Seine ersten militärischen Ehren in der Schlacht von Kadesch brachten ihm den Namen Amunherchepeschef (»Amun ist an seinem bewaffneten Arm«).
11 Diese Pferdefiguren sind 7,7 Millimeter hoch und 8 Millimeter lang.

Kapitel 9

1 Zu Amuneminet siehe die neuere Studie von M. Trapani, »La carriera di Imeneminet, Soprintendente ai lavori

di Ramesse II«. In: BSEG 19 (1995), S. 49–68.
2 El-Arisch an der Mittelmeerküste diente als Verbannungsort für Gesetzesbrecher, denen nach Gerichtsurteil die Nase abgeschnitten wurde (eine Strafe, die Haremhab in seinem berüchtigten Edikt zur Bekämpfung der Korruption aufnahm). Die Griechen nannten die Stadt später *Rhinokorura*, »Stadt der abgeschnittenen Nasen«.
3 Sie wurde unter Sethos I. erneut geöffnet. Die Festungen dienten dem Schutz der Straße und der Wasserstellen.
4 Als Herodot im 4. Jahrhundert v. Chr. Ägypten besuchte, dauerte die Reise über den Nil von Heliopolis bis Theben neun Tage. Siehe *Historien*, Buch II, hrsg v. H. Färber und M. Faltner, Bd. I, München 1963, S. 207.
5 Das Zeitalter Echnatons wurde nach dem modernen Namen der von ihm gegründeten neuen Hauptstadt Achet-Aton (Horizont Atons) Amarnazeit genannt. Der Pharao, der ursprünglich Amenophis IV. hieß, nahm mit der Gründung dieser Stadt seinen neuen Namen Echnaton (= »der dem Sonnenball gefällt [oder nützt]«) an.
6 Hermopolis wurde von den Griechen nach dem dortigen Tempel des Gottes Thot benannt, in dem sie ihren Götterboten Hermes wiederentdeckten. Im Altertum hieß die Stadt Chemenu, »Stadt der Acht«, nach den acht Urgöttern, von denen man sich vier als männliche und vier als weibliche Wesen vorstellte, die der finsteren »Ursuppe« entstiegen und dabei in einer Art Urknall die Sonne entstehen ließen.
7 Papyrus Leiden I 350, A. H. Gardiner, »Hymns to Amon from a Leiden Papyrus«. In: ZÄS 42 (1905), S. 12–42; J. Zandee, *De hymnen aan Amon van Papyrus Leiden*, I, 350, (OMRO 28), Leiden 1947, S. 4 und 21 f.
8 Diese Dreiheit umgibt bereits das Bildnis des Tutanchamun auf einer der Trompeten seines Grabschatzes. Siehe hierzu den Katalog zur Ausstellung *Toutankhamon et son époque*, Paris 1976, S. 182, und E. Hornung, *Les dieux de l'Égypte, l'Un et le Multiple*, Monaco 1986, S. 200.
9 Diodorus von Sizilien, *Historische Begebenheiten*, Stuttgart 1827, I, 47.9. »Osymandias« war eine Verunstaltung von »Usermaatre«.
10 Als Diodorus von Sizilien das Ramesseum besuchte, war es offenbar noch gut erhalten. Er bezog seine Informationen allerdings aus ungefähr dreihundert Jahre alten und nicht immer zuverlässigen Quellen: so zum Beispiel, was den Zustand des großen umgestürzten Kolosses angeht.
11 Der eigentliche Tempel hatte eine Länge von hundertachtzig und eine Breite von sechzig Metern.
12 Näheres zu diesem Themenkreis in meiner Studie zum Torso eines Osirispfeilers des Echnaton: C. Desroches Noblecourt, »La statue colossale fragmentaire d'Amenophis IV offerte par l'Égypte à la France«. In: Fondation Eugène Piot (Académie des Inscriptions et Belles-Lettres), *Monuments et Mémoires* 59 (1974), S. 1–44.
13 *Totenbuch*, Kap. 17.
14 An den Planungen beteiligt waren sicher seine Vertrauten Nebwenenef, der Hohepriester (oder Erste Prophet, wie der Titel exakt lautet) des Amun in Karnak, Wennefer, der Hohepriester des Osiris in Abydos, sowie der Schreiber Ramose, ein Vertrauter des Wesirs Paser.
15 Es fanden sich bislang keinerlei Spuren, die bestätigen könnten, daß der gewaltige umgestürzte Koloß im Ramesseum tatsächlich ein Pendant im Norden des Tores gehabt hatte. Beim ausgeprägten Sinn der Ägypter für Symmetrien ist es allerdings kaum vorstellbar, daß ein solcher zweiter Koloß nicht wenigstens geplant gewesen war. Diese These vertritt unter anderem N. Grimal, *Histoire de l'Égypte ancienne*, Paris 1988, S. 321.
16 Der Kult im Ramesseum galt neben Amun vor allem dem Pharao.
17 Zwölf Säulen sind auch für romanische Kirchenschiffe charakteristisch. Ein noch heute sichtbares Beispiel ist die Kirche des Justinian im Katharinenkloster auf dem Sinai. Sie wurde

542 n. Chr. begonnen und neun Jahre später vollendet. Jede der weißen monolithischen Säulen mit ihren grünen, mit einem Traubenornament verzierten Kapitellen steht für einen Monat des Jahres. Der jeweils zugeordnete Heilige wird den gesamten Monat hindurch verehrt.

18 Der Fries besteht aus einer Aneinanderreihung des Wortes *Neheb*.

19 Die sich anschließenden Beobachtungen zum Ramesseum gehen auf jahrelange Untersuchungen und Bestandsaufnahmen vor Ort zurück. Beteiligt waren mein Team des französischen Forschungszentrums CNRS, das ich leitete, Kollegen der UNESCO, um die ich gebeten hatte, und die Mitglieder des ägyptischen CEDAE. Die meisten Ergebnisse wurden noch nicht veröffentlicht.

20 Näheres hierzu bei C. Desroches Noblecourt, *Lointaine*, S. 37–45.

21 Zum Djedpfeiler gibt es bislang verschiedene, aber noch keine endgültigen Erklärungen: Stellt er einen gestutzten Baum dar? Einen Sockel mit vier Ebenen als Symbole der Himmelsrichtungen? In der Spätzeit soll der Djedpfeiler als Rückgrat des Osiris gedeutet worden sein. Man muß davon ausgehen, daß er für die Vollkommenheit einer zyklischen Ordnung stand und ursprünglich ein Sonnensymbol war.

22 Für die gesamte südliche Außenmauer seines Tempels plante Ramses eine endlose Liste aller Jahresfeste: einen Festkalender mit Hinweisen auf die jeweiligen Opfergaben, die während der oft mehrtägigen Feiern dargebracht wurden.

23 Auch hier ließ sich Ramses von der Amarnazeit mit ihrer Zahlensymbolik beeinflussen: Vorbild waren die 365 Votivtafeln des großen Tempels oder die zwölf nach Süden ausgerichteten Becken im Heiligtum Maru-Aton in Amarna. Siehe hierzu C. Desroches Noblecourt, »Les trois saisons du dieu et le débarcadère du ressucité«. In: MDAIK 47 *(Festschrift für Werner Kaiser)*, 1991, S. 72–76.

24 Siehe hierzu Kap. V zur Krönung.

25 Das stark zerstörte Allerheiligste wurde anhand der Bauten des Tempels von Medinet Habu, der gewissermaßen eine Replik des Ramesseums darstellt, teilweise rekonstruiert.

26 Diese Waffe aus Kleinasien wurde von den Ägyptern beim ersten Kontakt mit den östlichen Nachbarn übernommen. Ein Krummsäbel mit dem Namenszug des Ramses befindet sich heute im Musée du Louvre. Siehe C. Desroches Noblecourt u. a., Katalog zur Ausstellung *Ramsès le Grand*, Paris 1976, Nr. 47, S. 229.

27 Ramses ließ in jeden seiner Tempel die Liste seiner ständig größer werdenden Nachkommenschaft einmeißeln. Auf die kürzere Liste in seinem Heiligtum von Meha folgten längere in ed-Derr, Wadi es-Sebua oder Abydos. Im Ramesseum wurden bislang dreiundzwanzig Söhne gezählt: Amunherchepeschef, Ramesse, Reherunemef, Chaemwese, Monthherchepeschef (in Luxor Monthherunemef genannt), Nebencharu, Meriamun, Amunmuia (auch Sethmuia), Sethos, Setepenre, Meriere I., Horherunemef, Merenptah, Amunhotep, Itimen, Meriatum, Nebentaneb, Meriere II., Amunemipet, Senachtenimu, Ramesse-Meriere, Djehutimes und Samonth. Eine von Kenneth A. Kitchen erstellte Liste der bis heute bekannten Namen der Söhne mit Titeln umfaßt neunundvierzig Einträge (*Ramesside Inscriptions*, II, S. 858–868) aus dem Ramesseum sowie aus den Tempeln von Luxor, Karnak, Tanis, Abu Simbel, ed-Derr, Wadi es-Sebua, Gerf Hussein, Abydos und auf einem Ostrakon, das im Ägyptischen Museum in Kairo liegt. Zu den im Ramesseum genannten Söhnen des Ramses siehe C. Leblanc/M. Mohamed Fekri, *Memnonia*, I (1990/91), S. 91–108. Die Liste der Prinzessinnen ist etwas länger. Die Mehrheit von ihnen blieb allerdings anonym. Nur ein Dutzend ist namentlich bekannt.

28 Zu den Beamten, die bei der Errichtung des Ramesseums mitgewirkt haben, siehe W. Helck, *Materialien zur Wirtschaftsgeschichte des Neuen Reichs*, 1/1, Mainz 1960, S. 103.

29 Jupa hatte die Schlacht bei Kadesch, wie erwähnt, miterlebt oder vielleicht auch an ihr teilgenommen. Er war zu dieser Zeit Pferdeknecht in den königlichen Stallungen. Fünfzig Jahre später trug er die Verantwortung für die gesamte Verwaltung der Domäne des Ramesseums und seiner weitläufigen Nebengebäude. Im Jahr 54 der Regierung nahm er an der Proklamierung des neunten Jubiläums des Pharaos teil. Sein Sohn Hatjai, der Chef der Polizeitruppe der Madjai wurde, beteiligte sich mit Bekenchons, dem Hohenpriester des Amun, am Bau des Tempels Ramses' II. im Osten Karnaks. Detailliertere Angaben zu den Monumenten der Familie Urchias und Jupas, die »Haushofmeister« des Ramesseums waren, siehe J. Ruffle/Kenneth A. Kitchen, »The Family of Urchiya and Yupa, High Stewards of the Ramesseum«. In: *Studies in Honour of H. W. Fairman*, Warminster 1979, S. 55–74. Diese Chefverwalter mußten trotz ihrer hohen Position mit Kontrollen durch Tempelinspektoren rechnen. Unter Ramses II. übte diesen Beruf beispielsweise ein gewisser Amenmose, Sohn des Pendjerti, aus. Siehe L. Habachi, »The Royal Scribe Amenmose, Son of Penzerti and Mutemonet. His Monuments in Egypt and abroad«. In: *Studies in Honor of G. Hughes* (*Studies in Ancient Oriental Civilization*, Bd. 39), Chicago 1977, S. 83–103. Siehe ebenso die Rezension dieses Artikels von M. Gitton, CdE 55, Nr. 109–110, (Januar-Juli 1980), S. 103, die sich mit der (südlichen) Herkunft des Schreibers befaßt.

Kapitel 10

1 Zur Entwicklung dieser Vorstellung siehe C. Desroches Noblecourt, *Lointaine*, S. 121–126, und Kap. IV, *Symbole universel et déesse mère*, S. 93–117.
2 So die Erzählung des Papyrus Westcar. Siehe G. Lefebvre, *Romans et contes égyptiens de l'époque pharaonique*, Paris 1949, S. 86 ff.
3 Zur Rekonstruktion des Baus siehe meinen Artikel »Le mammisi de Ramsès au Ramesseum«. In: *Memnonia*, I (1990/91), S. 26–43 und Taf. 3–6.
4 Die beiden Frauen sollten wahrscheinlich im ersten Säulenhof dargestellt werden. Eine Statue der Mut-Tuja sollte jedenfalls auf der rechten Seite des heute zusammengestürzten Kolosses errichtet werden. Falls tatsächlich ein Pendant vorgesehen war, dürfte seine linke Seite für eine Statue der Nefertari reserviert gewesen sein.
5 Zur Bedeutung dieser Sistren, vor allem des Pforten-Sistrums, siehe C. Desroches Noblecourt, *Lointaine*, S. 100–115.
6 Das geht aus der Schreibung des Geburtsnamens in den Inschriften hervor: »Ramessu«. Die spätere Orthographie, die ab dem Jahr 8 der Regierung auftauchte, wurde gewöhnlich in der zweiten Hälfte der Regierungszeit verwandt. Sie erscheint beispielsweise im Tempel von ed-Derr. Siehe hierzu A. Spalinger, »Historical Observations on the military Reliefs of Abu Simbel and other ramesside Temples in Nubia«. In: JEA 66 (1980), S. 96 f.
7 Zur Symbolik des Felsentempels siehe unter anderem C. Desroches Noblecourt, *La Grande Nubiade*, Paris 1992, S. 485–497.
8 Nach seiner Freilegung wurde er bei der Rettungsaktion zugunsten der nubischen Denkmäler weiter ins Hinterland versetzt. An seinem neuen Standort ist er ein Blickfang, wenn man die sechzig Meter höher gelegene »kleine nubische Landzunge« erklimmt, auf die der Tempel von ed-Dakka und der Maharraka-Tempel aus der Spätzeit versetzt wurden.
9 Die Liste seiner Söhne und Töchter wurde jährlich ergänzt. Während der Rettungsaktion für die nubischen Baudenkmäler habe ich Professor Jarosláv Černý, den Beauftragten der UNESCO beim CEDAE, damit betraut, eine Aufstellung der Nachkommen des Ramses anzufertigen, die auf den Wänden des Tempels von Wadi es-Sebua genannt werden. Die Listen in diesem Heiligtum sind länger als anderswo und umfas-

sen fünfzig Söhne und einundfünfzig Töchter.
Allerdings hat ihnen der sandige Wüstenwind stark zugesetzt, so daß sie kaum noch zu entziffern sind. Unveröffentlichten Abschriften verwahrt das Forschungszentrum CEDAE.

10 Das später so genannte Aniba ist im Nasserstausee untergegangen.

11 Zu dieser Legende und ihrer gewaltigen Nachwirkung siehe C. Desroches Noblecourt, *Lointaine*.

12 Die Siedlung ist ebenfalls in den Fluten des Stausees versunken.

13 Der Tempel des Re-Harachte wurde aus seinem Felsen herausgesägt und in einen Felshügel aus rötlichem Sandstein integriert. An seinem jetzigen Standort, einem der schönsten Nubiens, stehen auch der El-Amada-Tempel und das Felsengrab des Pennut, des Vizekönigs von Nubien unter Ramses IV.

14 Zu Seth siehe H. te Velde, *Seth, God of Confusion. A Study of his Role in Egyptian Mythology and Religion* (*Probleme der Ägyptologie*, 6), Leiden 1977. Siehe auch die unveröffentlichte Dissertation von É. David, *Les villes du dieu Seth en Égypte*, Universität Lyon 2, 1987. Wichtige Punkte enthält auch C. Desroches Noblecourt, *Lointaine*, S. 84. Eine Verschmelzung des vergöttlichten Ramses mit Seth mag widersprüchlich erscheinen, dürfte im Selbstverständnis des Pharaos allerdings kaum ein Problem gewesen sein. In Meha wurde er ja mit dem lokalen Horus gleichgesetzt. Nach seiner ältesten Titulatur war Ramses ja auch der mit Seth vereinte Horus, dem man in Königsgräbern in Gestalt eines zweiköpfigen Gottes (Falke und tiergestaltiger Seth) begegnet. Seth war zugleich eine immer wiederkehrende Umschreibung für diesen Pharao. Seine Gemahlin hieß beispielsweise »Die bei ihrem Horus und Seth ist«.

15 Wie die Ruinen des Ramesseums und die Reste des Tempels von Medinet Habu zeigen, erstreckte sich das Motiv der sonnenanbetenden Affen nicht über den gesamten Pylonen, sondern nur über die Eingangspforte zwischen den beiden Türmen.

16 Gemeint sind die beiden Memnonskolosse. Der Name geht auf die Griechen zurück, die allerdings nur den nördlichen Koloß so bezeichneten. Beim heutigen Kom el-Hettan gelegen, sind sie das einzige Überbleibsel vom Tempel Amenophis' III.

17 G. Roeder, »Ramses II. als Gott«. In: ZÄS 61 (1926), S. 65, Taf. 2. Ramses verteilt Belohnungen an Soldaten und befindet sich dabei auf den Knien von einem seiner Kolosse in Piramesse. Diese Monumentalstatue hieß ebenfalls *Re-en-hekau*. Zum Kult, der diesen Kolossen zuteil wurde, siehe J. Yoyotte, *Kêmi* 10 (1949), S. 87 f., J.-J. Clère, *Kêmi* 11 (1950), S. 28, 32 und 38. Zum Koloß *Heka-taui* siehe C. Desroches Noblecourt/C. Kuentz, *Le petit temple de Abou Simbel*, I. CEDAE, Kairo 1968, S. 148 und Anm. 67, S. 149 und Anm. 73. Zu den verschiedenen anderen Namen der Kolosse, zum Beispiel zu *Mu-en-Kamutef*, der in Karnak auftaucht, siehe F. Le Saout, *Karnak*, VII (1978–1981), S. 267 f.

18 Diese Kolosse wurden religiös verehrt, und einiges deutet darauf hin, daß der Wesir Paser persönlich den Kult zelebrierte: siehe V. A. Donohue, »The Vizier Pasar«. In: JEA 74 (1988), S. 103–123.

19 Gemeint ist der zusammengestürzte Koloß im ersten Tempelhof. Rechts vom Pharao stand ein Bildnis seiner geliebten Mutter. Falls ein Pendant vorhanden war, stand neben ihm sicher eine Statue der Nefertari. Siehe auch Anm. 4.

20 Der Fassadenschmuck entstand folglich nach dem Jahr 5, dem Jahr der Schlacht bei Kadesch, nach der der Prinz seinen endgültigen Namen erhalten hatte.

21 Aschahebsed hatte »Ramses, dem großen Götterherrscher von Nubien« bei Akscha im Süden von Abu Simbel ein siebtes Heiligtum geweiht. Nach einer Inschrift im Felsen hatte der Pharao »mit seinem starken Arm zahlreiche gefangene Arbeiter aus fremden Ländern herbeigeholt«. An der Aushöhlung der Felsen waren neben Ägyptern wahrscheinlich auch Gefangene aus dem

Hethiterreich, aus Kanaan und Amurru beteiligt. Aschahebsed, ein Vertrauter des Ramses, wurde zudem mit der Neuorganisation »des Landes Kusch im großen Namen Seiner Majestät« betraut.
22 Ich schließe mich hier der Ansicht von A. Spalinger an, »Historical Observations on the military Reliefs of Abu Simbel and other Ramesside Temples in Nubia«. In: JEA 66 (1980), S. 83–99.
23 C. Desroches Noblecourt, *Lointaine*, S. 149–154.

Kapitel 11

1 Zu den Schasu siehe R. Giveon, *Les bédouins Shasou des documents égyptiens*, Leiden 1971. L. Stager, *Eretz Israel* 18 (1985), S. 56–64: Demnach waren die Schasu mit Sicherheit keine Israeliten.
2 Nach den begleitenden Inschriften zu den Darstellungen des Feldzugs des Ramses nach Edom und Moab warf Amunherchepeschef einem moabitischen Führer offenbar vor, er habe mit dem »Elenden« von Chatti paktiert. Vgl. Kenneth A. Kitchen, »New Light on the Asiatic Wars of Ramses II«. In: JEA 50 (1964), S. 47–70; ebenso J. C. Darnell/ R. Jasnow, »On the Moabite Inscriptions of Ramesses II at Louxor Temple«. In: JNES 52, Nr. 4 (Oktober 1993), S. 263 bis 274, vor allem S. 268–273.
3 Ex 1,11.
4 Siehe den Papyrus Leiden I 348, Verso 6, 6–7.
5 Die Apiru sollen mit dem »Brechen von Steinen« während der Errichtung eines Baus im Ramesseum beschäftigt gewesen sein: siehe Y. Koenig, »Les textes hiératiques du Ramesséum, à Strasbourg«. In: *Memnonia*, III (1992), S. 54. Zum Problem der Apiru siehe J. Bottero, *Le problème des Habiru*, Paris 1954.
6 Ex 1,11: Zum Bau der Städte »Pitom« und »Ramses« als Vorratslager.
7 Apg 7,22.
8 Siehe unter anderem den Papyrus Nr. 1945.96 des Oxforder Ashmolean Museum.
9 Siehe hierzu J. Mélèze-Modrzejewski, *Les Juifs en Égypte, de Ramsès II à Hadrien*, Paris 1991, S. 48.
10 Ex 7–12.
11 Zu dieser Katastrophe, die möglicherweise den Hintergrund zum Untergang des sagenumwobenen Atlantis bildet, siehe R. L. Scranton, »Of Myth and Santorin«. In: *Studies in Honor of George R. Hughes* (*Studies in Ancient Oriental Civilization*, Bd. 39), Chicago 1976, S. 191–199, und die neuere Studie von K. Polinger Foster/R. K. Ritner, »Texts, Storms and the Thera Eruption«. In: JNES 55, Nr. 1 (1996).
12 Mohammed Maksoud, der Chefinspektor und Leiter der ägyptischen Ausgrabungsarbeiten im Nordsinai, hat bei der Freilegung von Überresten einer Festung an der Ostgrenze ein Lavaklümpchen entdeckt, das anschließend in Frankreich analysiert wurde. Die Probe, die aus einer Grabungsschicht aus der Zweiten Zwischenzeit (zwischen Mittlerem und Neuem Reich) entnommen wurde, stammt demnach aus dem Vulkanausbruch auf der Insel Santorin.
13 Siehe C. Desroches Noblecourt, *Lointaine*, S. 37 ff. und S. 136, Taf. III–IV.
14 Die wichtigsten ägyptischen »Plagen« siehe Ex 7,14–25 (Blut), 7,26 ff. (Frösche), 9,1–7 (Viehseuche), 10,21–29 (Finsternis), 11 und 12,29–42 (Tod der Erstgeborenen).
15 Siehe C. Desroches Noblecourt, »Le bestiaire symbolique du libérateur Ahmosis«. In: Sonderdruck aus *Studien zur Sprache und Religion Ägyptens (Festschrift W. Westendorf)*, Göttingen 1984, S. 883–892. Auch der Schilderung der Heuschreckenplage (Ex 10,1–20) liegen Klischees und nicht etwa eigene Erfahrungen zugrunde. Schwärme von Heuschrecken (genauer Wanderheuschrecken) waren zwar im Nahen Osten und vor allem in Nordafrika gefürchtet, nicht aber in Ägypten, wo die Insekten als heilbringende Abwehr gegen das Böse betrachtet wurden. Schon in der Szene aus dem Alten Reich, wo das Nilpferd als Verkörperung böser Kräfte mit Harpunen getötet wird, tauchen auf Wasserpflanzen (neben den Fröschen

der Wiedergeburt) schützende Heuschrecken auf. Siehe C. Desroches Noblecourt, *Lointaine*, S. 97. Auch diese bedeutende Überlieferung aus pharaonischen Zeiten strahlte bis ins Abendland aus und ging in die Symbolik des Urchristentums ein. In den *Moralia* Papst Gregors des Großen erscheinen Heuschrecken als Bild für die Masse der bekehrten Heiden, die im Namen Christi den Satan bekämpfen. Auf einem Kapitell in der berühmten romanischen Abteikirche von Vézelay aus dem 12. Jahrhundert stellt sich eine Heuschrecke einem Basilisken, dem Bild des Antichristen, in den Weg. Und eine Madonna des 14. Jahrhunderts, die Giovanni Baronzio da Rimini zugeschrieben wird, trägt auf den Knien ein Jesuskind mit einer riesigen Heuschrecke in der linken Hand!

16 Kenneth A. Kitchen, *Ramsès*, S. 101–104.

17 M. Bietak, »Canaanites in the eastern Nile Delta«. In: *Egypt, Israel, Sinai – Archaeological and historical Relationships in the biblical Period*, Symposium, Tel-Aviv 1982, S. 41–56. Eine nuanciertere Ansicht legt er dar in »Comments on the Exodus«, ebd., S. 163–171.

18 D. Redford, »An Egyptological Perspective on the Exodus Narrative«. In: ebd., S. 137–169.

19 J. Mélèze-Modrzejewski, *Les Juifs en Égypte, de Ramsès II à Hadrien*, Paris 1991.

20 Siehe hierzu die jüngsten Veröffentlichungen von H. Cazelles, *À la recherche de Moïse*, Paris 1979; »Peut-on circonscrire un événement Exode?« In: *La protohistoire d'Israël* (mehrere Autoren unter Leitung von Laperrousaz), Paris 1990, S. 29–65.

21 Katalog zur Ausstellung *Ramsès le Grand* (mehrere Autoren unter Leitung von C. Desroches Noblecourt), Paris 1976. Zum Exodus siehe A.-M. Loyrette, S. XLIII–XLVI. Die Frage des Auszugs aus Ägypten ist unter den Fachleuten noch immer Gegenstand von Untersuchungen und Diskussionen. Am Ende des 19. Jahrhunderts wurde sogar eine These vorgebracht, wonach der Pentateuch (die fünf Bücher Moses) kein Korpus von Überlieferungen darstelle, sondern lediglich eine Sammlung von Gleichnissen mit einer Moral. Demnach wäre die Geschichte vom Exodus eine reine Fiktion ohne realen Hintergrund. (M. L. Wogue, Professor am Pariser Séminaire israélite). Wenngleich weniger apodiktisch, haben seither mehrere neuere Autoren ähnliche Ansichten vertreten, die auf streng wissenschaftlichen Untersuchungen zum Problem beruhen: G. W. Ahlström, *Who were the Israelites?* Winona Lake (Indiana), Eisenbrauns, 1986, und G. E. Mendenhall, »The Hebrew Conquest of Palestine«. In: BA 26 (1962).

22 Ex 11,3.

23 Ex 2,23.

24 Der Pharao des Exodus nach der Bibel.

25 Ganz abgesehen davon, daß die Israeliten die Ägypter bei der Flucht bestohlen hatten (Ex 11,2–3, 12,35–36): »Laßt unter dem Volk ausrufen, jeder Mann und jede Frau soll sich von dem Nachbarn Geräte aus Silber und Gold erbitten. […] Sie erbaten von den Ägyptern Geräte aus Silber und Gold und auch Gewänder. Der Herr ließ das Volk bei den Ägyptern Gunst finden, so daß sie auf ihre Bitte eingingen. Auf diese Weise plünderten sie die Ägypter aus.«

26 Ex 12,29–32, 13,20, 14,2.

27 Ex 14,2.

28 Ex 13,17.

29 Der Direktor der École Biblique in Jerusalem.

30 Ex 17,8–16.

31 Kenneth. A. Kitchen, *Ramsès*, S. 93, legt den Exodus mit Recht auf das Jahr 7, also 1273/72 v. Chr., und nicht auf einen späteren Zeitpunkt wie A. R. Schulman, für den die Moabiterkriege nach dem zehnten Herrschaftsjahr des Ramses stattfanden: »The Treaty of Year 21«. In: *Aspects of Ramsesside Diplomacy*, JSSEA 8 (1978), S. 125 f.; ebenso A. Spalinger, für den sich die Ereignisse »vor dem Jahr 15« abgespielt haben: »Historical Observations on the military Reliefs of Abu Simbel and other Ramesside Temples in Nubia«. In: JEA 66 (1980), S. 96.

32 Im Zusammenhang mit den Moabiterkriegen und dem Feldzug des Amunherchepeschef und des Ramses nach Südpalästina sei auch auf die Entdeckung von Professor B. Rothenberg hingewiesen, der nördlich des Golfs von Akaba in der Region der vermuteten Goldminen des Königs Salomon auf Kupfervorkommen stieß, die bereits im Altertum ausgebeutet worden waren. Die semitischen Schürfer nutzten die Vorkommen zur Zeit Sethos' I. und Ramses' II. zusammen mit den Ägyptern: B. Rothenberg, *The Egyptian Mining Temple at Timna. Researches in the Arabah 1959–1984*, Bd. I, London 1989: »The discovery of the ramesside mining, dedicated to the Egyptian goddess Hathor, was a turning point in the history of the Arabah research. The identification through this discovery of the large scale copper mining and smelting operations in the Arabah as Egyptian industries, where Egyptian mining expeditions worked together with local inhabitants, the Midanities from northwestern Arabia and the Amalekites from the Negev mountains, has meant fundamental changes in the cultural-historical concepts concerning the areas adjacent the Gulf of Eliat-Aqaba.
The old ideas of King Solomon's mines and the Solomonic copper smelters on the shores of the Red Sea have had to be completely changed in the light of this new archaeological evidence, which proves that the south-western Arabah came into the sphere of influence of the Pharaohs of New Kingdom Egypt.
The identification of a Midianite phase of the Timna Temple with numerous unique votive gifts, like the superb, brazen serpent, is of considerable significance also for the Biblical story at the time of the Exodus.«

33 Siehe L. Habachi, »Les grandes découvertes archéologiques en 1954«. In: *Revue du Caire, Supplément*, Kairo 1955, S. 62–65.

34 Kenneth A. Kitchen, *op. cit.*, S. 105.

35 Die Schreibung »Ramessu« taucht folglich schon im Jahr 8 auf.

36 Alle zehn Tage, denn die ägyptische »Woche« war ja eine Dekade.

37 So die Inschrift einer prachtvollen Stele (2,10 m Höhe) aus rötlichem Kalkstein, die in der Nähe von Heliopolis, in Manchijet es-Sadr zum Vorschein kam, die sogenannte Jahr-8-Stele. Die Erstveröffentlichung geht auf den Namensgeber Ahmed Bay Kamal zurück. 1976 befaßte sich mit ihr erneut Bernadette Letellier anläßlich der Pariser Ausstellung *Ramsès le Grand*. Siehe den Katalog, Nr. IX, S. 50–55 (vollständiger Hieroglyphentext).

38 Nach den Inschriften liegt Tunip »im Land Nahrina«, die Stadt Dapur »im Land Chatti« (Tempel von Luxor) oder »auf dem Gebiet von Amurru«.

39 W. Wreszinski, *Atlas zur altägyptischen Kulturgeschichte*, II, Leipzig 1935, Taf. 90. Zu den vierzehn Städten, deren Namen auf dem ersten Pylonen des Ramesseums heute noch lesbar sind, gehören unter anderem Jerusalem, Damaskus, Askalon, Bethanat und Merem.

40 J. H. Breasted, *Ancient Records of Egypt*, III, § 356, vermutet im Anschluß an Horst Kengel, Dapur sei mit dem Tell Tuban fünfundzwanzig Kilometer nördlich von Homs identifizierbar.

41 W. Wreszinski, *op. cit.*, Taf. 78.

42 Diese raffiniert aufgebaute Szenerie wird in allen Einzelheiten in der Veröffentlichung des CEDAE *(Collection scientifique)* beschrieben und erläutert: *Le Ramesseum IV – Les batailles de Tunip et de Dapour*, Kairo 1977.

43 Ostrakon des Louvre, Nr. 2261.

44 So die Kantir-Stelen. Siehe G. Roeder, »Ramses II. als Gott«. In: ZÄS 61 (1926), S. 65 und Taf. 2. Belohnt werden Soldaten einer Garnison aus Piramesse. Wie erwähnt, waren auch Semiten aus dem Nahen Osten darunter. Einer hieß Redjkebut, die ägyptisierte Form des Namens Ratse-Kebot, »Bauchaufschneider«.

Kapitel 12

1 Die Ägypter gaben ihrem Land mehrere Namen, die meisten bezogen sich auf religiöse oder geographische Sym-

bole. Am wenigsten »symbolträchtig« in dieser Hinsicht war die Bezeichnung »Kemi« oder »Schwarzes Land« nach der dunklen Farbe des Humus, der alljährlich von den Nilfluten gebracht wurde. Die Griechen griffen diesen Namen auf und bezeichneten damit die Wissenschaft der Ägypter, die sie sehr beeindruckte. Daher stammt der Begriff »Chemie«, den wir bis heute benutzen.

2 Die Spuren dieses Tempels wurden durch Zufall vor etwa fünfzehn Jahren bei Ausschachtungsarbeiten für den Bau eines Schulzentrums gefunden. In ungefähr sieben Metern Tiefe kam eine Monumentalstatue der Prinzessin Meritamun als Große Königsgemahlin zum Vorschein. Die Statue war zerschmettert, aber das Gesicht unversehrt, und sogar die Bemalung war noch erhalten. An einer Seite lehnte Meritamun an einer Kolossalstatue ihres Vaters. Heute werden an der Fundstelle natürlich wissenschaftliche Grabungen durchgeführt. Vgl. Y. Al-Masri, »Preliminary Report on the Excavations in Akhmim by the Egyptian Antiquities Organization«. In: ASAE 59 (1983), S. 7–11.

3 Sethmuia oder auch Amunmuia.

4 Kenneth A. Kitchen, *Ramsès*, S. 109.

5 Einer der jüngsten Söhne Nefertaris, Meriere der Ältere, der an dem kleinen Felsentempel von Ibschek an der Seite seines Vaters dargestellt wurde, war der elfte in der Liste der Prinzen (Kenneth A. Kitchen, *Ramesside Inscriptions*, II, S. 859). Er erscheint auch auf den beiden Listen im Ramesseum und starb wohl vor dem dreißigsten Lebensjahr (Kenneth A. Kitchen, *Ramsès*, S. 145). In den ersten Regierungsjahren wurden somit schon mindestens elf Prinzen geboren.

6 Alle anläßlich wichtiger Ereignisse auf Befehl der Vizekönige und für sie geschaffenen Stelen standen ursprünglich im Umkreis der beiden Felsentempel. Sie wurden zusammen mit den Tempeln an den neuen, sechzig Meter höher gelegenen Platz umgesetzt.

7 Vgl. dazu C. Desroches Noblecourt, »Abou Simbel, Ramsès et les Dames de la Couronne«. In: *Fragments of a shattered Visage* (*Monographs of the Institute of Egyptian Art and Archaeology*, I), 1991, S. 127–166, besonders S. 134 f., sowie Abb. 11–12, S. 156 f.

8 Beispiele dafür sind etwa die beiden Kolossalstatuen von Ramses, die aus Herakleopolis stammen und heute im Garten des Ägyptischen Museums von Kairo stehen (Inventarliste 45.975). Die Statuen sind vermutlich im Mittleren Reich entstanden, und Ramses ließ sie umgestalten. Neben den beiden Prinzessinnen, dargestellt mit der seitlichen Haarlocke, sind ihre Namen eingraviert an der Stelle, wo die ursprünglichen Namen standen. Ramses verwendete auch zwei weitere Kolossalstatuen aus der 13. Dynastie wieder und ließ sie vor dem Pylonen am Eingang der großen Säulenhalle von Karnak aufstellen. Die eine Statue zeigt ihn mit Bintanat (im Süden), die andere mit Meritamun (im Norden). Diese beiden Kolossalstatuen wurden wohl nach dem zweiten Sedfest noch einmal verwendet, das heißt nach dem vierunddreißigsten Regierungsjahr und nach der Hochzeit mit der Hethiterprinzessin. Vgl. H. Sourouzian, »Les Colosses du IIe pylone du temple d'Amon-Ré à Karnak, remplois ramessides de la XVIIIe dynastie«. In: *Cahier de Karnak*, X (1995), S. 522 ff.

9 Vgl. C. Desroches Noblecourt, *Lointaine*, S. 39–45.

10 Nefertari wird in dem Tempel beschrieben als »schön von Angesicht, anmutig mit der Doppelfeder, mit reinen Händen, wenn sie die Sistren spielt zur Freude ihres Vaters Amun«.

11 Sie ist wie auch das Gebet an Ta-Uret (Thoëris) in der Vorhalle des kleinen Tempels dargestellt.

12 Es handelt sich um eine außergewöhnliche Darstellung der Überschwemmung: Die Fluten entspringen der »heiligen Grotte« und breiten sich über das Land aus. Bei Darstellungen der Überflutungsgötter in anderen Tempeln gehen die Menschen mit den Opfergaben, die sie der schöpferischen Kraft darbringen, *ins Innere hinein*. Im Felsentempel der Königin hingegen sind nur zwei Figuren dargestellt, und sie bewegen sich *dem Ausgang zu*: ein Bild

der Flut, die durch die Geheimzeremonie ausgelöst wird, die das königliche Paar im Innern des Tempels vollzieht.

13 Maße nach E. Iversen, *Canon and Proportions in Egyptian Art*, London 1955, S. 70. »The standing male figure is measured from the sole of the feet to the point where the wig or the hair meet the forehead.«

14 Sechzehn Ellen erreichte eine besonders große Überflutung auf der Höhe von Heliopolis. Die Zahl 16 war im übrigen in Ägypten mit dem Begriff »Freude« verbunden (»deliciae« schrieb später Plinius der Ältere), Freude über fruchtbare Jahre. In der Zeit der Pharaonen wurde der Beginn der Überschwemmung niemals bildlich dargestellt, aber sehr häufig in der griechisch-römischen Zeit – und zwar als liegender bärtiger Mann, umgeben von sechzehn »Putti«, die für die sechzehn Ellen stehen!

15 Der Sonnenaltar (der einzige gänzlich erhalten gebliebene Altar) wurde komplett bei der großen Ramses-Ausstellung in Paris gezeigt. Die Einzelteile des Altars wurden von Barsanti entdeckt, G. Maspero ließ sie ins Ägyptische Museum von Kairo verbringen (Inventarliste 42.955), denn schutzlos den Witterungseinflüssen ausgesetzt, hätte der Altar wohl sehr gelitten. Vgl. G. Maspero, »La chapelle nouvelle d'Ipsamboul«. In: ZÄS 48 (1911), S. 94; Katalog der Ramses-Ausstellung im Grand Palais von Paris 1976, S. 151–160.

16 Lanny Bell führt in einer langen Untersuchung den Nachweis, daß die Kolosse »Statuen des königlichen *Ka* sind«: »Luxor Temple and the Cult of the Royal *Ka*«. In: JNES 44, Nr. 4 (Oktober 1985), S. 251–294, besonders S. 256.

17 Vgl. Anm. 16.

18 Zur Dauer der Reise von Ägypten ins Reich Chatti vgl. E. Edel, *Geschichte und Altes Testament*, Tübingen 1953, S. 54.

19 Vgl. dazu u. a. E. B. Pusch, »Recent Work at Piramesse. Results of Excavations by the Pelizaeus Museum, Hildesheim, at Qantir«. In: *Fragments of a shattered Visage* (*Monographs of the Institute of Egyptian Art and Archaeology*, I), 1991, S. 199–208.

20 Der Vertragstext fand großes Interesse bei den Juristen, die hervorhoben, wie modern er ist. In jüngster Zeit erschien eine Untersuchung des Richters C.-P. Loubière, »Les chroniques égyptiennes: le traité de paix égypto-hittite, une négociation vieille de 3200 ans«. In: *Journal du Tribunal de Grande Instance de Paris*, 1993, S. 1–22. Loubière gelangt zu dem Fazit (S. 15): »Es handelt sich um einen *völkerrechtlichen Vertrag* (...), das drückt sich auch darin aus, daß der Krieg explizit *geächtet* wird. Dieser Grundsatz erinnert an die Charta der Vereinten Nationen, die Gewaltanwendung als Mittel der Konfliktregelung zwischen Staaten verbietet. Der Krieg gilt fortan als unzulässig und wird durch friedliche Mittel der Konfliktbeilegung wie Verhandlungen ersetzt.«

21 Vgl. dazu C. Desroches Noblecourt, *Toutankhamon, vie et mort d'un pharaon*, Paris 1977, S. 275 f. Tutanchamuns Witwe wollte keinen ihrer Untertanen als Ehemann nehmen und bat den Hethiterkönig, ihr einen seiner Söhne zu schicken.

22 Zur Keilschriftversion des Textes vgl. S. Langdon/A. H. Gardiner, »The Treaty of Alliance Between Hattusili, King of the Hittites, and the Pharaoh Ramesses II of Egypt«. In: JEA 6 (1920), S. 79–205, und E. F. Weidner, *Politische Dokumente aus Kleinasien*, Leipzig 1923, S. 112–123.

23 Viele Texte aus der Zeit des Neuen Reiches dokumentieren die wichtige, gleichrangige Stellung der Königin an der Seite des Königs, vgl. *Urk.* IV, 1866: »Sie ist im Gefolge Deiner Majestät wie Maat im Gefolge von Re«. Siehe dazu C. Desroches Noblecourt/C. Kuentz, *Le petit temple d'Abou Simbel*, Kairo, CEDAE, 1967, S. 181, Anm. 225. Bekannt ist die große Bedeutung der Königsmütter, die seit dem Alten Reich als Regentinnen auftauchen. Aus der Zeit des Neuen Reiches wurden sehr viel mehr Dokumente gefunden, und sie zeigen den großen Einfluß von Teje, der Gemahlin von Amenophis III., mit der ausländische Herrscher korrespondierten, sowie von Nofretete und Nefertari.

24 Zum Austausch von Glückwünschen und den Briefen von Nefertari, Tuja und Sethherchepeschef an das hethitische Herrscherpaar siehe E. Laroche, *Catalogue des textes hittites*, Paris 1971, S. 23, Nr. 167–169.
25 Zu dem Brief von Paser (babylonisch »Pasijara«) vgl. E. Edel, *Der Brief des ägyptischen Wesirs Pasijara an den Hethiter-König Hattusili und verwandte Keilschriftbriefe*, Göttingen 1978.
26 Bereits J. Yoyotte vermutete, daß beide Namen ein und dieselbe Person bezeichneten: BiOR 26 (1969), S. 14 f. Kenneth A. Kitchen, *Ramesside Inscriptions*, II, S. 850, S. 860 (Fußnoten); ebenso M. L. Bierbrier, JEA 71 (1985), S. 206 f. Kenneth A. Kitchen griff die Frage dann wieder auf in seinem Ramses-Buch, S. 145. In jüngster Zeit hat sich M. L. Bierbrier noch einmal dazu geäußert: »Elements of Stability and Instability in Ramesside Egypt. The Succession to the Throne«. In: *Fragments of a shattered Visage* (*Monographs of the Institute of Egyptian Art and Archaeology*, I), 1991, S. 11: »In view of other examples in royal names of the interchange between Seth and Amun at this period, such as Prince Sethemouia, alias Amenemouia, it seems logical to view the names, Amenherkhopshef and Sethherkhopshef, as variants denoting the one and the same crown prince.«

Kapitel 13

1 Nachdem ich Tujas Grab gefunden hatte, erforschte ich es von 1969 bis 1973 gründlich. Obwohl das Grab bereits in der Antike geplündert worden war, gelang es mir, noch Überreste der Grabbeigaben sicherzustellen, darunter auch »Herkunftsbezeichnungen« auf den Weinkrügen, die auf Befehl des Königs angefertigt worden waren. Der Königinmutter wurde neuer Wein aus den königlichen Weinbergen des Deltas mit ins Grab gegeben. Da die späteste Datumsangabe das zweiundzwanzigste Regierungsjahr nennt, muß die Bestattung im dreiundzwanzigsten, spätestens im vierundzwanzigsten Regierungsjahr stattgefunden haben. Bis mir diese Entdeckung gelang, verlor sich die Spur der Königinmutter im zwölften Regierungsjahr ihres Sohnes. Vgl. C. Desroches Noblecourt, *Le Courier du CNRS*, 9 (Juli 1973), S. 261 f.; außerdem E. Edel, »Zwei Originalbriefe der Königinmutter Tuja in Keilschrift«. In: SAK 1 (1974), S. 105–146.
2 Der altägyptische Name *Ta Set Neferu* wird im allgemeinen übersetzt als »Ort der Schönheit«. *Nefer* heißt »schön, gut, lebendig« (im Sinne von »kraftvoll«), der Plural *Neferu* bezeichnet lebendige, lebenspendende Kräfte. Die *Neferu* sind die jungen Rekruten, die *Neferut* die jungen Mädchen im heiratsfähigen Alter. Als *Neferu* des Gottes wird seine zeugende Kraft bezeichnet. *Nefer* ist auch die Lotosblume, aus der die Sonne emporsteigt. Die Bezeichnung *Set-Neferu* verweist dementsprechend auf die Vorstellung von der Wiedergeburt der Toten, die in dem Tal begraben sind: »der Ort derjenigen, die die Kraft zurückgeben«.
3 So ist sie zusammen mit Mut-Tuja auf einer Statue dargestellt, die sich heute im Vatikanischen Museum befindet.
4 Alle Gräber im Tal der Königinnen waren wegen des porösen Kalksteins sehr gefährdet. Die Wände wurden daher zunächst mit einer dünnen Gipsschicht belegt und die Reliefs daraus ausgeschnitten. Daß das Wadi trotz der ungünstigen Bodenverhältnisse als Begräbnisstätte für die Mitglieder der Königsfamilie ausgewählt wurde, hing mit einer fünfundzwanzig Meter hohen Grotte hoch oben in den Abhängen zusammen, die der Göttin Hathor geweiht war, dem universalen Schoß, der Großen Göttin, die den Tod verkörperte, aber auch Freude und Liebe. Sie nahm die Toten in ihrem Schoß auf und gebar sie wieder zum ewigen Leben. Die Grotte war mindestens seit Beginn des Neuen Reiches eine Pilgerstätte und ein Ort, wo Inkubationen durchgeführt wurden. Vgl. C. Desroches Noblecourt, *La Grande Nubiade*, Paris 1992, Kap. 23, besonders S. 490–497. Offensichtlich vollzog sich dort die Wiedergeburt der

königlichen Toten, die in den Felsentempeln bestattet wurden.

5 Die weibliche Sphinx tauchte in Ägypten allem Anschein nach zum erstenmal zur Zeit von Haremhab auf: In einer Darstellung liegt sie neben der Königin Mutnedjemet. Die Gruppe befindet sich heute im Museum von Turin. Vgl. dazu: H. W. Müller, »Die liegende und geflügelte weibliche Sphinx des Neuen Reiches«. In: MIO 3 (1955), S. 1–10.

6 So eine Statue der Königin als Bannerträgerin, die sich heute in einer amerikanischen Privatsammlung befindet. Vgl. dazu C. Desroches Noblecourt, »Touy, Mère de Ramsès II, la reine Tanedjemy et les reliques de l'experience amarienne«. In: *L'Égyptologie en 1979, axes prioritaires de recherche* (*Colloques internationaux du* CNRS, Nr. 595), S. 227–243; zu der betreffenden Statue siehe S. 238, Abb. 65.

7 Alle Figuren sind aus Ton, hellblau glasiert und schwarz verziert, keine ist größer als zehn Zentimeter. Der Königinmutter wurden zweifellos auch sehr viel prunkvollere Figuren mit ins Grab gegeben, aus Holz und mit Gold besetzt, wie sie zur Grabausstattung von Tutanchamun gehörten.

8 Vgl. dazu C. Desroches Noblecourt, *Lointaine*, Kap. VII, S. 157–167.

9 Der Deckel mit dem Kopf der Königinmutter wurde zuerst in Paris im Rahmen der Ausstellung *Ramsès le Grand* gezeigt. Die Ausstellung wanderte dann weiter nach Kanada und in die USA. Heute befindet sich der Kopf im Museum von Luxor. Vgl. dazu den Katalog der Ramses-Ausstellung im Grand Palais, Paris, 1976, Nr. V, S. 28–31.

10 Die Scherben wurden im Labor des Louvre untersucht (und kehrten nach der Untersuchung wieder nach Ägypten zurück). Die Untersuchung erbrachte eindeutig, daß sie von Gegenständen stammten, die aus dem sehr eisenhaltigen ägyptischen Sand gefertigt waren. Scherben aus vollständig durchsichtigem Glas wurden auch in Tell el-Amarna bei der Ausgrabung einer Anlage aus der 18. Dynastie gefunden. Dieses Ergebnis überrascht nicht, wenn man an die Statue des ägyptischen Schreibers im Louvre denkt: Nach einer Analyse des Instituts für Optik in Paris wurden seine Augen um die Zeit des Pyramidenbaus, das heißt in der 4./5. Dynastie, aus völlig durchsichtigem Glas gefertigt. Nebenbei möchte ich darauf hinweisen, daß die Augen der beiden Löwenköpfe, die den großen Thron von Tutanchamun (im Ägyptischen Museum von Kairo) flankieren, ebenfalls aus durchsichtigem Glas sind. Allgemein kann man lesen, daß die Herstellung von transparentem Glas erst in der islamischen Zeit möglich gewesen sei!

11 »Theben« ist der griechische Name für die Stadt, bei den Pharaonen hieß sie Weset. Sie lag in der Gegend von Hermonthis, dem Heliopolis des Südens.

12 Das Zitat findet sich in der von Kenneth A. Kitchen zusammengestellten Textsammlung *Ramesside Inscriptions*, III–5, S. 138 ff., und in *Ramsès*, S. 104. Erstmals wurden die Texte hrsg. v. A. H. Gardiner/J. Černý, *Hieratic Ostraca*, I, Oxford 1957, S. 81 f.

13 Ein »Debens« sind einundneunzig Gramm und entsprechen ungefähr dem Gewicht von tausendvierhundert Körnern.

14 Der Name ist gebildet aus dem Namen des Pharaos und dem Zusatz Ascha-hebsed, das heißt »reich an Jubiläen«. Wahrscheinlich handelte es sich bei dem Betreffenden um einen Ausländer, der unter Sethos I. seine Laufbahn am Königshof begonnen hatte.

15 Wertvolle Aufschlüsse über die ägyptische Medizin gibt das Buch von G. Lefebvre, *Essai sur la médecine de l'époque pharaonique*, Paris 1956.

16 »Nefertari, um derentwillen die Sonne erscheint«, war der Tempel in Abu Simbel geweiht. Dort war sie als Sothis von Hathor und Isis gekrönt worden.

17 Ernesto Schiapparelli (*Relazione sui lavori della missione archeologica italiana in Egitto – Anni 1903–1920*. Vol. I: *Esplorazione della »Valle delle Regine« nella Necropoli di Tebe*, Turin 1923) stieß bei seinen Grabungen auf ein Stück

vom mumifizierten Fuß der Königin – ein bewegender Fund. Ein Modell des Grabes findet sich heute im Ägyptologischen Museum von Turin. Eine Rekonstruktion des Grabes durch Farbfotografien in Originalgröße wurde erstmals bei der Ausstellung *Ramsès le Grand* in Paris gezeigt. Diese Ausstellung konnte ich dank der Hilfe der Mitglieder meiner Forschungsgruppe im CNRS und der Mitglieder des CEDAE von Kairo verwirklichen, die an den Ausgrabungen im Tal der Königinnen beteiligt gewesen waren. Kodak France unterstützte die Anfertigung der Fotografien. Nach dieser ersten Ausstellung in Paris wurde die fotografische Rekonstruktion in mehreren anderen französischen Museen gezeigt, und etliche Museen im Ausland meldeten ihr Interesse an. In jüngster Zeit wurde in der Presse viel über das Grab der Nefertari berichtet, das durch Feuchtigkeit beschädigt war und restauriert wurde; vgl. C. Desroches Noblecourt, *Archéologia*, 291 (Juni 1993), S. 42–53. Das Grab war während der Restaurierungsarbeiten für Besucher gesperrt und ist seit kurzem mit bestimmten Auflagen zum Schutz der wertvollen Malereien wieder zugänglich.

18 Vgl. C. Desroches Noblecourt, *Lointaine*, S. 167–170.

19 Ebd. Taf. XXIII.

20 Ebd., »Abu Simbel, Ramsès et les Dames de la Couronne«. In: *Fragments of a shattered Visage* (*Monographs of the Institute of Egyptian Art and Archaeology*, I), 1991, Abb. 13, S. 132 f. Die damals von mir genannte Datierung (Regierungsjahr 36) muß heute korrigiert werden: Die Darstellung entstand um das erste Regierungsjubiläum herum.

21 Ebd., Abb. 14, S. 132.

22 Mitteilung des Ausgrabungsleiters der Altertümerverwaltung von Sakkara beim 6. Internationalen Kongreß für Ägyptologie in Turin (1.-8. September 1991). Vgl. Mohammed Ibrahim Aly, »À propos du prince Khâemouas et sa mère Isetneferet: nouveaux documents provenant du Sérapéum«. In: 6. Internationaler Kongreß für Ägyptologie, *Abstracts of Papers*, S. 220 f. Das Bruchstück, auf welchem die Kartusche der Isisnofret zusammen mit den Überflutungsgöttern auftaucht, könnte von einer Kapelle stammen, die Chaemwese zum Gedenken an seine Mutter errichten ließ. Vgl. dazu auch S. Tewfik, »Recently Excavated Ramesside Tombs at Sakkara«. In: MDAIK 47 (1991), S. 403–409.

23 Siehe dazu die beiden oben erwähnten Königsstatuen aus Herakleopolis mit Bintanat und Meriatum an der Seite des Pharaos; Kap. 12, Anm. 8.

24 Die Nekropolenarbeiter lebten abgeschlossen in einer Wohnsiedlung im heutigen Der el-Medine. Bernard Bruyère hat in umfangreichen Veröffentlichungen über die dortigen Ausgrabungen berichtet. Die in Der el-Medine selbst und in der Umgebung gefundenen Texte wurden gründlich untersucht von J. Černý, der seine Ergebnisse in dem folgenden Band publiziert hat: *A Community of Workmen at Thebes in the Ramesside Period*, Kairo 1973. Über das Leben in dieser Stadt gibt es eine Fülle von Veröffentlichungen. Einen Überblick vermitteln D. Valbelle, *Les ouvriers de la tombe. Deir el-Médineh à l'époque ramesside*, Kairo 1985, und M. L. Bierbrier, *The Tomb-Builders of the Pharaohs*, London 1982.

25 Diese Szene ist dargestellt auf der Stele Nr. 43.591 im Ägyptischen Museum von Kairo, vgl. Katalog der Ausstellung *Ramsès le Grand* in Paris, S. 124–127 (Kommentar von Bernadette Letellier). Zum »Talfest« siehe S. Schott, *Das schöne Fest vom Wüstentale*, Wiesbaden 1953.

26 Die beiden zusammengehörenden Felszeichnungen in Form einer rechteckigen Stele wurden veröffentlicht von J. Černý, C. Desroches Noblecourt u.a., *Graffiti de la montagne thébaine*.

27 Vgl. A. H. Gardiner/J. Černý, *Hieratic Ostraca*, I, Taf. 74, 75. Kenneth A. Kitchen, *Ramesside Inscriptions*, II–7, S. 380–385. S. Allam, *Hieratische Ostraka und Papyri aus der Ramessidenzeit*, Tübingen 1973, S. 20–24.

28 Dies geschah dann bedauerlicherweise nach dem Ende der Herrschaft des großen Pharaos, etliche aufsehenerregende Prozesse gegen Ende der Ramessidenzeit geben davon Zeugnis. Höchst aufschlußreich und unterhaltsam ist die Studie von P. Vernus, *Affaires et scandales sous les Ramsès*, Paris 1993.

29 Es wurde behauptet, die Ägypter hätten keine Wolle verwendet, weil in den Pharaonengräbern keine Kleidungsstücke oder sonstigen Erzeugnisse aus Wolle gefunden wurden. Die Erklärung dafür ist indes sehr einfach: Wollstoffe wurden deshalb nicht in die Grabstätten gelegt, weil sie Ungeziefer angelockt hätten.

30 Gemeint ist wahrscheinlich das Jubiläumsfest im 30. Regierungsjahr.

31 Erinnert sei in diesem Zusammenhang an den unendlichen Prozeß von Mes oder Moses um die Aufteilung von Landbesitz. Das Verfahren dauerte ein Jahrhundert: Es wurde unter Haremhab eröffnet und erst unter Ramses II. abgeschlossen – ein weiteres Beispiel dafür, wie gut die Justiz unter dem großen Pharao funktionierte. Moses ließ einen Bericht über den Prozeß sowie verschiedene Dokumente daraus auf den Mauern seines Grabmals in Memphis einmeißeln. A. H. Gardiner, *The Inscription of Mes, a Contribution to the Study of Egyptian Judicial Procedure*, Leipzig 1905 (*Untersuchungen zur Geschichte und Altertumskunde Ägyptens*, IV), S. 89–104, sowie G. A. Gaballa, *The Tomb-chapel of Mose*, Warminster 1977.

32 Um Hattusilis freundlich zu stimmen, betont Ramses, daß selbstverständlich er der legitime Thronerbe von Suppiluliuma I. sei und nicht etwa Urchiteschup.

33 Ramses' »Besänftigungsbrief« an Hattusilis wurde veröffentlicht von Goetze, in *Journal of Cuneiform Studies* (1947), S. 241–251.

Kapitel 14

1 E. Hornung und E. Staehelin haben eine umfassende Bibliographie der Veröffentlichungen zum Sedfest zusammengestellt. Das Studium der Quellen ist für jeden Ägyptologen unerläßlich, der sich mit diesem außerordentlich vielschichtigen und geheimnisvollen Thema befassen möchte. Bislang hat noch niemand gewagt, sich darauf einzulassen. *Studien zum Sedfest*, Genf 1974.

2 Das Grabmal des Cheriuf, des Oberdomänenverwalters der Königin Teje, wurde im 19. Jahrhundert entdeckt. Der Zugang zu dem Grab wurde wieder verschlossen, und A. Fakhry hat es dann noch einmal entdeckt. Die Universität von Chicago hat über den Fund berichtet: *The Tomb of Kherouef. Theban Tomb 192*, Chicago 1980 (*Oriental Institute Publications*, 102), Übersetzung der Texte durch E. Wente.

3 E. Naville, *The Festival Hall of Osorkon II in the Great Temple of Bubastis*. In: EES (EEF 8), London 1892, Taf. XIV (3).

4 Zitiert bei: A. H. Gardiner/J. Černý, *Hieratic Ostraca*, I, Taf. 9.

5 »Der Haarschmuck des Re«: gemeint sind höchstwahrscheinlich die Sonnenstrahlen, »die Mähne des Sonnenlöwen«.

6 Vgl. dazu C. Desroches Noblecourt, *Lointaine*, S. 109–111.

7 Damit wurde ihnen das Leben wiedergegeben.

8 Zur Schetit siehe I. E. S. Edwards, »The Shetayt of Rosetaou«. In: *Egyptological Studies in Honour of Richard Parker*, S. 27–36. Das antike Rosetau erstreckte sich wohl südlich von der Hochebene von Gize bis nach Saujet el-Arjan.

9 C. Desroches Noblecourt, *Lointaine*, Kap. IV, S. 93–115, und dieselbe, »Abou Simbel, Ramsès et les Dames de la Couronne«. In: *Fragments of a shattered Visage* (*Monographs of the Institute of Egyptian Art and Archaeology*, I), 1991, S. 138 und 164.

10 C. Desroches Noblecourt, *Lointaine*, S. 56–61.

11 Ebd., S. 61–75.

12 Kent Weeks von der Amerikanischen Universität in Kairo hat dieses Bild des Osiris vor kurzem im Grab Nr. 5 im Tal der Könige entdeckt.

13 Ostrakon Berlin 12337, Kenneth A. Kitchen, *Ramesside Inscriptions*, III–5, S. 145 f.

14 Zu den Beschädigungen durch das Erdbeben vgl. L. A. Christophe, *Abou Simbel et l'épopée de sa découverte*, Brüssel 1965, S. 206–209.

15 Im Boden und an den Wänden waren noch die Löcher für die Bohlen erkennbar, als wir das Innere des Tempels vor seiner Umsetzung untersuchten. Der gleiche Befund ergab sich bei den beiden Südpfeilern, die mit einer Zwischenwand stabilisiert worden waren. Einige Jahre später ließ Ramses auf dieser Mauer das »Dekret des Ptah« einmeißeln. Die größten Probleme bereitete trotz Pasers Bemühungen die erste südliche Kolossalstatue.

16 Vgl. C. Desroches Noblecourt/C. Kuentz, *Le petit temple d'Abou Simbel, étude archéologique et épigraphique*, I, Kairo 1968, CEDAE, Nr. 375, S. 111–114, S. 209 f.; ferner C. Desroches Noblecourt, *Lointaine*, S. 170 ff.

17 Felseninschrift am Gebel es-Silsile. Siehe K. R. Lepsius, *Denkmäler aus Ägypten und Äthiopien*, III, Leipzig 1849–1856, Taf. 174e.

18 Felseninschrift in Assuan, siehe ebd., Taf. 175h.

19 Fragmente eines solchen Denkmals finden sich im Louvre, E 2272. Vgl. dazu auch Kap. 13, Anm. 21.

20 Manche Stoffbahnen maßen über zwölf Meter Länge und über zwei Meter Breite, andere sechs Meter Länge bei zwei Metern Breite.

21 Papyrus Rainer 53 und Ostrakon aus dem Queen's College in Oxford. Siehe dazu A. H. Gardiner, »The Delta Residence of the Ramessides«. In: JEA 5, 1918, S. 185, sowie R. Caminos, *Late Egyptian Miscellanies*, Oxford 1954, S. 73 f. *(Reports on the Delta Residence)*. Siehe ferner E. Uphill, *The Temples of Per-Ramesses*, Warminster 1984, S. 225; er zitiert M. Bietak mit der Feststellung, Piramesse vermittle den Eindruck »einer ausgedehnten, auf dem Reißbrett entworfenen Stadt, die sich über vier bis fünf Quadratkilometer erstreckte«.

22 Die Inschrift auf der »Hochzeitsstele« in Abu Simbel ist außerordentlich schwer zu entziffern. Professor J. Černý (in Zusammenarbeit mit Professor E. Edel, beide waren als Abgesandte der UNESCO an das vor mir gegründete CEDAE in Kairo gekommen) hat zwischen 1955 und 1958 allein über dreihundert Stunden vor Ort auf die Entzifferung verwendet und den Text kopiert. Auf der Grundlage der hervorragenden Kopien hat Kenneth A. Kitchen die Inschrift veröffentlicht in seiner Sammlung *Ramesside Inscriptions*. Zuvor hatte bereits C. Kuentz den Text im Licht neuer Erkenntnisse vorgestellt in ASAE 25 (1925), S. 182–238.

23 Zitiert nach der französischen Übersetzung von P. Vernus, *Essai sur la conscience de l'histoire dans l'Égypte pharaonique*, Paris 1995, S. 139.

24 Ebenfalls zitiert nach der Übersetzung von P. Vernus, ~~ebd., S. 139~~.

25 Ebd., S. 139.

26 Zur Bedeutung des Namens vgl. C. Desroches Noblecourt, »Hommage d'un poète à la Princesse Lointaine«. In: *Kémi* 12 (1952), S. 34–45.

27 Diese einfallsreiche Erklärung schlägt C. Kuentz vor in ASAE 25 (1925), S. 181–238.

28 J.-F. Borghouts, »The First Hittite Marriage Record. Seth and the Climate«. In: *Mélanges Adolphe Gutbub*, Montpellier 1984, S. 13–16.

29 Hochzeitsstele Zeile 30–32, C. Kuentz, *op. cit.*, S. 231 ff.

30 Im Papyrus Anastasi II, Taf. II, 1–5 und Taf. IV, 7–10 (veröffentlicht von A. H. Gardiner, *Late Egyptian Miscellanies*) wird die Dürre im Reich Chatti auch in einer Mitteilung des Königs an den Herrn von Kode erwähnt: »Bereite dich darauf vor, daß wir uns nach Ägypten begeben und uns an Ramses wenden, denn er läßt leben, wen er will! Und ein jedes Land hängt von ihm ab; das Reich Chatti ist ihm gänzlich ausgeliefert; wenn der Gott (Seth) seine Gaben nicht annimmt, wird es (das Reich Chatti) *keinen Regen mehr sehen.*«

31 Man kann es Ramses schwerlich verübeln, daß er in dieser Weise seinen Gott zu seinem Verbündeten machte, da der Erfolg des Unternehmens vom Wetter abhing. Rund dreitausendzweihundert Jahre später finden wir ein ähnliches »Gottvertrauen«, wieder ging es um das Wetter bei einer entscheidenden Schlacht: Am 22. Dezember 1944, während der Ardennenschlacht, schneite es in Bastogne und in den Ardennen, die alliierten Flugzeuge konnten nicht starten, die Panzer nicht rollen. Ich zitiere im folgenden aus dem Werk von P. Montagnon, *La Grande Histoire de la Seconde Guerre mondiale: Juillet 1944/ Décembre 1944 – De la reconquête des Philippines à la Bataille des Ardennes*, Paris 1994, S. 297 f.: »Patton hat soeben einen anderen Trumpf ins Spiel gebracht: das Ewige! Er ließ den Feldgeistlichen holen und erteilte ihm folgenden Auftrag: ›Vater! Betet, daß wir gutes Wetter bekommen.‹ Der heilige Mann tat, wie ihm geheißen – einer Anweisung von Patton widersetzte man sich nicht –, und verfaßte für dieses besondere Anliegen eigens ein Gebet: ›Allmächtiger und barmherziger Herr im Himmel, wir bitten dich, daß du in deiner göttlichen Güte den unmäßigen Niederschlag zurückhältst, gegen den wir nichts auszurichten vermögen. Schenke uns in deiner Gnade günstiges Wetter für die Schlacht.‹ Patton war begeistert, er ließ den Text drucken und in Tausenden von Exemplaren an die Truppe verteilen! 23. Dezember – ob Patton erhört wird? 5 Uhr morgens. Frost setzt ein. Ein Hochdruckgebiet aus Sibirien schiebt sich über die Ardennen. Der Himmel klart auf, die Sonne bricht durch. B 26 und P 47 bereiten sich vor. Die Panzer können auf jedes Gebiet vorrücken.«

32 Vgl. Anm. 26.

33 Persönliche Mitteilung von Professor E. Edel.

34 Das Wort »Wunder« bezeichnet in Inschriften von Hatschepsut und Amenophis III. »einen Vorgang, der ein gänzlich anderes Ergebnis hervorbringt, als es bei dergleichen Vorgängen üblicherweise der Fall ist« (P. Vernus, *op. cit.*, S. 140). In dem hier zitierten Text fügt Ramses ein Attribut hinzu, das die Besonderheit des Vorgangs noch unterstreicht: Es ist ein »geheimnisvoller« Vorgang. In diesem Sinn verwendete Ramses den Begriff »Wunder« in seiner gesamten Regierungszeit als Hinweis auf seine Außergewöhnlichkeit. Im folgenden zitiere ich die Passage aus der »Segnung des Ptah«, die sich auf den Friedensschluß zwischen Ägypten und dem Reich Chatti bezieht und die damit verbundenen Folgen wie die enge Verbindung der beiden Herrscherfamilien: ein offensichtliches »Wunder«, von dem Ramses nach der Schlacht bei Kadesch nicht einmal träumen konnte: »Ich habe für dich (Menschen) aus dem Reich Chatti geschaffen, Leibeigene für deinen Palast. Ich habe ihnen den Gedanken eingegeben, daß sie in einem Zug als Bittsteller vor deinen Ka treten, beladen mit den Gaben, die sie als Tribut Deiner Majestät darbringen, Leben, Gesundheit, Kraft, an der Spitze des Zuges seine älteste Tochter, um den Herrn der beiden Länder zu besänftigen, den König des Südens und des Nordens, Usermaatre-Setepenre, den Sohn des Re, Ramses, geliebt von Amun, der ewig lebe. Ein großes Wunder, das niemand ahnte.«

35 Ebenso trug eine Tochter der Nefertari den Namen ihrer Mutter, und eine Tochter der Isisnofret hieß gleichfalls Isisnofret.

36 Siehe dazu H. A. Schlögl, *Der Gott Tatenen*, Göttingen 1980.

37 O. Goelet, »The Blessing of Ptah«. In: *Fragments of a shattered Visage* (*Monographs of the Institute of Egyptian Art and Archaeology*, I), 1991, S. 28–35.

38 Zu dem Versuch, den Tempel des Ptah und die umliegenden Bauten zu rekonstruieren, vgl. Kenneth A. Kitchen, »Towards a Reconstruction of Ramesside Memphis: the Precinct of Ptah«. In: *Fragments of a shattered Visage* (*Monographs of the Institute of Egyptian Art and Archaeology*, I), 1991, S. 87–92.

39 Zu der Zeit, als Herodot nach Ägypten kam, war der große Tempel von Ptah-Tatenen noch ein von seinen Zeitgenossen bewundertes Bauwerk (Herodot, *Historien*, Buch II, §§ 108–110,

121–136). Die erwähnten Edelsteine waren zweifellos für den Schmuck des Bauwerks bestimmt, siehe dazu Papyrus Bulak Nr. 9 (Kairo, Archäologisches Museum, Katalog Nr. 58096). Darin ist die Rede davon, daß kurz vor dem 53. Regierungsjahr »roter Jaspis (in Splittern)« verwendet wurde für die Darstellung von Granatäpfeln und anderen Früchten in Einlegearbeiten im Tempel von Ramses, der glorreich ist im Hause des Ptah.

Kapitel 15

1 Es handelt sich um das Grab Nr. 71 im Tal der Königinnen. Möglicherweise erhielt die Tochter wie andere Prinzessinnen den Namen ihrer Mutter, dann hätte sie Bintanat II. geheißen. In diesem Fall wäre sie die Gemahlin ihres Onkels geworden, des Pharaos Merenptah, des dreizehnten Sohnes von Ramses, den Isisnofret geboren hatte. Bintanat II. ist auf einer Statue von Merenptah vor dem Tempel von Luxor dargestellt. Vgl. dazu C. Desroches Noblecourt, »Abou Simbel, Ramsès et les Dames de la Couronne«. In: *Fragments of a shattered Visage* (*Monographs of the Institute of Egyptian Art and Archaeology*, I), 1991, S. 134, S. 140.

2 Vgl. zum folgenden die Dissertation von F. Gomaà, *Chaemwese, Sohn Ramses' II. und Hoherpriester von Memphis*, Wiesbaden 1973.

3 Zum Kult der Apisstiere vgl. E. Otto, *Beiträge zur Geschichte der Stierkulte in Ägypten*, Leipzig 1938, S. 11–34.

4 J. Yoyotte, *Les pélerinages dans l'Égypte ancienne*, Paris 1960 (*Sources Orientales*, 3), S. 58 sowie Anm. 126, zitiert bei S. Aufrère, *L'univers minéral dans la pensée égyptienne*, IFAO, Kairo 1991, S. 99.

5 D. Wildung, *Die Rolle ägyptischer Könige im Bewußtsein ihrer Nachwelt*, I, Berlin 1969, S. 68, S. 71 ff.

6 Kenneth A. Kitchen, *Ramsès*, S. 127 ff.

7 Vgl. dazu G. Lefebvre, *Histoire des Grands Prêtres d'Amon de Karnak jusqu'à la XXIe dynastie*, Paris 1929, S. 126–136.

8 B. Gunn, »The Religion of the Poor in Ancient Egypt«. In: JEA 3 (1916), S. 81–94.

9 Zu dem einzelnen Obelisken vgl. G. Lefebvre, »Sur l'obélisque du Latran«. In: *Mélanges Charles Picard*, 1949, S. 586–593; P. Barguet, *Le temple d'Amon-Ré à Karnak – essai d'exégèse*, IFAO (RAPH 21), Kairo 1962, S. 241 f.; C. Desroches Noblecourt, »Nouveaux commentaires sur l'obélisque de Saint-Jean de Latran«, RA 1954, S. 5–13. Mit einer Höhe von 32,18 Metern ist dies der größte bekannte Obelisk; er wurde in Rom auf der Piazza San Giovanni di Laterano aufgestellt.

10 »Beki« ist eine umgangssprachliche Abkürzung von »Bekenchons«.

11 Diese Einzelheiten über den Gesundheitszustand des Pharaos fanden die Experten heraus, die 1977 seine Mumie in Paris untersuchten.

12 Die ägyptischen Heilkundigen kannten sich hervorragend mit Heilpflanzen und Pflanzenextrakten aus, und die Medikamente, die sie verordneten, führten oft zu einer Besserung oder sogar Heilung. Ihr diagnostisches Wissen verdankten sie zu einem großen Teil den bei der Mumifizierung erworbenen anatomischen Kenntnissen. Ganz besonders fortgeschritten war die ägyptische Medizin in der Behandlung von Augenkrankheiten, Frauenkrankheiten und Herzkrankheiten. Einen ausgezeichneten Überblick gibt G. Lefebvre, *Essai sur la médecine égyptienne pharaonique*, Paris 1956. Für die Behandlung von Schlangenbissen, Skorpionstichen und dergleichen gab es ein regelrechtes Handbuch, es befindet sich heute im Museum von Brooklyn. Der Text wurde veröffentlicht von S. Sauneron, *Un traité égyptien d'ophiologie. Papyrus du Brooklyn Museum Nr. 47.218.48 et 85*, Kairo 1989 (IFAO, Allgemeiner Bestand Nr. 9).

13 Der Titel »Gott, Herrscher von Heliopolis« ist seit dem 42. Regierungsjahr belegt; vgl. dazu J. Yoyotte in R. Anthes, *Mitrahineh 1956*, Philadelphia 1965, S. 66–70.

14 Hentmire, Grab Nr. 75 im Tal der

Königinnen, wurde lange für eine Schwester des Königs gehalten. Eine Statue, die Ramses zusammen mit Hentmire zeigt, erlaubte den Schluß, daß sie nicht nur seine Tochter war, sondern auch seine letzte Große Königsgemahlin. Vgl. H. Sourouzian, ASAE 69 (1983), S. 371; C. Desroches Noblecourt, »Abou Simbel, Ramsès et les Dames de la Couronne«. In: *Fragments of a shattered Visage* (*Monographs of the Institute of Egyptian Art and Archaeology*, I), 1991, S. 136 f. War Hentmire vielleicht eine Tochter von Meritamun, einer von Ramses' Lieblingstöchtern aus der Verbindung mit Nefertari?

15 Ostrakon aus dem Musée du Louvre 2262, W. Spiegelberg, RT 16 (1894), S. 64.

16 Die Razzia im Land Irem wird auf einer Stele von Ramose erwähnt; vgl. dazu J. Yoyotte, »Un document relatif aux rapports de la Libye et de la Nubie«, BSFE 6 (1951), S. 9–14.

17 Dieser bis zur Rettung der nubischen Monumente nicht systematisch erforschte Tempel wurde von Forscherteams des CEDAE untersucht und beschrieben (M. A. L. El Tanbouli, C. Kuentz u.a.), *Collection scientifique*, 4 Bde., Kairo 1974–1978.

18 Gleichwohl sind die Züge nicht im mindesten so klar herausgearbeitet wie bei den Kolossalstatuen und Osirisstatuen in Abu Simbel. An dieser Stelle ist vielleicht der Hinweis angebracht, daß die Werke der Bildhauerkunst aus der Zeit von Ramses oft und durchaus beabsichtigt den Eindruck einer gewissen Massigkeit vermitteln: als wären die Formen nur widerstrebend aus dem Fels hervorgetreten. Ein Beispiel dafür ist die Statuengruppe des Hohenpriesters des Osiris in Abydos, Meri, und seines Sohnes Wennefer. Siehe dazu den Katalog der Pariser Ausstellung *Ramsès le Grand*, S. 106–109. Dieser »gedrungene« Stil ist auch für die 400-Jahr-Stele charakteristisch.

19 Der Tempel von Gerf Hussein, den man im 19. Jahrhundert noch besichtigen konnte, wurde bis in die siebziger Jahre unseres Jahrhunderts noch in keiner Veröffentlichung vollständig beschrieben (das CEDAE hat sich der Aufgabe angenommen, siehe Anm. 17). Die Wandmalereien waren daher nur durch Skizzen und Kopien der ersten Ägyptologen und einzelner Reisender bekannt (Champollion, Lepsius, Gau u. a.). In diesem Zusammenhang wird Ramses I. häufig erwähnt, weil man ihn in der Bezeichnung »Ramses *pa-netjer*«, »Ramses der Gott«, zu erkennen glaubte. Gemeint ist indes Ramses II. auf dem Höhepunkt seiner Vergöttlichung; vgl. B. Porter/R. Moss, *Topographical Bibliography*, VII, S. 33–37.
Von allen nubischen Felsentempeln des Ramses konnte lediglich der in den überaus porösen Kalkstein gehauene und mit diesem Kalkstein aufgemauerte Tempel von Gerf Hussein nicht vollständig gerettet werden. Die am besten erhaltenen Reliefdarstellungen und Osirispfeiler wurden entfernt und befinden sich heute im nubischen Museum in Assuan.

20 Diese Informationen verdanke ich den Experten, die im Pariser Musée de l'Homme die Mumie untersuchten. Im Augenblick des Todes war Ramses' Körper noch stark nach vorn gebeugt. Die Priester drückten Hals und Torso nach hinten und richteten den Körper auf diese Weise auf, in dieser Haltung wurde er mumifiziert.

21 Wie die meisten anderen Monumente aus Piramesse wurde die 400-Jahr-Stele nach der Aufgabe der Stadt infolge der Umlenkung eines Flußarmes nach Tanis verbracht, der Hauptstadt der Pharaonen der 21. Dynastie. Die Hinweise auf die Stele sind zusammengestellt im Katalog der Pariser Ausstellung *Ramsès le Grand*, S. 32–35.

22 Der rechte Teil der Stele ist stark verwittert, der Name Sethos schwer zu entziffern. Der von seinem Lendenschurz ausgehende Tierschwanz könnte der Schwanz eines Stieres sein.

23 Siehe dazu C. Vandersleyen, *L'Égypte et la vallée du Nil*. Bd. 2: *De la fin de l'Ancien Empire à la fin du Nouvel Empire*, Paris 1995, S. 166.

24 E. Hornung, *Der Eine und die Vielen. Ägyptische Gottesvorstellungen*,

5. Aufl., Darmstadt 1993: »Die Zahl vier ist als Klassifikationsschema im ägyptischen Pantheon zweifellos ein Symbol für Vollständigkeit oder Totalität.« In diesem Zusammenhang ist daran zu erinnern, daß im Tempel des Seth in Ombos ein riesiges *Was*-Zepter gefunden wurde; vgl. dazu H. Te Velde, *Seth, God of Confusion. A Study of his Role in Egyptian Mythology and Religion*, Leiden 1967, S. 90. Bisweilen wurde sein Bild als Emblem des Windhauchs vierfach in den vier Himmelsrichtungen angebracht.

25 Neben anderen Titeln des Ramses erscheint auf dieser Stele auch der Titel »reich an Jubiläen«, ein Hinweis, der die Datierung auf die letzten Lebensjahre des Pharaos erlaubt.

26 Zum Hohenpriester des Re in Heliopolis vgl. M. Moursi, *Die Hohenpriester des Sonnengottes*, Berlin 1972, S. 64–67.

27 Vgl. R. Stadelmann, *Syrisch-Palästinensische Gottheiten in Ägypten*, Leiden 1967, S. 76 ff.

28 J. Van Dijk, »The Canaanite God Hauron and his Cult in Egypt«. In: *Akten des Vierten Internationalen Ägyptologen-Kongresses München 1985*, veröffentlicht in BSAK 4, Hamburg 1991, S. 247–256.

29 Zu diesem Pionier der Ägyptologie siehe die Biographie von É. David, *Mariette Pacha, 1821–1881*, Paris 1994.

30 Die Juwelen befinden sich zum größten Teil in der altägyptischen Abteilung des Louvre.

31 Isisnofret II. war eine Tochter von Ramses und der Großen Königsgemahlin Isisnofret I.

32 Mit gutem Grund kann man annehmen, daß Bintanat II. (?) die Tochter von Bintanat I. war. Bintanat I., die ältere Schwester von Merenptah, wurde um das 20. Regierungsjahr Große Königsgemahlin von Ramses. Sie gebar ihm eine Tochter, vermutlich Bintanat II., die später höchstwahrscheinlich ihren Onkel und zugleich Bruder Merenptah heiratete. Vgl. dazu C. Desroches Noblecourt, »Abou Simbel, Ramsès et les Dames de la Couronne«. In: *Fragments of a shattered Visage* (*Monographs of the Institute of Egyptian Art and Archaeology*, I), 1991, S. 133 f., S. 140.

33 Röntgenaufnahmen vom Schädel der Mumie zeigten, daß die Blutgefäße im Kopf fast vollständig durch Ablagerungen verstopft waren.

34 Nach dem detaillierten Bericht des Diodorus von Sizilien, I, 70, über das Leben des Pharaos.

35 So Josephus, *Contra Apionem*, I, 15/16, § 97, er zitiert Manetho. Ramses herrschte sechsundsechzig Jahre und zwei Monate.

SIGLENVERZEICHNIS

ÄA: *Ägyptologische Abhandlungen*, Wiesbaden.
AJSL: *American Journal of Semitic Languages and Literatures*, Chicago.
Annuaire **EPHE:** *Annuaire de l'École Pratique des Hautes Études*, Paris.
ASAE: *Annales du Service des Antiquités de l'Égypte*, Kairo.
BA: *Biblical Archaeologist.*
BIFAO: *Bulletin de l'Institut Français d'Archéologie Orientale*, Kairo.
BiOR: *Bibliotheca Orientalis*, Leiden.
BSAK: *Studien zur Altägyptischen Kultur*, Beihefte, Hamburg.
BSEG: *Bulletin de la Société Française d'Égyptologie de Genève*, Genf.
BSFE: *Bulletin de la Société Française d'Égyptologie*, Paris.
CdE: *Chronique d'Égypte*, Brüssel.
CGC: *Catalogue Général des Antiquités Égyptiennes du Musée du Caire*, Kairo.
Eretz Israel.
GM: *Göttinger Miszellen*, Göttingen.
JARCE: *Journal of the American Research Center in Egypt*, Boston.
JEA: *Journal of Egyptian Archaeology*, London.
JNES: *Journal of Near Eastern Studies*, Chicago.
JSSEA: *Journal. Society of the Studies of Egyptian Antiquities*, Toronto.
Cahier de Karnak: Rapport sur les travaux du centre franco-égyptien d'études des temples de Karnak.
Kêmi: Kêmi. Revue de philologie et d'archéologie égyptiennes et coptes, Paris.
Kitchen, *Ramesside Inscriptions:* Kenneth A. Kitchen, *Ramesside Inscriptions, Historical and Biographical*, 7 Bde., Oxford 1968 ff.
Kitchen, *Ramsès:* Kenneth A. Kitchen, *Ramsès II, le pharaon triomphant*, Monaco 1985 (franz. Ausgabe).
Lointaine: C. Desroches Noblecourt, *Lointaine: Amours et fureurs de la Lointaine*, Paris 1995.
MDAIK: *Mitteilungen des Deutschen Archäologischen Instituts, Abteilung Kairo*, Kairo, Berlin, Wiesbaden und Mainz.
Memnonia: Memnonia. Bulletin édité par l'Association pour la Sauvegarde du Ramesséum, Paris.
MIFAO: *Mémoires publiés par les membres de l'Institut Français d'Archéologie Orientale*, Kairo.
MIO: *Mitteilungen des Instituts für Orientforschung*, Berlin.
MMAF: *Mémoires publiés par les membres de la Mission Archéologique Française au Caire*, Paris.
OMRO: *Oudheidkundige Mededelingen uit het Rijksmuseum van Oudheden te Leiden*, Leiden.
RAPH: *Recherches d'Archéologie, de Philologie et d'Histoire*, IFAO, Kairo.
RdE: *Revue d'Égyptologie*, Paris.
RT: *Recueil de Travaux relatifs à la philologie et à l'archéologie égyptiennes et assyriennes*, Paris.
SAK: *Studien zur Altägyptischen Kultur*, Hamburg. *Ugaritica III.*
ZÄS: *Zeitschrift für Ägyptische Sprache und Altertumskunde*, Leipzig und Berlin.
ZDPV: *Zeitschrift des Deutschen Palästina-Vereins*, Leipzig und Wiesbaden.

GLOSSAR

Amaunet: Ägyptische Urgöttin. Bildet mit Amun ein Götterpaar. Sie wird als »Mutter, der Vater war« bezeichnet, da sie als Urgöttin keinen Gatten brauchte. Dargestellt wird sie als Schlange oder schlangenköpfig mit der unterägyptischen Krone auf dem Haupt.

Amduatbuch: Ältestes Unterweltsbuch als Führer für den König im Jenseits, das ihm dort als Hilfe und Orientierung dienen sollte, denn nur die Kenntnis über die Lebensbedingungen und Gefahren im Jenseits ermöglichte eine Teilhabe an diesem Leben.

Amset: Kanopengott, dem als Schutzgottheit des Toten die Bewachung der Leber oblag. Eines der vier Horuskinder, dem der Süden zugewiesen war. Dargestellt wird er in Menschengestalt.

Amun: »Der Verborgene«, urzeitlicher Schöpfer und Luftgott. Er bildet mit Amaunet ein Götterpaar und verkörpert den nicht sichtbaren Lebenshauch. Ebenso bringt er Bewegung und Leben in das Chaos.
Als »Herr der Throne von beiden Ländern« wird er ab der 18. Dynastie Reichsgott und bildet mit seiner Gattin Mut und seinem Sohn Chons die heilige Familientrias von Theben.
Sein Haupttempel steht in Karnak. Dargestellt wird er meist in Menschengestalt mit hoher Federkrone.

Anat: Westsemitische Göttin, die seit der Ramessidenzeit auch in Ägypten verehrt wurde. Die Kriegsgöttin wurde mit Schild, Speer und Streitaxt dargestellt. Im Volksglauben auch Schutzgöttin gegen wilde Tiere.

Anubis: Ägyptischer Totengott, der als »Herr der Gotteshalle« für die Vorbereitung der Leiche zuständig ist. Gleichzeitig ist er Beschützer der Nekropole und begleitet den Toten in die Unterwelt. Beim Totengericht nimmt er die Abwägung der Herzen auf der Waage der Maat vor. Er gilt als eines der vier Kinder des Re und wird meist als ein auf einer Truhe lagernder Schakal (Hund) dargestellt.

Anuket: Göttin, die mit Chnum und Seth als Herrin des Nilwassers galt. Verehrt wurde sie in der Gegend des 1. Nilkatarakts.

Apis: Fruchtbarkeitsgott und Gott der Zeugungskraft. Der Stiergott galt als Erscheinungsform des Ptah. Hauptkultort war Memphis. Der tote Apisstier wurde einbalsamiert und im Serapeum beigesetzt.

Apophis: Schlangendämon, der in der Finsternis haust und gegen den die Sonne beim Auf- und Untergang täglich kämpfen muß.

Astarte: Göttin westsemitischen Ursprungs, die als Kriegsgöttin und Herrin der Pferde und Wagen besondere Verehrung in Memphis erfuhr, wo sie als Tochter des Ptah galt.

Aton: Sonnengott. Zunächst ist Aton nur die Bezeichnung für die Sonnenscheibe, später dann eine Erscheinungsform des Sonnengottes Amun bzw. Re.
Im Neuen Reich wird er von Amenophis VI. (Echnaton) zum alleinigen Sonnengott erklärt. Hauptkultort war Amarna. Dargestellt wird er als

Sonnenscheibe mit nach unten gerichteten Strahlenarmen, die die Lebensschleife *Anch* darreichen.

Atum: Urgott und Schöpfergott von Heliopolis. Er ist Weltschöpfergott, All-Erzeuger und Vater der Götter, der durch Selbstbegattung das erste Götterpaar erzeugte (Schu und Tefnut). Später wurde er von Re verdrängt und verkörperte dann als Sonnengott die untergehende Abendsonne.
Dargestellt wird Atum in menschlicher Gestalt mit Doppelkrone, Stab und Lebenskreuz.

Augen- und Mundöffnung: Durch das Ritual der Augen- und Mundöffnung sollte dem Toten der Gebrauch seiner Organe ermöglicht werden, dazu wurde das Gesicht mit verschiedenen Instrumenten berührt. Das gleiche Ritual wurde auch an Götterstatuen vollzogen, um so auch den Sinnen das Leben zurückzugeben.

Baal: Syro-phönizischer Fruchtbarkeits-, Regen-, Gewitter-, und Sturmgott.

Chepre: Ägyptischer Urgott, der Atum und Re gleichgesetzt ist. Er repräsentiert die aufgehende Morgensonne, die aus der Unterwelt aufsteigt, um das Sonnenschiff zu begleiten.
Hauptkultort ist Heliopolis. Er wird als Käfer oder käferförmig dargestellt.

Chepreschkrone: Sogenannter Kriegshelm, blau mit goldenen Verzierungen (seit der 18. Dynastie).

Chnum: Schöpfergott und Wächter der Nilquellen. Als Geburtsgott modelliert er auf einer Töpferscheibe den Leib eines Kindes und läßt ihn im Samen in die Mutter gelangen. Später hilft er zusammen mit der Geburtsgöttin Heket bei der Entbindung.
Hauptkultort war die Insel Elephantine bei Assuan. Dargestellt wird er meist als Widder.

Chons: Mondgott. Sohn des Sonnengottes Amun und der Himmelsgöttin Mut. Er ist der »Herr der Zeit«, der die Jahre der Menschen zählt, sowie Ratgeber und Helfer in Notlagen. Haupttempel in Karnak.
Dargestellt in Menschengestalt oder mit Falkenkopf, sowie mit Stab und Mondscheibe.

Djedpfeiler: Prähistorischer Fetisch. Der Djedpfeiler war ein Pfahl, um den Getreideähren gebunden wurden, und galt so als Machtzeichen bei Fruchtbarkeitsriten. Später eine Symboldauer, besonders für die erhoffte Länge der Regierungszeit des Königs. (Aufrichten des Djedpfeilers beim Regierungsjubiläum)

Duamutef: Schakalköpfiger Kanopengott, der den Magen des Verstorbenen bewachte. Zugeordnete Himmelsrichtung war der Osten.

Elektron: Helles, Silber enthaltendes Gold.

Geb: Erdgott. Verkörpert die Erde als Teil des Kosmos. Sohn von Schu und Tefnut und Vater von Isis, Osiris, Nephthys und Seth.
Er sorgt als Schutzgott der Toten für deren Wohl. Meist als Mensch dargestellt mit der unterägyptischen Krone auf dem Haupt.

Hapi: Schutzgott des Leichnams und Kanopengott, dem die Lunge des Toten zur Bewachung anvertraut wird. Zugeordnete Himmelsrichtung ist der Norden. Darstellung mit Affenkopf.

Harachte: Sonnengott der aufgehenden Morgensonne. Der als Falke dargestellte Gott ist mit Re zu Re-Harachte verschmolzen.

Hathor: Muttergöttin. Mutter bzw. Gemahlin des Horus und gleichzeitig Mutter des jungen Königs, der von ihr gesäugt wird.
Auch Liebesgöttin und Herrin der Freude, des Tanzes und der Musik. Als Himmelsgöttin wird sie, da im Nildelta der Himmel als eine große Kuh gesehen wird, kuhköpfig mit Sonnenscheibe und Sistrum dargestellt.

Horus: »Der oben Befindliche, der Ferne«. Ortsgott, später Landes- und Schutzgott des Königs. Er ist Vater

des jeweils regierenden Königs, symbolisiert durch die Horusnamen des Königs, die er bei der Thronbesteigung annimmt.
Als falkengestaltiger Gott überspannt er mit seinen Flügeln den Himmel. Er ist Sohn von Isis und Osiris und rächt seinen von Seth ermordeten Vater.

Ischedbaum: Lebensbaum, auf dessen Blättern Thot und Seschat die Regierungsjahre des Königs schreiben und somit unter ihren Schutz stellen.

Isis: Mutter-, Frauen- und Geburtsgöttin. Tochter des Geb und der Nut. Als Mutter des Horus ist sie gleichzeitig Schutzgöttin des Königs, der sich mit Horus identifiziert.
Als Schutzgöttin der Toten wird sie mit ausgebreiteten Flügeln, Schutz gewährend, an den Sargwänden dargestellt.
Hauptkultort war in der Spätzeit die Insel Philae. Sie wird als menschlich dargestellt. Durch die spätere Verbindung mit Hathor trägt sie als Kopfschmuck ein Kuhgehörn mit Sonnenscheibe.

Jubiläum: Sedfest. Fest, das der König zum erstenmal dreißig Jahre nach seiner Thronbesteigung feierte (danach alle drei Jahre) und das der Erneuerung seiner Kraft dienen sollte (Errichtung des Djedpfeilers). Dazu gehörte u. a. der Lauf des Königs um vier Male, der später zur Felderweihe an den Hauptgott des Landes umgestaltet wurde.

Ka: Lebenskraft, ursprünglich die Zeugungskraft des Mannes.
Der Ka wird mit dem Menschen geboren und begleitet ihn durch sein Leben. Er lebt nach dessen Tod weiter und verbindet sich im Jenseits wieder mit ihm.

Kanope: Eingeweidekrug. Die aus der Leiche entnommenen Eingeweide wurden in vier Krügen aufbewahrt, die man neben den Sarkophag stellte. Als Schutzgeister dienten die vier Horuskinder (Amset, Hapi, Duamutef und Kebehsenuef).

Kebehsenuef: Falkenköpfiger Kanopengott, dem die Unterleibsorgane des Toten anvertraut waren. Die zugeordnete Himmelsrichtung war der Westen.

Maat: Schutzgöttin des Gerichtswesens und Verkörperung der Weltordnung, die auf Wahrheit, Recht und Gesetz beruht und für alle Gültigkeit besitzt.
Die Maat ist Tochter des Sonnengottes Re. Im Jenseits wird das Herz des Verstorbenen gegen die Maat auf der Waage abgewogen. Der Haupttempel in Karnak war gleichzeitig Sitz des Gerichtswesens. Dargestellt wird sie in Menschengestalt mit einer Straußenfeder auf dem Kopf.

Mammisi: Geburtshäuser, in denen die rituelle Geburt des Gottes stattfand.

Mut: Himmelsgöttin »Herrin des Himmels«. Sie ist die »Allmutter«, die »Mutter der Mütter«. Sie wird in Menschengestalt mit Geierhaube auf dem Kopf dargestellt.

Nechbet: Landesgöttin Oberägyptens. Sie ist Schutz- und Geburtsgöttin.

Neith: »Die Schreckliche«. Waffen- und Kriegsgöttin. Sie gilt als Wegbereiterin der Armee des Königs. Eine der Urgöttinnen, die den Sonnengott Re geboren hat. Dargestellt wird sie in Menschengestalt mit Pfeil und Bogen und der unterägyptischen Krone.

Nephthys: Toten- und Grabgöttin. Sie bewacht zusammen mit Isis die letzte Pforte der Unterwelt, durch die der Sonnengott zur Oberwelt fährt.

Ningal: Sumerische Gestirnsgöttin.

Nut: Himmelsgöttin. Tochter von Schu und Tefnut. Sie verschlingt am Abend mit ihrem Mund die Sonne, die in der Nacht durch ihren Körper wandert, um sie am nächsten Morgen neu zu gebären. Gleichzeitig ist sie Schutzgöttin der Toten, die sie in den Himmel aufnimmt.

Onuris: Kampfgott und Verkörperung des königlichen Jägers und Kriegers. Dargestellt wird er mit vier Federn auf dem Kopf und einer Lanze.

Osiris: Königs- und Totengott. Er ist der Sohn von Geb und Nut. Im Mythos wird er von seinem Bruder Seth ermordet und zerstückelt. Während Osiris im Totenreich herrscht, wird er von seinem Sohn Horus, der sein Erbe angetreten hat, gerächt. Dargestellt wird Osiris als Mensch in einer Mumienhülle mit Krummstab und Wedel.

Ptah: Stadtgott von Memphis und später Reichsgott, Gott der Handwerker und Künstler; ab dem Neuen Reich auch Schöpfergott, der das Erdachte durch die Kraft seiner Worte ins Leben bringt. Dargestellt wird er als Mensch in einer Mumienhülle mit zwei zeptertragenden Händen.

Re: Sonnengott. In einer Barke fährt er von Maat und Thot begleitet über den Tageshimmel. In der Nacht fährt er mit seiner Abendbarke, um den Toten Licht und Ordnung zu bringen. Seine Verbindung mit Atum zu Re-Atum macht ihn zum Schöpfergott, der Licht und Wärme als Grundbedingungen des Lebens gewährt. Seit der 4. Dynastie nennen sich die Könige »Söhne des Re«, später dann »Bild des Re«.

Reschep: Phönizischer Kriegs- und Unterweltsgott.

Sachmet: Löwengestaltige, mit einer Sonnenscheibe auf dem Kopf dargestellte Kriegsgöttin, die die Feinde des Königs bekämpft.
Gleichzeitig auch Arzt- und Heilsgöttin, die aber Krankheiten und Epidemien bringt und so Schrecken und Furcht verbreitet.

Satet: Ortsgöttin von Sehel. Herrin von Elephantine und Nubien. Wurde später als Herrin der Sterne mit Sothis gleichgesetzt.

Selket: Schutzgöttin des Lebens und der Toten, besonders des Königs, indem sie zusammen mit Neith das Elternpaar trägt, das den König zeugt.

Serapeum: Bestattungsort der heiligen Stiere in Sakkara.

Seschat: Göttin der Schrift und Schreibkunst, der Mathematik und Baupläne. Sie ist die Schwester von Thot und zeichnet die Annalen des Königs auf.

Seth: Gott des Kampfes und der Kraft sowie der bösen Mächte. Er ist Sinnbild der Auseinandersetzungen zwischen den Menschen.

Sistrum: Kultisches Rasselinstrument, das teilweise noch heute in der koptischen Kirche Ägyptens verwendet wird.

Sothis: Personifikation des Siriussterns und Herrin der Fruchtbarkeit, da bei der Einführung des Kalenders der Jahresbeginn und die Nilflut durch den Neuaufgang des Siriussterns bestimmt wurden.

Teschup: Churritischer Wettergott.

Thoëris: Geburtsgöttin, die die Frauen bei der Geburt und beim Stillen beschützt. Sie wird als aufrecht stehendes, trächtiges Nilpferd dargestellt.

Thot: Mondgott, »Silberner Aton«.
Im Mythos findet Thot das verlorene und ausgelaufene Auge des Horus und heilt es (zu- und abnehmender Mond). Da der Mondlauf den Kalender bestimmt, ist er Herr der Zeit und Rechner der Jahre. Gleichzeitig ist er Schutzgott des Schreib- und Rechnungswesens, Schöpfer der Schrift und der Rede, in dem alles Wissen vereint ist.
Im Jenseitsgericht achtet er auf die Wägung der Herzen. Dargestellt wird er als Ibis.

Totenbuch: Spruchsammlungen, die seit der 18. Dynastie mit ins Grab gegeben werden. Ein Teil besteht aus dem Totengericht mit der Aufzählung der nicht begangenen Vergehen. Totenbücher bilden keine fest abgeschlossene Sammlung, sondern unterscheiden sich in Länge und Zusammensetzung.

Udjatauge: Das nach dem Raub durch Seth zurückgekehrte Mondauge, das von Thot geheilt wurde, ist Sinnbild der Kraft des Lichtgottes und diente als Schutz gegen den bösen Blick. Ein Paar Udjataugen wurde an den Türnischen der Gräber angebracht, später auch an den Särgen.

Uräusschlange: Die vom König am Diadem oder an der Krone getragene Stirnschlange in Form einer aufgebäumten Kobra mit aufgeblähtem Hals.

Uschebti: Kleine mumienförmige Figuren, die den Toten mitgegeben wurden, um im Jenseits die Arbeiten für sie zu verrichten. Im Totenreich dienten sie auch als »Antworter« für den Verstorbenen.

Uto: Landesgöttin Unterägyptens, die als Schlangengöttin Fruchtbarkeit schenkt.

Werethekau: Göttin der geheimnisvollen und überirdischen Kräfte der Königskrone. Sie wird mit einem Löwenkopf dargestellt.

TITULATUR DES PHARAOS RAMSES II.

(aus: Thomas Schneider, Lexikon der Pharaonen.
Zürich: Artemis & Winkler 1994.)

Horus: Starker Stier
Geliebter der Maat
Herr von Sedfesten wie sein Vater
Ptah-Tatenen
Geliebter des Re, der
jedes Fremdland niedertritt
unter seinen Sohlen
der sich über die Maat freut
der Theben erhebt
mit mächtiger Kraft
Reich an Kraft
Sohn des Atum
mit großen Siegen
der mit seiner Schlagkraft kämpft
mit großem Königtum
mit großem Ansehen
der die Maat erhebt
Reich an Schlagkraft
mit spitzen Hörnern
der jedes Land schlägt
der die beiden Länder vereint
mit beständigem Willen und
mächtiger Kraft
mit großen Sedfesten
Geliebter der beiden Länder
Starker Stier des Re
der die Asiaten zerschlägt
Stier der Herrscher
Groß an Sedfesten wie Tatenen
Nehti: Beschützer Ägyptens, der
die Fremdländer bezwingt
Re, der die Götterstatuten
hervorbringt
der die beiden Länder begründet
Göttliches Abbild des Chepri
mit großem Ansehen
Beschützer Ägyptens
der die Denkmäler in Luxor
hervorragend ausführt für
seinen Vater Amun, der ihn auf
seinen Thron gesetzt hat
der sich über die Maat freut wie der
Horizontische
Kämpfer für Millionen
Löwe mit starkem Willen
der mit seiner Schlagkraft kämpft,
der seine Armee beschützt
der den ihn Angreifenden zu
Fall bringt
der das Ende der Welt erreicht
Gold: Reich an Jahren, mit großen
Siegen
groß/reich an Schlagkraft
Geliebter der beiden Länder
ein Pfeiler wie Derjenige-der-in-
Theben-ist
der Nützliches ausführt für den,
der ihn erschaffen hat
mit mächtiger Schlagkraft
der die neun Bogen [die Feinde
Ägyptens] unterwirft
mit großen Siegen in jedem
Fremdland
mit großem Ansehen und mächtiger
Kraft
der die Fremdländer bezwingt und
die Rebellen niederwirft
Thronname: Reich an Maat
ein Re
von Re Auserwählter
Zeichen des Re
Plan des Re
Herrscher von Theben
Erbe des Re
Geliebter des Re
Besitzer von Schlagkraft
stark wie Month
Eigenname: Re ist es, der ihn geboren
hat
Beinamen: Gott, Herrscher von
Heliopolis
Geliebter des Amun
beliebt wie Atum
mit großen Denkmälern

GÖTTERVERZEICHNIS

(*Kursiv* gesetzte Paginas verweisen auf Seiten mit Abbildungen.)

PERSONENREGISTER

(*Kursiv* gesetzte Paginas verweisen auf Seiten mit Abbildungen.)

ORTS- UND SACHREGISTER

(*Kursiv* gesetzte Paginas verweisen auf Seiten mit Abbildungen.)

Schon von den Menschen seiner Zeit erhielt er den ehrenvollen Beinamen »der Große«. Unsere Zeit sieht in ihm den Mann, der den Bedürfnissen seines Zeitalters Rechnung trug, indem er die längst notwendig gewordene Öffnung des Orients gegenüber dem Okzident ermöglichte.
Die Versöhnung von West und Ost war das Problem, das er lösen wollte. Alexander, ein Mann der Tat und Träumerei zugleich, betrachtete es als seine Mission, den Haß zwischen den Völkern zu tilgen, Vorurteile abzubauen und alle Menschen unter einem Gesetz zu vereinigen. Ein Traum? Doch was wäre die Menschheit ohne eine Utopie, ohne Hoffnung?
Der Historiker S. Fischer-Fabian zeichnet ein eindrucksvolles Bild vom Leben und Sterben Zehntausender von Soldaten, die nach einem Jahrzehnte andauernden Feldzug quer durch das Perserreich ihre Heimat nicht wiedersahen – genausowenig wie ihr Feldherr Alexander.

ISBN 3-404-64152-3

BASTEI LÜBBE

Als Pharao Thutmosis im Jahr 1504 v. Chr. stirbt, ist sein Sohn, der einer Verbindung mit einer Konkubine entstammt, etwa zwölf Jahre alt. Hatschepsut, Halbschwester und Gemahlin des Verstorbenen, übernimmt die Regierungsgeschäfte und läßt sich kurz darauf zur Alleinherrscherin krönen.
Fast 20 Jahre lang hält sie Thutmosis vom Thron fern. Dann aber bekommt er seine Chance und stellt seine wahrhaft königlichen Fähigkeiten unter Beweis. In insgesamt 17 Eroberungsfeldzügen dehnt er den Machtbereich Ägyptens bis an seine maximalen Grenzen aus. Des Schattens seiner Vorgängerin entledigt er sch durch radikale Auslöschung ihres Namens aus sämtlichen Dokumenten und Denkmälern. Trotzdem hat Thutmosis III. niemals auch nur annährend soviel Aufmerksamkeit erlangt wie seine große Konkurrentin Hatschepsut.

ISBN 3-404-61368-6

BASTEI LÜBBE

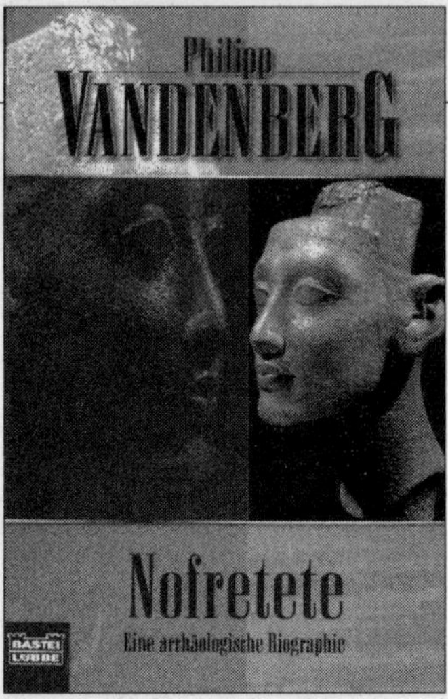

Nofretete ist eine der schillerndsten Persönlichkeiten der Weltgeschichte. Neuentdeckte Steinfragmente gaben den Anstoß zur »archäologischen« Biographie dieser faszinierenden Frau.
Das Porträt der legendären Königin, die ein Riesenreich lenkte und die alten Götter entthronte.

ISBN 3-404-61200-0